KB234642

복지국가시대를 위한
유럽 복지정책의 변화와
아시아의 경험

유럽 복지정책의 변화와
아시아의 경험

유럽학연구 총서 5

복지국가시대를 위한
유럽 복지정책의 변화와 아시아의 경험

한국유럽학회 편

발간사

　2011년 5월 한국유럽학회는 <복지와 성장의 갈림길에 선 한국 사회: 복지논쟁을 위한 유럽의 사례와 정책적 제안>이라는 주제로 춘계학술대회를 개최하였습니다. 무상급식 논쟁을 시작으로 한국의 정치권에서 복지에 관한 논쟁과 정책대결이 뜨겁게 달구어 졌고, 지난 총선과 대선에서도 복지정책은 가장 중요한 이슈가 되었습니다.

　1970~80년대 유럽을 경험하신 분들은 당시 한국의 어려운 사회 여건과 비교하여 유럽의 복지제도에 대해 어떻게 이런 사회정책이 가능한지 감탄하신 분들이 적지 않을 겁니다. 말로만 듣던 '요람에서 무덤까지'라는 복지정책이 지구상에서 실현되고 있었고, 사회안전망의 그물 속에서 행복한 삶, 인간다운 삶을 영위하는 유럽 선진국들의 국민들을 부러워하였을 것입니다. 특히 대학등록금은 아예 없고, 각종 장학금들이 많아 공부를 하고 싶은 사람은 얼마든지 지원을 받을 수가 있었습니다. 외국 유학생에게도 각종 장학금 혜택이 주어졌고, 심지어 부부 유학생이 아이를 낳으면 자녀양육비까지 주었던 시절이었습니다.

　이런 유럽의 복지제도가 구현되기까지 유럽의 근대화 과정에서 정치, 경제, 사회적으로 일어난 많은 사회변화와 밀접한 관련이 있습니다. 산업화가 진행되면서 노동자 계층이 형성되었고, 이들은 열악한 생활환경과 근무조건을 개선하기 위해 정치 세력화되어 갔습니다. 이들에 대한 유화정책으로 구상한 독일의 비스마르크 3대 사회보험법은 국가관리하에 시행되도록 입법화한 사회정책 즉, 복지정책의 효시가 되었습니다. 그리고 유럽 각국의 사회적 배경에 따라 적합한 복지제도들이 정착되었습니다. 영국의 베버리지 보고서를 근간으로 하는 영국식 복지제도, 스웨덴을 비롯한 북유럽의 보편적 복지제도들이 발전해왔습니다. 이렇게 유럽의 복지선진국가들은 전국민의 행복한 삶을 구현하는 복지정책을 완성해나가는 듯 하였습니다.

하지만 전국민에게 인간다운 삶을 영위할 수 있게 하는 복지정책을 지속하기 위해서는 막대한 재정지출이 수반되어야 했고, 경제성장이 뒷받침되어야 했습니다.

1970년대 두 차례의 오일쇼크로 세계경제는 고도성장의 시대가 끝나고, 세계 전체 경제성장률이 크게 떨어져, 마이너스 성장, 인플레이션, 국제수지 악화 등을 초래하게 되었습니다. 경제성장세가 둔화되면서 황금기를 누리던 복지선진국가들은 과도한 재정부담이 되는 복지정책을 개혁할 수밖에 없었습니다. 이후 복지국가의 위기 혹은 침체라고 할 수 있는 경제상황이 지속되었습니다. 그러다 2008년 미국의 서브프라임 모기지의 부실로 세계적인 금융위기가 닥쳤고, 그 파장으로 유럽에서는 재정위기를 겪게 되었습니다. 세계적인 경제침체 상황에서 북유럽과 남유럽의 국가들에서 아주 대조적인 현상을 찾아볼 수 있습니다. 어려운 경제위기 환경에서도 국민적 합의에 의해 재정건전화를 바탕으로 한 복지정책을 개혁하여 안정적인 모습을 보여주는 북유럽의 국가들과 과도한 재정지출이 필요한 복지정책을 개혁하지 못하고 국가 부도의 위기에 직면한 남유럽국가들의 양상입니다.

2012년 한국에서는 총선과 대선을 치르면서 정치권에서 복지정책에 대한 많은 공약들을 쏟아내었습니다. 아직도 세계경제는 침체의 먹구름이 걷히시 않았습니다. 선거과정에서 공약한 복지정책들을 새정부가 어떻게 실천하는가는 한국의 미래에 큰 영향을 미치게 될 것입니다. 이에 우리보다 먼저 복지의 거의 모든 사례를 경험한 유럽 복지정책의 성공과 실패를 살펴보고 아시아의 경험도 점검하는 데, 이 책의 소중한 글들이 도움이 되고 한국의 새로운 선택에 의미 있는 시사점을 제시해주기를 기대합니다.

이번 유럽학연구총서 5 『복지국가시대를 위한 유럽 복지정책의 변화와 아시아의 경험』의 출간에 참여해주신 필자 여러분께 감사드리며, 특히 어려운 출판업계의 사정에도 불구하고 학술전문서적 출판을 흔쾌히 수락해주신 한국학술정보(주)의 채종준 대표이사님, 출판사업부 김영권 이사님과 조현수 과장님, 편집부 여러분께 고마운 마음을 전합니다.

2012년 12월
한국유럽학회 회장 정해조

| 목차 |

제1부

유럽선진복지국가와 변혁

제1장 스웨덴의 복지체제와 재정

- 복지재정과 국민부담의 조화

김인춘*

* 연세대학교 동서문제연구원 연구교수
  이 글은 한국유럽학회 학회지인 『유럽연구』 제29권 제3호(2011년 겨울)에 게재된 바 있음.

Ⅰ. 서론

스웨덴은 보편성과 관대성, 포괄성 면에서 매우 발달된 복지국가를 유지해온 것으로 잘 알려져 있다. 개인의 경제적 안전(economic security)을 공적으로 보장함에 따라 세계 최고 수준의 조세와 재정지출을 해왔다. 중요한 것은 이러한 고복지와 고부담, 고지출에도 경제적으로 성공적인 국가라는 점이다. 스웨덴 복지국가 모델은 1930년대부터 제도화가 시작되었으며, 장기간 집권한 스웨덴사회민주당(이하 사민당)에 의해 주도적으로 구축되었다. 그러나 스웨덴 복지국가의 발전은 초기부터 사민당과 농민당과의 연정, 사민주의자와 자본과의 타협, 노사협력 등 정치·사회세력 간 합의가 중요한 역할을 하였다(Steinmo, 2010).

높은 조세와 막대한 재정지출을 특징으로 하는 스웨덴 복지국가는 복지국가와 재정의 상관관계 연구에서 중요한 사례가 되어 왔다. 조세수준과 조세구조뿐 아니라 복지재정과 세출구조, 재정규모 등에서 비교연구의 대상이 되어 왔다. 또한 '큰 복지국가(large public welfare state)'의 재정운용에 따른 재정적자와 비효율성 문제, 재정지출의 재분배 효과 문제, 경제적 디스인센티브 및 무임승차 문제 등에서도 주목을 받아 왔다. 사실, 스웨덴에서도 1970년대 이후 재정적자와 비효율성 등의 문제가 나타났지만 1990년대 본격적인 조세개혁, 복지개혁, 재정개혁으로 비효율성과 재정의 지속가능성 문제를 비교적 성공적으로 해결해 왔다. 스웨덴 복지국가가 여전히 소득분배와 공공사회서비스 부문에서 중요한 역할을 하고 있으며, 경제성장과 재정 건전성 면에서도 큰 문제가 없기 때문이다.

스웨덴은 복지국가로서 고유의 제도와 정책을 발전시켜 왔는데 이들이 재정지출의 분배 효율성과 효과성, 성장 친화성, 재정 건전성에 긍정적인 역할을 해 온 것으로 알려져 있다. 즉, 조세제도, 노동시장제도, 복지정책, 산업정책, 교육정책 등에서의 제도적 경쟁력과 정책적 특징이 중요했다는 것이다. 잘 알려져 있듯이 스웨덴 복지모델의 생산적 성격은 분배의 효율성과 성장친화성을 중시해 왔다. 1960년대부터 크게 늘어난 재정지출은 보육서비스, 교육 및 직업훈련, 보건의료 등 투자적 성격의 부문에 집중되었다. 또한 고용을 늘리고 사회 전반적으로 안전도를 높여 실업급여, 산재급여, 공공부조와 같은 소비적 재정지출을 그만큼 최소화했다. 1970년대 들어 복지급여의 관대성이 강조되면서 복지지출이 빠르게 증가하게 되었다. 이에 더해 세계적인 경기침체로 실업이 늘고 경쟁력이 약화된 산업에 대한 지원으로 재정문제가 크게 악화되었다. 이에 국가는 조세를 크게 늘림으로써 재정지출을 감당해 왔다. 기존의 높은 소득세에 더해 고용주 사회보장세와 소비세가 크게 증가하였다. 그러나 성장둔화와 고실업, 높은 조세수준과 막대한 재정지출의 부작용이 나타나기 시작하였다. 이에 1980년대부터 연금 및 조세개혁을 비롯하여 구조개혁이 구상되었다. 1990년대 초의 경제위기, 1990년대 초·중반의 심각한 재정적자와 공공채무는 공공부문의 위기를 가져왔다.

1990년대 들어 조세, 복지, 재정 등 각 분야에서 개혁이 본격적으로 이루어지면서 재정 및 복지국가의 효율성이 제고되어 왔다. 1994년 재집권한 사회민주당 정부가 이러한 개혁을 추진하는데 주도적인 역할을 하였으며 경제적 성과와 재정지출의 효율성을 강조하였다. 재정개혁을 통해 1993년 GDP 대비 11%의 재정적자를 1998년부터 흑자로 바꾸었다. 이 과정에서 재정지출 규모 자체가 축소된 것이 아니라 재정지출의 효율성을 높이는 데 주력하였고 경제성장에 따른 세수의 증대가 중요한 기여를 했다. 스웨덴의 중도우파연합정부는 2006년 집권 이후 국민 대다수가 지지하는 사회적 합의, 평등, 복지국가라는 스웨덴 복지모델의 근간을 존중하면서 개혁을 통해 효율성을 크게 높여왔다.[1] 복지급여를 축소하여 일하는 사람에게 더 많은 인센티브를 주고, 저소득층 감세와 실업자들에게 교육·훈련을 제공하여 능력과 인센티브를 제고시켜 왔다. 2008년 세계금융위기 이후, 특히 일부 유럽 국가들의 재정 및 국가채무 위기 상황에서 복지는 물론 높은 성장과 생산성을 달성함에 따라 스웨덴 복지모델의 유효성이 지속되고 있다.[2]

---

[1] 2006년 9월 총선 당시 중도우파연합은 친노동적 입장을 견지하면서 스웨덴 모델을 업그레이드하고 복지 정책을 보다 내실 있게 발전시키겠다고 공약한 바 있다.

복지국가와 재정의 관계는 중요하고도 어려운 과제이다. 재정기조(fiscal position)를 어떻게 유지할 것인지, 재정지출의 규모를 얼마나 할 것인지, 재정지출 구조를 어떻게 할 것인지를 정하는 문제는 복지국가의 성격과 내용에 결정적인 영향을 미치게 된다. 재정기조란 재정의 적자 또는 흑자의 기본적 패턴을 의미하며, 이는 재정의 확대 또는 축소와도 관련된다. 즉, 재정확대는 재정적자의 가능성을 높이고 재정축소는 재정흑자의 가능성이 크다는 것이다. 또는 재정적자 상태에서는 재정확대가 바람직하지 않고 긴축을 해야 한다는 것이다. 그러나 성장이 지속된다면 재정확대에도 불구하고 재정적자 문제가 발생하지 않을 수도 있고, 마이너스 성장의 경우에는 재정축소, 즉 긴축재정에도 불구하고 재정적자 문제가 발생할 수 있다. 또한 공공지출을 위해 재정적자를 감수할 것인지 아니면 재정 건전성을 우선할 것인지의 문제에도 직면하게 된다. 재정 건전성이 중요한 재정목표 중 하나이기는 하지만 어느 부문에 대한 재정지출이냐에 따라 성장을 촉진하고 분배를 더 많이 할 수도 있기 때문에 재정적자에도 불구하고 지출을 늘릴 수도 있다.

따라서 재정, 특히 복지재정을 어떻게 할 것인가 하는 문제는 각국의 경제적 상황뿐 아니라 정치적 상황, 정부의 정책목표 등에 따라 다르게 나타나게 된다. 많은 연구들은 재정규모에 따른 '큰정부'와 '작은정부'의 논의보다 효율적인 정부가 복지국가의 지속가능성을 높인다고 한다(Price et al., 2008). 또한 얼마나 지출하느냐 만큼

---

²⁾ 2010년 9월 우파정부가 재집권에 성공한 요인은 기존의 복지모델을 유지하면서 경제성장과 실업 감소, 건전재정, 국가경쟁력 제고 등에 성공했기 때문이다. 우파정부는 고세금, 고복지에도 강한 경제를 달성하여 '스웨덴=가장 성공적인 사회'라는 평가를 지속시켜 좌우파를 막론하고 많은 국가들로부터 크게 주목받고 있다.

어디에 지출하느냐가 경제적 목표와 분배를 달성하는 데 중요한 영향을 미치게 된다. 조세로 구성된 재정자원을 보육과 교육, 건강, 사회보장 등에 효율적으로 지출함으로써 결과적으로 재정이 경제에 다시 투입되는 효과를 높이는 것이 중요한 것이다. 바로 재정지출을 통해 경제성장을 제고하고 성장의 이득을 분배하는 선순환을 달성하는 하는 것이다. 결국, 재정지출이 경제성장에 기여하고 분배를 보장하는 것은 재정자원을 어떻게 지출하고 얼마나 효율적으로 지출하느냐에 달려 있게 되는 것이다.

이 논문은 스웨덴의 복지체제와 재정 관계를 전체적으로 검토하고 그 성격을 파악하는 데 목적이 있다. 고복지·고부담·고지출의 복지체제를 유지하고 발전시키기 위해 어떻게 재원을 확충하고 재정을 운용하는지를 살펴보고자 한다. 이를 위해 먼저 스웨덴 복지국가의 발전 과정을 재원 확충의 측면에서 간략히 서술할 것이다. 그 다음에 재정수입 및 재정지출의 구조와 특징, 복지재정의 소득재분배 효과, 재정건전성 문제 등을 주요 통계 자료를 중심으로 논의하고자 한다. 마지막으로 스웨덴 복지국가의 발전과 재정 관계를 역사적으로 검토하고 경험적 함의를 찾고자 한다. 재정문제는 복지국가 연구에 핵심적인 주제로, 최근 한국에서 복지국가에 대한 논의가 확산되는 상황에서 반드시 검토되어야 하는 쟁점이다. 어떻게 재원을 확충하고 어떻게 지출할 것인지를 결정하는 문제는 복지국가의 실현과 발전에 중요한 전제조건이 된다. 중부담·중복지 또는 고부담·고복지는 사회적 합의와 정치적 선택으로 결정될 수 있지만 궁극적으로 어떤 복지국가를 할 것인지의 문제는 결국 재정과 부담의 문제로 귀결되기 때문이다.

Ⅱ. 스웨덴 복지국가의 발전과 재정

1. 복지제도의 확대와 재정지출

스웨덴 복지국가의 특징은 대부분 조세수입을 재원으로 하여 저소득층을 포함, 모든 국민을 대상으로 소득보장과 다양한 공공사회서비스를 제공하는 데 있다. 이러한 스웨덴 복지국가의 근간은 1928년 사민당 한손(Per Albin Hansson) 당수가 주창한 '국민의 집(Folkhemmet, the People's Home)' 개념에 있다. 국가는 국민의 집과 같은 역할을 통해 노동자 및 전체 사회적 약자를 보호하여 일정 수준의 삶의 질을 보장하고 평등한 사회적 권리를 갖도록 해야 한다는 것이다. 이러한 평등적·보편적 복지의 사상은 1930년대 이래 지금까지 스웨덴 복지국가의 이념으로 자리 잡아 왔다(Esping-Andersen, 1988). 사민당이 집권한 1932년 이후 한손 수상(재임 1932~46) 정부는 빈곤 추방과 인간적인 삶을 보장하는 정책을 본격적으로 발전시켜 왔다.[3] 1938년 사회복지위원회(Social Welfare Committee, Socialvardskommitten)가 구성되었고, 평등주의적 보편주의 원칙하에 연금, 가족수당, 의료보험, 산재보험 등이 도입되거나 확대되었다. 당시 스웨덴도 대공황의 영향을 받아 실업과 빈곤문제가 심각하였는데 적극적 노동시장정책, 주택건설보조금제도, 특별실업보험제도 등의 스웨덴식 뉴딜정책이 시행되었다. 이러한 개혁적인 사회정책의 재원은 소득세, 상속세, 재산세의 누진율을 크게 높임으로써 충당되었다.[4] 사

---

[3] 사민당 집권 이전에도 중요한 복지제도가 도입되었는데, 1891년 자발적 건강보험에 대한 국가의 기여금 지원 제도를 시작으로 1901년 고용주 부담의 산재보험법, 1913년 연금제도, 1931년 병가보험이 그것이다.

민당 정부가 복지개혁을 추진하는 데 있어 당시 정치적으로 강했던 보수적인 농민당과의 연정(소위 '적록연정')이 중요한 역할을 하였다. 또한 1938년, 국가의 적극적인 중재로 살츠쉐바덴(Saltsjöbaden) 노사대타협이 이루어져 사회 코포라티즘이 본격적으로 발전하게 된 것도 스웨덴 복지국가가 발전하는 데 중요한 기반이 되었다(Pontusson, 1992; Steinmo, 2010).[5]

2차 세계대전이 끝난 후, 1938년 사회복지위원회의 보고서를 기반으로 복지개혁을 추진하여 1950년대 초에 기본적인 복지제도가 완성되었다. 1946년 연금개혁을 시작으로 1947년 아동수당법, 1949년 산업재해보상법, 1954년 주택수당법 그리고 1955년에는 병가보험법이 도입됨으로써 보편적인 사회보험제도가 구축되었다. 1955년에는 국민 모두에게 거의 무료에 가까운 의료서비스제도가 시작되었다. 1959년에는 기초연금에 더해 소득연계의 보충연금제도의 개혁이 이루어졌다.[6] 서유럽의 다른 복지국가들에서 마찬가지로 전후 경제성장은 이러한 복지확대와 재정확대를 가능하게 하였다. 스웨덴 복지모델은 1930년대 스웨덴 경제학자 군나르 뮈르달(Gunnar Myrdal)이 제시한 사회민주주의형 모델로 알려져 있다(Carlson, 1990).

---

[4] 이 시기에는 중간계층 이상이 경제적 부담을 대부분 담당하였는데 부유한 개인 사업가의 경우, 80%가 넘는 소득세, 누진적 재산세, 강제적 사회보험부담금 등으로 연소득의 100%가 넘는 세금을 징수받기도 하였다. 반면 법인세는 낮은 수준에서 유지하여 기업의 자본을 생산적인 투자로 유도하였다. Pontusson and Swenson(1996), Steinmo(2010) 참고.

[5] 스웨덴이 1930년대에 복지개혁을 추진할 수 있었던 또 다른 중요한 요인은 20세기 전후, 당시 세계화 시기, 높은 경제성장을 달성하여 자본축적이 이루어져 있었으며 1차 세계대전에 개입하지 않았기 때문에 국가의 조세확대와 재정확대가 가능했다. Magnusson(2000), Whyman(2003) 참조

[6] 1950년대 후반 큰 정치적 논란과 이념투쟁을 가져온 보충연금제도의 개혁은 임금소득자들, 특히 화이트 칼라 계층이 가장 큰 혜택을 봄에 따라 사민당은 사무직 계층으로부터 상당한 지지를 받게 되었다. 이에 따라 대부분의 사무직 노동자들은 노동계급과 더불어 복지국가의 강력한 지지자가 됨으로써 복지국가의 팽창을 뒷받침했다.

뮈르달의 '생산적 복지' 개념은 저소득층에 직접 급여를 나누어주
는 복지체제 대신, 모든 국민에게 생활에 필요한 서비스를 국가가
직접 제공하는 사회서비스 중심의 복지국가 전략이었다. 의료, 교
육, 보육, 노인요양과 같은 서비스를 정부가 직접 운영, 제공함으로
써 일정 수준 이상의 삶의 질을 모두에게 보장하는 것이다. 이러한
공공서비스 소비로 스웨덴은 영미모델은 물론, 독일, 네덜란드 등
대륙모델에 비해 사회서비스 인프라 수준이 높고, 실업수당 중심의
소극적 노동시장정책보다 교육, 훈련 중심의 적극적 노동시장정책
지출이 큰 비중을 차지하게 되었다.

스웨덴 복지국가는 1960년대에 들어 소득대체가 가능할 정도의
사회적 급부시스템이 구축되기 시작하였다. 당시 사민당은 '강력한
사회'라는 이념으로 더 큰 사회적 평등을 위해 적극적인 국가의 역
할이 정당화되었고 이에 따라 복지가 더욱 확대되었다(김수진, 2007,
224). 1970년대까지 사회보험, 공적부조, 사회서비스 등 모든 사회
복지제도가 완비되었고 연금을 제외한 사회보험의 소득대체율은
1970년대에 이르러 80~90% 수준에 달하였다(Kenworthy, 2007;
Steinmo, 2010). 이에 따라 재정지출이 크게 증가하게 되었다.[7] 이
에 1970년 누진적 조세를 더욱 강화하고 사회보장세와 소비세 등
역진적 조세를 더 높임으로써 급증한 재정지출을 충당하였다. 1973

---

[7] 1960년대 도입된 주요 사회보장정책은 1962년 장애연금의 자산조사 폐지, 1963년 병가수당 기간 상한
제 폐지, 1967년 병가수당 임금대체율 80%, 1964년 실업급여 지급기간 130일에서 150일로 확대,
1969년 기초노령연금에 대한 추가 급여 도입(자산조사 있음) 등이다. 1970년대 확대된 주요 정책은
1970년 60세 이상 근로자의 장애연금 자격 완화, 1974년 실업급여 기간 150일에서 300일로 확대(55세
이상은 450일), 1974년 실업급여 자격이 안 되는 실업자에게 현금지원제도 도입, 1976년 파트타임 근로
자 연금 도입(60세 이상, 소득대체율 65%, 1980년대 50%), 1976년 은퇴연령 67세에서 65세로 감축,
1968년 아동가정 주택보조비, 1972년 출산유급휴가제, 1974년 부모보험제 등 1974년 아버지 출산휴가
수당, 1976년 기초장애연금에 대한 추가 급여 인상, 1977년 산업재해 수당 및 연금자격 대폭 확대, 병가
수당 임금대체율 90% 등이다.

년에는 기초연금기여금을 고용주 부담으로 전환하면서 사회보험에
대한 고용주의 부담이 크게 늘어났다(Holmlund, 1983; Lindbeck, 2001).
이러한 높은 증세는 복지국가에 대한 사회적 합의와 국가에 대한
높은 신뢰로 가능하였다(Rothstein, 1998).

이러한 복지 및 재정 확대, 조세 증대에도 1960년대까지 스웨덴
은 서유럽국가들에서 뿐 아니라 OECD 내에서도 뛰어난 경제적 성
과를 달성할 수 있었다. 낮은 실업률을 유지하여 수혜대상자를 가
능한 한 감소시키는 전략을 추진해왔다. 적극적 노동시장정책이라
는 제도적 장치를 통해 복지비용을 최소화하면서 세입을 극대화하
는 데 성공함으로써 포괄적·보편적 복지체제가 갖는 재정비용의
문제를 어느 정도 해결할 수 있었다. 높은 노동비용만큼 노동생산
성의 증가를 가져오게 함으로써 기업의 경쟁력을 유지하고 고용을
제고함으로써 복지국가와의 선순환을 이루어냈다. 따라서 공공부
문에 의한 2차 분배뿐 아니라 노동시장에 의한 1차 분배가 중요한
역할을 하였다. 1930년대부터 중시해온 완전고용정책, 1950년대
이후의 연대임금정책에 의한 임금조정 등이 시장임금 격차를 축소
시켜 사회적 평등과 소득안정에 기여해 왔다.

2. 재정적자, 복지국가 위기, 개혁

스웨덴 복지국가는 2차 대전 후 경제호황, 유권자들의 정치적 압
력, 정당 간 경쟁, 진보적 정치 환경 등으로 원래의 구상 이상으로
계속 팽창해 왔다. 다행히 높은 경제성장은 세수를 크게 늘려 복지

재정을 뒷받침해 올 수 있었다. 1960년대와 70년대에 집중적으로 도입된 복지정책은 이러한 전후 경제성장이 지속될 것임을 전제한 것이었다. 그러나 복지국가가 최고조에 달한 1970년대에 세계 경제위기가 발생하였고, 이에 따라 위축된 산업 생산과 노동시장 문제를 해결하고자 재정지출이 급증하게 되었다. 수출경제에 기반한 스웨덴 경제의 제반 환경이 악화되면서 조세수입은 줄고 복지지출이 크게 늘어나면서 1970년대 말부터 재정적자가 나타나게 되었다. 공공부문 근로자, 병가 및 육아휴직자, 노령연금자, 조기퇴직자, 노동시장프로그램 참여자, 실업자 등 공공부문으로부터 소득을 보장받는 인구비중도 크게 늘어났다. 이러한 상황에서 스웨덴 복지국가는 보수세력으로부터 국제경쟁력을 떨어뜨리는 주요 요인으로 비판받게 되었다.

1970년대 들어 노동, 조세, 복지 등에서 급진적 개혁이[8] 최고조에 달했던 1976년 사민당은 선거에 패하였고 44년 만에 집권한 우파정부는 재정지출을 억제하기 위해 복지체제에 대한 조정을 시작하였다. 복지국가의 위기가 현실화된 것이다. 철강, 조선 등 전통산업의 대외경쟁력 약화, 실업 증가, 재정적자라는 구조적 문제가 대두된 것이다. 완전고용에 기반한 고부담-고복지의 스웨덴 복지모델은 1970년대 이후 변화된 경제 환경에서 과중한 비용부담과 부작용의 문제에 직면하게 되었다. 80%가 넘는 높은 한계소득세율은 근로인센티브를 약화시켰고 세금회피를 위한 다양한 행태들이 나타났다. 실업과 임금격차 확대로 인해 강력한 누진세에도 불구하고 재분배 효과가 약화되었다.[9] 1980년에는 파트타임 근로자에 대한

---

8) 대표적으로 임노동자기금제(wage-earners' fund), 산업민주주의의 확대, 급격한 세금인상 등이다.

연금지급액을 임금의 65%에서 50%로 축소하고, 병가보험에 대한 대기일을 도입하였다. 의료 및 주택에 대한 수혜자 부담원칙을 도입하였고, 공공사회서비스의 비용 절감을 추진하였다. 그럼에도 크게 늘어난 복지재정은 대대적인 증세에도 불구하고 관리가 어려워졌으며 더구나 사양산업에 대한 정부의 구제금융으로 재정적자는 더욱 악화되었다(Lindbeck, 1997).

<표 1>에서와 같이 GDP 대비 재정적자는 1980년 5.7%, 1982년에는 6.6%로 악화되었다. 이에 우파정부는 긴축정책과 증세를 실시하였으나 1982년 선거에서 경제운용의 실패와 복지축소에 대한 유권자들의 반발로 패하였다.

사민당 정부는 우파정부가 시행한 복지축소의 대부분을 폐기함과 동시에 복지국가의 지속가능성을 높이기 위한 구조개혁을 시작하였다. 연금개혁을 위한 연금위원회가 1984년에 설치된 것이 대표적이다. 악화된 경제 상황에서 높은 복지지출과 재정적자를 해결하기 위해 성장과 고용을 촉진하고 외채를 조달하였다. 대내외적 환경변화로[10] 1980년대 들어 '제3의 길'이라는 새로운 전략을 채택하여 신자유주의적 경제정책이 도입되었고 기존의 노사합의 및 노사정 조정, 정책적 자율성에 기반했던 스웨덴 모델은 더 이상 작동되기 어렵게 되었다. 재정확대에 따른 세금인상은 임금인상을 요구하게 되었고 강력해진 공공부문 노조가 임금인상을 주도하게 되

---

[9] 1980년대 이후에는 시장임금 격차가 커지면서 교육정책과 노동시장정책이 적극적으로 추진되어 왔다. 1차 분배가 악화될수록 2차 분배로 소득격차를 해결하기 어려워지고 장기적으로 사회경제적 부작용도 커지기 때문이다.

[10] 공공부문노조의 조직화 및 영향력 확대, 이에 따른 노노간 이해관계 갈등, 급속한 임금인상과 인플레, 수출기업 중심 금속산업노사의 중앙임금협상 포기, 자본의 생산방식 변화 및 해외 이동 등이 1970년대와 80년대의 변화된 환경이었다. 근본적으로 경제의 세계화 현상이 그것이다.

었다. 임금조정메커니즘의 와해와 급격한 임금인상, 이로 인한 인플레, 다른 한편으로 신자유주의적 경제정책에 의한 자본시장 자유화와 신용확대는 스웨덴 경제를 과열시켰다. 결국, 1990년대 초 인플레와 거품경제 붕괴로 스웨덴은 금융위기를 맞게 되었고 고실업과 구제금융으로 심각한 재정위기가 초래되었다. 이러한 경제위기와 노동시장의 문제는 곧 바로 복지국가의 위기로 발전하였다. 스웨덴 복지국가의 핵심요소였던 임금정책이 와해되었고 실업증가와 고용감소는 재정에 이중의 부담을 안겨주었기 때문이다.

고성장과 완전고용이 더 이상 가능하지 않게 되면서 재정과 공공부문에 대한 구조조정이 불가피해졌다. 1990년대 들어 스웨덴의 EU 가입이 추진되고 1991년 다시 우파정권이 집권하면서 스웨덴 복지국가는 새로운 상황에 진입하게 되었다. 1990년대 초반은 복지개혁과 조세개혁이 동시에 이루어지면서 스웨덴 복지국가가 근본적으로 변화된 시기였다.[11] 1990~91년 조세개혁으로 개인소득세와 법인소득세의 세율이 대폭 하향 조정된 반면, 간접세인 부가가치세가 인상되고 다양한 세금감면제도가 폐지되었다.[12] 1990년 조세개혁은 소비세 인상과 조세지출(tax expenditures)의 축소, 세제간소화가 핵심 내용이었다. 사민당과 우파정부 합의로 이루어진 1991년 조세개혁은 한계소득세와 법인세의 대폭 인하, 과세기반 확대, 조세지출 대폭 축소라는 그야말로 매우 급진적인 것이었

---

[11] 린드벡은 '세 개의 스웨덴 모델(Three Swedish Models)'을 구분하면서, 1990년대 이후의 부분적 자유화 모델을 1870~1970의 시장지향적 모델, 1970~1990년의 개입주의적 모델과 구분하고 있다(Lindbeck, 2001).

[12] 1990년의 조세부담률은 GDP대비 55.7%, 고용주의 사회보장세는 임금대비 38.97%로 가장 높은 수준이었다. 이중섭(2007), 김인춘(2007) 참고.

다.[13] 1990~91년 조세개혁은 1990년대 초 경제상황을 더욱 악화시키는 결과를 가져왔다.[14] 경제위기로 재정지출이 크게 증가한 상황에서 재정수입이 크게 감소하면서 재정적자는 1993년 GDP의 11%를 넘게 되었다. 공공채무 또한 크게 증가하여 1970년대의 GDP 대비 30% 전후에서 1994년 82.5%로 늘었다.

〈표 1〉 스웨덴의 재정적자 및 공공채무 추이(GDP 대비 %)

1970	1975	1978	1980	1982	1985	1990	1991	1992	1993
4.8	5.1	−0.6	−5.7	−6.6	−3.7	3.4	−0.08	−8.8	−11.2
28.9	28.0	32.7	46.9	65.6	70.4	46.3	55.0	73.3	78.2
1994	1995	1996	1998	2000	2003	2005	2008	2009	2010
−9.1	−7.3	−3.3	0.9	3.6	−1.3	1.9	2.2	−0.9	−0.3
82.5	81.1	84.4	82.0	64.3	59.3	60.8	49.6	52.0	49.1

출처: OECD Factbook Statistics(Country statistical profile: Sweden 2011-2012)
* 연도 바로 아래는 재정흑자(적자)이며 그 아래는 공공채무임

재정적자를 해소하기 위한 제1순위로 복지지출의 삭감이 현실화되면서 복지국가의 재편이 불가피해졌고 이러한 상황에서 세계화와 유럽통합의 심화는 복지개혁을 가속화하였다. 본격적인 개혁은 1991~2년 금융위기를 극복하는 과정에서 우파연립정부와 사민당이 1992년 위기대응정책프로그램(crisis package)에 합의함으로써 구체화되었다. 이 정책프로그램은 복지수당의 축소, 복지행정기구의

---

[13] 80%가 넘는 한계소득세율은 50%로, 법인세는 57%에서 30%로, 자본소득세는 30% 단일세로 개혁하였다.

[14] 대출이자에 대한 소득공제 제도가 없어지면서 자산시장 붕괴를 촉발한 것이다. 이는 금융위기와 고실업을 초래하였다. 세제개혁으로 GDP의 3%의 세수축소를 가져왔다고 한다(Agell, et al., 1998).

재편 등 사회복지에 대한 국가개입을 축소하는 것으로 1994년 사민당이 재집권한 후에도 재정적자 감축을 위한 공공부문의 구조조정이 지속되었다. 안정적인 재정확보가 불확실해지고 재정압력이 심화되었기 때문이다.[15] 개인의 책임을 강조하고 경제활동에 대한 동기부여를 강화시켜 전반적으로 복지제도가 혜택 중심에서 급여 중심으로 전환되었고, 이에 따라 스웨덴 복지체제의 특징인 보편성이 약화되었다. 1996년부터 재정적자가 줄어들기 시작하였고 2000년대 들어 공공채무도 크게 줄어 현재까지 재정건전성을 유지하고 있다.[16]

Ⅲ. 스웨덴의 조세와 재정

1. 재정수입의 구조와 특징

스웨덴 복지국가는 막대한 재원이 안정적으로 보장되어야 하는 체제이다. 따라서 복지국가를 운용하기 위한 재정을 어떻게 확보할 수 있는지는 중요한 문제가 된다. 스웨덴 복지제도는 1960년대와

---

[15] 1990년대 초 금융위기 당시 금융기관에 대한 정부의 구제금융(공적자금)은 GDP의 4%에 달하였다. 1994년 사민당 집권 후 1995년 최고소득층과 자본소득에 대한 세율이 소폭 인상되었으나 1991년 세제개혁의 전체적인 기조에는 영향을 주지 못하였다. 공공부문 개혁으로는 1996년 보건의료개혁을 통해 보건의료인력의 구조조정, 학교통폐합을 통한 교육예산 지출 축소, 지방공공조직 축소 및 지방교부금 삭감, 1999년 연금개혁을 통한 국가부담금의 축소 등이 그것이다. 복지소비자의 본인부담금 증가와 복지서비스 공급자 간의 경쟁도입도 이루어졌다(최연혁, 2011).

[16] 1990년대의 주요 복지개혁으로는 1991년 병가수당 축소, 1996년 모든 사회보험의 소득대체율 60~75%로 축소, 1999년 연금개혁으로 연금 감축이 있다. 반면, 1991년 아동수당 및 주택수당 인상이 이루어졌다.

70년대에 크게 발전하였고 1980년대 중반까지 재정지출과 복지지출이 크게 늘어났다. 고세율의 소득세, 다양한 간접세, 법인세, 높은 고용주세(사회보장분담금)가 스웨덴 복지국가의 주요 재원이 되어 왔다. 생산부문의 성과가 분배부문인 복지국가를 지탱하는데 중요한 역할을 하는 만큼 기업의 경쟁력과 이에 따른 고용은 중요한 세원이 되었다.

1) 1970년대부터 조세부담의 급격한 증가

<표 2>는 주요 국가들과 비교한 스웨덴의 조세부담 변화와 수준을 보여준다. 오늘날 스웨덴은 GDP 대비 세계 최고 수준의 조세부담률과 국민부담률을 가지고 있지만 1960년까지는 다른 유럽 국가들과 비슷하거나 오히려 낮았다. 1960년 세금부담은 28.7%로 노르웨이나 독일보다 낮았다. 1960년대와 70년대에 복지제도가 많이 도입되면서 복지지출이 크게 증가하였고 그만큼 조세부담도 늘어나기 시작하였다. 1970~71년의 조세개혁으로 직접세이자 누진세인 소득세율이 크게 높아졌으며 특히 중소기업주의 자본소득세가 급격히 증가하였다. 1960년대는 경제성장이 지속됨에 따라 세수도 증가하여 늘어난 재정지출을 해결할 수 있었다. 그러나 1970년대 들어 세계경제가 침체되고 기존 복지제도의 지출이 누적적으로 크게 늘어나면서 재정을 충당하기 위해 조세를 크게 늘리게 되었다. 1970년대 들어 소득세의 급격한 인상과 기업의 고용주세를 대폭 상향조정하면서 세계 최고 수준의 조세부담을 갖게 되었다. 또한 조세확대를 위해 법인세의 실효세율을 낮추는 데 기여해 온 조세

지출(tax expenditures)도 크게 줄었다. 1970년대의 세금인상은 1980년대까지 이어져, 1960년 28.7%의 조세부담률이 1977년 53.5%로 급격히 높아졌고 1990년 55.7%로 사상 최고 수준에 이르게 된다.[17] 1980년대에 사회보장제도의 관대성이 커지면서 조세부담률을 높이는 역할을 하였다. 1980년 출산수당 인상, 1982년 아동수당 인상(셋째 이하), 1987년 노동시장훈련프로그램의 실업급여 재신청 자격 부여, 1989년 실업수당 소득대체율 90%로 인상 등이 그것이다.

1940년대부터 1970년대까지 발전한 강력한 누진세제는 스웨덴의 사민주의적 복지국가의 핵심요소였다. 이러한 누진적 조세구조는 재분배 효과를 가져온 것으로 인식되었다. 스웨덴에서 역진적인 간접세가 조세에 중요한 역할을 하기 시작한 것은 1969년에 판매세를 대체한 부가가치세가 도입되면서부터이다. 부가가치세는 지속적으로 늘어나 1980년대 중반을 기점으로 GDP 대비 역진세와 누진세의 비중이 역전되는 현상이 나타나게 되었다.[18] 반면, 낮은 법인세와 막대한 조세지출로 자본에 대한 조세는 낮을 뿐 아니라 역진적이었다. 1980년대 중반까지 누진세 비중이 역진세 비중보다 더 컸다는 점에서 이 시기까지 개인소득세가 재정에서 큰 비중을 차지했음을 알 수 있다.

---

[17] 사회보장분담금을 포함한 조세부담률을 국민부담률로 구분하기도 하지만 여기서 말하는 조세부담율은 사회보장세를 포함한 것이다.

[18] 누진세와 역진세, 간접세와 직접세가 복지국가에 미치는 영향과 함의에 대한 국내 연구로 김미경(2010)과 윤홍식(2011) 참조. 윤홍식에 의하면 높은 누진세와 직접세가 보편적 복지국가의 전제조건이 되지 않으며, 어떻게 한 나라의 세금의 크기를 늘릴 것인가와 그 세금을 어디에 쓸 것인가가 중요하다고 한다. 고세금의 균형조세유형으로 분류되는 북유럽국가들은 누진세와 역진세, 직접세와 간접세 모두 GDP 대비 조세비중이 크다는 특징이 있다고 한다. 김미경에 의하면 조세수준이 조세구조를 결정하며, 세수증대와 함께 세출측면에서 재분배 정책추구와 그 정책을 실현하기 위해 높은 조세수준을 유지하는 것이 복지국가 발전의 조건이라고 한다.

<table>
<caption>〈표 2〉 주요 유럽국가의 세금부담률 변화(1925~96, GDP대비 %)</caption>

구분	스웨덴	덴마크	노르웨이	핀란드	영국	독일
1925	16.0	19.6	20.9	21.6	22.6	17.8
1933	18.9	20.1	25.1	20.1	25.2	23.0
1950	21.0	19.8	–	27.8	33.1	30.1
1960	28.7	25.3	32.0	27.5	27.33	33.9
1977	53.3	41.9	47.5	41.2	36.6	38.2
1996	55.2	52.0	45.0	48.8	35.9	42.0
</table>

출처: 최연혁(2011)

1990년대 들어 세제개혁과 대대적인 복지개혁으로 스웨덴의 세금부담률이 낮아지기 시작하였다. 2000년에는 51.9%, 2005년에는 49.4%, 2009년에는 47.2%로 낮아졌다. 1991년 세제개혁으로 직접세인 소득세율과 법인세율이 크게 낮아졌기 때문이다. 스웨덴에서 1980년대 이후 역진세의 비중이 높아져 왔지만 재원의 확보와 재정지출은 별개의 문제로, 즉 재정지출이 불평등을 완화하는 데 사용된다면 역진적 조세가 큰 문제가 되지 않는다고 한다(윤홍식, 2010).

2) 세수의 구성: 소득세와 고용주세의 높은 비중

그러면 스웨덴의 재정 세입은 어떻게 구성되어 있는지 살펴보자. <표 3>은 주요 국가들의 사회보장분담금을 포함한 전체 조세별 세수규모를 보여주고 있다. 사회보장분담금을 포함한 전체 세금, 즉 국민부담률은 2004년 기준으로 스웨덴이 가장 높다. 세부적으로 보면 스웨덴의 개인소득세 비중이 다른 나라에 비해 높고, 사회보장분담금도 가장 높음을 알 수 있다. 사회보장분담금에서 중요한 점은 고용주가 사회보장분담금을 절대적으로 많이 부담한다는 사

실이다. 스웨덴의 법인세는 다른 국가들과 비슷하지만 사회보장분
담금은 높은 것이다.[19] 다른 국가들과 비교해 볼 때, 근로자(소득
세)와 기업(사회보장분담금, 즉, 고용주세)이 부담하는 높은 직접세
가 재정 수입의 큰 부분을 담당하고 있다. 다음으로 간접세인 소비
세의 부담이 높다. 1990~91년 세제개혁으로 개인소득세와 법인세
의 부담이 낮아지고 소비세의 부담이 높아졌음을 감안하면 스웨덴
의 복지재정에서 직접세 비중이 매우 높았음을 알 수 있다. 따라서
스웨덴 복지국가는 누진적인 직접세와 역진적인 직접세(사회보장
세)가 모두 높고 간접세도 높은, '높은 조세수준'을 유지해 왔다. 보
편적 복지국가와 조세 관계 연구에서 강조되는 세수증대와 자본의
조세부담 완화를 위한 역진적 조세구조, 그리고 높은 조세수준이라
는 특징을 모두 보여주고 있다.

〈표 3〉 OECD 국가들의 전체 조세별 세수규모 비교(2004, GDP 대비 %)

| 국가 | 직접세 | | 사회보장분담금 | | | 재산세 | 소비세 |
	개인소득세	법인세	피고용자	고용주	합계		
미국	8.9	2.2	3	3.4	6.4	3.1	4.7
영국	10.3	2.9	2.8	3.7	6.5	4.3	11.5
프랑스	7.4	2.8	4.0	11.0	11.4	3.3	11.1
독일	7.9	1.6	6.1	6.9	13.0	0.9	10.1
스웨덴	15.8	3.2	2.8	11.3	14.1	1.6	13.0
일본	4.7	3.8	4.3	4.5	8.8	2.6	5.3
한국	3.4	3.5	3	2.1	5.1	2.8	8.9
OECD	9.1	3.4	3.0	5.5	8.5	1.9	11.4

출처: 정세은(2011), OECD

---

[19] 스웨덴의 고용주세(사용자가 부담하는 급여세(payroll tax))는 1950년에 도입되었다. 도입 당시에는 6%
였으나 급격히 증가하여 1970년대 말에는 40%에 달하였다. 이러한 높은 고용주세는 기업의 기윤을 줄
이는 결과를 가져왔으나 궁극적으로는 근로자 부담, 즉 임금축소로 이어졌다는 연구(Holmlund, 1983)
도 고려해야 할 것이다. 이에 더해 사회보장세가 역진세임을 감안하면 높은 사회보장세는 그 자체로 소
득재분배에 긍정적이지 않지만 재정지출에서 소득불평등을 완화하는 효과가 큰 것으로 나타난다.

3) 누진적인 높은 개인소득세 부담

조세수입에서 가장 큰 비중을 차지하는, 개인이 부담하는 소득세는 어떻게 구성되어 있는지 살펴보자. 스웨덴의 개인소득세는 1970년 이후 급속히 늘어 한계소득세율이 80%가 넘게 되었다. 1991년의 세제개혁으로 개인소득세가 대폭 축소(한계소득세율 50% 수준)되었기 때문에 1970년대와 80년대의 높은 세금부담률은 누진적인 개인소득세가 큰 비중을 차지하였음을 알 수 있다. <표 4>는 2010년 기준, 스웨덴의 소득세 적용에 다른 세액 및 총임금대비 세율을 보여주고 있다. 저소득층에게는 일괄적으로 지방세만 징수하고 고소득층은 지방세에 더해 국세를 징수한다.[20] 국세는 2단계에 걸쳐 징수하게 되는데 소득이 높을수록 세율이 크게 올라간다. 연봉이 300,000크로네(약 5천만 원)인 근로자에게는 평균적으로 31%의 지방세만 징수하고 지방세와 국세 포함 최고세율은 54.9%이다(최연혁, 2011). 스웨덴 복지국가의 보편성은 세금부담에서도 나타나는데 저소득층에 대한 소득세는 OECD에서 가장 높으며 연금 등 복지급여에도 세금을 부과하고 있다. 그러나 저소득층에 대한 소득이전 수준이 높기 때문에 과세도 가능한 것이다(Steinmo, 2010: 36)

---

[20] 지방세의 경우 지방자치체마다 세율의 차이가 있기 때문에 평균적으로 31.5%를 부담하고 있다. 지방세는 기초지방자치단체(총 290개)의 주요 재원이며 재정지출은 보육 및 탁아, 노인 및 장애인 서비스 등 복지분야가 전체 예산의 50%를 넘는다. 그 다음으로 높은 지출 항목은 교육(초중고등)으로 34%를 차지하고 있다(최연혁, 2011).

〈표 4〉 2010년 기준 개인소득세 적용에 따른 세액 및 총임금대비 세율

총임금 Gross Income	지방세 평균 31%	국세 최고 20%	국세 최고 3%	총임금대비 세율
300,000	93,000			31.0%
500,000	155,000	25,580		36.1%
800,000	248,000	85,580	13,365	43.0%
1,000,000	310,000	150,400	23,364	48.3%
10,000,000	3,100,000	1,925,580	473,000	54.9%

출처: 최연혁(2011), Swedish Tax Office
▶ 국세 1차 상한 연봉기준: 372,100/국세 2차 상한 연봉기준: 532,700

4) 고용주가 사회보장세를 책임지는 높은 고용주세

스웨덴 복지 재원의 중요한 한 축이 바로 고용주세로 대표되는 사회보장세이다. 소득세에 더해 스웨덴 복지재정의 중요한 재원은 고용주세(employer's tax)이다(박노호, 1994). 고용주세는 법인세와 별도로 고용주 또는 기업이 부담하는 사회보장 세금으로, 피고용인의 연금, 건강보험료, 부모보험료, 산업재해보험, 노동시장기금(labor market fund, 인력구조조정준비금 또는 실업세) 등이 그것이다. <표 5>는 스웨덴 고용주세의 변화를 보여준다. 1970년에는 11.90%였으나 그 후 급속히 증가하여 1975년 24.27%, 1980년 32.45%, 1990년에는 사상 최고 수준인 38.97%로 크게 높아졌다. 1960년대, 70년대에 도입한 다양한 복지제도로 복지지출이 급격히 증대되었고 이에 따라 고용주세금도 크게 늘어났기 때문이다. 1990년은 스웨덴의 GDP 대비 세금부담률이 역사상 최고 높은 해였고, 기업의 고용주세 부담 또한 가장 높았음을 알 수 있다. 스웨덴 복지국가의 중요한 특징 중 하나는 기업 부담이 높다는 점인데 사회보장분담금의

거의 대부분을 고용주가 부담하여 다른 국가들에 비해 고용주세금이 매우 높다.[21] <표 3>에서 보듯이, 피고용자와 고용주 부담은 각각 OECD 평균 3.0%, 5.5%, 스웨덴 2.8%, 11.3%로 피고용자의 부담은 OECD 평균보다 낮고 고용주의 부담은 2배이다.[22]

<표 5> 스웨덴 고용주 사회보장세의 변화

연도	임금대비 기여율
1970	11.90%
1975	24.27
1980	32.45
1985	33.46
1990	38.97
1995	32.84
2000	32.92
2005	32.46
2010	31.42

출처: Swedish Tax Office

<표 6>은 스웨덴 고용주세의 배분을 보여주고 있다. 2010년 기준, 고용주가 근로자 임금의 31.42%를 납부하는 사회보장세는 퇴직연금 10.21%, 유족연금기금 1.70%, 건강보험 5.95%, 산업재해보험 0.68%, 부모보험 2.20%, 노동시장기여금 4.65% 등으로 구성된

---

[21] 스웨덴에서 복지국가에 대한 기업의 책임은 그 역사가 오래되었다. 1938년 사회적 대타협으로 기업가들이 고용과 임금, 재산관련 높은 세금, 사회보장세를 부담한다는 합의가 이루어졌다. 이에 대한 보상으로 자본세력은 경영권과 노동의 협력을 보장받았다. 이것이 가능할 수 있었던 것은 당시 이룩된 높은 자본축적에 크게 기인하였다. 스웨덴의 실효 법인세율은 다른 유럽 국가들에 비해 낮게 유지되어 왔지만 높은 고용주세금으로 근로자 사회보험 비용을 거의 담당해 왔다. 피고용자의 사회보장세 기여는 1992년까지 제로(0)였으며, 1993년 임금대비 0.95%에서 점점 늘어나 1999년 6.95%이다(OECD 1999, p.169).

[22] 2007년 기준으로 주요국 고용주 사회보장세(Eurostat 자료)를 보면 미국 6.2%, 영국 17%, 독일 22.9%, 프랑스 28.5%, 네덜란드 21%, 핀란드 20.6%이다. 한국 고용주 사회보장세는 8.8%(2010) 수준으로 국민연금 4.5%, 건강보험 2.82%, 고용보험 0.7%, 산재보험 0.6%, 장기요양보험(건강보험료의 6.55%)로 구성되어 있다.

다. 노동시장 기금은 기업의 인력구조조정이 불가피할 때 노동시장
기금으로 실업자수당을 지급하고 적극적 노동시장정책을 시행하게
하는 재원이다. 이러한 제도는 노동시장의 양적·질적 유연성을 높
여 산업경쟁력을 높이는 데 중요한 역할을 해왔다. 고용주가 대부
분을 부담해온 사회보장세는 스웨덴 복지체제의 핵심인 포괄적인
관대한 보편적 사회보험급여를 포괄하고 있다.

〈표 6〉 스웨덴 고용주세의 배분(2007, 2010)

용도	2007	2010
퇴직연금	10.21	10.21
사망 시 가족승계연금비용	1.70	1.70
건강보험료	8.78	5.95
부모보험료	2.20	2.20
산업재해보험	0.68	0.68
노동시장기금	4.45	4.65
일반봉급세	4.40	6.03
합계	32.42%	31.42%

* 일반봉급세: 국가가 일반세로 활용함
출처: 최연혁(2011), Swedish Tax Office

2. 재정지출의 구조와 특징

일반적으로 재정지출은 재정수입에 따라 결정되며, 수입에 비해
지출이 더 많으면 재정적자가 나타나고 지출이 더 적으면 재정흑자
가 나타나게 된다. <표 7>은 주요 국가의 GDP 대비 공공지출(%,
2004~2007년 평균)을 보여주고 있다. 이 표는 2008년 글로벌 금융
위기 이전의 4년 평균 지표이기 때문에 각국의 일반적인 공공지출

규모를 알 수 있다. 스웨덴은 가장 큰 지출 규모임을 알 수 있다.

〈표 7〉 주요 국가의 **GDP** 대비 총 공공지출(%, 2004~2007년 평균)

스웨덴	54.4	OECD평균	43.6
프랑스	52.9	노르웨이	42.2
덴마크	52.5	캐나다	39.9
독일	45.8	일본	36.9
네덜란드	45.5	미국	36.7
영국	43.9	한국	27.3

출처: OECD 자료 재작성

<표 8>은 주요 국가의 GDP 대비 사회지출 비중을 보여주고 있다. 스웨덴의 높은 세금부담은 주로 복지비용을 위해 사용되기 때문에 사회지출 비중이 높다. <표 7>과 같이 보면, 스웨덴의 경우 GDP 대비 평균 54.4%의 총 공공지출 중 30.1%(2005년) 포인트가 복지지출에 사용되고 있는 것이다. 즉, 총 공공지출의 55.3%가 복지부문에 지출되는 것으로 스웨덴 국가 예산이 복지를 중심으로 운용되고 있음을 알 수 있다.

〈표 8〉 주요 국가의 **GDP** 대비 사회지출(%)

국가	1980	1990	2000	2005
스웨덴	27.1	30.2	29.4	30.1
덴마크	24.8	25.6	26.5	27.7
네덜란드	25.3	26.0	20.6	21.6
프랑스	20.8	25.3	28.2	29.6
독일	24.6	23.9	27.6	27.9
영국	16.9	17.3	19.7	21.9
캐나다	13.7	18.1	16.5	16.5
미국	13.5	13.9	14.9	16.2

한국	–	3.0	5.2	7.1
OECD 평균	16.0	18.1	19.4	20.6

출처: OECD Social Expenditure–Aggregated data(2008)

<표 9>는 중앙정부의 예산지출 항목을 보여주고 있다. 복지지출 항목이 많고 비중이 높음을 알 수 있다.

〈표 9〉 중앙정부 예산 지출(2010년)

지출항목	크로네 billion	지출항목	크로네 billion
1 국가통치	11.7	15 학비보조	22.6
2 경제 및 재무	12.1	16 교육·연구	53.2
3 세무·관세·회계	9.4	17 문화·미디어·여가	11.3
4 사법	35.5	18 건설주택·인프라	1.6
5 국제활동	2.0	19 지역발전	3.2
6 국방 및 위기관리	45.7	20 환경·자연보전	5.2
7 국제원조	26.7	21 에너지	2.7
8 이민국	7.1	22 교통·통신	39.8
9 건강의료·사회보장	56.0	23 농·림·어업	17.4
10 병가수당장애연금	99.9	24 산업·무역	8.5
11 노인수당	41.5	25 지방교부금	75.7
12 가족아동수당	70.2	26 정부채무이자비용	23.4
13 사회통합·성평등	5.2	27 EU 분담금	30.4
14 노동시장	68.6		
합계	**786.4**	예산 외 연금비용	**222.9**

출처: Ministry of Finance

Ⅳ. 스웨덴의 복지지출과 재정의 특징

1. 복지지출과 재정 효율성 제고

스웨덴의 고세금-고복지 모델은 복지국가 발전의 황금기인 1960
년대와 70년대에 구축되었다. 주요 사회보험제도가 확대되고 보장
수준이 높아지면서 포괄적이고 관대한 복지제도가 완성된 것이다.
그러나 1970년대 들어 국내적으로 노사갈등과 계급타협체제의 위
기, 대외적으로 오일쇼크와 세계경제의 침체에 직면하여 재정적자
와 실업, 공공부문 문제가 대두되었다. 스웨덴 경제의 높은 대외의
존도는 복지국가 또한 외부의 충격에 쉽게 영향을 받는다는 점을
보여주었다. 경제성장과 완전고용에 기반한 세금운용과 사회보장
기금의 확보라는 스웨덴 복지모델이 경제침체와 고실업으로 재정
지출이 크게 늘면서 심각한 재정적자가 초래되었다. 1980년대 초
의 심각한 재정적자와 외채증가, 1990년대 초의 경제위기로 금융
권에 대한 공적자금(GDP 대비 4%) 투입과 실업 급증, 이에 더해
1991년 조세개혁에 의한 상당한 세입 감소 등이 주요 재정문제였다.

1990년대 초반 이후 복지지출 축소와 연금개혁, 재정개혁을 추
진한 결과 재정적자가 개선되고 국가채무가 축소되었다. 복지급여
의 소득대체율 삭감, 복지급여 자격 강화 등 재정효율성을 높이기
위한 대대적인 복지개혁이 이루어졌다. 1994년 재집권한 사민당
정부는 1995~98년 기간 중 재정지출 감축 등을 통해 1998년까지
재정균형을 달성하겠다는 목표로 재정건전화 프로그램을 추진하게

되었다. 이를 위해 1991년 50%까지 감소되었던 소득세의 총한계세율이 약간 높아졌다(정세은, 2011; Steinmo, 1996/2010). 재정개혁은 총지출 한도를 법적으로 정하고 지출관리를 강화하는 데 집중되었다. 지출관리 강화를 위해 전반적인 지출 억제, 우선순위에 따라 낮은 순위의 복지프로그램 제외, 비용감축을 강조하였다. 이는 '적은 돈으로 더 많이 하는(do more with less)' 것으로 재정효율성을 높이는 데 중점을 두고 있다(OECD, 2002). 전반적으로 지출규모를 줄이고 경제에의 부담을 축소함으로써 공공지출의 질과 효율성을 제고하는 것이다.

이에 따라 스웨덴 복지국가는 경제적 성과와의 적합성, 증세 불가, 그리고 중산층 이상의 유권자에게 양질의 사회서비스를 제공하는 데 목표를 두어 왔다. 이는 곧 공공소비부문의 계급양극화를 가져오지 않는 범위에서 공공서비스의 선택권을 확대하고 동시에 양질의 서비스를 위해 세금을 올리는 일이 발생하지 않는 것을 의미한다. 복지재정의 효율성이 크게 높아진 것이다. 사회서비스의 비효율, 세금 및 복지급여로 인한 개인적 선택의 왜곡, 도덕적 해이 등의 문제가 크게 개선되면서 복지개혁으로 경제 효율성에 미치는 분배정책의 부정적 영향도 크게 완화되었다. 특히, 공공부문의 효율성이 높아지고 조세개혁으로 세금왜곡을 줄였으며 임금대체율을 낮춤으로써 복지급여문제도 완화되었다.

2. 복지국가와 재정정책 목표의 조화

고세금과 고복지에도 불구하고 1990년대 중반 이후 현재까지 스웨덴의 국가경쟁력이나 경제성과는 유럽에서 가장 좋은 집단에 속해 있다. 세계화와 유럽통합으로 사회적 격차가 확대되었으나 스웨덴 고유의 공공정책으로 소득분배를 개선하고 각 분야의 효율성과 생산성을 제고해오고 있다. 노동참가와 육아를 동시에 가능하게 하는 공공 사회서비스, 적극적 노동시장정책을 통한 노동력의 동원, 인적자본 개발에 대한 강조 등 전통적인 스웨덴의 분배정책은 오히려 세계화라는 새로운 경제환경에 대한 적응을 용이하게 해주었다. 고용정책은 정치적으로 우선순위에 있는데 이는 노동정책의 경제 및 복지에 미치는 영향은 매우 크기 때문이다.

2000년대 들어 스웨덴은 높은 경제성과와 삶의 질을 유지하고 있다. EU 가입 이후 시장개방으로 생산성이 제고되었으며 노동시장 참가율이 높아지고 복지급여 의존도가 낮아졌다. 분배정책의 지속, 중간 및 저소득층에 대한 감세, 성장지향적 개혁 어젠다로 사회통합을 제고하면서 경제성장을 달성한 것이다. 이는 세원을 확대하고 교육 및 노동시장정책으로 보다 평등한 고용성과와 기회평등을 가져오고 있다(Ministry of Finance, Sweden). 복지국가의 지속가능성은 경제성장, 효율성, 거시경제적 안정에 직결되는데 경제적 성과는 고복지와 사회통합 등의 사회적 목표를 실현시키는 데 중요한 요소이기 때문이다. 따라서 장기적 경제성장과 고용증대를 창출할 수 있는 국가능력은 매우 중요하며, 이를 위해 복지국가는 높은 수준의 인적자본 투자와 노동참여를 높이는 데 집중한다. 보편적 가족수당과 아동수당 등 가족관련 복지정책은 소득재분배뿐 아니라 출산 및 여성의 노동참여 제고하는 데 기여하고 있다.

스웨덴의 국가재정은 이러한 역할을 수행하는 데 초점이 맞추어져 있다. 스웨덴 재무부의 재정정책안(2011 Spring Fiscal Policy Bill, Ministry of Finance)이 제시한 단순하면서도 고강도의 정책목표는 더 많은 일자리 제공, 견고한 금융시스템, 수준 높은 교육시스템, 수준 높은 복지시스템(양질의 공공서비스, 선택의 자유 및 접근성), 각 부문의 지속가능한 발전이다. 이러한 재정정책 목표를 위해 공공부문 지출은 다음과 같이 구성되어 있다. 사회보장, 교육, 보건의료 부문이 전체 지출의 약 70%를 차지하고 있다.

〈표 10〉 공공부문 지출 구성(2011, %)

사회보장	42.6%
교육	13.5
보건의료	13.8
공공행정	11.5
국방	2.8
경제분야	8.7
기타	7.0
합계	100

출처: OECD Economic Surveys: Sweden(2002: 151); Ministry of Finance, Sweden

교육과 노동시장 부문의 재정지출은 경제성장의 토대가 되고 있다. 사회적 불평등을 감소시키고 인적자본의 질적 향상을 위한 정책적 노력은 고숙련/고임금 수출산업의 대외경쟁력을 유지시키는 데 있어서 뿐 아니라, 내수산업의 생산성 제고를 위해서도 힘이 되고 있다. 높은 생산성과 높은 수준의 고용은 다시 높은 수준의 복지국가를 유지하는 데 필요한 막대한 세원을 제공하고 있는 것이다. 노사협력에 기반하여 '고숙련-고부가가치-고임금 전략'으로 고숙련 노동력이 스웨덴 경제를 발전시키는 데 크게 기여하게 만들고 있다. 노동시장의 경쟁력을 제고함으로써 1차 분배를 개선하고 경제의 생산성을 높이는 것이다. 스웨덴의 시기별 복지지출과 재정 및 세제 관계는 <표 11>과 같이 요약될 수 있다.

<표 11> 시기별 복지지출과 재정 및 세제의 주요 특징

시기	복지지출 배경	재정 및 조세에서의 주요 특징
1960년대	·기존 복지제도의 지출 누적 ·복지제도의 범위와 적용 확대로 복지지출 크게 증가	·세금부담률 급증 28.7%(1960), 53.3%(1977) ·고용주세의 급격한 인상
1970년대	·노동시장 문제 등장, 노동시장 정책 지출 크게 증가 ·복지급여의 관대성 크게 확대됨	·사회지출 GDP 대비 27.1%(1980)로 증가 ·1970~71년 세제개혁으로 소득세 인상 ·1970년대 중반 이후 경기 침체로 재정지출 증대 ·1979년대 말 재정적자 초래
1980년대	·기존 제도 유지 ·가족정책 관련 지출 확대됨 ·복지급여의 관대성 크게 확대됨	·1980년대 초중반 재정적자 심화, 세금 인상 ·1980년대 후반 재정흑자 ·사회지출 27.1%(1980)에서 30.2%(1990)로 증가
1990년대	·복지개혁 ·사회보험 급여 감축	·1991~2년 금융위기 ·1990~91년 세제개혁으로 세금 큰 폭 인하 ·1990년대 초중반 심각한 재정적자 및 공공채무 재정개혁 및 복지개혁 추진
2000년대 이후	·복지지출 억제 및 합리화	·재정개혁 지속, 재정 및 공공채무 건전성 유지 ·사회지출 30.1%(2005)로 거의 변동 없음

3. 재정지출의 소득재분배 효과 극대화

복지지출의 중요한 목표는 소득보장과 공공소비를 통해 소득재분배를 달성하는 것이다. 실제로 세금과 공공지출(소득이전, 공공서비스)은 소득재분배에 중요한 영향을 미치는 것으로 알려져 있으

며, 사회적 불평등과 양극화 문제를 해소하는 데 있어 조세와 공적
소득이전의 역할은 중요하다(Lindert, 2002). 스웨덴은 큰 규모의 소
득재분배와 공공사회서비스의 재분배 효과가 특징적이다. 스웨덴
재정지출의 높은 재분배 효과는 <표 12>의 5분위 소득(개인) 비
교를 통해서 확인할 수 있다. 상위 20% 성인은 전체 요소소득(임
금, 이자, 배당 등 소득총액)의 45%를 차지하고 하위 20% 성인은
4%를 갖는다. 이러한 요소소득 격차는 세금과 공적소득 이전 이후
의 가처분 소득에서 크게 완화되는데, 요소소득 5분위 격차가 10배
가 넘는 비율은 세금과 소득이전을 통해 3.4배로 크게 완화된다.
교육, 의료 등 공공사회서비스에 대한 개인공적소비를 고려하면 그
격차는 2.3배로 더 줄어든다.

〈표 12〉 세금, 소득이전, 공공소비의 5분위 소득재분배 효과

Income quintile	Factor incomes	가처분소득	가처분소득+공공소비
1분위	4	10	14
2	10	15	16
3	17	18	18
4	24	22	21
5	45	35	31
Total	100%	100%	100%
5/1 비율	10.3	3.4	2.3

출처: OECD Economic Surveys: Sweden(2002: 151); Ministry of Finance, Sweden

재분배는 현금지원뿐 아니라 모두에게 혜택이 분배되는 의료보험,
보건서비스, 아동 및 유아복지, 노인복지, 교육, 각종 보조금 등의 형
식으로도 이루어진다. 세금, 소득이전, 공적소비는 소득계층에 따른
차이뿐 아니라 연령집단에 따라서도 큰 차이가 있다. 세금은 대부분

근로시기에 납부되는 반면, 공공지출은 연금과 노인서비스를 통해 노인연령 집단에, 그리고 아동수당, 부모보험 등을 통해 아동청소년 집단에 집중적으로 배분되고 있다. <표 13>에서와 같이 지니계수를 통해서도 세금과 공공지출의 재분배 효과를 확인할 수 있다.

<표 13> 공공지출의 지니계수 소득재분배 효과

	GINI coefficient	Change in GINI coefficient
Factor incomes	0.49	
Transfers	0.33	−0.16
Disposable income	0.26	−0.07
Disposable income plus individual public consumption	0.20	−0.06

출처: OECD Economic Surveys: Sweden(2002: 151); Ministry of Finance, Sweden

4. 복지지출과 재정건전성 유지

공공지출, 특히 복지지출이 클 경우 재정건전성 문제가 나타날 수 있다는 주장이 많다. 복지지출이 많을 경우 경기 침체 시 세금은 줄고 복지지출은 늘어 재정적자가 심해질 수 있기 때문이다. 재정적자에도 긴축과 증세가 어렵게 되면 그만큼 국가채무는 늘어나게 된다. 재정적자에는 여러 가지 요인이 작용하며 복지지출이 많다고 해서 재정적자가 나타나는 것은 아니다. 스웨덴의 경우 1980년대 초, 1990년대 초에 심각한 재정적자를 겪었다. 1960년대부터 복지지출이 크게 늘면서 1970년대와 80년대에 세금을 크게 늘려 급속히 늘어난 재정을 충당하였다. 그럼에도 1970년대 후반부터 재정적자가 악화되어 1982년 GDP 대비 16%에 이르고 외채도 급격히 증가하게 되었다.[23] 1991~2년의 금융위기로 엄청난 공적자금이 투입되면서 1990년대 초중반에도 심각한 재정적자를 겪게 되었다. 증세가 불가능했을 뿐 아니라 1991년 조세개혁으로 세수는 오히려 낮아졌다. 두 번의 재정적자는 직접적으로 경제정책의 문제에서 비롯되었다고 할 수 있으나 재정지출의 큰 부분이 복지관련 지출인만큼 복지지출의 문제도 없지 않을 것이다. 1993년 12%의 재정적자는 복지개혁, 재정개혁과 세계경제의 호황으로 1997년 2%로 축소되었다(김인춘, 2007). 1990년대 중반 이후 성장을 촉진하고 복지지출 및 재정 개혁을 통해 재정건전성을 유지해 오고 있다.[24]

V. 결론

스웨덴은 복지지출을 포함한 막대한 재정지출을 높은 조세부담과 재정수입으로 운용해 오고 있다. 포괄적이고 보편적인 복지를 위해 높은 수준의 과세가 불가피하였고, 1970년대와 80년대에 재정의 비효율과 심각한 재정적자가 나타나기도 하였다. 1990년대 이후 강력한 재정준칙 도입, 연금 등 복지제도 개혁으로 재정 효율

---

[23] 1970년대 후반부터 세계경제 위기로 스웨덴 경제가 침체에 빠지면서 많은 민간기업이 도산위기에 직면하게 되었고, 당시 보수연정이었음에도 고용 등 주로 정치적 이유로 이들을 국유화하면서 재정적자는 더욱 악화되었다. 사실 스웨덴으로서는 엄청난 재정적자였고 이러한 빚 서비스를 위해 새로운 형태의 자본조달이 필요했다. 스웨덴 정부는 규제된 금융시장 외부의 금융기관을 통해 해외로부터 돈을 조달하게 되었고, 그 결과 비은행금융기관이 크게 늘어났고 스웨덴 정부의 통화, 신용, 환율정책의 자율성은 약화되었다. 이러한 1980년대의 자본시장 탈규제정책은 1991~2년 금융위기의 중요한 한 원인이 되었다.

[24] 유럽연합(EU)은 GDP 대비 3% 이내의 재정적자 한도를 정하고 있다.

성 및 건전성을 제고해 왔으며 복지재정과 국민부담의 조화를 이루고 있다. 스웨덴의 복지체제와 재정에 관한 검토 결과 다음과 같은 잠정적인 결론과 함의를 얻을 수 있다. 첫째, 늘어나는 복지지출을 충당하고 재정건전성을 유지하기 위해서는 지속적인 경제성장이 유지되어야 한다는 점이다. 1970년대 중반 이후 80년대 초의 경제침체와 재정적자는 높은 조세부담도 재정지출을 감당하기 어렵다는 점을 보여주었다. 경제성장은 무엇보다 고용을 늘려 노동시장에 의한 1차 분배를 보장할 수 있고 소득세와 법인세, 고용주세 등의 세입이 안정적으로 확보될 수 있기 때문이다. 또한 경제침체는 실업을 증가시켜 재정지출 자체를 늘리기 때문이다. 1990년대 초 경제위기를 겪은 후에도 복지가 크게 축소되지 않은 것도 개혁을 통해 성장을 유도해 왔기 때문이다. 더 많은 사람이 노동시장에 참여하고 경제의 생산성을 높여 성장을 달성하는 것은 고복지의 전제조건이 되는 것이다.

둘째, 복지지출의 급속한 증가는 조세부담의 증가를 동반한다는 점이다. 복지제도의 발전으로 1960년대 이후 복지지출이 누적됨에 따라 증세가 이루어졌다. 개인소득세와 고용주세를 크게 늘렸는데 이는 스웨덴 국가가 충분한 세금을 걷을 수 있을 만큼 신뢰를 얻고 있기 때문이다. 스웨덴 복지재정에서 사용자 즉 기업의 부담이 높은 것은 매우 특징적이다. 이는 사회적 합의 또는 대타협이 스웨덴의 보편적 복지국가를 지속가능하게 만드는 데 중요한 역할을 해오고 있음을 보여준다. 복지제도가 크게 확대된 1960년대와 1970년대에 복지지출이 급격히 증가하였지만 기업이 복지지출의 일정 부분을 담당해 왔기 때문에 가능하였다. 또한 소비세를 지속적으로 높여 복지재정을 충당하였다. 따라서 보편적 고복지를 위해 누진세와 역진세, 직접세와 간접세가 모두 높은, '균형조세'와 '높은 조세수준'을 유지해오고 있다. 이는 고복지재정과 고세금부담이 조화를 이루고 있음을 의미한다.

셋째, 재정의 투명성과 효율성을 보장하는 국가의 역량이 중요하다. 스웨덴은 재정지출의 효율성과 효과성을 높이고 재정수지와 정부채무를 일정 수준에서 유지하기 위해 엄격한 재정준칙을 정하고 있다. 이는 복지지출과 재정에 대한 국가의 역량을 보여준다. 1990년대 초중반의 심각한 재정적자와 1994년 EU 가입을 계기로 지출축소와 세입 증가에 초점을 맞춘 재정건전화 계획을 추진하였다. 재정정책 목표가 강력하고 복지정책 또한 명료하여 재정효율성과 분배효과성을 크게 높이고 있다. 많은 정책목표와 나열된 복지정책은 정책수행을 위한 자원을 분산시키기 때문이다. 마지막으로 스웨덴은 1960년대 이후 복지지출의 급속한 증가와 이에 따른 고세금, 심각한 재정적자 발생, 조세개혁, 재정개혁 등 복지와 재정에서 많은 문제와 변화가 있었지만 정치적 조정과 사회적 합의로 해결해왔다는 점이다. 정당 간 합의로 이루어진 연금개혁, 세제개혁은 효율적인 재정을 유지하고 성장을 촉진하는 데 기여하고 있으며, 이는 스웨덴의 보편적이고 생산적인 복지체제를 지속하는 데 중요한 역할을 하고 있다. 최근 한국에서도 나타나고 있듯이 재정과 복지는 정치적 성격을 강하게 갖는다. 그러나 복지국가의 성공은 복지재정과 국민부담의 합리적인 조화와 효율적인 운용에 의해 좌우될 것이다.

참고문헌

강명세. 2006. “스웨덴 모델의 위기와 한국의 교훈.”『정세와 정책』(2006-10). 세종연구소.

김미경. 2010. “조세구조의 정치경제학: 한국 조세구조의 정치적 역설.”『한국정치학회보』제44집 제4호. 한국정치학회.

김수진. 2007.『스칸디나비아 사회민주주의의 성장과 쇠퇴: 노동지배의 이념과 전략』. 백산서당.

김영순. 1996.『복지국가의 위기와 재편: 영국과 스웨덴의 경험』. 서울: 서울대출판부.

김인춘. 2007.『스웨덴 모델-독점자본과 복지국가의 공존』. 삼성경제연구소.

박기백·김진·전병목. 2004.『재정지출의 소득재분배 효과』. 한국조세연구원.

박노호. 1994. “스칸디나비아 삼국의 조세제도: 스웨덴을 중심으로.” 한국조세연구원.

송원근·안종범·고영선. 2011.『지속가능한 복지체계와 재정정책』. 한국경제연구원.

안재흥. 2010. “정책과 정치의 동학. 그리고 제도의 변화: 스웨덴 기업지배구조의 사례.”『한국정치학회보』제44집 제4호. 한국정치학회.

옥동석. 2011. “지속가능성: 국민경제. 재정 그리고 복지.”『지속가능한 한국형 복지체제 모색을 위한 선진복지국가 경험의 비교연구』. 한국보건사회연구원.

윤홍식. 2011. “복지국가의 조세체계와 함의: 보편적 복지국가 친화적인 조세구조는 있는 것일까.”『한국사회복지학』63집 4호. 한국사회복지학회.

이중섭. 2007. “세계화와 복지국가의 재정정책 변화: 1991년 스웨덴 조세개혁을 중심으로.”『사회복지정책』28집. 한국사회복지정책학회.

정세은. 2011. “복지와 재정건전성.” 국회 경제법 연구회 발표 자료(2011. 4. 7).

최연혁. 2011. “스웨덴 복지제도의 변화와 도전: 지속적 복지제도의 방향성에 관한 논의.” 한국보건사회연구원 내부발표 자료(2011. 3. 30).

Agell, Jonas, Peter Englund & Jan Sodersten. 1998. *Incentives and Redistribution in the Welfare State: The Swedish Tax Reform*. New York: Palgrave Macmillan.

Bergh, Andreas. 2008. "Explaining the Survival of the Swedish Welfare State: Maintaining Political Support through Incremental Change." *Financial Theory and Practice* 32(3), pp.233-254.

Esping-Andersen, Gosta. 1988. *Politics against Market*. Princeton University Press.

Eklund, Klas. 2011. "Nordic capitalism: Lessons learned." World Economic Forum Davos 2011.

Carlson, Allan. 1990. *The Swedish Experiment in Family Politics: The Myrdals and the Interwar Population Crisis*. Transaction Publishers.

Esping-Andersen, Gosta(ed.). 1996. *Welfare States in Transition: National Adaptations in Global Economies*. London: Sage.

Freeman, Richard B., Birgitta Swedenborg, & Robert H. Topel(eds.). 2010. *Reforming the Welfare State: Recovery and Beyond in Sweden*. National Bureau of Economic. Research Conference Report. Chicago, IL: The University Of Chicago Press.

Hadenius, Axel. 1986. *A Crisis of the Welfare State?: Opinions about Taxes and Public Expenditure in Sweden*. Almqvist & Wiksell International.

Hall, Peter & David Soskice(eds.). 2001. *Varieties of Capitalism*. Oxford: Oxford University Press.

Hicks, Alexander. 1999. *Social Democracy and Welfare Capitalism: A Century of Income Security Politics*. Ithaca: Cornell University Press.

Holmlund, Bertil. 1983. "Payroll Taxes and Wage Inflation: The Swedish Experience." *Scandinavian Journal of Economics* 85(1), pp.1-15.

Johansson, Dan, Du Rietz, Gunnar & Stenkula, Mikael. 2010. "The Marginal Tax Wedge of Labor in Sweden from 1861 to 2009." SNEE Working Paper(April 2010).

Iversen, Torben, Jonas Pontusson & David Soskice. 2000. *Unions, Employers and Central Banks: Macroeconomic Coordination and Institutional Change in Social Market Economies*. Cambridge: Cambridge University Press.

Kenworthy, Lane. 2007. *Egalitarian Capitalism: Jobs, Incomes, and Growth in*

Affluent Countries. Russell Sage Foundation.

Kildal, Nanna & Stein Kuhnle(eds.). 2005. *Normative Foundations of the Welfare State: The Nordic Experience Routledge*. London: Routledge.

Lindbeck, Assar. 1997. *Swedish Experiment: Economic & Social Policies in Sweden After WWII*. Center Business Studies.

______________. 2001. "Lessons from Sweden for Post-Socialist Countries." In János Kornai, Stephan Haggard, Robert R. Kaufman(eds.). *Reforming the State: Fiscal and Welfare Reform in Post-Socialist Countries*. Cambridge: Cambridge University Press.

Lindert, Peter. 2002. "Why the Welfare State Looks Like a Free Lunch." Working Paper 02-7 University of California. Davis-Department of Economics and National Bureau of Economic Research.

Magnusson, Lars. 2000. *Economic History of Sweden*. London: Routledge.

Mahler, Vincent & David Jesuit. 2004. "State redistribution in comparative perspective: A cross-national analysis of the developed countries." LIS Working Paper No. 392.

Mares, Isabela. 2006. *Taxation, Wage Bargaining and Unemployment*. Cambridge University Press.

Pontusson, Jonas. 1992. *The Limits of Social Democracy: Investment Politics in Sweden*. Ithaca: Cornell University Press.

Price, Robert et al. 2008. "Strategies for Countries with Favourable Fiscal Position." Working Paper 655 OECD.

Rodrik, Dani. 1998. "Why Do More Open Economies Have Bigger Government?" *Journal of Political Economy* 106(5), pp.997-1032.

Rothstein, Bo. 1998. *Just Institutions matter: The Moral and Political Logic of the Universal Welfare State*. New York: Cambridge University Press.

Schwartz, Herman. 1993. "Small States in Big Trouble: State Reorganization in Australia, Denmark, New Zealand and Sweden in the 1980s." *World Politics* 46, pp.527-55.

Söodersten, Jan. 1993. "Sweden." In Dale Jorgensen and Ralph Landau(eds.). *The Tax Reform and the Cost of Capital. An International Comparison*. Washington, DC: The Brookings Institution.

Steinmo, Sven. 1996. *Taxation and Democracy: Swedish, British and American*

Approaches to Financing the Modern State. Yale University Press.

____________ . 2010. *The Evolution of Modern States: Sweden, Japan, and the United States.* Cambridge University Press.

Svallfors, Stefan. 1995. "The End of Class Politics?: Structural Cleavages and Attitudes to Swedish Welfare Policies." *Acta Sociologica* Vol. 38(1), pp.53-74.

____________. 2006. *The Moral Economy of Class: Class and Attitudes in Comparative Perspective.* Standford University Press.

Swenson, Peter. 2002. *Capitalists against Markets: The Making of Labor Markets and Welfare States in the United States and Sweden.* New York: Oxford University Press.

Tanzi, Vito, & Ludger Schuknecht. 2000. *Public Spending in the 20th Century: A global perspective.* Cambridge: Cambridge University Press.

Whyman, Philip. 2003. *Sweden and the 'Third Way': A macroeconomic evaluation.* Ashgate Publishing.

Government Offices of Sweden.

Ministry of Finance. 2010. Sweden, "The budget for 2011: from crisis to full employment." 12 October 2010.

____________. 2011. Sweden, "The Swedish Economy in figures." 18 April 2011.

OECD. 1999. Economic Surveys of Sweden 1999.

______. 2002. Economic Surveys of Sweden 2002.

______. 2008. Economic Survey of Sweden 2008.

제2장

덴마크 복지국가와 노동시장의 유연안정화 정책

양재진*

* 연세대학교 행정학과 교수

덴마크식 유연안정성(flexicurity)은 경제성장과 높은 고용률 그리고 건전재정을 사회적으로 균형 있게 달성하는 대표사례를 제공하는 것으로 보인다. 이러한 발전은 높은 수준의 고용과 지속가능한 성장 그리고 사회복지를 달성하고자 고안된 리스본 협약의 정신에 부합하는 것이다(European Economic and Social Committee, 2006).

Ⅰ. 서론

덴마크는 스웨덴과 함께 스칸디나비아 복지국가 혹은 사민주의 복지국가로 분류된다. 그러나 항상 스웨덴이 스칸디나비아 사민주의 모델의 대표주자로 거론되었고, 덴마크는 스웨덴과 비슷한 나라로 이해되는 데 족하였다. 덴마크가 스웨덴을 넘어서며 독자적인 관심을 받기 시작한 것은 그리 오래지 않는다. 위 인용문이 제시하듯이, 1990년대 중반 이후, 덴마크는 소위 '황금 삼각형(Golden Triangle)' 모델에 기초해 뛰어난 노동시장의 유연성과 소득보장의 안정성, 그리고 높은 국가경쟁력의 달성이라는 성과를 이루어오자, 스웨덴의 아류 복지국가에서 탈피하여 새로운 복지국가 모델로 각광을 받기 시작했다. 사회정책과 경제정책의 통합적 사고, 세계화에 적응하는 유연한 노동시장, 삶의 질 제고, 평등한 기회의 분배와 사회통합 등 미래지향적인 복지국가의 주요 특징들을 덴마크에서 찾아 볼 수 있기 때문이다. 따라서 덴마크는 新사민주의형 혹은 사회투자형 복지국가로 불리울 수 있을 정도로, 전통적인 복지국가와는 다른 모습을 보여주고 있으며, 미래 복지국가의 또 다른 이정표를 제시하고 있다 해도 과언이 아니다(양재진·조아라, 2007).

덴마크 모델의 핵심은 영미에 버금가는 유연한 노동시장에 사회정책적 개입을 하여 고용안정성을 부여하는 데 있다. 스웨덴과 달리 중소기업 중심의 산업구조를 갖고 있는 덴마크로서는 세계 경제의 그리고 산업별 경기순환에 매우 민첩하게 대응하는 유연성의 확보 그 자체가 경쟁력이 되고 있다고 해도 과언이 아니다. 그러나 이 유연성은 튼튼한 사회복지적 개입을 바탕으로 사회적 안정 속에 유지되고 있다. 튼튼한 사회보장 또한 무조건적인 것이 아니다. 고용 확대와 직업능력 향상을 도모하기 위해 각종 유인과 의무가 적절히 조율된 정책 패키지를 통해 근로자의 노동시장 참여를 높이고 있기 때문이다. 유연안정화(flexicurity)로 요약할 수 있는 덴마크 노동시장정책이 최근 각광받는 덴마크 복지국가의 핵심 키워드인 것이다. 이 글은 덴마크의 현재 모습을 알기 위해, 과거 덴마크의 복지국가가 어떻게 형성되었는지를 먼저 살펴보고자 한다. 덴마크가 스웨덴과 함께 사민주의 복지국가 모델의 대표적인 나라로 종종 거론되어 왔으나, 정작 덴마크 복지국가에 대한 본격적인 글은 찾아보기 쉽지 않다. 최근 덴마크의 황금삼각형 모델에 대한 소개는 많이 이루어지고 있으나, 이의 태동과 형성에 대한 이해는 상대적으로 높지 않은 이유이기도 하다. 이 글은 오늘날의 덴마크 복지국가의 이해를 위해, 덴마크의 과거 정치경제모델의 성과와 한계를 먼저 짚어 보고자 한다. 이후, 1980년대 보수당 정부와 1990년대 사민당 정부에서 행한 경제·노동·사회복지 개혁의 내용을 살펴보고, 노동시장개혁의 성과를 중점적으로 살펴보고자 한다. 마지막으로 덴마크 사례가 한국에 주는 시사점이 무엇인지를 논하고자 한다.

Ⅱ. 덴마크 복지국가의 태동, 성장, 그리고 변화

1. 덴마크 복지국가 형성의 역사와 사민주의형의 완성

덴마크 복지국가는 온정적이었던 개혁군주 시기로 그 연원을 거슬러 올라간다. 1500년대 덴마크는 스칸디나비아와 현재의 북부독일을 지배하던 대국이었다. 그러나 인접한 스웨덴과 독일, 그리고 러시아의 융성으로 인해 덴마크는 점차 소국으로 변해갔다(<그림 1> 참조). 이 과정에서 덴마크 군주는 대외적 위기를 극복하고자 개혁을 단행했다. 관료제와 징세기구를 발전시키고, 교육제도의 개편 등을 통해 민족의식을 배양시켰다. 1788년 농노제 폐지와 함께 토지개혁도 단행해 중농중심의 평등한 사회의 기초를 닦았다. 1797년

관세법을 통해 자유무역을 원칙으로 삼았으며, 마침내 1849년 6월
에 입헌민주헌법을 통해 정치민주화도 달성하였다. 1857년에는 자
유무역법을 통해 개방경제의 틀을 확대하였다. 그러나 1864년 프
리시아와의 전쟁에서 또다시 크게 패하였고, 독일을 견제하기 위해
대내적인 개혁과 함께 적극적인 대외정책으로 위기를 극복하였다.
외교정책의 핵심은 영국과의 관계 증진이었고, 대내적으로는 국가
가 직접 항만, 철도 건설 등에 나서면서 보다 적극적으로 경제개발
을 촉진하는 것이었다(Campbell and Hall, 2006).

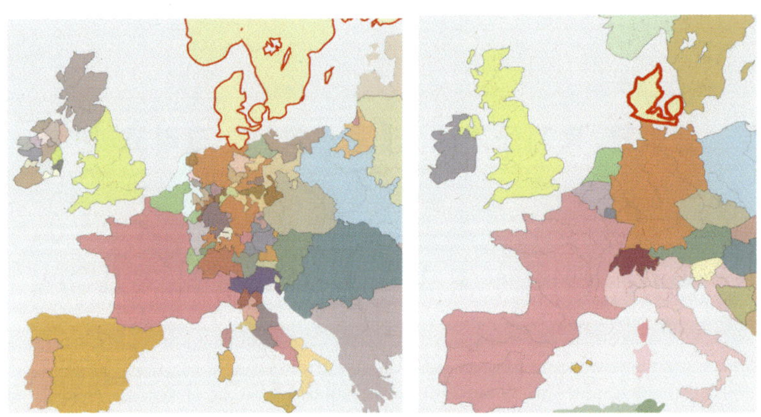

〈그림 1〉 덴마크의 영토 변화: 1500년과 1900년의 비교[1]

　　정부의 역할은 경제분야에 국한된 것은 아니었다. 사회복지분야
까지 확대되었다. 1891년 덴마크 보수당정부의 J. B. S. Estrup 수상
은 독일 비스마르크의 사회보험도입에 자극받아, 국가개입을 통한
사회문제의 해결에 나서게 된다. 그러나 덴마크에서는 독일과 달리

---

[1] 출처: http://www.euratlas.net/history/europe/1500/entity_892.html(검색: 2010년 12월 10일)

노동자의 기여금으로 운영되는 사회보험형식을 취하지 않고, 일반 재정에 기반한 보편주의적 기초노령연금(1881)과 자발적 의료조합 (소위 'sick-clubs')을 지원하는 의료보장시스템(1892)을 도입하였다. 비스마르크의 사회보험제도는 광업과 제조업 분야의 임금노동자를 대상으로 한 것으로, 덴마크 인구의 대다수를 차지하고 있던 자영 농과 농업부문 노동자에게도 국가의 보호 손길이 미치도록 하기 위해서는 사회보험형식을 도입할 수 없었기 때문이다(Kaspersen, 2006; Pierson, 1991).

1905년부터 1947년의 양차 세계대전 기간에 덴마크는 사회자유당(Social Liberal Party) 지도하에 다수의 연립정부가 구성되었다. 사회자유당 정부는 호전적인 강대국 독일로부터 국가의 생존을 도모하기 위해 대외적으로 중립을 표방하고, 대내적으로 위기의 극복을 위해 국민통합을 최대의 과제로 삼았다. 특히 후자를 위해서 사회민주당과 협력 하에 계급타협에 기초한 복지사회의 건설을 목표로 하였다. 1914년 1차 세계대전이 터지자, 덴마크정부는 의회의 전폭적인 지지 하에 시민 사회 대표자들로 구성되어 사회적 합의를 추구하는 사회협의회(den Overordentilige Kommission)를 발족시켰다. 여기에는 사용자대표, 노조대표, 농민대표, 어민대표, 소비자대표 등이 참여하였다. 이러한 사회적 타협의 경험은 후일 사회통합을 위한 복지국가 건설의 기반이 되었다. 1919년에는 제2차 토지개혁이 실시되어 잔존한 대농장이 다시 약 6,000개 중농으로 재편되었다. 중농 중심의 덴마크는 러시아혁명으로 불어 닥친 공산혁명의 열기를 막아낼 수 있었다. 1931년에는 대공황을 극복하고자 보다 적극적으로 국가가 경제문제에 개입하기 시작하여 1932년 거래통제국(The Exchange Control Office)을 설립하는 등 각종 비상조치가 실시되었다. 이와 같은 정치적 사회경제적 배경 속에서 1933년 덴마크는 Kanslergade Agreement라고 불리는 협약에 기초해 대대적인 사회복지개혁을 단행하였다. 노동권의 강화, 단체협약의 전 사업장 법적 강제, 사회보험제도의 강제적용 등이 그 핵심 내용이다. 이는 덴마크에 사민주의형 복지국가의 태동을 알리는 것이었다(Østergard, 2006; Kaspersen, 2006).

2차 세계대전 이후, 그간 사회자유당의 주니어 파트너였던 사회민주당이 다수정당으로 집권당이 되었다. 집권 사회민주당 정부는 양차대전 사이에 의회 영향력이 커진 공산당과 공산주의를 국내외 최대의 적으로 인식하고, 사회개혁을 통해 공산주의의 위협을 몰아내고자 하였다. 따라서 미국과 동맹을 맺어 1947년 마샬 원조를 받아들이고, 1949년에 NATO에 가입하였으며, 그린란드에 미공군 기지를 허용하기도 하였다. 자본주의 블록 내에서 덴마크는 빠른 속도로 스웨덴과 유사한 수준의 정치·사회시스템과 산업화를 이루어나가게 된다. 도약의 발판은 1960년 유럽자유무역연합(EFTA, European Free Trade Association)에의 가입이었다. 이를 통해, 기계공업을 바탕으로 경쟁력을 갖춘 중소기업들이 급성장하였고, 이러한 산업화를 배경으로 스웨덴과 유사한 형태의 노사관계가 형성되기 시작하였다(Kaspersen, 2006).

덴마크 중앙노조(LO)와 사용자단체(DA)의 중앙수준의 단체협상이 강화되고, 반대로 개별기업의 자율적 교섭권은 축소되었다. 1963년 노사정간에 맺은 포괄적 사회협약인 '일괄해법(package solution or HelhedslØgen)'은 조합주의에 입각한 계급타협의 대표적 사례로 지목된다. 사민당 정부 하에서 맺어진 이 사회적 합의는 ① LO와 DA 간 임금자제 협약, ② 저임금 보전제도를 통한 연대임금제의 도입, ③ 사회복지의 확충을 통한 사회적 임금의 강화, 그리고 ④ 소득비례연금(ATP) 도입을 통한 미래 복지사회의 건설을 주요 내용으로 담고 있다. 1964년에는 사회개혁위원회(The Commission for Social Reform)가 설치되고, 사회복지개혁이 단행되었다. 기본방향은 현금 이전지출 중심의 사회보장체제에서 교육훈련을 강화하고 노동력이 이동을 원활하게 하는 것이었다. 이러한 사회보장체제는 보수당 정부가 들어선 1968~1971년에도 흔들림 없이 유지되었다. 1970년에는 1,300개를 넘던 지방자치단체를 275개로 통합하고, 이를 사회서비스의 핵심 전달체계로 삼았다.[2] 이를 토대로 사회서비스가 확충되고 공공부문 고용이 팽창하게 되면서, 1960년 이후 정부지출은 두 배로 증가하였고, 1970년대 중반에는 스웨덴 수준인 GDP 대비 50%를 상회하게 되었다(Einhorn and Logue, 2003; Kaspersen, 2006).

위에서 언급했듯이 덴마크도 기본적으로 연대임금제가 임금협상의 규범이 되었다. 따라서 스웨덴과 마찬가지로 고용 흡수력이 저임금 서비스 산업보다는 공공부문에서 창출되었다. 특히 오일쇼크 이후 경기침체 국면에서 공공부문의 역할은 두드러졌다. 1970년 초(1970~3년) 인구대비 14%를 차지하던 공공부문 고용은 점차 확대되어 1980년대 초(1982~5년)에는 22%에 이르러 스웨덴의 26%에 근접하였다(동일 기간 민간부문의 고용은 20%에 그대로 머무름). 이는 미국의 민간부문 고용이 전 인구대비 26%에서 31%로 늘고 공공부문 고용은 10%에 그대로 머물러 있던 것과 대조된다

(Iversen, 2001: 262). 이것은 스칸디나비아 사민주의 모델의 일원으로서 덴마크 모델이 갖는 특징을 단적으로 나타내 주는 예라 할 수 있다.

<표 1> 공공부문과 민간부문 고용 변화 비교

연도	덴마크		스웨덴		영국		미국		독일		네덜란드	
1970~3	14	20	17	19	13	20	10	26	8	17	7	21
1974~7	17	20	20	20	15	22	10	26	9	17	7	21
1978~81	20	20	24	20	15	23	11	29	10	18	8	21
1982~5	22	20	26	20	14	24	10	31	10	18	8	20
1986~9	22	21	26	22	14	28	11	35	10	19	7	22
1990~2	22	21	26	23	14	31	11	36	10	17	7	24
Change	8	1	9	3	0	11	1	11	2	0	0	3

비고: 각 나라의 첫 번째 열이 전체인구 대비 공공부문 종사자의 비율이고, 두 번째 열이 전체인구 대비 민간부문 종사자 비율임.
출처: Iversen(2001)

2. 1970년대 경제위기와 1980년대 보수당 정부하의 경제 및 사회개혁

1973년 오일쇼크 이후, 다른 자본주의 경제체제와 마찬가지로 덴마크 경제도 스태그플레이션을 겪었다. 인플레이션은 1973~ 1981년 기간 동안 연평균 10.9%에 달하였고, 경제성장률은 1974년과 1975년 마이너스 성장을 기록하는 등 동기간에 연평균 1.5%에 불과하였다. 경상수지는 동기간에 연평균 GDP대비 3.2%를 기록하고, 정부재정 적자는 연평균 0.7%로 만성적자였다. 더욱 심각한 것은 늘어만 가는 실업이었다. 오일쇼크가 발생한 1973년 1%였던 실업률

이 공부문의 적극적인 고용흡수에도 불구하고 1981년 9.2%까지
치솟았다(Green-Pedersen, 2002: 52).

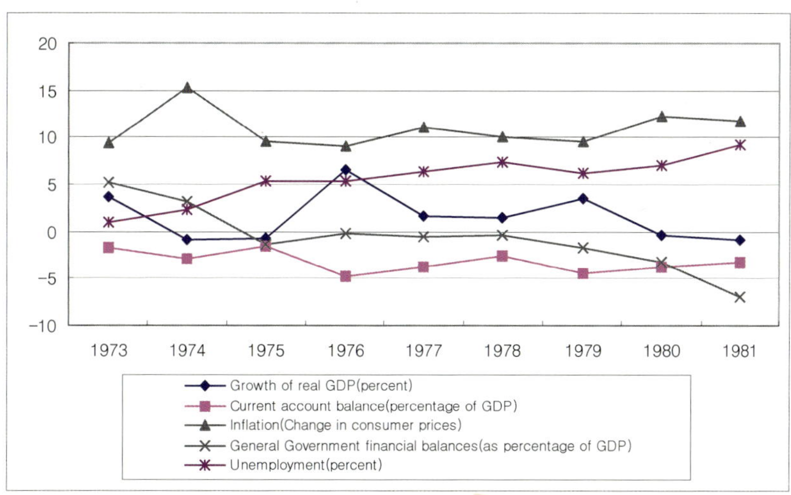

출처: Green-Pedersen(2002: 52)

〈그림 2〉 덴마크의 주요 경제 지표(1973~1981)

1970년대 스태그플레이션 하에서 덴마크 정부가 취했던 조치는
케인즈주의에 입각한 총수요관리정책과 평가절하를 통해 수출경쟁
력을 유지하는 것이었다. 재정확대와 평가절하는 인플레이션을 유
발하였으므로 적극적인 임금자제(wage restraint)가 요청되었다. 그
러나 1981년부터 LO와 DA 간의 중앙교섭이 약화되고 산별수준의
교섭으로 분권화가 이루어지기 시작해 임금자제는 실효성을 발하지
못하였다. 게다가 물가연동임금제도(inflation-indexation wage increase)
로 인해 인플레이션과 임금상승의 악순환이 발생하였다. 덴마크에
서 중앙교섭에 대한 분권화 압력은 스웨덴과 마찬가지로 고수익

기계산업의 사용자 단체와 금속노조의 숙련노동자 그룹으로부터 나왔다. 1983년과 1985년 중앙교섭이 다시 재개되기도 하였으나, 이후 산별 및 개별 기업수준의 자율교섭의 영역은 점차 확대되어 갔다(Iversen, 2001).

1982년 경제의 총체적 위기 속에서 사민당 정부는 물러나고, 보수당 정부가 들어섰다. 1982년 보수당 정부가 맞이한 경제 성적표는 전후 최악의 상황이었다. 1982년 인플레이션은 10%를 넘었고, 경상수지는 GDP 대비 3.9% 적자였으며, 정부재정적자는 무려 GDP 대비 9.1%에 달하였다. 실업도 만연하여 공식 실업률은 10.3%(1983년), 조기퇴직수당 수급자를 포함한 실질 실업률은 20%(1984년)에 이르게 되었다(Green-Pedersen, 2002: 53-4).

이러한 상황 속에서 보수당 정부는 통화주의와 신자유주의에 입각한 경제안정화 조치를 취하였다. 사민당 정부 하에서 행해졌던 평가절하정책의 폐기를 선언하고, 덴마크 크로네를 독일 마르크화에 연계시키는 연계환율(pegging) 정책을 시행하였다. 이러한 경화정책(hard currency policy)과 더불어 자본시장을 자유화하고, 물가연동임금제(dyrtidsregulering)를 폐지하였으며, 복지지출 등의 삭감을 통해 재정적자를 축소하였다. 복지삭감은 구체적으로는 상병수당 지급에 대기일(waiting day)을 도입하고, 상병수당과 실업수당의 소득대체율을 낮추며, 조기은퇴 수당과 기초연금액을 삭감하는 등 각종 공적 부조를 삭감하는 조치들을 통해 이루어졌다(Iversen, 2001; Green-Perdersen, 2002: 112-123). 이러한 안정화조치들은 덴마크 모델의 한 축인 노사정의 사회적 협의과정을 거치지 않은 채로 '위기 조치(Crisis Solution)'라는 이름으로 일방적으로 시행되었다. 특히 물가연동임금제도의 폐지에 대한 덴마크 노조의 반대는 격렬하였고, 대규모 파업과 데모를 통해 불만이 표출되었다. 당시 야당인 사민당은 노조와 함께 보수당 정부의 안정화조치에 대해 '반사회적이며 사회의 약자에게 가혹한 처사'라며 반대하기도 하였다(Green-Perdersen, 2002: 112-123).

하지만, 1993년 재집권에 성공한 사민당은 과거 보수당정부의 정책기조를 크게 변화시키지는 않았다. 사민당정부는 '더 좋은 미래를 향한 신 진로(New Course towards Better Times)'라는 모토 하에 두 가지 중요한 개혁에 나섰다. 하나는 조세개혁이고 나머지 하나는 노동시장개혁이었다. 먼저, 조세개혁은 개인소득세를 낮추는 대신, 유류와 담배 사치재 등의 소비에 과세를 높이는 녹색세(green taxs)를 도입하고, 각종 조세감면과 소득공제혜택을 축소(예를 들면, 모기지론에 대한 소득공제 감축)하여 전체적으로 재정수입의 규모는 유지하는 방향이었다. 다음으로 노동시장개혁은 아래에서 자세히 후술하겠지만, 노동시장을 유연화하되 노동을 촉진하고 개개인의 근로능력을 높여 실질적으로 자유경쟁시장에서 고용이 안정적으로 이루어지도록 하는 방향으로 이루어졌다(Einhorn and Logue, 2003: 250-253; Green-Perdersen, 2002: 112-123).

3. 1990년대 사민당정부 하 덴마크 복지국가로의 개혁

1980년대 보수당 정부의 개혁이 가해지긴 했으나, 덴마크는 스웨덴으로 대표되는 사민주의 복지국가의 기본 틀을 유지하고 있다.

안정적인 거시경제관리와 기업친화적인 성장정책, 강력한 사회안전망 그리고 우수한 교육과 사회적 인프라가 유기적으로 연계되어 있는 것이 그 기본틀의 핵심이라 할 수 있다. 1993년 집권에 성공한 사민당은 1994년 1월부터 덴마크 복지국가를 재구조화하는 개혁에 들어가고, 그 핵심은 노동시장의 이동을 원활하게 하면서, 비활성화된 노동력의 활성화를 추구하는 것이었다. 그 핵심 방향을 정리하면 다음과 같다(Abrahamson, 2006: 360-361).

첫째, 1994년 유급휴가제도의 도입과 직장순환제의 결합을 통해 재직자는 육아와 교육훈련의 기회를 갖고, 적극적 노동시장정책을 통해 실업자(혹은 구직자)는 취업기회와 재직훈련의 기회를 높이도록 하였다. 둘째, 1997년에는 공적부조제도를 개혁하여, 지급수준을 다소 낮추고 훈련과 취업노력을 조건부로 하여 공적부조를 지급하게 하였다. 셋째, 비영리 부문을 육성하기 위해 보조금 지급과 위원회 참여를 확대해 공사 간 파트너십을 함양하였다. 넷째, 기업의 사회적 책임 운동(Campaign for Social Responsibility of Companies)을 통해, 노동시장과 사회적 배제자들을 최소화하는 데 기업이 동참하도록 독려하기도 하였다.

이러한 개혁의 핵심은 노동시장유연화와 적극적인 활성화(Activation) 조치로 요약할 수 있다. 사실 적극적노동시장 정책은 스웨덴의 심볼과 같은 대표정책인데, 덴마크는 보다 강도 높은 노동시장유연화 조치에 병행하여 개인별 사례관리를 강화하고 개별 근로자에 대한 지원에 책임과 의무와 강하게 연동시키는 적극적노동시장정책으로 발전시켜 갔다. 동일한 사민주의 복지국가 내에서 스웨덴식 사민주의 형과 차별적인 발전을 보이기 시작한 것이다. 이를테면, 덴마크의 고용보호는 다른 유럽 국가에 비해 상대적으로 높지 못하였다. 이는

1899년 노사가 맺은 소위 9월 합의(The September Compromise)에
의해 해고와 고용은 전적으로 사용자의 권리라는 것을 명확히 한 전
통에 따른 것이었다. 그럼에도 불구하고 1994년부터 사민당 정부는
노사합의하에 노동시장유연화 조치를 단행하여, 영미 수준에 버금가
는 노동시장 유연화를 달성하였다.

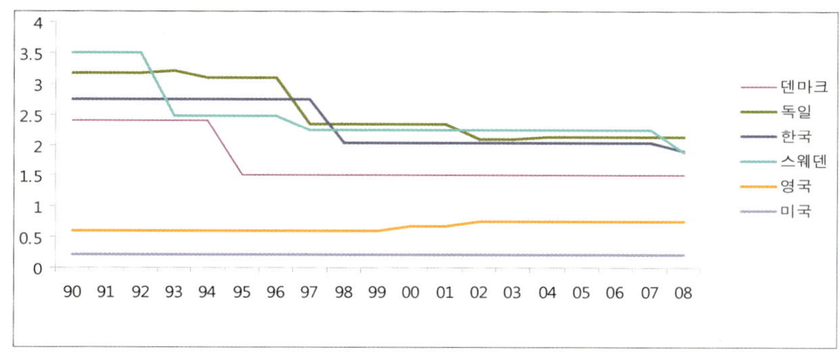

〈그림 3〉 덴마크 노동시장 유연화의 추이 국제 비교[3]

아래 퍼지셋 이상형 분석에서 확인되듯이, 덴마크는 스웨덴이나
노르웨이와 유사하게 실업급여가 관대하고(G) 적극적 노동시장정
책이 발달(A)하였으나, 이들 국가와는 달리 고용보호가 매우 약하
여(s), 독자적인 GAs 유형을 보이고 있는 데서도 확인된다.[4]

---

[3] 출처: OECD Statistics Database(검색일 2010년 12월 10일)

[4] 실업급여의 관대성을 나타내는 지표로 실업급여의 순소득대체율(net replacement rate)을 사용하였는데,
국가별 조세구조를 반영하여 가처분소득을 기준으로 하였다. 구체적으로는 소득수준(평균임금 100%)과
가족형태(독신/2자녀)를 고려해 평균한 데이터를 사용하였다. 노동시장정책의 적극성은 노동시장 프로그
램에 투입하는 공적지출 중 적극적 지출의 비중으로 측적하되, 실업률을 반영하는 지표를 사용하였다.
적극적 지출의 대 GDP 비율을 실업률로 나눈 뒤, 적극적 지출의 상대적 비중(총지출에서 차지하는 비
중)을 가중치로 곱해 적극성 지수를 구했다. 고용보호의 엄격성은 OECD가 개발한 고용보호 입법지수
(Employment Protection Lesislation Index, EPL)을 사용하였다(조아라, 2010).

〈표 2〉 노동시장 정책레짐 이념형에 따른 퍼지집합 소속 점수(Membership scores)

국가	이념형	2001	2002	2003	2004	2005	2006	2007	2008
네덜란드	G*A*S	0.69	0.69	0.69	0.68	0.59	0.69	0.65	0.59
	G*A*s	0.31	0.31	0.31	0.31	0.31	0.31	0.35	0.41
노르웨이	G*A*S	0.59	0.5	0.5	0.5	0.41	0.5	0.73	0.73
	G*a*S	0.41	0.5	0.5	0.5	0.59	0.5	0.18	0.25
스웨덴	G*A*S	0.75	0.75	0.68	0.5	0.5	0.68	0.55	0.5
	G*a*S	0.02	0.03	0.32	0.5	0.5	0.32	0.25	0.32
덴마크	G*A*S	0.33	0.33	0.33	0.33	0.33	0.33	0.33	0.33
	G*A*s	0.67	0.67	0.67	0.67	0.67	0.67	0.67	0.67
오스트리아	G*a*S	0.65	0.65	0.58	0.58	0.58	0.58	0.58	0.58
	G*a*s	0.26	0.26	0.42	0.42	0.42	0.42	0.42	0.42
프랑스	G*a*S	0.75	0.77	0.73	0.73	0.74	0.74	0.74	0.76
	g*a*S	0.21	0.23	0.27	0.27	0.26	0.26	0.26	0.24
독일	G*a*S	0.75	0.67	0.67	0.69	0.69	0.69	0.69	0.69
	G*a*s	0.21	0.33	0.33	0.31	0.31	0.31	0.31	0.31
이탈리아	G*a*S	0.56	0.55	0.51	0.51	0.51	0.51	0.51	0.56
	G*a*s	0.37	0.37	0.49	0.49	0.49	0.49	0.49	0.44
한국	g*a*S	0.5	0.5	0.5	0.57	0.64	0.55	0.61	0.56
	g*a*s	0.36	0.36	0.36	0.36	0.36	0.36	0.36	0.44
호주	G*a*s	0.42	0.42	0.39	0.38	0.37	0.34	0.32	0.3
	g*a*s	0.58	0.58	0.61	0.62	0.63	0.66	0.68	0.7
일본	G*a*s	0.56	0.61	0.47	0.47	0.47	0.45	0.47	0.47
	g*a*s	0.44	0.39	0.53	0.53	0.53	0.55	0.53	0.53
영국	G*a*s	0.45	0.45	0.48	0.48	0.47	0.46	0.46	0.47
	g*a*s	0.55	0.55	0.52	0.52	0.53	0.54	0.54	0.53
미국	G*a*s	0.46	0.42	0.57	0.55	0.53	0.48	0.48	0.46
	g*a*s	0.54	0.58	0.43	0.45	0.47	0.52	0.52	0.54

출처: 조아라(2010: 50)

이러한 덴마크 노동시장정책은 소위 황금 삼각형(Golden Triangle)이라 불린다. 덴마크는 중소기업 중심의 산업구조를 갖고 있는 작은 나라이다. 세계시장을 선도할 만큼 큰 기업이 존재하지도 않고,

세계 경제질서를 자국에 유리하게 만들어낼 정도로 강대국도 아니다. 덴마크 경제는 세계 무역질서에 그리고 시장변화에 보다 빠르게 부단히 적응해가야 경쟁력을 유지할 수 있는 것이다. 따라서 유연한 노동시장은 불가피한 선택이다. 덴마크는 유연한 노동시장에 투입된 노동자들을 보호하기 위해 전후 발전시켜온 강한 사회적 안전망을 해체하지 않고 있다. 단, 복지정책을 결합하되, 단순히 소득보장에 머무는 것이 아니라 적극적으로 인적자원을 개발하여 높은 고용률과 함께 생산성 향상을 도모하는 방향으로 프로그램을 개혁해 오고 있다.

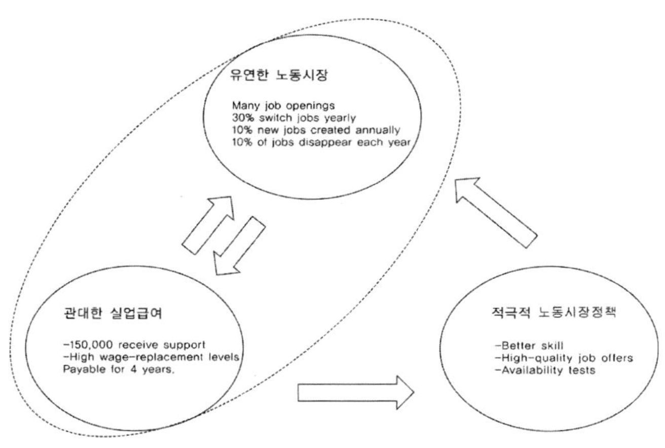

출처: European Economic and Social Committee(2006)

〈그림 4〉 덴마크의 황금 삼각형(Golden Triangle) 모델

1990년대 덴마크 노동시장개혁이 하나의 모델로서 자리 잡을 수 있었던 것은, 노사정 온건파 주류의 합의 하에 유연안정성과 인적자원개발을 촉진하는 노동시장과 복지개혁이 이루어지는 것이 가

능했기 때문이었다. 그 합의는 14개 지역노동시장에 설치된 노동시장위원회(Labor Market Council)를 통해 이루어졌다. 노사정위원회는 노사정 3자가 공동으로 황금 삼각형 모델의 집행을 맡고 있다.[5] 이는 노사 간 정보의 원활한 전달과 수요중심의 노동시장정책을 마련하는 데 커다란 기여를 하고 있는 것으로 평가되고 있다(Green-Pedersen, 2002: 125-126; European Economic and Social Committee, 2006).

물론 좌파블록의 전통주의자들과 노동조합 내 극좌파들은 덴마크의 이러한 유연안정성 전략에 대해 비판적이다. 그러나 좌파블록의 최대 지분을 가진 사민당과 노동운동의 주류는 황금 삼각형 모델이 세계화와 지식기반 경제의 도전에 가장 효과적인 대응방식이라는 데에 인식을 함께하고 있다. 2001년 집권에 들어간 보수당도 사민당과 조직노동에 비해 더 많은 신자유주의적 개혁을 원하긴 하나, 황금삼각형 모델의 기본틀은 지지하고 있다. 보수당 집권 이후에도 큰 변화 없이 정책의 일관성이 유지되고 있는 이유이다.

---

[5] 덴마크에는 노동시장정책의 집행기구인 수준별 노동사무소에 노사정 3자 동수로 구성된 노동시장위원회가 있는데, 이 노동시장위원회가 각 수준에서의 노동시장정책을 결정하게 된다. 즉, 전국적 수준에서는 '적극적 노동시장정책을 위한 전국 노동사무소(AMS)'에 국가노동위원회(LAR)가, 14개 노동시장지역(주)의 지역노동사무소에는 '지역노동시장위원회(RAR)'가 설치되어 있다(2007년 이후 4개 노동시장지역으로 광역화됨). 한편, 실업보험 미가입자와 사회부조 수급자의 사회보장과 노동시장 통합은 지방자치단체가 담당하게 된다(정원호, 2005: 52-53).

Ⅲ. 덴마크 노동시장정책 개혁과 성과

1. 덴마크 노동시장 개혁의 주요 내용

앞서 지적했듯이, 1970년대 이후 덴마크는 공공부문을 통해 고용을 늘이고, 전통적인 복지국가이념에 입각하여 실업자에 대해 높은 소득보상을 하는 소극적 노동시장정책에 중점을 두어 왔다. 그런데, 1990년대 초 실업이 다시 급증함에 따라(1991년 7.9%, 1992년 8.6%, 1993년 9.6%), 1993년 재집권한 사민당은 적극화 혹은 근로활성화(activation) 전략의 전면화를 통해 실업문제를 해결하고 경제성장을 도모하는 전략을 구사하였다. 따라서 노동시장 개혁은 실업보험과 공적부조의 급부수준을 줄이고 수급조건을 강화하는 '채찍'과 함께, '당근'으로서 실업자의 취업능력을 배가하고 취업서비스를 제공하는 적극적 노동시장정책의 강화, 그리고 유급휴가제도를 통해 취업 공간을 확보하는 정책에 초점을 두었다.

<표 3> 비활성 인력에 대한 소득대체율 변화 추이(%)

	1995	1996	1997	1998	1999	2000	2001
실업보험 (독신의 경우)	67	66	65	64	65	64	64
공공부조 (독신, 30세 이상)	47	46	45	44	44	44	44
공공부조 (30세 이상, 1자녀)	77	77	76	74	71	68	73
장애수당 (독신)	67	67	65	64	65	64	63
조기연금 (독신)	65	64	64	63	62	62	62

주: 생산직 노동자 평균 가처분소득 대비 비율
출처: Madsen(2006: 365)

이때 특징적인 것은 적극적 대책들(구직, 직업훈련 등)에 대한 참여를 실업자 개인의 판단에 맡기는 것이 아니라, 실업극복에 대한 당사자의 책임을 강조함으로써 적극적 대책들에 대한 참여를 의무화하는 적극화 이념을 본격적으로 도입하였다는 점이다. 즉, 국가는 한편으로 훈련 같은 적극적 대책들을 더욱 많이 제공하면서, 다른 한편으로 실업자가 노동사무소가 제공하는 일자리나 직업훈련 기회를 거부할 경우 실업수당의 지급을 중단하는 제재를 가하였다. 이러한 적극화 이념을 도입한 1994년 노동시장 개혁으로 덴마크의 노동시장정책은 소위 '패러다임 전환'을 겪게 되었는데, 주요내용은 다음과 같다(Madsen, 2006 and 2009; 정원호, 2005).

1) 실업자의 소득지원 기간 단축과 구분

1994년 노동시장 개혁의 가장 특징적인 조치는 실업수당 수급기간을 단축함과 동시에, 실업수당에 이중 수급기간제를 도입하여 수급기간을 사회권에 의해 급부를 받는 소극적 기간과 적극적 노동시장정책의 적용을 받는 적극화 (혹은 능동화) 기간으로 구분한 것이다. 1970년대에 사실상 무기한에 가까웠던 덴마크의 실업수당 수급기간은 4년의 소극적 기간과 이후 3년의 적극적 기간으로 구분되고, 이 중 소극적 기간은 지속적으로 단축되어 2009년 현재 최장 1년까지 단축되었으며, 9개월(고령층)과 6개월(30세 미만)으로 세분화 되었다.

실업급여와 공적부조의 급여수준 또한 축소되었다. 2009년 현재 저소득 노동자는 종전 소득의 90%까지 받으나, 연 최대 지급액이

188,500DKr(약 25,300유로 혹은 한화로 약 3,800만원)로 제한되어 있어, 중산층 근로자의 소득대체율은 50~60%에 머물게 되었다.

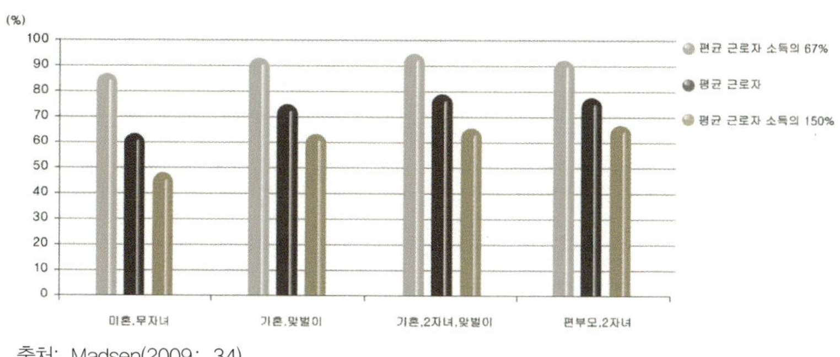

출처: Madsen(2009: 34)

〈그림 5〉 실직 후 첫 한 달 동안 3개 소득수준별 순소득대체율(2005년)

2) 개인행동계획의 도입

6개월 이상 실업자를 대상으로 '개인행동계획(individual action plan)'을 작성하였다. 이것은 실업자와 해당 노동사무소 간의 일종의 계약으로서 노동사무소는 실업자와의 인터뷰를 통해 실업자 본인의 희망과 노동시장의 수요를 함께 고려하여 취업을 향한 구체적이고 현실적인 단계를 제시하고 실업자가 동의하면 개인행동계획이 성립되는 것이다. 실업자가 이 계획에 서명을 하고 나면, 그는 계획된 내용(훈련과 취업 권고 시 수락)을 준수해야 할 의무를 갖게 된다. 이 의무를 위반하거나 의무 실행을 위한 노동사무소와의 협력을 거부할 경우, 실업수당의 지급이 중단된다. 이때, 중단 기간은 1주에서 최장 26주까지인데, 2006년 통계에 따르면, 98만 건 중 약 13,800명에 대해 수당지급이 중단되었던 것으로 파악되고 있으

며, 이중 약 25%에 달하는 3,200명은 3주 이상 중단이라는 제재를
받았던 것으로 보고되고 있다.

3) 유급휴가제와 직장순환제

1992년에는 시범적으로 도입되었던 육아휴가, 교육훈련휴가, 안
식휴가의 세 가지 유급휴가제를 노동시장정책의 중요한 요소로 통
합하였다. 첫째, 육아휴가의 경우, 12개월 이하의 자녀를 가진 취업
자는 최소 26주, 1살 이상의 자녀를 가진 취업자는 최소 13주의 육
아휴가에 대한 권리를 가지며, 이들을 포함 9세 이하의 자녀를 가
진 경우, 사용자와의 협의에 의해 최장 1년까지 연장될 수 있도록
하였다. 이 육아휴가 기간 동안 휴가자는 실업수당의 60%에 해당
하는 휴가급여를 지급받는다. 대신 유급휴가 기간 중에 공공탁아시
설에 아이를 맡길 수 있는 권리는 유보된다.

둘째, 교육훈련휴가의 경우, 25세 이상의 재직자는 사용자의 동
의를 전제로 1주에서 52주(1년)까지의 교육훈련휴가를 사용할 수
있도록 하였다. 이 경우에는 전액 국고보조금으로 실업수당을 받는
데, 일반적으로는 사용자가 통상임금과 실업수당의 차액만큼도 보
상을 하기 때문에 재직자의 임금손실은 없는 편이었다.

셋째, 안식휴가의 경우, 1999년까지 한시적으로 도입되었다. 대
체인력을 확보한 경우, 25세 이상 근로자는 13주에서 52주까지 안
식휴가를 받을 수 있었다. 휴가급여로 실업수당의 80%를 받았었는
데, 1997년에 60%로 감축되고, 예정대로 1999년에 폐지되었다.

한편 위의 3대 유급휴가제에 직장순환제도를 결합시켜, 신규고

용의 창출과 함께 신규고용인력의 직업훈련효과를 높였다. 직장순환제도란 재직자의 (육아, 교육훈련, 안식)휴가로 공석이 된 일자리를 실업자로 대체하는 제도이다. 실업자는 일시적인 취업이지만, 현장경험을 쌓음으로써 정규일자리로의 재취업 가능성을 높이고, 사회 전체적으로도 노동력의 상향 이동성이 제고되는 효과를 보고 있다.[6]

2. 덴마크 거시경제 및 노동시장개혁의 성과

이 논문 서두의 인용문을 통해서도 알 수 있듯이, 1980년대 보수당 정부의 통화주의에 근거한 거시경제적 개혁조치와 1990년대 사민당 정부의 노동시장정책에 대한 대대적인 개혁은 OECD, 특히 EU 차원에서 벤치마킹 대상이 되고 있다.

---

[6] 덴마크의 직장순환제는 매우 우수한 성과를 보이고 있다고 평가된다. 직장순환제가 가장 활발하게 활용되었던 90년대 중반의 경우 60~80%의 참가 실업자가 참가 후 당해기업이나 다른 기업에 계속 고용되었다. 이러한 사실을 볼 때, 최근 실업자의 감소로 활용도가 약화되기는 하였지만, 직장순환제가 재직자의 훈련과 실업자의 취업에 매우 유효한 수단이라는 것을 알 수 있다. 하지만 직장순환제가 이러한 훌륭한 성과를 초래하는 데에는 일정한 조건이 필요하다(Sørensen, 2002). 먼저, 전반적인 경기상황이 중요한 변수가 된다. 즉, 고실업으로 인해 대체 고용할 인력이 충분히 존재해야 한다. 세부적으로는 부문별, 지역별로 대체인력자원이 존재하는 것이 중요하다. 그렇지만, 이와 동시에 장기적인 실업극복이라는 성과를 거두기 위해서는 경기가 좋아야 한다. 그래야 기업들도 대체 고용한 실업자를 그 이후 계속해서 정규직으로 고용할 수 있게 된다. 다음으로, 기업 측면에서는 전반적인 인적자원관리(HRM) 전략이 외부적 유연성보다는 기능적 유연성을 추구해야 한다. 즉, 외부적 유연성을 추구하는 기업의 경우 많은 '핵심인력(core worker)'을 보유할 필요가 크지 않아 재직자 훈련에 소홀하지만, 기능적 유연성을 추구하는 경우 재직자의 숙련향상이 필수적이기 때문에 재직자의 교육훈련휴가에 적극적인 입장을 보이게 된다(정원호, 2005).

<표 4> 실질 경제성장률 추이 비교

	Average Percentage Changes in Real GDP					
	1975~1985	1986~1990	1991~1995	1996~2000	2001~2007	2008~2010
호주	3.0	3.4	2.8	4.1	3.4	2.3
캐나다	3.2	2.9	1.7	4.0	2.6	0.4
아일랜드	3.5	4.7	4.7	9.9	5.6	−3.6
일본	3.8	4.9	1.4	1.5	1.6	−1.1
뉴질랜드	1.7	1.0	2.7	3.0	3.4	0.5
포르투갈	3.0	5.7	1.7	3.9	1.1	−0.6
영국	1.9	3.3	1.8	2.9	2.6	−1.0
미국	3.4	3.3	2.4	4.0	2.4	0.4
한국	7.6	9.7	7.5	5.1	4.7	2.8
오스트리아	2.4	3.2	2.1	2.6	2.2	−0.1
프랑스	2.3	3.2	1.0	2.8	1.8	−0.2
독일	2.2	3.5	2.1	1.8	1.3	−0.7
네덜란드	1.9	3.1	2.1	3.7	1.9	−0.3
벨기에	2.1	3.1	1.6	2.7	2.0	−0.3
룩셈부르크	2.4	7.5	4.0	6.8	4.3	−0.2
스위스	1.6	2.7	−0.1	1.8	2.0	0.7
덴마크	2.6	1.2	2.0	2.7	1.6	−1.5
핀란드	2.9	3.3	−0.6	5.2	3.2	−1.6
노르웨이	4.0	1.7	3.7	3.1	2.3	0.5
스웨덴	1.6	2.5	0.6	3.0	3.0	−1.4
그리스	2.1	1.3	1.3	3.4	4.2	−1.2
이탈리아	3.0	2.9	1.3	1.9	1.1	−1.8
스페인	1.6	4.5	1.5	3.8	3.4	−1.0
평균	2.8	3.6	2.1	3.6	2.7	−0.4
OECD 평균	3.2	3.6	2.1	3.2	2.4	0.0

출처: Campbell and Hall(2006: 14), 2001년 이후는 OECD 통계(OECD.Stat Extracts)에 기반해 저자가 작성

덴마크는 2010년 1인당 국민소득이 구매력 기준으로 $39,545로서, 독일 ($37,567), 프랑스($33,835), 스웨덴($39,013) 등 유럽의 '부자' 나라들을 앞설 정도로 경제가 성숙해 있다. 따라서 <표 4>에서 보듯이 덴마크 경제의 성장률은 그리 높지 못하다(OECD.Stat Extracts).

하지만, 경제·노동시장개혁 이후인 1990년대 중반부터 성장률이 OECD 평균수준을 회복하고 있고 독일 등 주요 유럽국가에 비해 우수한 성적을 보이고 있다. 거시경제의 안정성을 나타내는 인플레이션의 경우, 1980년대 보수당 정부의 개혁조치 이후 급속히 안정되어 OECD 평균은 물론 가장 안정적인 독일 수준을 보이고 있다.

〈표 5〉 물가상승률 추이 비교

	Average Percentage Changes in Consumer Price Index					
	1975~1985	1986~1990	1991~1995	1996~2000	2001~2007	2008~2010
호주	9.4	7.9	2.5	1.9	3.0	3.1
캐나다	8.1	4.5	2.3	1.7	5.1	1.4
아일랜드	13.2	3.3	2.5	2.7	3.3	0.0
일본	4.7	1.4	1.4	0.3	−0.3	−0.2
뉴질랜드	13.4	9.4	2.1	1.4	2.6	2.8
포르투갈	23.3	11.4	7	2.4	3.1	0.9
영국	10.6	5.2	3.9	2.5	1.7	2.9
미국	7.2	4	3.1	2.5	2.7	1.8
한국	12	5.4	6.2	4	3.1	3.5
오스트리아	5	2.2	2.8	1.2	1.9	1.7
프랑스	10.1	3.1	2.3	1.3	1.9	1.7
독일	3.9	1.4	3.6	1.2	1.7	1.4
네덜란드	5.1	0.7	2.3	1.9	2.5	1.4
벨기에	6.7	2.1	2.5	1.6	2.0	2.1
룩셈부르크	6.7	1.7	2.8	1.7	2.8	2.4
스위스	3.3	2.5	3.2	0.7	0.9	0.9
덴마크	9.2	3.9	2	2.3	1.9	2.3
핀란드	9.4	5	2.6	1.6	1.4	2.4
노르웨이	8.7	6.3	2.4	2.3	1.7	2.8
스웨덴	9.7	6.2	4.2	0.5	1.6	1.5
그리스	18.4	17.4	13.9	4.6	3.4	2.8
이탈리아	15	5.7	5.1	2.4	2.3	1.8
스페인	15.4	6.5	5.2	2.6	3.2	1.7
평균	9.9	5.1	3.7	2.0	2.3	1.9
OECD 평균	12.5	10.2	7.8	6.2	3.3	2.7

출처: Campbell and Hall(2006: 14), 2001년 이후는 OECD 통계(OECD.Stat Extracts)에 기반해 저자가 작성

특히 덴마크의 노동시장개혁과 활성화를 중심으로 한 적극적 노동시장의 강화는 경제의 호전과 더불어 실업문제의 해결에 커다란 성과를 보여주었다(<표 6> 참조). 먼저 OECD 평균을 훨씬 상회하는 고 실업률이 1990년대 중반 이후 OECD 평균은 물론, 적극적노동시장정책의 원조국가인 스웨덴, 그리고 자유주의 시장경제의 대표국가인 미국보다 낮은 수준까지 달성되었다. 특히 청년실업률의 경우, 2005년 7.9%에 불과해 OECD 국가 중 가장 낮은 수치를 자랑하고 있다. 고용률 또한 낮은 실업률과 함께 서구 선진국 중 가장 높은 수준을 보이고 있다(<표 7> 참조). 자유주의 시장경제인 미국은 물론 고용률이 높기로 유명한 스웨덴을 상회하고 있다. 여기서, 스웨덴의 고용성과를 덴마크가 앞지르기 시작한 시기가 강도 높은 노동시장개혁이 단행된 1990년대인 점을 주목할 필요가 있다. 이러한 고용성과는 최근 글로벌 경제위기 중에도 계속 유지가 되고 있어, 실업률은 OECD 평균인 7.5%를 하회하는 5.4%를 기록하고, 고용률은 78.9%로 OECD 평균 66.6%를 훨씬 상회하고 있다. 특이한 것은, 높은 고용률과 낮은 실업률에도 불구하고 (즉, 노동시장이 완전고용상태로 매우 타이트함에도 불구하고) 임금상승이 안정적이라는 점이다. 이는 적극적 노동시장정책을 통해 인플레를 유발하지 않으면서 노동공급을 높여왔기 때문으로 평가된다(Bredgaard, Larsen, and Madsen, 2005; Plougmann and Madsen, 2005).

〈표 6〉 실업률 추이 비교

	Average Unemployment Rates(% Labour force)				
	1986~1990	1991~1995	1996~2000	2001~2007	2008~2010
호주	7.1	9.6	7.5	5.5	5.0
캐나다	8.4	10.5	8.3	7.0	7.5
아일랜드	15.5	14.4	7.9	4.4	10.5
일본	2.5	2.6	4.1	4.7	4.7
뉴질랜드	5.7	8.9	6.6	4.4	5.5
포르투갈	6.4	5.6	5.5	6.5	9.2
영국	8.3	9.3	6.4	5.1	7.1
미국	5.9	6.6	4.6	5.2	8.3
한국	2.9	2.4	4.4	3.6	3.5
오스트리아	4.1	5	5.4	4.5	4.5
프랑스	9.8	11	11.1	8.4	8.8
독일	5.5	6.9	8.3	8.9	7.4
네덜란드	7.4	6.4	4.4	3.5	3.6
벨기에	8.5	8.3	8.7	7.9	7.7
룩셈부르크	1.5	2.2	3.1	3.8	5.4
스위스	0.7	3.4	3.7	3.8	4.2
덴마크	5.9	8.1	5.1	4.6	5.4
핀란드	4.3	13.4	11.8	8.4	8.0
노르웨이	3.5	5.5	3.7	3.8	3.0
스웨덴	1.9	6.4	6.6	6.8	7.8
그리스	7.4	9.1	10.8	9.8	9.8
이탈리아	10	10.1	11.5	7.9	7.8
스페인	14.1	15.6	14.6	9.8	16.1
평균	6.4	7.9	7.1	6.0	7.0
OECD 평균	6.3	7.1	6.7	6.4	7.5

출처: Campbell and Hall(2006: 14), 2001년 이후는 OECD 통계(OECD.Stat Extracts)에 기반해 저자가 작성

〈표 7〉 고용률 추이 비교

	Average Employment Rates(% Labour force)			
	1982~1990	1992~2000	2001~2007	2008~2010
호주	66.2	68.4	72.2	74.3
캐나다	68.2	69.1	73.6	74.3
아일랜드	53.6	58.4	68.5	63.7
일본	70.8	74.5	74.7	77.4
뉴질랜드	72.5	68.9	74.6	76.2
포르투갈	64.7	69.5	72.0	70.6
영국	67.6	69.6	72.1	71.1
미국	68.7	72.0	71.4	71.2
한국	57.9	62.7	65.4	66.8
오스트리아	70.9	72.4	74.1	72.4
프랑스	60.7	60.2	63.2	63.1
독일	66.0	68.0	70.9	74.2
네덜란드	58.5	66.4	72.6	77.8
벨기에	56.6	59.2	62.2	63.5
룩셈부르크	60.0	60.9	64.6	65.0
스위스	79.4	82.8	83.0	81.9
덴마크	75.7	75.3	77.4	78.9
핀란드	72.5	63.1	68.5	69.4
노르웨이	75.6	75.3	76.8	78.6
스웨덴	80.9	72.4	74.1	74.9
그리스	58.2	57.8	60.0	62.0
이탈리아	54.7	52.3	57.1	58.0
스페인	48.7	51.1	62.9	62.3
평균	65.6	66.5	70.1	70.8
OECD 평균	61.6	65.7	66.8	66.6

출처: Campbell and Hall(2006: 14), 2001년 이후는 OECD 통계(OECD.Stat Extracts)에 기반해 저
　　자가 작성

　　경제와 고용 측면의 성과를 바탕으로 덴마크는 OECD 내 고소득
국가의 평균 수준보다 높은 조세부담률과 정부지출 수준에도 불구

하고, 1990년 중반 이후 정부재정이 흑자를 기록하고 있다. 2008년 현재 공공부채 규모도 GDP의 24.1%에 불과해 OECD 평균(43.4%) 보다 매우 양호한 수준을 보이고 있음은 물론이다.

〈표 8〉 정부재정규모와 재정수지 추이 비교

	Government Revenues (% of GDP)			Government Expenditures (% of GDP)			Budget Deficit (% of GDP)			Debt (% of GDP)		Interest (% of Current revenue)	
	1990	1998	2008	1990	1998	2008	1990	1998	2008	1998	2008	1998	2008
호주	24.9	23.6	25.4	23.3	23.7	23.6	2.0	2.8	1.5	16.8	19.4	6.1	3.5
캐나다	21.6	21.8	19.6	26.2	21.5	17.8	−4.8	0.4	1.6	75.1	45.2	16.7	6.1
아일랜드	33.6	31.9	33.1	37.7	33.0	32.0	−2.4	0.7	0.4	−	27.2	13.3	2.8
일본	14.4	−	−	15.7	−	−	−1.6	−	−	−	−	−	−
뉴질랜드	42.6	34.1	37.1	44.0	33.4	32.9	4.0	0.5	3.2	38.7	38.9	7.1	3.4
포르투갈	31.6	34.7	39.2	37.9	39.0	42.9	−4.4	−1.2	−2.7	0.8	76.0	8.4	7.2
영국	36.1	37.2	38.4	37.5	36.9	42.8	0.6	0.6	−4.7	49.8	57.5	8.8	5.8
미국	18.9	20.7	17.3	22.7	19.9	22.7	−3.8	0.8	−5.4	42.8	53.8	14.1	11.6
한국	17.5	20.0	24.6	16.2	17.4	18.6	−0.7	−1.3	4.3	10.4	−	2.5	5.6
오스트리아	33.9	37.5	37.4	37.5	40.5	38.4	−4.4	−	−0.7	60.2	64.5	9.3	6.5
프랑스	39.7	41.4	41.8	41.8	46.2	44.4	−2.1	−3.5	−2.3		66.6	7.4	5.9
독일	27.5	31.3	28.5	29.3	32.6	29.0	−2.1	−0.9	−0.4	38.6	40.8	7.3	6.0
네덜란드	45.0	44.1	40.8	49.5	45.9	40.3	−4.3	−1.6	0.3	55.6	43.4	9.5	4.4
벨기에	42.6	43.7	41.2	47.7	45.7	42.5	−5.5	−1.8	−1.1	114.6	88.0	16.7	8.5
룩셈부르크	−	−	−	−	−	−	−	−	−	−	−	−	−
스위스	20.8	24.8	18.3	23.3	28.3	17.6	−0.9	0.5	1.1	28.8	23.6	3.7	4.4
덴마크	37.8	38.5	40.6	39.0	37.3	36.5	−0.7	1.7	4.8	64.0	24.1	12.2	4.5
핀란드	30.6	31.9	38.7	30.3	33.4	33.8	0.2	−0.3	5.5	61.0	37.3	14.3	3.2
노르웨이	42.4	31.8	51.2	41.3	37.2	30.7	0.5	−1.6	19.9	19.9	44.9	4.1	1.6
스웨덴	42.6	38.2	−	39.4	41.6	−	1.0	−0.5	−	−	47.3	15.7	−
그리스	27.5	23.5	39.0	51.7	30.8	41.8	−22.7	−4.4	−3.7	113.1	114.1	38.4	11.1
이탈리아	38.2	40.6	37.5	47.4	43.8	40.1	−10.2	−3.1	−2.5	−	106.3	18.1	12.8
스페인	29.1	28.8	24.5	32.4	32.9	26.3	−3.1	−2.9	−2.0	55.6	33.8	14.1	4.8
평균	31.8	32.4	33.7	35.1	34.3	32.7	−3.0	−0.8	4.3	49.8	52.6	11.8	6.0
High income country average	23.9	28.7	27.9	27.0	30.2	28.9	−3.0	−1.1	−1.0	49.2	43.4	8.6	4.8

이제 덴마크 노동시장의 성과를 살펴보자. 앞서 지적했듯이, 덴마크 사회정책의 방향은 유연안전성을 높이는 데 있다. 따라서 덴마크의 노동시장은 유연화 정도가 매우 높음에도 불구하고 고용안정성도 동시에 높은 성과를 보이고 있다. 덴마크의 법적인 고용보호 수준은 1994년 노동시장개혁 조치에 따라 앵글로 색슨 국가에 비견될 만큼 매우 낮아졌다(<그림 3>참조). 그 결과, 한국처럼 단기근속자 비율이 높고, 반대로 장기근속자 비율은 낮으며, 그 결과 근속연수도 OECD 국가 중 한국 다음으로 가장 낮게 나타나고 있다. 이는 수량적 유연화가 높은 수준임을 보여주고 있는 것이라 할 수 있다.

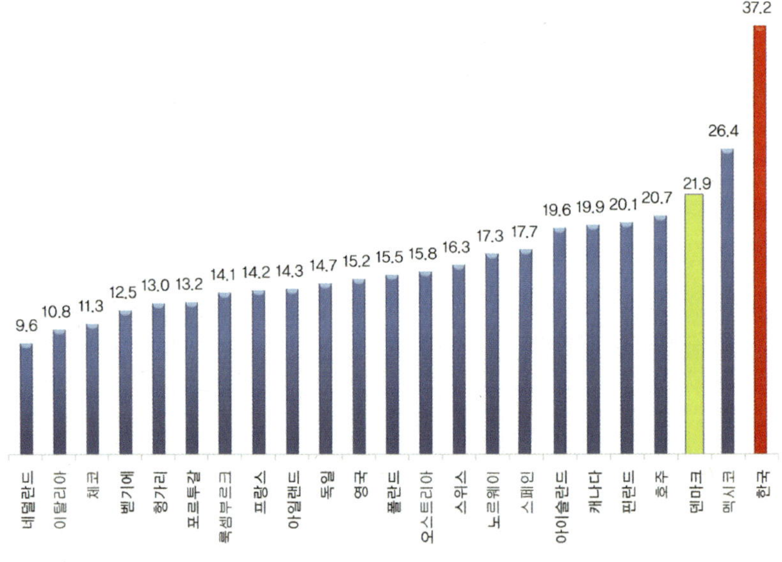

출처: 김유선(2010)

〈그림 6〉 단기근속자 비율 국제비교(2009년)

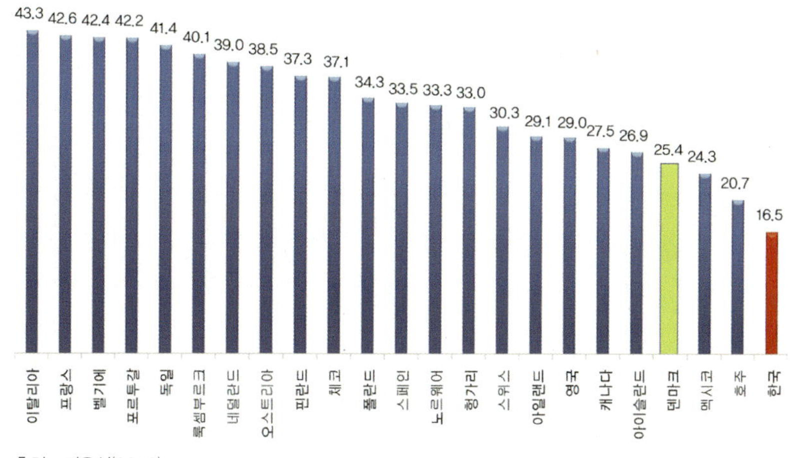

출처: 김유선(2010)

〈그림 7〉 장기근속자 비율 국제비교(2009년)

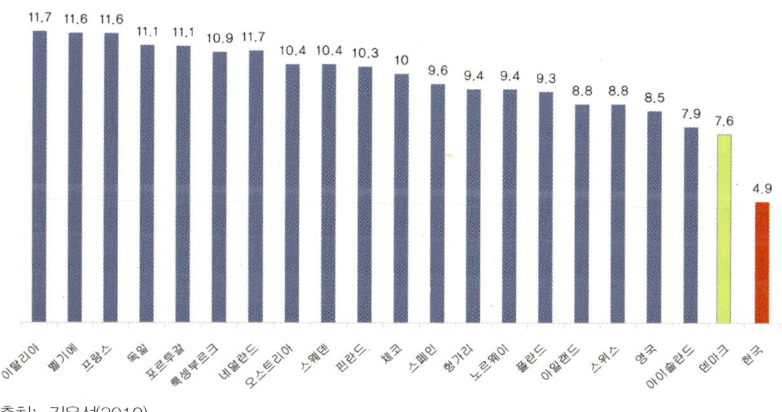

출처: 김유선(2010)

〈그림 8〉 근속연수 국제비교(평균값, 2009년)

하지만, 덴마크의 높은 노동시장 유연성이 노동자들의 안정성을 해치는 결과를 낳고 있지는 않다. 오히려 OECD 중 최고 수준의 안정성을 보이고 있다. 노동시장의 유연성 측면에서는 비슷했던 한국과

는 달리, 파트타임 중 비자발적 파트타임의 비중이 낮고(<그림 9>),
저임금 계층의 비중은 물론 임금불평등도가 낮으며(<그림 10>),
<표 9>에서 보듯이, 근로자 직장만족도와 생활만족도가 OECD 1,
2위를 다투고 있다. 일례로, 10명 중 1명 이하의 근로자만이(9%)
현재의 직장을 잃는 것을 두려워하고 있는 것으로 조사되고 있는
데, 68%의 덴마크 근로자는 "현 직장을 그만두거나 해고되더라도
다른 직장을 쉽게 찾을 수 있을 것"이라고 긍정적으로 대답하는 비
율도 가장 높았다(Plougmann and Madsen, 2005: 295). 안정성이라
는 측면에서, 비슷한 수량적 유연성을 보이는 한국과 매우 극명한
대조를 보이고 있는 것이다.

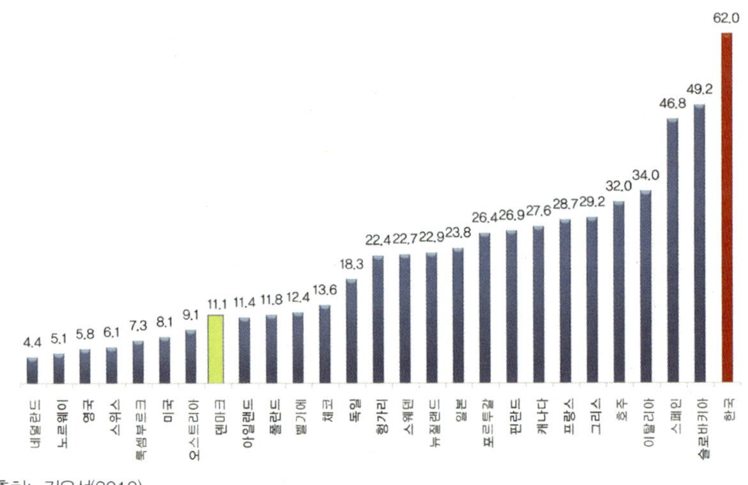

출처: 김유선(2010)

〈그림 9〉 파트타임 중 비자발적 파트타임의 비중

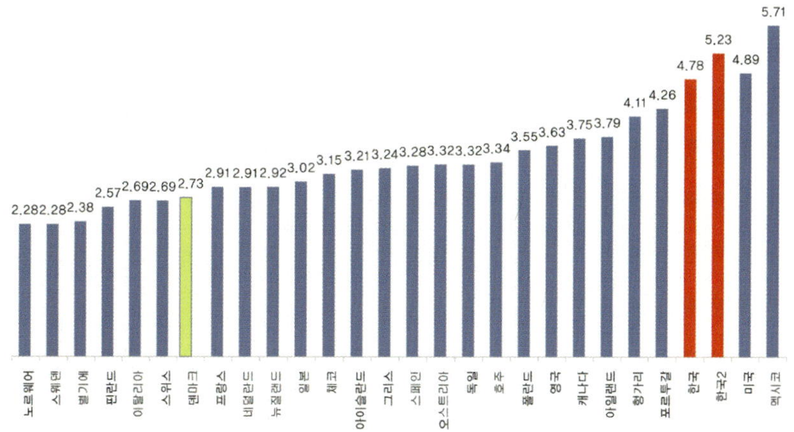

주: 한국(4.47)은 5인 이상 사업장을 대상으로 계산. 한국 2(5.23)는 5인 미만 사업장을 포함하여 계산
한 경우임.
출처: 김유선(2010)

〈그림 10〉 임금불평등도 국제비교(2008, D9/D1 배율)

〈표 9〉 OECD 회원국의 생활 및 직업 만족도

		생활만족도(남녀) (0~10점)		생활만족도(여성) (0~10점)		직업만족도 (만족응답자 %)	
		2006~9년	순위	2006~9년	순위	2006~9년	순위
앵글로색슨	호주	7.9	8	8.0	8	91	7
	캐나다	8.0	6	8.2	3	90	9
	아일랜드	8.1	2	8.1	5	95	1
	뉴질랜드	7.8	12	8.0	7	90	10
	영국	7.4	17	7.5	17	87	16
	미국	7.9	9	7.9	11	86	18
아시아	일본	6.8	23	7.0	21	73	25
	한국	6.3	26	6.5	26	68	27
유럽대륙	오스트리아	7.8	11	7.8	13	91	6
	벨기에	7.3	18	7.3	19	89	12
	프랑스	7.1	20	7.1	20	87	15
	독일	7.2	19	7.4	18	88	13
	룩셈부르크	7.7	15	7.8	14		
	네덜란드	7.8	10	7.8	15	92	5
	스위스	8.0	4	8.0	6	93	4

동유럽	체코	6.9	21	6.8	23	80	22
	헝가리	5.7	29	5.6	28	83	19
	폴란드	6.5	25	6.6	25	82	20
	슬로바키아	5.8	28			76	24
노르딕	덴마크	8.2	1	8.3	1	94	2
	핀란드	8.0	5	8.2	2	90	8
	아이슬란드	7.8	13	7.9	12		
	노르웨이	8.1	3	8.2	4		
	스웨덴	7.9	7	7.9	9	93	3
남미	멕시코	7.7	14	7.9	10	88	14
남부유럽	그리스	6.8	22	6.8	22	80	23
	이탈리아	6.7	24	6.7	24	82	21
	포르투갈	5.9	27	5.7	27	90	11
	스페인	7.6	16	7.6	16	86	17
	터키	5.5	30	5.5	29	71	26
단순평균		7.3		7.4		85.7	
응답국가		30		29		27	

출처: UNDP, 김유선(2010)에서 재인용

결론적으로 말해, 덴마크의 유연한 노동시장과 적극적 노동시장 정책, 직장순환제 그리고 높은 수준의 사회복지는 인플레 압력 없이 고용을 늘리고 실업을 줄이면서 근로자의 안전성과 직업만족도를 높이는 우수한 성과를 내고 있다. 또 공동체의 구성원으로서 근로에 대한 의무와 책임을 강하게 요구하여(즉, 사회복지 급여와 서비스의 적격성 요건을 강화하여) 사회정책의 효과성을 높이고 있다. 이러한 황금삼각형 모델의 성과에 대해서는 1990년대 노동시장개혁을 선도한 사민당을 대신해 2001년에 집권한 보수당정부도 긍정적으로 평가하고 있다. 2002년 보수당정부의 경제위원회(The Economic Council)는 1993년 이후 실업률 감축의 50%, 고용률 제고 등 전반적인 고용 성과의 30% 정도는 순수하게 노동시장개혁 조치에 의한 것으로 분석하고 있다(Madsen, 2006: 340-344).

Ⅳ. 덴마크 사례가 우리에게 주는 시사점

1. 덴마크 모델의 역사성

덴마크 모델의 성공은 단순히 노동시장유연화와 복지개혁 그리고 적극적 노동시장정책의 확충으로 이루어진 것은 아니다. 정부는 거시경제를 안정시키고, EU에 가입하는 등 경제의 개방성을 높이고, 노동시장을 유연화하고 법인세와 사회보험료를 낮추는 등 친기업환경을 조성하는데 노력을 하였고, 노사는 대타협의 정신으로 성장·고용·복지의 세 마리 토끼를 잡는 데 대승적인 타협과 협조를 아끼지 않았다. 사용자도 인적자원을 확충하는 적극적 노동시장정책의 설계자이자 집행자로 적극적인 참여를 아끼지 않았고, 육아휴직 등 유급휴가와 직장순환제 를 수용하는 등, 노사정이 변화하는 환경에 적극적으로 대응하였다. 그러나 1990년대 덴마크 모델의 작동은 행위자들의 의식적 노력만으로 가능하지는 않았다. 여기에는 몇 가지 우호적인 역사적 조건이 뒷받침 되었던 것도 간과할 수 없다.

첫째, 1960년대부터 건설해온 사민주의형 복지국가의 제도적 유산으로, 덴마크의 황금삼각형(Golden Triangle)의 한 축인 고수준의 실업급여 등 사회적 위험에 대한 탄탄한 사회적 안전망은 과거의 유산 없이는 불가능했다. 게다가 보편주의에 입각한 고수준의 공보육과 공교육은 여성의 경제활동을 뒷받침함과 동시에 평생학습체제의 기본틀로서 인적자원개발 중심의 덴마크 모델의 기초가 되었다. 덴마크 모델의 건설을 위해 필요한 높은 수준의 공공지출에 대한 사회적 수용도 사민주의형 복지국가의 유산이라고 할 수 있다.

둘째, 대기업보다는 중소기업 중심으로 짜여진 덴마크의 산업구조도 노동시장유연화와 공공훈련과 고용서비스 등 공급측면의 국가개입을 필요로 했다. 대기업은 자체 내부노동시장을 형성하고 이를 위해 끊임없이 교육훈련에 투자할 유인과 여력이 있는 반면, 중소기업은 대기업에 비해 근로자에 대한 기술훈련과 교육에 투자할 재원과 인원측면에서의 '여유'가 없다. 따라서 근로자의 숙련형성에 있어 '시장실패'의 가능성이 매우 높다. 이런 점에서 적극적 노동시장정책의 대대적 확충은 경제학적 관점에서 중소기업 중심 경제에서 발생하는 '시장실패'를 교정하는 매우 합리적인 선택이라고 할 수 있다. 따라서 노사도 이해관계를 같이 했고, 이 분야에 공공지출을 늘이는 정부정책에 순응하였던 것이다.

2. 우리에게 주는 정책적 시사점

우리나라는 덴마크가 향유한 사민주의의 전통도, 노사타협의 전통도, 중소기업 중심 경제구조도 가지고 있지 않다. 게다가 인구 550만 명의 소국도 아니다. 하지만, 우리나라는 덴마크와 마찬가지로 세계시장 변화에 유연하게 적응해서 살아갈 때 국민의 생활수준을 높일 수 있다는 측면에서 덴마크와 마찬가지로 '작은' 개방경제라고 할 수 있다. 물론, 사민주의형 '큰 정부'에 대한 정치적·이념적 이해와 지지의 부족, 그리고 노동운동의 편협성 등은 덴마크 모델의 한국적 적용을 어렵게 할 것이다. 하지만, 대륙국가이며 인구 3억의 다인종 국가인 미국을 주저 없이 모델로 삼는 한국이라면, 얼마든지 덴마크도 벤치마킹 할 수 있어야 할 것이라고 본다. OECD 국가 중 노동시장의 양적 질적 측면에서 '악성'인 한국의 고용과 복지문제를 해결하고자 할 경우, 실용주의적 접근을 통해 부분적으로 덴마크 모델의 장점을 취하는 전략이 필요할 것이다. 이와 관련한 주요 사항을 정리하자면 다음과 같다.

첫째, 중소기업을 위한 적극적노동시장정책에 대해 국고지원을 확대해야 한다. 우리나라 대기업과 대기업의 내부노동시장의 존재를 인정하고 이들은 자율적 성장영역으로 하고, 국가의 공공적 역할을 중소기업과 중소기업 노동자에게 집중하는 이원화 전략을 취할 필요가 있다. 요즘 대기업과 중소기업의 상생이 화두인데, 거래와 회계의 투명성을 증진하고 하도급관행의 개선, 대기업·중소기업 협력증진 등을 위한 실질적인 노력도 중요하지만, 중소기업의 교육훈련을 적극적으로 사회화하고 보다 양질의 우수 인력을 공급할 수 있도록 적극적 노동시장정책의 직업훈련과 고용서비스가 중소기업을 대상으로 확대될 필요가 있다. 이에 대한 재원조달이 문제될 수 있는데, 보험형식으로 자체 재원조달 원칙을 견지하는 한, 납부능력이 뒤떨어지는 중소기업 특히 영세사업체에게 우리나라 고용보험은 '그림의 떡'일 수 있다. 덴마크의 경우처럼, 일반재정으로 적극적 노동시장정책이 실시되지는 못하더라도, 국고지원을 통해 중소기업의 적극적 노동시장정책 수혜를 확대해야 할 필요가 있다. 즉, 우리나라 건강보험에 국고지원이 이루어지고, 의료급여제도를 통해 기초생보자의 의료문제를 해결해 주는 방식을 통해

보편주의적인 의료보장체계를 갖춘 것처럼, 고용보험의 사각지대
도 국고지원을 통해 해소해야 할 것이다.

둘째, 고용보험의 사업주 부담 사업인 적극적 노동시장정책에 국
고부담을 확대해야 한다는 동일한 논리로, 실업수당(구직급여)의
사각지대 해소를 위해 저소득 미가입자에게 매칭으로 보험료를 국
고지원할 필요가 있다. 현재 우리나라는 수량적 유연화가 극심한
데 비해 실업자에 대한 소득보상이 너무 미약하여 불안정이 비정
상적인 상태에 있기 때문이다. 실업수당 수혜의 적격성 요건을 강
화하는 것을 조건으로 급여기간, 소득대체율 그리고 급여의 일일
상한액도 높여야 한다. 우리나라 2009년 근속연수가 4.9년인 것을
감안할 때, 현재 10년간 보험료를 납부해야 최장 210일(30~50세
미만) 혹은 240일(50세 이상)인 것은 매우 비현실적이다. 필요 가입
기간을 대폭 줄이고, 수혜기간은 늘일 필요가 있다. 소득대체율을 올
림과 동시에 1일 급여 상한액을 올릴 필요성이 있다. 현재 1일 4만
원으로 30일 최대 120만 원에 불과한 실업급여는 비현실적이다. 특
히 중산층 근로자에게 소득보장제도로서의 역할을 제대로 수행할
수 없기 때문이다. 1일 급여 상한액을 올리고, 덴마크처럼 연간 총
수급액 제한을 두는 것도 방법 중의 하나로 고려할 수 있을 것이
다. 소득보장이 미비한 상태에서는 공식적·비공식적으로 고용보호
에 집착하기 마련이다. 원활한 구조조정을 위해서도 실업자에 대한
소득보장이 강화되어야 할 필요가 있다.

셋째, 육아휴직의 사회화가 필요하다. 덴마크의 육아휴직은 여성
의 고용을 증대시키는 효과가 크고, 교육훈련 휴직은 인적자원 효
과를 가져오게 된다. 이들은 모두 고용량 증가와 생산성 향상으로

이어져 저출산 고령화 시대에 잠재성장률 제고에 도움을 주는 제도라 할 수 있다. 이에 덧붙여 유급휴직으로 비워진 일자리에 청년 및 장기실업자가 비록 단기이나 취직하게 되면, 노동력의 손실을 막고 OJT효과를 보는 일석이조가 된다고 할 수 있다. 저출산 문제와 여성 고용률의 저하가 심각한 한국의 현실에 비추어 볼 때, 가칭 '부모보험'을 도입하여, 산전후 '소득비례형' 유급휴가제도를 만들 필요가 있다. 고용주의 직접적 부담이 아닌 사회화된 형태로 유급휴가를 실시하는 것이기에 육아휴직 활용도가 높아질 것이다. 유급휴가 비용이 사회화 되는 만큼, 덴마크처럼 기업의 대체인력 고용을 의무화하여 취업기회 확대 효과가 발생하게 만들어야 할 것이다.[7]

넷째, 소득정책과 사회적 조정의 강화가 필요하다. 덴마크의 노동시장이 매우 유연하면서도 분배적 성과가 우수한 것을 높은 실업수당과 적극적 노동시장정책의 공으로만 돌릴 수는 없다. 덴마크에서는 전보다 엄격성이 떨어지긴 하였어도 사회적 임금결정의 메커니즘이 작동하여, 앞서 살펴보았던 것처럼 노동시장 내 임금격차가 다른 선진 자본주의에 비해 크지 않다. 중소기업 중심이라는 다소 동질적인 산업구조가 임금평등도를 높이는 부분도 있겠지만, 노동계급 내 의식적인 노력이 없이는 불가능 했을 것이다. 만약 임금결정이 시장과 기업내부의 노사관계에만 맡겨질 경우, 숙련과 기술차에 따른 임금격차가 커지고 기업 간 지불력의 차이로 기업규모별 격차가 확대될 것이다. 그리고 대기업 노조 간 임금경쟁으로 인

---

[7] 이때, 부모보험에서 결혼비용, 불임가정 시술 비용도 지원하여 본인의 의지와 상관없이 유급휴가의 혜택을 보지 못하는 가입자와 형평성을 맞추어야 할 것이며, 부모보험에 가입하기 어려운 사각지대 근로자에게는 정부가 마치 사용자처럼 50%를 매칭으로 부담하여 가입을 촉진할 필요가 있겠다.

해 생산성 증가를 넘는 임금 상승은 물론 노사관계의 불안 요인으로 작용할 가능성이 크다. 따라서 노사정위원회를 통해서 사회적 임금(각종 실업수당, 공교육, 의료, 연금 등 실질적 임금보전분)과 시장임금의 배분관계를 조율하여 시장임금인상을 자제하고 임금격차를 줄이는 노력을 해나가야 할 필요가 있다. 즉, 자유방임형 임금정책에서 사회적 임금결정체제로 점진적으로라도 전환해 가는 노력이 필요한 것이다. 노태우, 김영삼 정부 당시 경총과 한노총이 시도했던 임금가이드라인 정도의 합의만이라도 부활시켜 사회적 조정의 초석으로 삼을 필요가 있다. 이때 정부는 복지정책은 물론 조세정책을 통해 사회적 임금결정이 노사 간에 합의될 수 있도록 지원하는 역할을 맡아야 할 것이다. 또한 정부가 시장의 수요를 정확히 반영하기를 기대할 수 없기 때문에, 노사정은 임금조정은 물론 직업훈련설계, 고용서비스의 개선, 지역 산업수요에 맞는 교육프로그램과 직무관련 평생학습체제의 구축 등 사회정책을 수요자 입장에서 조율하는 사회적 조정시스템도 발전시켜야 할 것이다.

Ⅴ. 결론

덴마크 사례는 미국식 자본주의가 세계화시대에 경쟁력을 갖는 유일한 대안이 아님을 보여준다. 성장을 달성하고 고용문제를 해결하는 데 있어 근로자 개개인의 사회복지적 정의를 훼손하지 않을 수 있는 길이 존재한다는 데 주목할 필요성이 있다. 덴마크 모델은 고용량을 극대화하는 전통적인 사민주의 전략의 연장선에 있다. 그러나 덴마크는 다른 사민주의 국가보다 더 적극적으로, 중소기업 중심의 산업구조에서 요청되는 노동시장의 유연성을 대폭 증진시켰다. 유연성에 걸맞은 안정성을 확보하기 위해, 사민주의 국가 중 가장 큰 폭으로 적극적노동시장을 강화하고, 소득보장을 합리화하였다. 덴마크의 적극적 노동시장정책은 전통적인 남성노동자 뿐만 아니라 여성, 청소년, 그리고 중·고령자의 경제활동을 촉진하고자 설계되었으며, 개인별 사례관리를 접목시켜 효과성을 극대화하고 있다. 적극적 노동시장정책은 그 효과성에 대한 비판적인 시각이 존재하지만, '규율과 지원'의 적절한 배합을 통해 실업문제를 해결하는 데 큰 기여를 하고 있다는 점에서, 그리고 노동공급을 촉진해 인플레이션 우려 없이 실업률을 낮추는 효과를 낳고 있다는 점에서 긍정적으로 평가받고 있다. 게다가 고용이 자유롭고 원활하면서도 불안하지 않은 사회를 덴마크는 만들어 내었다. 물론 덴마크는 우리나라와 경제구조도 다르고, 지나온 역사도 다르다. 하지만, 우리의 노동시장은 너무나 불안하다. 유연안정성 정책을 가다듬을 필요가 매우 큰 상황이다. 이를 위해서는 미국 중심으로 편중되어 있는 우리나라의 정책적 사고를 좀 뒤로할 필요가 있다. 대신 유럽을 넘어 세계적인 벤치마크의 대상이 되고 있는 덴마크에 대해 좀 더 관심을 가져야 할 때이다. 인구 3억의 거대한 내수시장을 바탕으로 경제가 돌아가는 대륙국가인 미국에서 배우고 들여올 것이 있다면, 수출에 의존하는 개방경제 국가인 한국이 동일한 처지의 덴마크에서 배울 것이 없겠는가?

참고문헌

김유선. 2010. "OECD 고용지표 비교와 노동정책 방향." 2010.11 사회정책학회 추계대회 발표논문.

정원호. 2005. "덴마크의 유연안정성 정책에 관한 고찰." 『EU학 연구』 Vol.10, No.2.

조아라. 2010. "한국 노동시장정책레짐의 특성에 관한 비교연구: OECD 국가에 대한 퍼지셋 이념형 분석을 중심으로." 연세대학교 행정학과 대학원 석사학위논문.

Abrahamson, Peter. 2006. "Welfare Reform: Renewal of Deviation?" In John A. Cambell, John A. Hall and Ove K. Pedersen(eds.). *National Identity the Varieties of Capitalism: The Danish Experience*. Copenhagen: McGill-Queen University Press.

Bredgaard, Thomas, Flemming Larsen, and Per Kongshøj Madsen. 2005. "The Flexible Danish Labour Market-a review." CARMA Research Paper 2005.01. CARMA Aalborg University.

Campbell, John L. and John A. Hall. 2006. "Introduction: The State of Denmark." In John A. Cambell, John A. Hall and Ove K. Pedersen(eds.). *National Identity the Varieties of Capitalism: The Danish Experience*. Copenhagen: McGill-Queen University Press.

Einhorn, Eric S. and John Logue. 2003. *Modern Welfare State: Scandinavian politics and policy in the global age*. Praeger Publishers.

European Economic and Social Committee. 2006. "Opinion of the European Economic and Social Committee on Flexicurity: The Case of Denmark."

Green-Pedersen, Christoffer. 2002. *The Politics of Justification*. Amsterdam: Amsterdam University Press.

Iversen, Torben. 2001. "The Choices for Scandinavian Social Democracy in Comparative Perspective." In Andrew Glyn. *2001 Social Democracy in*

Neoliberal Times: The Left and Economic Policy since 1980. NY: Oxford University Press.

Kaspersen, Larsn Bo. 2006. "The Formation and Development of the Welfare State." In John A. Cambell, John A. Hall and Ove K. Pedersen(eds.). *National Identity the Varieties of Capitalism: The Danish Experience*. Copenhagen: McGill-Queen University Press.

Madsen, Per Kongshøj. 2006. "How can in Possibly Fly? The Paradox of a Dynamic Labour Market in a Scandinavian Welfare State." In John A. Cambell, John A. Hall and Ove K. Pedersen(eds.). *National Identity the Varieties of Capitalism: The Danish Experience*. Copenhagen: McGill-Queen University Press.

___________________. 2009. "덴마크의 활성화 정책." 국제노동브리프, pp.27-37.

OECD. 2009. Economic Surveys. Paris: OECD.

Østergard, Uffe. 2006. "Denmark: A Big Small State-The Peasant Roots of Danish Modernity." In John A. Cambell, John A. Hall and Ove K. Pedersen(eds.). *National Identity the Varieties of Capitalism: The Danish Experience*. Copenhagen: McGill-Queen University Press.

Plougmann, Peter and Per Kongshøj Madesen. 2005. "Labour Market Policy, Flexibility, and Employment Performance: Denmark and Sweden in the 1990s." In David R. Howell. *Fighting Unemployment: The Limits of Free Market Orthodoxy*. NY: Oxford University Press.

Pierson, Christopher. 1991. *Beyond the Welfare State?: The New Political Economy of Welfare*. UK.: Polity Press.

Sørensen, J. H. 2002. "Job-rotation Schemes in Denmark: An active Labour Market Policy Instrument and its Dependence on Qualification Strategies and Economic Situation of Firms." Rouault, S. Oschmiansky, H. & Schömann,I.(Hg.). *Reacting in Time to Qualification Needs: Towards a Cooperative Implementation?*. WZB discussion paper FSI02-202, pp.38-56.

 독일 사회정책의 기원

정해조*

* 부경대학교 국제지역학부 교수
  이 글은 PNU EU Review vol.4에 게재된 바 있음.

제3장
독일 사회정책의 기원

Ⅰ. 서론

독일 사회정책(Sozialpolitik)의 기원을 설명하기 위해서는 서양의 근대화를 촉발시킨 산업혁명과 프랑스혁명의 시대적 배경과 진행 과정을 살펴보아야 한다. 산업혁명은 농업사회에서 공업사회로 전환하는 과정에서 많은 농업종사자들이 도시의 노동자로 전환되면서 노동자계급이 형성되었다. 프랑스혁명은 봉건사회에서 근대시민사회로 발전하면서 유럽 전역에 자유주의를 전파시켰으며, 자유와 평등의 이념을 확산시켰다.

독일에서는 영국과 프랑스보다도 훨씬 뒤늦게 산업화가 진행되었고, 자유주의의 전파도 늦어져, 정치적, 경제적, 사회적 변화 양상이 다르게 전개되었다. 프랑스혁명 이후 독일의 지식인들 사이에서는 자유주의를 주장하게 되었고, 산업화의 과정을 늦게나마 진행하는 과정에서 많은 사회문제가 발생하였으며, 노동자 계층이 형성되었고, 정치적으로도 영향력을 행사할 정도로 세력이 확장되었다.

이에 독일 통일을 이룩한 비스마르크는 국가수호를 위하여 노동자 계층을 국가관리하에 두고자 사회정책의 일환으로 사회보험법을 입안하게 되었다. 비스마르크의 사회보험법은 그 의도가 노동자 계층에 대한 유화정책의 성격을 가지고 있었지만, 국가에 의해 주도되고 관리되는 세계 최초의 복지제도였다. 이런 사회정책이 근대화의 출범이 늦은 독일에서 제일 먼저 입안될 수 있었던 정치, 경제, 사회적 배경을 살펴보고자 한다.

Ⅱ. 산업혁명과 프랑스혁명

산업혁명은 18세기 후반에서 19세기 초반까지 거의 1세기에 걸쳐 영국에서 진행되었다.[1] 영국에서 시작된 시대적 배경에는 봉건제도의 해체로 인해 자유농민층이 생겨나 이들이 공장형태의 직물공업을 운영하게 되었다. 또한 목재자원이 부족하게 되자 화석연료인 석탄을 사용하게 되었고, 석탄을 효율적으로 생산하기 위해서 탄광의 각종 시설과 수송수단 등 관련 기술개발이 함께 발전하였다. 무엇보다 획기적인 발명은 와트의 증기기관이었다. 기존의 자연의 힘-인력, 축력, 풍력-을 이용하던 생산방식에서 인공적인 기계의 힘인 증기기관을 사용하여 자연력과 비교할 수 없는 동력을

---

[1] 산업혁명이 진행된 기간에 대해서 학자에 따라 견해가 다르고, 장기간에 걸친 점진적인 변화에 대해 혁명이라고 부르는 것에 대해서도 다른 의견을 가진 학자도 있다. 하지만 본고에서는 산업혁명이 주제가 아니므로 자세한 논의는 하지 않기로 한다.

발생시켰다. 증기기관을 활용한 기계들이 큰 공장생산을 가능하게
하였다. 면공업에서 다양한 방적기가 발명되었으며, 이와 같은 기
계제조 등으로 철 생산이 크게 증가하였다.

산업혁명은 경제적인 측면에서 보면, 생산방식에서 가장 큰 패러
다임 전환이 이루어졌는데, 농업생산에서 공업생산으로 바뀐 것이
었다. 이는 농촌인구를 도시로 유입시키는 결과도 함께 초래하였
다. 수익증대와 자본축적으로 산업자본가들이 형성되었고, 이들은
피선거권을 획득하여 귀족과 지주들이 지배하던 정치체제의 기반
을 흔들었다. 정치적으로 이들은 자유주의를 표방하였다. 사회적인
측면에서 공업지대를 중심으로 도시화가 빠른 속도로 진행되면서
도시의 거주환경이 악화되고 빈민가가 형성되었다. 열악한 생활환
경으로 몰려드는 노동자들은 집단을 이루게 되었고, 그들의 응집된
힘은 노동운동으로 나타났다. 자본가와 노동자라는 사회계층이 형
성되었고, 자본가에 속하는 공장경영자, 은행가, 실업가 등은 중산
계급 혹은 부르주아지는 그들의 권익을 보호하고 확대하기 위하여
참정권을 확보하여 정책에 적극 참여하였다. 노동자들도 선거권을
확보하여 정치적인 영향력을 행사하였으며, 노동조합을 조직하는
등 사회주의 운동을 전개하였다. 영국에서 비롯된 산업혁명은 점차
유럽 각국에 경제적, 정치적, 사회적인 큰 변화를 가져다주었다.

유럽봉건사회에 큰 변화를 가져다 준 역사적 사건은 프랑스혁명
이었다. 1789년 7월 14일 파리 시민들은 정치범들이 수감되어 있
었던 바스티유 감옥을 습격하였다. 이 사건이 프랑스 전역에 전파
되어 농민반란이 발생하게 되었다. 마침내 헌법제정의회에서 봉건
적 신분제와 영주제를 폐지함으로써 프랑스에서는 법에 의해 모든

국민이 평등하며, 동등한 권리와 의무를 보장받게 되었다.

프랑스혁명 기간에 세 종류의 인권선언문이 선포되었다. 1789년 8월 26일에 발표된 「인간과 시민의 권리선언」(인권선언Ⅰ)은 제1조에 "인간은 태어나면서 자유롭고, 평등한 권리는 갖고 있다"라는 내용으로 시작하면서, 구체제를 종식하고 입헌군주정의 토대를 마련하였다. 특히 신성불가침의 재산권은 '개인이 소유하고 처분할 수 있는 배타적인 권리'를 인정하였다. 1793년의 「인간과 시민의 권리선언」(인권선언Ⅱ)은 루이 16세 처형 이후의 공화주의 청사진을 마련하였다. 제1조를 "사회의 목적은 공동의 행복에 있다"라는 조항으로 교체함으로써 개인적인 권리보다는 공동체적인 사회권을 강조하였다. 그리고 정부가 인민의 권리들을 침해할 때 봉기는 인민의 신성한 권리이자 의무라고 규정하였다. 1795년 채택된 「인간과 시민의 권리와 의무의 선언」(인권선언Ⅲ)은 혁명을 마무리하면서 시민의 권리뿐만 아니라 의무라는 단어를 병기하였다. '압제에 대한 저항과 봉기의 권리'가 삭제되었고, "법은 시민들이나 그들 대표들의 과반수로 표현되는 일반의지"(권리조항 제6조)라고 하여 선동적인 포퓰리즘을 경계하였다. 소유권에 대해서도 권리조항과 의무조항에서 같이 언급되었다.

이런 인권선언도 여성과 저소득층, 식민지의 유색인종에게는 적용되지 않았다.[2] 하지만 수세기 동안 유지되어왔던 봉건체제를 종식시킨 프랑스혁명으로 인해 유럽 각국에 자유주의가 확산되어, 자유와 평등사상의 전파로 유럽 각국의 정치와 사회의 변혁을 유발하게 되었다.

---

[2] 육영수, 2011, "프랑스혁명과 인권", 『서양사학연구』 25집 (2011.10), pp.65-73.

Ⅲ. 독일에서의 자유와 평등

18세기에 들어 영국과 프랑스에서의 자유에 대한 선언들과 정치 경제 사회의 변화들은 독일의 지식인과 시민계급들에게 큰 영향을 주었다. 18세기 계몽사상은 "인간에게 원래의 자유와 평등을 보여주었고 또한 자유와 평등은 인간 모두가 가져야 할 권리임을 천명하고 또 요구하고 있다"[3]라는 점을 보여주었다. 그리고 자연법학자인 퓌터(J. S. Pütter)는 자연상태의 자유는 시민사회를 구성하면서 제한되었으며, 이는 다수의 행복을 위한 것이지 지배자를 위한 것이 아니라고 주장하였다. 모저(F. C. v. Moser)는 인간의 자유와 평등은 신분적인 차이를 없앤다고 해결되지 않고, 신분간의 차이는 법의 조정을 통해 줄일 수 있어야 한다는 것이다. 하지만 독일에서는 이와 같은 자유에 대한 논의가 정치적인 행동으로 연결되지 못하였다.[4]

프랑스혁명 이후 독일의 지식인들은 파리 시민들이 이루어낸 성과에 놀라워했다. 칸트는 프랑스혁명에 대해 "이 혁명은 이를 구경하고 있는 모든 삶의 마음속에 참가하고 싶다는 욕망을 불러일으키고 있고, 그러한 욕망은 거의 열광에 가까운 것이다"[5]라 하였다. 프랑스 시민들은 혁명을 통해 봉건제도를 종식시키고, 인권선언을

---

[3] J. Hansen(ed.), 1931, *Quellen zur Geschichte des Rheinlandes im Zeitalter der Französischen Revolution* Bd, 1 (Bonn), p.348. 조순주(2002), "프랑스혁명 전후 독일에서의 자유에 관한 논의", 『역사와 경계』 제43집(2002.6), p.143 재인용.

[4] 조순주, 앞의 논문, p.144.

[5] Hangen Schulze 저, 반성완 역, 2011, 『새로 쓴 독일역사』(서울: 지와사랑), p.106.

하였으며, 시민들의 참정권을 확대하였고, 법 앞에서의 만인이 평등하며, 사유재산권을 보장하는데 대해 독일 지식인들은 이를 전적으로 지지하였다. 하지만 1792년 9월 학살과 1793년 루이 16세를 처형하는 것을 보고 실망하게 되었다. 독일지식인은 독일에서 프랑스혁명과 같은 형태를 원하지 않게 되었고, 군주로부터의 개혁이 진행되고 있다고 생각하기 때문에 위로부터의 개혁을 기대하고 있었다. 모저는 구체제 내에서 전통적인 것을 유지한 채, 자유에 대해 새롭게 재구성하려고 했다. 일반법 제정에서 중요한 역할을 담당하였던 스바레츠(C. G. Svarez)는 "국가의 체제와 법은 모두의 최종목적달성이 아닌 이유로는 자연법에 기인한 자유와 시민의 권리를 제한할 수 없으며 국가와 개인의 행복이 시민사회 결성의 최종목적이며 법의 목표"라고 하였다. 이런 자유에 대한 논의가 시민계급 출신의 공무원들에 의해 베를린 수요회를 중심으로 활발히 논의되었다. 그런데 아직 18세기에는 보수적인 정치가들에 의해 프로이센의 일반법에 반영되지 못하였던 현실적인 한계가 있었다.[6]

독일역사에서 '3월전기'(Vormärz)는 1848년 3월혁명 이전 시대를 말한다. 대개 나폴레옹이 몰락하였던 1815년부터 1848년 3월 이전의 시기를 표현하는 말이다. 이 시기는 구체제의 전통과 새로운 제도와 사상이 공존하는 과도기였다. 독일의 자유주의자들은 크게 2개의 집단으로 나눌 수 있는데, 하나는 영국의 영향을 많이 받았던 북부독일의 자유주의자들과 또 하나는 프랑스의 영향을 받았던 남부독일의 자유주의자들이었다. 3월전기를 상징하는 '사회적 빈곤'(Pauperismus)의 원인과 해결방안에 대해 다양하게 제기된 사

---

6) 조순주, 앞의 논문, pp.155-158.

회정책 논쟁은 보수주의와 자유주의 간의 갈등이 표출된 것이었으며, 자유주의자 진영 내부의 이념적 균열을 반영한 것이었다.

1815년에서 1848년 사이 30여 년 동안 독일 전체인구가 2천2백만 명에서 3천5백만 명으로 급증하였다. 이렇게 늘어나는 인구에 비해 식량생산은 증대되지 않아 많은 사람들이 기아의 고통 속에 생활하게 되었다. 농업과 수공업에 종사하던 사람들은 새로운 공업지대로 이주하여 열악한 환경의 공장 노동자로 지내게 되었다. 낮은 임금과 비인간적인 장시간 노동과 어린이들이 노동으로 착취당하고 있었다. 1844년에는 랑겐비라우와 페터스발데 지역에서 직조공들이 폭동을 일으켰다. 불만에 가득 찬 직조공들이 기계를 파괴하고 공장주의 집으로까지 습격하는 사태가 일어났다.[7] <그림 1>은 1820년부터 1913년까지 독일을 떠난 이민자의 수를 보여주는데, 1820년부터 10년간 50,000명이던 이민자수가 1830년부터 10년간은 21만 명, 1840년부터 10년간은 48만 명으로 급증하고 있다. 이 당시경제 사정과 생활이 얼마나 어려웠는지를 나타내고 있다.

---

7) Hangen Schulze, 앞의 책, p.130.

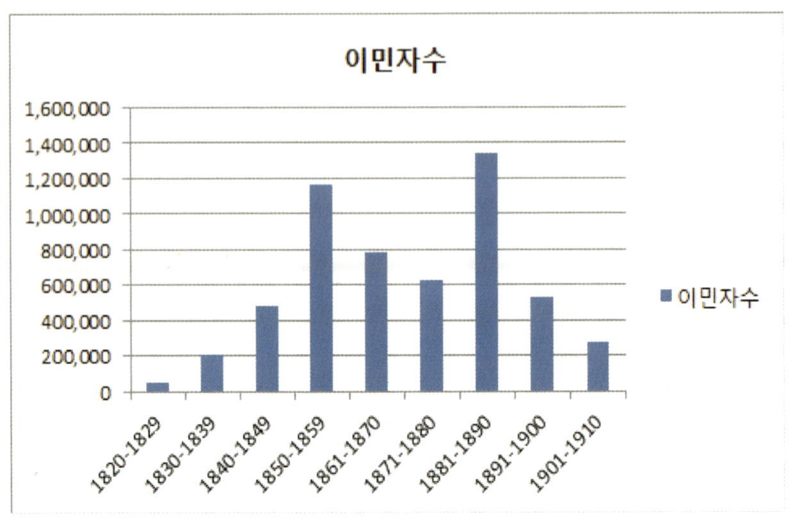

출처: H. Schulze p.142의 표를 그래프로 변환.

〈그림 1〉 1820년부터 1913년까지 독일을 떠난 이민자의 수

1845년에 프로이센에서는 '영업법'(Gewerbeordnung)을 제정하였는데, 이는 시장경제의 자율성과 노동의 통제라는 상반된 원칙을 함께 수용하여 자유주의와 보수주의 사이에서 절충을 하게 되었다. 이 규정은 시장경제의 원리에 따라 수공업과 산업체 노동인력의 자율적인 상조기금(Unterstützungskasse)에 합법적인 근거를 제공하였으며, 노동관계에 대해 국가의 직접적인 개입을 '필요한 경우'로 최소화시켰다는 점에서 독일 초유의 자유주의적인 노동입법으로 기록되었다.[8] 이 시기의 자유주의 내부에서 경제성장과 사회문제 사이의 모순적 관계에 대해 각기 다른 견해를 갖고 있었다. '중산층 자유주의'(mittelständischer Liberalismus), '사회적 자유주의'(sozialer

---

[8] 박근갑, 1997, "시장경제와 노동문제 사이의 독일자유주의 1830-1848/49", 『서양사론』 제55호 p.99.

Liberalismus), '부르주아 자유주의'(großbürgerlicher Liberalismus)라는 이념적 경향으로 달리 나타났던 것이다. 중산층 자유주의자들은 그들의 토대를 '중산층'(Mittelstand)에서 찾았다. 중산층이 국가권력과 경제성장의 기반이며, 정치적 자유의 배양소로 간주되었고, 조화와 타협의 매개체로서 미래의 시민사회를 지배하게 될 '본래의 국민'(eigentliches Volk)과 동일시되었다.9) 이런 의미에서 독립적인 생산수단을 갖춘 수공업자와 소규모 자영업자가 중산층의 핵심세력이 되었다. 이들은 전통적인 수공업의 부조기구나 소규모 자영업자의 생업공동체(Erwerbsgemeinschaft)들이 새로운 공장제도의 대안으로 기대되었다.

사회적 자유주의는 튀빙겐(Tübingen)의 경제학자 몰(Robert Mohl)과 베를린의 역사학자 슈미트(Adolf Wilhelm Schmidt)에 의해 대변되었다. 몰은 처음으로 공장에 예속되어 있는 노동자의 사회적 문제를 거론하였고, 기업의 파산이 노동자에게 미치는 절대적인 영향에 대해서 언급하였다. 몰은 노동자가 자본소유와 기업경영 및 그 이윤에 참여함으로써 자본과 노동 사이의 이해관계를 조정할 수 있다고 보았다. 그래서 노동자들은 자립적, 자율적인 '노동자위원회'(Arbeiterausschuß)를 구성해야 하며, 기업가는 기업경영과 결산회계에 노동자 대표를 참여시키는 제도적 방안을 제기하였다. 자본과 노동을 수평적으로 결합시키는 이익공동체를 통하여 조화로운 시민사회를 건설하려는 제안은 <노동계급의 복지를 위한 중앙연맹>(Centralverein für das Wohl der arbeitenden Klasse) 내부의 이른

---

9) W. Conze, Mittelstand, 1978 in O. Brunner et al., *Geschichtliche Grundbegriffe* Band V(Stuttgart), pp.49-92. 박근갑, 앞의 논문, p.101. 재인용.

바 '근본적 사회개혁'(radikaler Sozialreform) 분파의 사회정책 논의로 이어졌다.[10] 슈미트는 사용자와 노동자 양측이 같은 수로 참여하는 중재위원회 또는 공동협의회를 제안하여, 이 제도가 노동계급들의 소외를 없애고 사회적 협동정신이 고무될 수 있다고 하였다. 이런 사회적 자유주의는 사회적 빈곤에 대한 대부분의 개혁가들이 아직 노동문제에는 비중을 두지 않은 상황에서 너무 시대를 앞선 간 내용이었다.

부르주아 자유주의자들은 열악한 노동문제의 현실이 새로운 사회문제의 핵심으로 간주하였지만, '사회적 자연법칙의 자유로운 작용'으로 해결될 수 있는 것으로 생각하였다. 사회적 자유주의자들이 제안하였던 노동자들의 기업이윤과 기업의 경영 및 회계에 참여하는 것은 불가능하고 노동문제에 대해 국가가 개입하는 것도 온당하지 못한 것으로 보았다. 노동자들이 자율적으로 참여하고, 시민계급이 후원하는 상조조직이 사회문제의 현안을 해결할 수 있는 것으로 보았다. 이런 내용들은 프로이센의 <영업법>의 상조기금 관련 규정에 상당 부분 반영되었다. 이로써 산업체의 노동자들이 개개 사업장 또는 지역단위로 구성되는 보험기구에 자율적으로 가입하여 앞으로 절제와 질서에 대한 자기책임의 경험을 축적하게 될 것으로 기대하였다. 이로써 부르주아 자유주의의 노동복지프로그램은 전통적인 구빈제도를 최소한으로 복원하는 정도에 머물렀고, 사회보장의 권리를 실현할 수 있는 포괄적 복지제도와는 상당한 거리가 있었다.[11]

---

[10] 박근갑, 앞의 논문, p.104.
[11] 박근갑, 앞의 논문, pp.101-108.

Ⅳ. 독일 3월혁명과 반혁명

1848년 2월 24일 파리에서 시가전이 벌어져 혁명세력과 방어군 양측이 모두 많은 사상자를 냈으며, 프랑스 국왕이 축출되었다는 소식이 유럽에 전해졌다. 이에 자극을 받아 유럽 대부분의 지역에서 민족주의적, 사회주의적, 자유주의적인 운동들이 확산되었다. 독일 연방국가들의 모든 수도에서 격렬한 소요사태가 발생하였다. 독일은 1847년 감자흉작으로 식량이 부족하였고, 경제위기로 인해 수공업과 산업이 침체되어 기아와 물가가 폭등하였다. 처음에 만하임(Mannheim)에서 많은 민중들이 집회를 가지고 바덴 정부에 임시 국민회의를 소집할 것을 요구하였다. 다음으로 마인츠에서 민중봉기가 일어났고, 이어서 헤센-다름슈타트에서도 정부에 청원서를 제출하였다. 지방의회의 온건한 자유주의자들과 급진적인 민주주의자들은 언론과 집회의 자유, 정당결성과 민병대 창설을 강력하게 요청하였다. 3월 5일에는 남서부 독일 출신의 자유주의자들과 공화주의자들이 하이델베르크(Heidelberg)에 모여 의회를 구성하기 위한 선거를 준비하였다. 그들의 최종적 요구는 전 독일적 차원의 국민의회를 소집하라는 것이었고, 이런 '3월의 요구'에 이어 '3월의 정부'가 각 지역에 수립되었다. 거의 모든 독일국가에 민족운동을 상징하는 흑, 적, 황의 삼색기가 뒤덮었고, 애국주의의 열기가 독일 전역에 고조되었다.[12]

빈(Wien)에서는 온건한 자유주의 세력이 급진적인 힘에 의해 밀

---

12) Hangen Schulze, 앞의 책, p.136.

리게 되었다. 3월 13일에 과격한 공화주의자들에 의해 빈 외곽지역의 공장과 상점과 같은 시설들이 불에 타버렸고, 메테르니히는 영국으로 피신해버렸다. 3월 18일에는 베를린에서 대규모 봉기가 발생하였다. 출판의 자유, 국민의회 소집 등을 요구했는데, 프로이센 군대가 발포를 하기 시작하여 시가전이 벌어졌으며, 많은 희생자들이 발생하였다. 프리드리히 빌헬름 4세가 사격중지 명령을 내리고 군대를 철수시킨 후, 프로이센 헌법을 제정하기 위해 국민의회를 소집하겠다는 약속을 하고서야 진정이 되었다.

마침내 1848년 5월 18일 585명의 대표들로 구성된 독일 국민의회가 프랑크푸르트 바울 교회에 소집되었다. 이들 대표들 중에는 당시의 명망 있는 독일 자유주의적 지식인이 포함되었다. 이번 국민회의에서는 독일헌법 제정과 독일 통일 문제가 중요한 안건이었다. 하지만 바울 교회에 모인 대표들은 독일이 어떤 형태로 구성되어야 하느냐를 두고 분열되었다. 크게 두 가지 방안으로 나뉘었는데, 하나는 대독일(großdeutschland)의 방안으로 합스부르크 왕가를 수장으로 해서 오스트리아를 비롯하여 독일의 모든 지역을 포함하자는 내용이었고, 하나는 소독일(Kleindeutschland)의 형태로, 오스트리아와 부속 지역을 제외한 나머지 독일국가들을 합쳐서 호헨쫄레른 황제를 수장으로 삼자는 방안이었다. 하지만 세부적으로 경계설정과 주도권의 향방에 대한 논란이 몇 달간 계속되었다. 여기에 남서독일 국가의 혁명적 민주주의자들은 민주주의적 공화국을 설립하기 위한 투쟁을 하였다. 최종적으로 국민의회는 독일헌법을 채택하였고, 임시중앙정부를 구성하였지만, 실질적인 효력은 발휘하지 못하였고, 임시중앙정부도 아무런 집행력이 없었다.

독일 3월혁명이 실패한 원인에는 첫째, 광범위한 민중의 참여가 없었다. 독일의 혁명은 대중적인 참여보다는 지식인들이 주도하면서 내부적으로 의견이 분열되었다. 둘째, 영국과 프랑스와는 달리 독일에서는 산업화가 늦게 시작되어 중산층을 형성하는 시민계급이 두텁지 못했다. 셋째, 혁명초기와는 달리 급진적인 세력에 의해 집회가 과격해지면서 시민층의 우려가 증대되었다. 처음에 자유주의자들에 의해 불만사항들을 사회입법에 반영하려고 하였으나 3월혁명의 실패로 인해 이상주의적인 사회개혁가들의 입지가 좁혀지고 실용주의적인 노선이 사회정책 논의를 주도하게 되었다.

국민회의가 해산한 후, 프로이센의 상공부 장관으로 취임한 하이트(A. Freiherr von der Heydt)에 의해 1849년 2월 9일에 마련된 새로운 영업 관련 법규는 혁명기에 발의되었던 사회정책 논의를 충분히 반영하지 못한 것이었다. 하지만 새로운 영업법에 상조기금의 설립과 운영에 대한 조항들을 두어 필요한 경우에 지방행정기관이 노동인력을 상조기금에 가입시키고 사용자가 보험료의 절반을 부담하게 하는 권한을 행사할 수 있게 하였다. 이런 보험관련 규정들은 이후 독일 사회정책에 영향을 주긴 하였으나, 노동자들의 보험 가입률이 저조하였고, 상조기금의 재정이 부실하여 실질적인 효과는 거두지 못하였다.[13]

---

[13] 박근갑, 앞의 논문, pp.116-118.

Ⅴ. 독일 3월혁명과 비스마르크

비스마르크는 엘베 강 동쪽의 토지귀족인 융커(Junker)[14] 출신으로 연합지방의회(der Vereinigte Landtag)의 의원으로 정계에 데뷔하였다. 연합지방의회는 1847년 프리드리히 빌헬름 4세의 '2월 칙령'에 의해 소집되었으며, 프로이센 자유주의자들이 추구해온 신분제적 의회였고, 3월혁명이 일어난 후 프로이센국민회의(die Preußische Nationalversammlung)로 발전했다. 연합지방의회는 정부가 조세를 부과하거나 세출액을 요구할 때 의결권을 행사할 수 있었으나, 국왕의 칙령에 의해 소집되는 부정기적인 의회였다. 613명으로 구성되었으며, 각 지방의 신분제의회의 대표수는 <표 1>과 같았다. 의석수로는 왕실귀족 혹은 지방귀족인 Herrenstand 와 Ritterstand가 307석, 시민인 Städte와 Landgemeinde 대표가 306석이었다.

〈표 1〉 연합지방의회의 지방별·신분별 구성

Provinz	Herrenstand	Ritterstand	Städte	Landgemeind	합계(석)
Brandenburg	11	32	23	12	70
Ost und West Preußen	5	45	28	22	100
Pommern	1	24	16	8	49
Posen	5	22	16	8	51
Schlesien	24	36	30	16	106
Westfalen	12	21	20	20	73
Rheinprovinz	5	27	25	25	82
합계	70	237	182	124	613

---

[14] 프로이센 동부의 지방귀족을 말하며, 대농장을 소유하고 보수적, 권위적인 귀족으로서 프로이센의 고급관리와 장교의 지위를 거의 독점한 지배세력이었다.

당시 마그데부르크(Magdeburg) 출신인 브라우히치(Brauchitsch) 의원이 와병중이라 개원된 의회에 참석하지 못했기 때문에 후보자 명단에 있던 비스마르크가 대리의원이 되었다. 비스마르크는 의원이 된 것에 만족하였으며, 앞으로 독일역사상 그의 비중을 고려할 때 정계 데뷔는 중요한 사건이라 할 수 있다.[15]

3월혁명이 발발했을 때 비스마르크는 그의 고향 쉰하우젠(Schönhausen)에 있었고, 베를린에서 피난 온 사람들로부터 혁명의 소식을 들었다. 그는 시위군중으로부터 국왕을 구출할 계획을 세웠다. 인근의 탕어뮌데(Tangermünde)시에서 자유주의자들이 밀려오자 비스마르크는 쉰하우젠의 친왕적인 농민들을 무장시켜 이들을 격퇴함으로써 반혁명활동을 시작하였다. 그가 무장한 농민들을 이끌고 베를린으로 가서 시위군중들에게 포위된 국왕을 구출하고자 했으나 실패하였다. 군대가 철수하여 포츠담에 주둔하고 있었는데, 비스마르크는 거기서 왕가 지지자들, 군지휘관들과 반혁명을 계획하였으나, 국왕이 자유주의자들의 요구를 수용하여 반혁명계획은 수포로 돌아갔다. 하지만 그는 궁중파 보수주의자들과 접촉하면서 왕권을 수호하기 위해 반혁명활동을 계속해나갔다.

그의 반혁명활동으로 프리드리히 빌헬름 4세와 친밀한 관계가 형성되었다. 포츠담의 상수시궁(Schloss Sanssouci)에서 국왕을 처음 알현하면서 맺은 군신관계로 인해 평생 국왕에게 충성을 바치게 된 계기가 되었다. 비스마르크의 반혁명활동의 기반은 카마릴라(Kamarilla)라는 정치모임이었다. 국왕의 측근이었던 게르라흐(Gerlach) 형제가 중심이 되어 활동하는 궁정파 보수주의자들의 정치서클인 카마릴

---

¹⁵⁾ 김상태, 1971, "비스마르크와 독일 3월혁명", 『논문집 5』, 수도여자사범대학(1971.12), pp.171-172.

라의 구성원으로 활동하였다. 그리고 보수주의자들의 기관지 역할을 하는 '노이에 프로이센차이퉁'(Neue Preußische Zeitung)에 기고활동을 열심히 하였다. 그리고 융커팔라멘트(Junkerparlament)에서 활동하였는데, 이는 프로이센국민회의와 프랑크푸르트 국민회의에서 낙선된 보수주의자들이 융커의 이익을 옹호하기 위해 결성한 단체였다.

3월혁명은 앞서 기술한 바와 같이 자유주의자들의 분열로 와해된 틈을 타서 보수주의자들이 평정을 하게 되었다. 프로이센에서도 브란덴부르크(Brandenburg) 장군이 군대를 동원하여 과격파들로부터 의회를 보호한다는 구실로 의회를 베를린에서 브란덴부르크 시로 옮겨서 의회를 해산시켜버렸다. 국왕은 의회를 해산시킨 후에 헌법을 제정함으로써 3월혁명은 궁정파 보수주의자들의 승리로 마무리되었다.[16] 3월혁명의 기간 동안 비스마르크는 국왕과 정부를 옹호하였고, 융커들의 이익을 보호하면서 프로이센 중심의 독일통일을 주장하였으며, 이는 향후 그의 정치적 비중이 커지면서 비스마르크 방식의 독일통일을 실현해나갔다.

Ⅵ. 독일의 산업화

독일에서는 19세기 전반까지 인구의 3분의 2가 농업에 종사하였고 인구의 4분의 3이 농촌에 거주하고 있었다.

[16) 김상태, 앞의 논문, pp.175-190.

1807년에는 농민해방(Bauernbefreiung)이 실시되어 농지개혁이 이루어졌다. 영주에 예속되어있던 농민들에게 농지의 소유권을 전환시켜주었다. 하지만 엘베 강 동쪽지역에서 농민의 소유지 변경에 아주 까다로운 조건이 제시되었고, 농민의 보유지는 융커들에게 다시 회수되었다. 그래서 농민들은 융커들에게 농업노동자로 고용되었다. 융커들은 대토지경영으로 그들의 기반을 확고히 하였고, 이후 상당기간 독일의 정치적 지배세력이 되었다. 농민들은 농업노동자 혹은 도시로 나가 공장에서 일하는 노동자가 되었다. <표 2>는 1800년에서 1925년까지 독일 전체 인구에서 농업인구의 비율을 나타내고 있다.[17]

〈표 2〉 1800~1925년 동안의 독일 전체인구 대비 농촌인구비율

연도	농업인구비율(%)
1800	약 75
1850	약 60
1882	39.9
1895	33.5
1907	27.0
1925	22.8

영국에서 18세기에 본격적으로 진행되었던 산업혁명에 비해 독일은 영국이나 프랑스의 산업화보다 훨씬 뒤진 19세기에 시작하게 되었다. 또한 시민혁명을 통한 근대적인 독일의 공업화는 영국에서처럼 섬유공업에서 출발할 수 없었다. 앞선 공업화를 이룩한 영국

---

[17] 윤여덕, 1983, "독일산업화과정에 있어서 사회정책학파의 역할", 『농촌경제』 제6권 제4호(1983.12), pp.40-41.

의 값싸고 품질이 좋은 섬유제품과 경쟁할 수 없었다. 독일의 산업화는 철도건설로 인한 철강산업이 발전하면서 가능하게 되었다. 1835년 11월 7일 뉘른베르크에서 푸르트 간에 독일 최초의 철도가 개통되었다. 이 철도 노선의 길이는 겨우 6km에 불과하였지만, 이후 철도건설은 발전하여 1848년에는 5,000km 길이에 이르는 철도망이 구축되었다. 철도망의 구축으로 하나의 통일된 경제공간이 존재하게 되었고, 독일 전역에 동일한 경쟁력이 작용하게 되어 수요와 공급의 원칙 그리고 가격의 단일화가 이루어질 수 있었다.[18] 이렇게 철도망이 확충되는 과정에서 철강산업이 발전하게 되었고 기관차, 객차, 선로 그리고 그 부속품 등의 수요가 증가하였으며, 이에 따른 기계공장, 부품산업이 발전하였다.

Ⅶ. 비스마르크의 사회보험법

1. 사회보험법 입안 배경

이런 독일의 정치, 경제, 사회의 상황에서 사회정책분야에서는 근대화가 늦은 독일에서 먼저 비스마르크의 사회보험법이 세계 최초로 시행되었다. 앞서 살펴본 대로, 정치적인 면에서 1789년 프랑스혁명 이후 유럽에는 자유주의 사상이 전파되어 절대군주제도가 붕괴되고 시민들이 정치에 참여하는 자유주의 제체가 형성되어 갔

---

18) Hangen Schulze, p.142.

다. 하지만 독일에서는 보수적이며 권위주의적인 통치가 지속되고 있었으며, 지방분권적인 전통이 유지되고 있었다. 1850년대부터는 독일에서도 자유주의자들이 정치적인 발판을 마련해 갔다. 1859년 독일 국민동맹이 형성되었고, 진보적인 정당도 만들어지면서 자유주의자들이 서서히 의회에 진출하기 시작하였다. 그런데 비스마르크가 프로이센의 재상으로 등장하면서 자유주의자들의 정치적 확산이 위축되었다. 비스마르크는 1862년 프로이센의 빌헬름 1세에 의해 재상에 임명되었다. 그는 쉰하우젠의 융커(Junker) 집안에서 태어나, 괴팅엔 대학과 베를린 대학에서 수학하였다. 프로이센의 관리, 주의회 의원, 국민의회 의원, 러시아 대사, 프랑스 대사의 경력을 쌓았다. 정치 외교적으로 그는 독일 통일의 대업을 달성하였다. 오스트리아의 영향을 벗어나려는 외교와 오스트리아와의 전쟁에서 승리하여 북독일연방을 이루어냈다. 1870년에는 프랑스 나폴레옹 3세와의 전쟁에서 승리하여 남부 독일까지 참가하게 하여 1871년 빌헬름 1세를 프랑스 베르사유에서 독일제국의 황제로 즉위시켰다.

독일제국은 연방제 국가 형태인데, 제국정부는 프로이센의 국왕에게 군사, 외교, 재정의 권한이 있었고, 비스마르크가 독일제국의 초대 재상을 맡아 제국을 통치하였다.

경제적인 측면에서 당시 독일은 다른 유럽국가에 비해 산업화과정이 늦어졌다. 대신에 후발주자로서 산업화의 속도는 빠르게 진행되면서 공업화를 이루어 갔다. 프로이센과 프랑스 사이의 전쟁, 이른바 보불전쟁에서 독일이 승리함으로써 정치적으로 프로이센 주도하에 통일독일을 이루었고, 경제적으로는 프랑스로부터 50억 프랑의 전쟁배상금을 받아 독일의 금융시장에 큰 영향을 주었다. 많은 신생 회사가 설립되었고, 철도건설에 투입되었으며, 중공업에 투자되어 산업화를 촉진시키게 되었다. 내부적으로는 보호관세주의를 실시하여 국내 산업을 보호하며 발전시켜갔다.

산업화와 공업화의 촉진으로 독일 사회에도 큰 변화가 진행되었다. 중화학공업이 발달하였던 독일에서 짧은 시간에 산업화를 달성하면서 경제성장을 이루어 갔다. 그런데 독일의 산업화 과정에서 노동자계급이 형성됨으로써 새로운 사회문제가 발생되었다. 공업화로 인해 도시로 인구가 집중됨으로써 임금이 낮은 노동자계급들의 주거문제와 낮은 임금으로 노동자들은 열악한 생활환경에 처해 있었다. 이는 노동자들의 사회 불만을 야기하였으며, 노동자들에 의해 파업과 폭동이 발생하게 되었다. '전독일노동자협회'를 결성한 라살레(F. Lassalle)는 노동자계급이 힘을 모아 정치적 조직을 만들어 노동자의 이익을 대변하려는 움직임에 힘을 얻어가고 있었다. 그리고 독일사회민주당[19]의 영향력이 날로 증대되어 갔다. 비스마르크는 빌헬름 1세에 대한 저격사건을 계기로 '사회주의자법'(Sozialistengesetz)을 제정하여 사회주의자들의 일체의 활동을 제한하였다. 이런 사회현상에 대해 지배계층들은 통치의 위협으로 인식하게 되었고, 학자들은 국가 차원에서 노동자계급의 기본적인 삶을 보호해야 한다는 이론적 근거와 명분을 제시하게 되었다.

---

[19] 독일사회민주당의 독일어 명칭은 Sozialdemokratische Partei Deutschlands이며, 전신은 1875년 Gotha 전당대회에서 결성된 독일사회주의노동자당(Sozialistische Arbeiterpartei Deutschlands)이 1890년 사회주의자법인 폐기되고 난 후, 변경한 명칭이며 오늘날 독일의 사민당(SPD)이다.

2. 3대 사회보험법의 주요 내용

이런 독일의 정치·경제·사회적 배경에서 비스마르크는 국가의 체제를 유지하기 위하여 노동자계급을 보호하는 정책의 필요성을 인식하게 되었고, 정치적 발전과 산업화가 늦었던 독일에서 최초의 사회보험제도가 실시된 계기가 되었다. 독일제국 이전에는 빈민구제책이 시행되고 있었고, 봉건군주들이 자선적 의미에서 빈민구호소를 설치하거나 식량을 나누어 주는 형태 정도였다. 기업가들도 미미하지만 구제책을 갖고 있었고, 노동자들 스스로도 자구책을 강구하기도 하였다. 하지만 이런 정도의 빈민구제제도로는 산업화로 인한 노동자 계급의 빈곤 문제를 해결할 수 없었다.

1883년 의료보험법(Gesetz über die Krankenversicherung der Arbeiter)을 시작으로 - 1884년 산재보험법(Gesetz der Unfallversicherung), 1889년 폐질 및 노후보험법(Gesetz betreffend die Invalidität-und Altersversicherung) - 이른바 비스마르크 3대 사회보험법이 제정되었다. 원래는 의료보험법보다 산재보험법이 1881년에 먼저 제출되었으나 논란이 많아 의료보험법이 먼저 입법화되었다. 비스마르크가 처음 생각한 산재보험법은 전적으로 국가의 재정과 관리로 운영하여, 노동과 국가의 밀월관계가 유지되도록 하려는 의도였다. 그는 이를 "적절하고 이성적인 국가사회주의"라고 하였다.[20] 이런 비스마르크의 생각이 담긴 산재보험법의 초안은 의회에서 동의를 얻지 못함으로써 좌절

---

[20] "Berichtsentwurf des bayerishcen Gesandten in Berlin Hugo Graf von und zu Lerchenfeld-Koefering an den bayerischen Außenminister Kraft Freiherr von Grailsheim," Quellenssammlung, I-1: Grundlagen staatlicher Sozialpolitik (Stuttgart/Jena/New York, 1994) p.598. 박근갑, 2007, "사회주의와 자치행정", 『서양사론』 제92호, p.114 재인용.

되었고, 상당한 논란과 수정을 거친 끝에 의료보험법이 입법화된 다음 해에 결실을 거두게 되었다.

의료보험법안의 초안을 작성하였던 로만(Theodor Lohmann)은 비스마르크의 국가복지 구상과는 거리가 있는 재정부담 방식으로 입안하였다. 국가는 간접적으로 지원하고, 사회세력이 자발적 동기로 참여하여 이익 갈등을 조정하도록 하였다. 로만은 "이익공동체의 바탕 위에서 전향적인 사용자와 노동자가 연대하는 조직체"를 구성하는 근거를 마련하려고 하였다.[21] 이렇게 의료보험법안은 이전부터 시행해오던 부조금고를 바탕으로 국가재정의 보조를 배제하여 제안함으로써 이견이 적어 무난히 의회를 통과하게 되었다. 이로써 독일뿐만 아니라 세계적으로도 최초의 사회보험법이 만들어지게 되었다. 의료보험의 대상은 연수입 2,000마르크 이하의 임금노동자들이며, 요약급여(Krankenphlege)와 질병보상금(Krankengeld)이 있었다. 질병이나 재해로 인해서 치료나 입원을 할 수 있고, 질병수당은 4일에서 26주까지 평균일당의 1/2을 지급하며, 사망할 경우 평균일당의 20배를 지급하는 것으로 되어 있다. 이를 위해 고용주가 1/3을, 노동자가 2/3를 기여하며 임금의 3% 이내에서 부담하기로 하였다.[22]

산재보험법은 입법과정에서 여러 견해들이 상충하면서 조율하는 데 많은 시간이 소요되었다. 대립된 견해의 요지는 국가의 개입 정도에 관한 문제였다. 비스마르크는 처음에 산재보험을 계획하면서

---

21) "Brief des Geheimen Oberregierungsrates Theodor Lohmann an Professor Dr. Lorenz von Stein, 1882 Juni 28", *Quellensammlung*, II-2,1, pp.247-250., 박근갑, 앞의 논문, pp.116-117. 재인용.

22) 문기상, 1987, "비스마르크 사회정책연구", 서울대학교 대학원 문학박사학위논문, pp.130-131.

국가 관리하에서 노동자들이 국가의 시혜를 받는 것을 제도화하려
했다. 국가보조금을 지불하면서 국가가 통제하는 강제보험의 성격
을 띠고 있었다. 이에 대해 노동자단체들과 가톨릭 중앙당 그리고
사용자들도 산재보험을 국가 관리하에 운영하는 것에 반대하였다.
처음 제출되었던 내용을 대폭 수정[23]하여 1884년 의회에서 입법화
된 산재보험은 최종적으로 국가가 중앙집권적으로 통제하는 방식
이 아니라 직업별 협동조합의 형태로 운영되는 것으로 결정되었다.
산업재해로 인한 부상과 질병 등에 대한 치료가 가능하고, 장애를
입게 되면 산업재해 이전의 소득과 장애 정도에 따라 적절한 보상
을 해주게 되었다. 산재보험의 재정은 고용주만 부담하게 되어, 국
가적 차원에서의 사회보험의 성격은 퇴색되었다. 이는 국가보조금
을 통해 노동자들을 관리하려는 시도에 대한 반작용의 결과였다.

폐질 및 노후보험법은 1889년 5월 24일 제국의회에서 통과되었
다. 보험분담금은 사용자가 1/2, 노동자가 1/2 부담하고, 국가보조
금이 50마르크씩 지급되었다. 비스마르크는 폐질 및 노후보험법으
로 노동자들을 국가의 편에 설 수 있게 하려고 국가보조금을 지불
하기로 하였다. 하지만 시행초기에 많은 어려움이 있었다. 연금을
받기 위해서는 최소 30년 이상 기여금을 납부하여야 하고 70세 이
상부터 연금을 받을 수 있었다. 폐질연금은 5년 이상 기여금을 낸
경우에 폐질이 되었을 때 지급을 하지만 건강할 때 받았던 소득의
3분의 1도 되지 않았다.[24]

---

23) 산재보험법이 수정되는 과정은 문기상의 박사학위논문 pp.127-130 참조.
24) 문기상, 앞의 논문, p.135.

Ⅷ. 결론

　이상에서 비스마르크 사회보험법이 입안되기까지의 독일의 정치, 경제, 사회적인 배경을 살펴보았다. 독일에서는 영국과 프랑스에서 진행된 산업혁명과 프랑스혁명의 영향이 훨씬 늦게 실현됨으로써 정치·경제·사회 면에서 다른 형태로 진행되었다.

　프랑스혁명의 자유와 평등의 이념은 독일의 지식인들에게 상당한 영향을 주어 자유주의를 확산시켰다. 하지만 독일의 3월전기의 어려운 경제여건과 사회문제들로 인해 3월혁명이 발발하였다. 프랑스혁명 때와 같은 대중적인 기반이 없는 독일에서는 자유주의자들의 분열과 과격한 급진파들을 우려하는 중산층들과 보수주의자들에 의해 3월혁명은 실패하게 되었다.

　영국에 비해 독일의 산업화는 훨씬 늦게 시작하였다. 철도산업에서부터 시작된 독일의 산업화는 철강공업을 발전시켜 농촌의 노동자와 도시의 공업노동자들이 급속히 유입되었다. 양적으로 늘어난 노동자 계급들은 자신의 이익을 위해 노동자 조합과 노동자를 위한 정당을 결성하여 사회주의 운동을 전개하였다.

　이에 독일통일의 위업을 이룩한 비스마르크는 체제유지의 전략으로 사회주의자법을 제정하여 사회주의운동을 탄압하는 한편, 노동자들에게 최소한의 안정적인 생활기반을 보장해줄 수 있는 사회보험법을 입안하게 되었다. 즉, 노동자를 국가관리하에 두려는 비스마르크의 애초의 의도와는 달리 입법화 과정에서 많은 논란과 조정을 거쳐 세계 최초의 사회보험법이 제정되었다. 비스마르크의 3대 사회보험법은 이후 독일 사회정책의 근간이 되었다.

참고문헌

김상태. 1971. "비스마르크와 독일 3월혁명."『논문집 5』. 수도여자사범대학.

문기상. 1987. "비스마르크 사회정책연구." 서울대학교 대학원 문학박사학위 논문.

박근갑. 1997. "시장경제와 노동문제 사이의 독일자유주의 1830-1848/49."『서양사론』 제55호.

박근갑. 2007. "사회주의와 자치행정."『서양사론』 제92호.

윤여덕. 1983. "독일산업화과정에 있어서 사회정책학파의 역할."『농촌경제』 제6권 제4호.

육영수. 2011. "프랑스혁명과 인권."『서양사학연구』 25집.

조순주. 2002. "프랑스혁명 전후 독일에서의 자유에 관한 논의."『역사와 경계』 제43집.

Hangen Schulze 저. 반성완 역. 2011.『새로 쓴 독일역사』. 서울: 지와사랑.

Flora, Peter and Heidenheimer, Arnold. 1984. *The Development of Welfare States in Europe and America*. New Brunswick/London: Transaction Books.

Mishra, R. 1977. *Social Policy: Theoretical Perspectives on Welfare*. London: Macmillan.

Rimlinger, Gaston V. 1971. *Welfare Policy and Industrialization in Europe, America and Russia*. New York/London: John Wiley & Sons Inc.

제4장

독일의 메르켈 정부 이후 가족정책의 변화

임종헌* 한형서**

* 한양대학교 정부혁신연구소 연구교수
** 중원대학교 사회과학부 경찰행정학과 교수
　이 글은 이미 『한독사회과학회논총』(2011년) 제21권 제2호에 발표된 것으로 수정 및 보완했음.

Ⅰ. 독일 가족정책의 현안

1990년 독일통일은 누구도 예상하지 못했던 세계적인 사건으로 평가할 수 있다. 당시 독일의 콜 수상은 독일 통일과 함께 미래의 비전을 제시한 장밋빛 청사진으로 서독 국민들을 설득하였다. 통일 이후 수년 내에 서독과 동독의 생활수준이 비슷해질 것을 약속했다. 그러나 독일통일 이후 이러한 목적을 달성하기 위해서 정치권이 예상했던 것보다 훨씬 많은 노력과 인내, 그리고 시간이 필요하다는 것을 깨닫게 되었다. 2009년 동독의 GDP는 서독의 73% 수준에 이르고 있으나, 2019년까지 연방정부와 서독 주정부의 엄청난 재정지원을 받아야만 한다(괴델리츠, 2012: 2-3). 왜냐하면 구동독 국가는 독일헌법에서 보장되었던 동등한 삶의 수준을 독자적인 힘으로 만들어낼 수 없기 때문이다. 또한 동독 시민들의 대다수가 사회경제적인 상실감과 소외감 및 복지정책에 많은 실망을 갖고 있으며, 서독 국민들 역시 독일통일 이후 사회복지와 재정적인 측면에서 많은 고통을 겪어야 했다.

오늘날 독일은 제도적인 측면에서 세계 최초의 사회보장제도화를 성공적으로 정착시킨 국가이다. 현존하는 5대 사회보험제도가 모두 독일에서 체계적인 제도화가 이루어졌고, 지금까지 가장 합리적으로 운영되고 있는 국가로 평가받고 있다. 현대복지국가를 가름하는 기준이기도 한 독일의 5대 사회보험제도는 실업보험, 연금보험, 의료보험, 상해보험, 수발보험 등을 의미하고 있다(심익섭·박응격 외, 2005).[1] 이러한 사회보험제도에 독일 전 국민의 90% 이상이 가입하여 전체 사회의 안전망을 구축하고 있는데, 이와는 별도로 사회적 약자나 보훈처럼 기타 사유에 근거하여 국민을 부조하는 다양한 제도들이 완비되어 촘촘한 사회안전망을 구축하고 있다. 거시적인 구조정책의 과제로서 배려행정(Versorgungsverwaltung)에 기초한 사회보장제도의 대표적인 예로는 다음과 같은 것이 있다(Eichhorn, 2003: 1101).

- 보훈제도(사회적 보상)
- 공무원 원호제도(퇴직공무원 연금, 가족수당, 공무원 부조 등)
- 사회부조(저소득자 부조, 청소년 부조 등)
- 자녀양육보조금, 모성보호금
- 주택임대료 보조금

---

[1] 비스마르크에 의하여 의료보험(1883), 산재보험(1884), 연금보험(1889)이 세계 최초로 도입되어 소위 '비스마르크 3대보험'이 완성되었고, 제1차 세계대전 이후에는 실업보험(1927)이 제도화되어 처음으로 전후 복지국가의 모델이 된 4대복지체제가 정립되었다. 동서독 통일 이후에는 또다시 세계 최초로 수발보험(1995)제도가 도입되어 21세기 현대 복지국가의 기본모형인 5대 사회보험체제를 처음으로 구축하기에 이른다.

- 기타 농민 노후안정기금, 재산형성보조금 등

오늘날 정보화시대와 개인주의 지향은 현대인의 삶의 변화를 통해서 가족정책에 대한 도전과 새로운 과제로 발전되고 있다. 지난 60~70년대 가족정책이란 동서양을 막론하고 국가적인 차원에서 가정친화적인 측면이 강조되었고, 이에 대한 국가의 책임성과 공동체의 형성이 양립되면서 가족의 가치관을 중시하였다. 또 가족정책은 국가에 따라 정책적 변화와 함께 다양한 형태로 추진되었다. 1980년 이후 가족정책은 선진국을 중심으로 산업화과정에서 다양한 사회적 변화를 경험하게 되었다. 또 개인적인 측면에서는 개인의 삶의 질 변화가 새로운 가족정책을 요구하게 되었다.

현재 대부분 선진국에서 가족정책은 일가족양립정책에 대한 새로운 복지정책과 다양한 모델을 찾고 있다. 이러한 배경에는 낮은 출산율과 인구고령화, 여성의 사회진출 증가, 노동시장과 가족구조의 불안전, 국가재정의 제약 등을 들고 있다(김영미, 2009: 2). 이와 같이 국가는 가족정책을 단지 개인의 문제가 아니라 국가적인 차원에서 다뤄야 하는 새로운 도전에 직면하게 되었다. 따라서 가족정책은 특히 사회변화과정에서 나타나는 여러 가지 갈등, 경제적 문제와 실업증가, 국가의 재정능력 저하 등으로 많은 어려움에 빠지게 되었다. 특히 독일의 가족정책은 2000년 이후 다시 새롭게 관심이 되고 있는 주제로 확산되고 있다. 이러한 이유는 낮은 출산율 때문에 가족정책에 대한 논의가 다시 등장하게 된 것이다. 따라서 독일에서의 가족정책은 정치적·사회적 이슈가 되었고, 모든 정치와 행정 분야에서 큰 관심을 갖게 되었다(Rueling·Kassner, 2007).

초기 가족정책은 전통적인 남성부양자 모델(1인 부양모델)을 지지하는 정책기조를 유지하다가 시대의 흐름 속에서 사회변화에 맞추어 서서히 북유럽의 성평등적 정책지향성(2인 부담모델)을 따라가는 방식으로 가족복지정책의 방향이 전환되고 있다. 이러한 배경하에서 독일의 정책발전사례는 전형적인 1인 부양자 모델에서 2인 부양자 모델로 변화되고 있는 과정을 연속적으로 보여주고 있다(이진숙, 2005).

이러한 맥락에서 독일의 가족정책은 이미 정부의 경험을 통해서 나타난 가족정책의 변화와 새로운 패러다임을 분석함으로써 당면한 우리의 가족정책에 대한 변화와 문제점 및 미래 지향적 모델을 찾아 정책적 시사점을 제시하는 데 그 목적이 있다. 물론 이러한 연구는 문헌적 고찰이라는 측면에서 많은 한계점이 있으나, 독일통일 이후 가족정책의 변화와 미래 한국 통일을 대비한다는 측면에서 많은 시사점을 도출할 수 있다. 따라서 본 연구는 독일가족정책에 대한 이론적 논의와 가족정책의 발달 및 변화, 그리고 메르켈 정부의 가족정책의 변화 및 개선책 등을 분석·검토해 보고자 한다. 또 이러한 분석결과를 통해 우리나라의 가족정책에 대한 새로운 전략과 미래 지향적 방향을 제시하고 한국적 복지정책의 모델로 독창적인 모델을 찾는 데 그 의의가 크다고 본다.

Ⅱ. 독일의 가족정책과 이론적 논의

1. 가족정책의 개념

독일은 연방정부국가로서 다른 유럽국가와 비슷하게 주 정부에 많은 권한을 이양하여 지방분권화가 잘되어 있다. 따라서 가족정책이 주 정부마다 약간씩 상이하지만 가족정책의 큰 틀에서는 균등한 가족정책을 추진하고 있기 때문에 정책적 수혜도 균등하게 이뤄지고 있다. 대부분 인간은 가족의 한 구성요소로서 부모와 자식과 함께 지속적인 삶의 공동체를 형성하고 사회적 역할에 공헌하고 있다. 오늘날 가족에 대한 논의는 학자에 따라 상이하지만 법이라는 제도적인 틀을 준수하면서 결혼이라는 제도적 규정을 준수하였을 때 비로소 가족이 형성되는 것으로 간주하고 있다. 그러나 현대사회는 급속한 시대적 변화와 함께 이런 제도적인 틀을 벗어나 일부 많은 사람들이 가족을 이루고 자녀를 갖는 것으로 볼 때, 지금까지 가족의 형성이라는 제도적인 틀에서 국한시키는 것, 또 다른 문제점을 야기할 수 있다. 물론 다수는 아니지만 일부에서는 동성이 결혼하고, 아직은 이들이 사회적으로 인정받지 못하고 있다는데 논쟁의 불씨가 되고 있다. 이러한 맥락에서 볼 때 가족정책에 대한 개념정의 또한 논자에 따라 다양하게 설명될 수 있으며, 또 연구하는 학자와 접근하는 방법에 따라 통일되고, 일치된 하나의 정의를 내리기란 쉽지 않다. 왜냐하면 가족정책은 한 국가의 정치적·경제적·사회심리적·환경적·문화적 요인 등이 복합적으로 작용하고, 이에 대한 다양한 정책으로 다루어져야 하기 때문이다. 그럼에도 불구하고 가족정책에 대한 정의는 가족의 생활환경, 삶의 형태, 가족업적 등에 대한 영향을 줄 수 있는 정치인의 의도와 제도적 권한이라고 주장하는 학자도 있다(Schultz/Strohmeier/Wunderlich, 2009: 187).

독일에서 가족정책의 개념은 가정과 직장에서 양성평등을 중시하면서 여성의 직업과 육아를 지원하고 부담 없이 직업 활동을 할 수 있도록 물적, 제도적 지원을 하는 것에 초점을 두어왔다. 또 현대사회에서 육아문제가 직장생활에 걸림돌이 되면서 국가의 육아문제를 해결해야 하는 방향으로 새로운 정책적 변화를 모색하고 있다.[2] 이와 같이 독일에서 가족정책은 미래 국가의 원동력이 될 수 있는 방향으로 재정적 지원을 위한 다양한 대안을 찾고 있다. 더불어 가정에서 육아의 문제가 더욱 전문화되고 많은 경제적 비용과 시간적 투자를 필요로 하는 영역이 되면서 여성들은 물론 부부가 출산과 육아를 기피하는 경향이 강하게 작용하고 있다. 따라서 국가는 가족정책의 중요한 논의로 출산율의 감소는 미래 국가 발전에 장애요인으로 간주하기 때문에 "아이와 일의 조화"라는 정책목표 외에 출산율을 높이는 데 다양한 정책과 대안을 찾고 있다(오향미, 2006).

---

[2] 독일정부는 통일 이후 가족과 직장의 양립을 지원하기 위하여 육아수당과 육아휴직에 대한 규정을 대폭 수정하였다. 그 예로 1992년 이후 육아휴직은 최장 3년으로 연장되었고, 직장복귀는 법적 보장을 받았다. 또 1993년 이후 양육자에게 지불되던 육아수당은 지급기간이 18개월에서 24개월로 연장되었다. 자세한 것은 전광희(2005), "유럽 선진국 인구가족정책의 전개과정", 『사회과학연구』 제16권, 충남대학교 사회과학연구소, p.228 참조.

2. 가족정책의 논의

1) 출산율의 감소와 가족정책의 관계

가족정책에 대한 논의는 어느 나라를 막론하고 사회정치적 논의의 중심에 있다. 그에 대한 가장 중요한 부분이 경제적인 이유가 핵심이 된다고 볼 수 있다. 또한 국가정책에 있어서 지속적인 인적자원이 공급되지 않으면 경쟁에서 밀려나기 때문에 출산율에 대한 논의가 선진국을 중심으로 최고의 관심사가 되었다. 특히 가족정책 중 논의의 핵심은 계속된 출산율의 감소가 당연히 핵심적인 과제가 된 것이다. 그리고 젊은 층의 삶의 변화가 어린이를 갖지 않거나 늦게 갖는 것이 국가가 가족정책을 추진하는 데 중요한 변화로 작용하고 있다. 물론 출산율의 감소원인은 여러 가지 요인이 있다. 그 대표적인 경우로 국가와 개인, 그리고 환경 등 3가지 측면에서 많은 영향을 받은 것으로 생각된다.

먼저 국가적인 측면에서 볼 때 국가가 추진하는 정책방향과 국가의 정책이념, 출산 후 국가가 책임 질 수 있는 충분한 제도적 지원 등 복지정책에 따라 출산율에 영향을 받을 수도 있다. 그러나 독일의 경우 국가의 가족정책은 다른 유럽국가에 비해서 친가족정책이 되지 못한다고 비판하고 있다(Belwe, 2005). 또 Gruescu와 Ruerup는 가족정책의 중요한 수단으로 국가가 유치원 시설 이외에도 모든 부모가 자식을 돌보고 양육에 헌신하기 위해서 직업을 그만 두었을 경우에 미래를 걱정하지 않고 살아 갈 수 있도록 노후 부모수당제와 같은 것을 도입해야 한다고 강조하고 있다(Gruescu,

Ruerup, 2005: 3). 앞으로 국가가 다른 유럽국가처럼 가족정책에 대한 새로운 변화와 개혁을 추진해야 한다는 것이다.

또 개인적인 측면에서 볼 때, 오늘날 가정은 핵가족에서 하나의 자녀만 갖는 가정으로 전환된 가정이 많기 때문에 남녀를 구분하지 않고 누구나 평등한 교육기회를 제공받고 있다. 특히 독일의 경우 여성들이 사회진출이 많고, 조기결혼에 대한 생각보다는 사회진출 후 자기발전과 직장생활 및 개인의 삶의 가치관을 중시하는 경향이 강하다. 즉 대부분 여성들이 사회진출로 인한 결혼이 늦고, 또 결혼 후 자녀를 원하는 가정도 있지만, 많은 젊은 층이 자기의 삶을 중시하는 경향 때문에 출산율 감소요인에 개인적 측면이 많은 영향을 줄 수 있다(조성혜, 2007: 562 참조).

또 다른 출산율 감소요인으로 경제적·사회적·환경적 요인 등이 크게 작용할 수 있다. 특히 대부분의 경우 경제적인 측면에서 볼 때 자녀의 양육비 부담으로 개인적인 경제활동이 중단되었을 때 개인수입과 연금으로 노후를 살아가는 데 부담이 될 수 있다. 즉 자녀가 있는 부모는 자녀 양육과 교육을 위해서 많은 비용을 지출하고 있지만, 반대로 자녀가 없는 부모는 직업현장에서 상당히 자유롭게 활동할 수 있고, 더 많은 수입과 연금을 받을 수 있으며 직장을 그만 두더라도 충분한 노후보장을 받을 수 있다(Gruescu, Ruerup, 2005: 4). 따라서 출산율의 감소원인이 경제적인 측면에서 상당한 영향을 줄 수 있다. 이와 같은 출산율의 감소는 어느 특정분야에 있는 것은 아니지만 국가의 가족정책과 함께 새로운 논의가 되고 있다.

2) 인구 감소와 국가경제의 관계

한 국가의 인구감소는 지속 가능한 국가발전과 기간산업에 커다란 영향을 줄 수 있다. 먼저 국가가 지속 가능한 경제성장을 이루기 위해서는 산업현장에서 필요한 인력수급과 고급 인력확보, 즉 질 좋은 인력공급이 필수적이다. 그래서 인구감소는 모든 국가에서 실질적인 경제활동과 필요한 인력공급에 부정적인 영향을 미치며, 또한 장기적인 측면에서 국가발전은 물론, 국가 간 경쟁력 약화와 더불어 고령화 사회로 인한 국가부담 및 전 산업분야에 영향을 줄 수 있다(Gruescu, Ruerup, 2005: 6). 따라서 출산율 감소는 미래 국가산업과 사회전반에 걸쳐서 국가정책을 재구성하는 변수가 되고 있다. 이러한 맥락에서 2003년 8월 독일연방정부는 인구정책에 대한 혁신적인 방안으로 '어젠다 2010'을 발표하여 부부가 자녀출산이라는 옵션을 선택할 수 있도록 정부비전을 발표하였다(이진숙, 2006: 362). 이와 같이 독일정부는 인구감소로 인한 국가정책의 변화와 경제위기의 심화 속에서 새로운 인구정책에 대한 논쟁이 가열되었다. 그럼에도 불구하고, 현재와 같은 독일정부의 출산정책에 대한 비판적 시각이 지배적이다. 대부분 유럽의 국가들과 비교할 때 독일의 출산정책은 이미 출산여성을 의한 출산유인정책이 출산율을 높이는 데 한계가 있다는 것이다.

2005년 독일의 신생아 출산율은 1945년 이후 최저를 기록하면서 국가차원에서 더 이상 개인 차원의 문제로 남겨 둔다는 것은 상상할 수 없는 인구문제에 직면하게 된다는 것이다. OECD의 조사에 의하면 앞으로 독일의 출산율이 현재와 같이 지속될 경우 국가경제에 미치는 영향이 심각하다고 보고 있다. 이런 추세가 지속될 경우 2025년 독일의 국가경제는 겨우 0.5% 정도 성장할 것으로 기대하였다. 여기에 인접 국가 프랑스는 이미 1939년부터 국가가 꾸준히 적극적인 출산장려정책을 추진함으로써 유럽국가 중 높은 출산율을 보이고 있어 정부정책이 상당한 효과를 보고 있는 것으로 평가되고 있다. 이러한 맥락에서 독일정부도 인구정책에 대한 논의를 활발히 하였다(조성혜, 2007: 563).

3) 법·제도화의 변화

독일정부는 출산여성들이 직장과 육아를 양립할 수 있도록 다양한 제도적 장치를 만들었다. 그 대표적인 경우로 몇 가지 언급한다면 모성보호법, 부모휴직, 아동수당, 보육법 등을 중심으로 법·제도적 장치를 강화하였다. 먼저 독일의 기본법 제6조 4항에 의하면 모성은 사회의 보호를 받는다고 규정하고 있다. 또한 임산부 보호를 위해서 1952년에는 모성보호법(Mutterschutzgesetz)이 제정되어 모든 여성근로자의 임산부에 적용하고 있다. 즉 국적 또는 혼인 여부를 묻지 않고, 예를 들면 정규직 근로자, 단기근로자, 가사사용인, 공기업근로자 및 훈련근로자에게 모두 적용된다(모성보호법 제1조). 예외적으로 개인사업자나 학생은 이 법의 적용을 받지 않는다. 모성보호법에는 다음과 같은 중요한 규정이 언급되어 제도화되었다. 즉 임신사실의 고지(모성보호법 제5조 제1항), 해고제한(동법 제9조 제1항),[3] 위험작업에서의 취업금지(동법 제4조), 연장근로 등

---

[3] 예외적인 경우이나 모성보호법 제9조 제3항에 의하면 관할 영업감독청이 사용자의 신청에 의해 사전에 해고를 허용한 경우에는 해고가 가능하다. 즉 도산으로 인해 폐업 또는 근로자의 중대한 귀책사유에 의

의 금지(동법 제8조), 모성수당 및 모성수당지원금(산전후휴가급여, 동법 제13조 제1항과 제2항, 제14조 제1항과 제2항) 등이 있다.[4]

또 독일은 1985년 제정된 연방양육수당법(Bundeserziehungsgeld -gesetz: BErzGG)은 출산여성에게만 부여된 모성휴가를 대체한 육아휴직으로 부모에게 공동으로 자녀양육을 할 수 있는 기회를 제공하여 가정과 직장생활을 양립하도록 지원하기 위해 제정된 것이다. 그러나 연방정부는 연방양육수당법을 폐지하고 "연방부모휴직수당 및 부모휴직법"을 제정하여 부모가 동시에 혹은 교대로 휴직을 신청할 수 있도록 만든 제도로 변화되었다. 즉 2007년 이후 출생한 신생아(입양아)를 직접 양육하는 부모는 기존 양육수당 대신 "부모휴직수당"[5]을 지급받는다(자세한 것은 조성혜, 2007: 570-576 참조; 김영미, 2009: 14 참조).

그밖에 부모에게 매달 지급되는 지원금으로는 아동수당(Kindergeld, 연방아동수당법 제6조)과 아동수당보조금(Kindergeldzuschlag, 연방아동수당법 제6a조 제2항), 아동세금공제(Kinderfreibetrag, 소득세법 제32조), 영유아보육시설 지원, 영유아보육법, 기타 양육지원법 등이 제도화되어 있다(자세한 것은 조성혜, 2007: 576-583 참조).

이와 같이 독일도 출산장려정책의 일환으로 일부 법·제도적 장치가 마련되었다. 즉 부모가 새롭게 변화한 부모휴직제를 통해 동시에 양육과 직장생활을 할 수 있도록 제도적 장치를 강화하였다.

한 해고가 여기에 해당된다.

[4] 자세한 것은 조성혜(2007), "독일의 양육 관련 법제와 출산장려정책", 『공법학연구』 제8권 제3호, pp.565-569 참조.

[5] 종전에 양육수당(Erziehungsgeld)은 정액으로 지급되었지만 부모휴직수당(Elterngeld)은 휴직 전 부모의 임금에 비례해서 지급되는 임금대체급여에 해당된다.

Ⅲ. 독일에서 가족정책의 발달과 변화

1. 독일의 출산현황

유럽연합 국가 모두가 대체출산율에는 미치지 못하고 있으나, 아일랜드, 프랑스 등 일부 유럽국가의 경우 가임 여성 1명의 평균 자녀수가 1.94~2.07명으로 비교적 출산율이 높은 반면, 독일은 1.3명으로 가장 낮은 그룹에 속한다. <표 1>에서 보는 바와 같이 유럽의 다른 국가와 비교했을 때 독일의 출산율이 가장 낮은 것으로 나타났다.

〈표 1〉 유럽의 출산율 비교(2009년 현재)

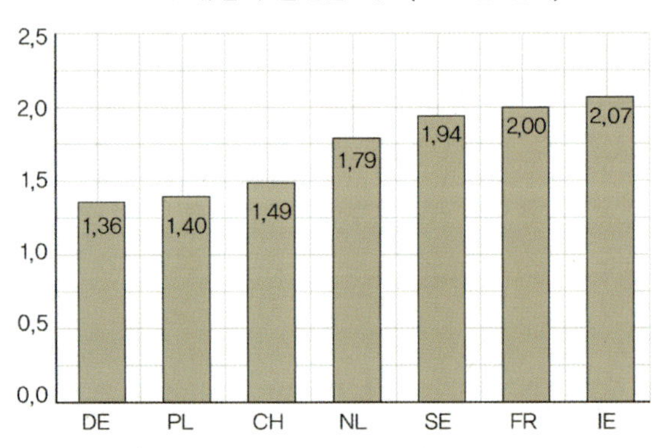

출처: Eurostat(2011), www.arbeitgeber.de "Familienpolitik"에서 재인용함.

그러나 지속적인 출산율 하락으로 고심하던 독일에 처음으로 긍정적인 변화가 일어난 것은 2007년부터 시작되었다. 1990년 통일 당시 1.45였던 출산율은 2000년에는 1.38, 2006에는 1.33명으로 감소하였다. 그러나 2007년에 와서 전년도에 비해 출생아수가 약

12,000명 더 늘어나면서 출산율은 1.37로 늘어났다. 2008년에 절대적인 출생아수는 683,000명으로 2007년에 비해 약 2,000명 감소했으나 출산율은 1.38로 긍정적인 영향이 계속되고 있는 것으로 해석되었다. 특히 독일정부가 중요한 변화로 꼽은 것은 2008년 들어 동독의 출산율이 통일 후 처음으로 서독지역을 앞선 것으로 나타났다는 사실이다. 동독지역은 여성 1명 당 평균 1.40명의 아동을 출산하여 서독지역의 1.37명보다 출산율이 높은 것으로 나타났다. 독일 통일 후 동독지역 출산율이 거의 충격적인 수준으로 감소하면서 1995년 출산율은 1.25에 머물렀다. 당시 동독지역 출산율은 0.84, 서독지역은 1.52였다. 지난 몇 년간 동독지역의 평균 출산율은 다시 높아지기 시작해서, 2006년 1.30에서 2007년 1.37로 증가했으며, 2008년 1.40으로 증가했다. 서독지역 출산율은 2008년 1.37로 2004년과 같은 수준이다. 동독지역의 이러한 출산율 증가추세가 1990년대 독일통일에 따른 불안감으로 자녀를 포기했던 여성들이 단지 이를 보완하려는 데 따른 효과에 불과한가에 대해서는 장기적으로 지켜보아야 할 부분이다.[6]

어쨌든 수십 년 동안 독일의 출산율은 감소했으나 새로운 부모휴직수당 도입과 함께 출산율이 조금 증가하였기 때문에 독일 정부는 이를 가족정책이 성공한 결과라고 해석해 왔다. 하지만 2008년까지만 해도 긍정적인 변화추세로 여겨졌던 독일의 출산율이 2009년 들어 다시 확연한 감소추세로 돌아섬으로써 충격을 주고 있다. 2009년 상반기는 2008년 같은 기간에 비해 출산율이 대폭 감소한 것으로 나타났다. 독일통계청에 따르면 2009년 1월부터 6월

---

[6] Berlin-Institut fuer Bevoelkerung und Entwicklung, 2009. pp.17-22.

까지 312,000명이 출생했으며, 이는 2008년 같은 기간에 비해 22,000명 즉 6.6%가 감소한 수치다. 독일연방가족·노인·여성·청소년부(이하 여성가족부에 해당)는 이를 80년대 이후 가장 심각한 경제위기로 인해 젊은이들의 출산 결정이 쉽지 않았기 때문이라고 설명하고 있다. 또 어떤 이들은 이를 하비스트 효과, 즉 2009년으로 계획했던 출산을 부모휴직 수당제도 도입과 함께 출산을 앞당겼기 때문이라고 한다. 하지만 보육 관련 전문가들의 생각은 전혀 다르게 보고 있다. 즉 전문가들이 보는 시각은 출산율 감소를 보육시설 구축 속도가 너무 느리기 때문이며, 영유아 보육시설의 확충이 제대로 진행되었다면 경제위기에도 불구하고 더 많은 사람들이 자녀출산을 결정했을 것이라고 생각하고 있다. 특히 보육시설의 부족으로 육아휴가가 길어지고 이로 인해 일자리를 잃을 것을 두려워한 결과 출산을 망설이고 있다는 것이다.

<표 2> 독일 출산율 현황(1990~2008년, 명)

연도	독일	구서독	구동독
1990	1.45	1.45	1.52
1995	1.25	1.34	0.84
2000	1.38	1.41	1.21
2001	1.35	1.38	1.23
2002	1.34	1.37	1.24
2003	1.34	1.36	1.26
2004	1.36	1.37	1.31
2005	1.34	1.36	1.30
2006	1.33	1.34	1.30
2007	1.37	1.37	1.37
2008	1.38	1.37	1.40

출처: 독일통계청(StBA) Pressemitteilung Mr. 327 vom 04. 09.(2009); 정재훈(2010: 171) 재인용.

2. 독일에서 가족정책의 역사

1) 구서독의 가족정책

독일은 연방국가로서 다른 유럽국가와 마찬가지로 지방분권제를 채택하였기 때문에, 가족정책이 주마다 상이하다. 그렇지만 독일 연방정부의 각종 정책이 기본적으로 주정부의 가족정책의 근간을 이루고 있다. 1949년에 제정된 독일연방공화국의 「기본법(Grundgesetz)」 제6조는 바이마르헌법의 규정을 계승하여, "혼인과 가족은 국가질서의 특별한 보호를 받는다"라고 하였다. 그러나 "국가는 결혼과 가족에 대하여 보조적 기능을 수행한다"는 보충성 원칙(subsidiarity principle)을 가족정책의 근간으로 하고, 개인적 영역에 대한 국가개입을 자제하여 왔다.

기독교민주당(CDU)과 기독교사회당(CSU)을 중심으로 하는 보수연립 정권(1948~66년) 아래서 1953년에 연방가족부가 탄생하였다. 그러나 독일의 가족정책은 프랑스의 경우와는 달리 종교적 색채가 강하였고, 이에 따라 가족정책도 보수적 성격을 벗어나기 힘들었다. 한마디로 프랑스와는 달리 정치의 세속화가 진행되는 속도가 늦었다고 할 수 있을 것이다.

우선 보수연립정권의 정책은 가족부담의 조정(Familienlastenausgleich)에 중점이 두어져, 자녀를 둔 가정의 경제적 부담을 경감하는 데 관심이 집중되었다. 자녀수당과 자녀공제가 1954년에 도입되었으며, 이것은 서독의 초기 가족정책의 양대 기둥으로 자리 잡았다. 1954년에는 남편이 일하고 배우자가 전업주부인 가족, 곧 주부혼

(Versorugungsehe)의 가족을 우대하는 새 분할제가 도입되었으며, 전통적인 성역할 분담에 근거한 가족규범이 정책적으로 중시되기에 이르렀다. 한편, 1965년에는 주택수당법, 1968년에는 모성보호법이 제정되어, 자녀를 둔 가족에 대한 지원이 확충되기에 이르렀다.

1966~69년에 사회민주당(SPD)과 기독교민주당/기독교사회당(CDU/CSU)의 대연정이 성립되고, 1969~82년에는 사회민주당(SPD)과 자유민주당(FDP)의 소연정이 성립되었다. 당시의 서독 가족은 출산율 저하, 이혼증가, 혼전동거 증가, 여성해방운동 등으로 대변화를 경험하였다. 이제, 3K(Kinder, Kirche, Kueche) 곧 어린아이 돌보기, 교회가기, 부엌요리 등으로 상징되는 독일인의 여성관에 대변화가 일어나기 시작하였다. 1977년에는 혼인과 이혼법이 개정되었고, 부부의 법적 평등성, 적출자와 혼외자의 법적 평등에 관한 규정이 도입되었다(다만, 혼외 자녀에 대해서 아버지의 친권이 제한되고 책임만이 강조되는 결과를 초래하였다). 또 이혼원리가 유책주의(有責主義)에서 파탄주의(破綻主義)로 이행하고, 혼인에서의 양성 간 불평등성을 해소하고 동등한 권한을 가지는 파트너십의 개념이 도입되었다.

1960년대 후반부터, 라인강의 기적이라는 고도경제성장에 가속도가 붙으면서 출산율의 저하는 심각한 수준에 이르렀고 이민정책에 의하여 노동력 부족을 타개하는 방법을 택하였다. 그러나 1972년에 출생수는 사망수를 밑돌고, 이 때문에 서독정부에서 출산장려를 목적으로 하는 가족정책의 도입을 적극적으로 논의하는 단계에 이르렀다. 당시 내려진 인구정책이나 가족정책에 관한 최종적 결론은 서독, 곧 독일연방공화국(Federal German Republic)의 기본법 규정에 의거하여 사적영역(私的領域)에 대한 정책적 개입에 대하여 신중한 태도를 취하여야 한다는 견해가 지배적이었다.

여기에 계속하여 기독교민주당/기독교사회당(CDU/CSU)과 자유민주당(FDP)으로 구성된 보수연합정권(1982~98년)은 자녀에 대한 부가수당을 폐지하고, 학생에 대한 대부금과 자녀공제를 감액하는 조치를 단행하였다. 그 이유는 재정적자를 타개하기 위한 긴축재정이었다. 한마디로 유럽의 대륙형 복지국가에서 정부지출의 팽창을 더 이상 용납하기 힘들다는 것이었다. 그 결과 정권 초기에는 출산율 저하로 자녀수당 지급총액이 감소하였고, 이에 따라 독일정부의 가족정책 관련 지출은 대폭 감소하였다. 1985년에는 어머니휴가와 어머니수당을 폐지하는 대신에 1년간의 육아휴가와 육아수당을 도입하였다. 그리고 1986년의 세법개정으로 1년간의 육아기간은 연금지불기간으로 산입되었다. 이러한 법 개정을 통하여, 취업여성만이 아니라 모든 여성의 육아기간을 사회적으로 평가하는 길이 열려지게 되었다는 점을 인정할 필요가 있을 것이다.[7]

2) 독일통일 이후의 가족정책

동서독은 전후 55년 동안의 장기간에 걸친 분단을 종결하고, 1990년 10월 3일에 하나의 독일로 재결합하였다. 통일에 앞서 8월, 두 나라는 "독일통일 달성에 관한 독일연방공화국과 독일민주공화

---

[7] 은기수 외, 『외국 저출산 대응정책 효과성 분석 및 우리나라 도입방안 연구』, 서울: 서울대 국제대학원, 보건복지부, 2005년 9월 30일, pp.63-73.

국의 조약"을 체결하였다. 1992년 12월 31일까지의 과도기에는 기본적으로 양국의 구제도에 따르고, 그 이후는 특별한 규정이 없는 한 서독의 제도를 통일독일에 적용하도록 하였다. 구동독에서는 정치경제적 혼란으로 실업률이 상승하고, 출산율이 극적으로 하락하였다. 통일정부는 연방 가족·고령자·여성·청소년부를 중심으로 동서 간의 정책조정을 목적으로, 다각적인 가족정책을 채택하기 시작하였다. 특히 중점을 둔 사항은 가족부담의 조정과 가정(육아/출산)과 일(취업)의 양립을 지원하는 것이었다.

(1) 가족부담의 조정

구동독 지역의 경제재건이 진행되면서 통일로 인한 사회경제적 혼란에 따른 높은 실업률이 구 동독지역의 가정생활을 위협하였다. 그 결과, 출산율은 계속 저하되어 통일독일의 출산율은 1995년에 1.24명(구동독은 0.77명, 구서독은 1.35명)에 이르러, 전후 최저수준을 기록하였다.

이러한 가운데 가족에 대한 정책적 지원의 필요함이 역설되기 시작하였다. 독일 헌법재판소는, 1992년에 세제개혁에 의한 가족부담조정을 연방정부에 요청하였고, 연방정부는 자녀가 있는 가족에 대하여 최저생활비(existence minimum)를 비과세로 하였다. 당시 비과세 한도액은 1996년에 연소득 2만 4,190마르크(한부모 가족의 경우는 1만 2,095마르크)였지만, 1997년 이후 연소득 2만 3,730마르크(한부모 가족의 경우 연소득 1만 2,365마르크)로 하였다. 한편, 당시의 자녀수당과 자녀공제의 2중 제도를 개정하여, 둘 중에서 하나를 선택하도록 하였다(다만, 비과세층은 자녀 수당만을 받을 수 있도록 하였다.

이와 함께 자녀수당도 개정되었다. 1995년 1월 1일 이후의 출생에 대해서는 첫째자녀와 둘째자녀가 월액 200마르크, 셋째자녀는 월액 300마르크, 넷째자녀 이상은 350마르크였지만 2000년 1월 1일 이후, 첫째자녀와 둘째자녀는 월액 270마르크로 인상되었고, 지급연령의 상한선도 자녀의 취학이나 취업상태에 관계없이 16세에서 18세로 상향조정되었다. 여기에 자녀공제액도, 1996년 1월 1일 이후 연간 6,264마르크였던 것이 1997년 1월 이후 6,912마르크로 인상되었다. 자녀를 둔 가족에 대한 주거비 지원은 당시 1자녀당 연간 1,000마르크에서 1,500마르크로, 수급가능한 양육자의 수입 상한선은 연소득 5만 4,000마르크에서 10만 마르크(한부모 가족의 경우 연소득 2만7,000마르크에서 5만 마르크로 인상)로 인상되었다.

통일독일의 가족·고령자·여성·청소년부가 작성한 제5차 가족보고서는 "가족부담의 조정"이라는 개념의 변화, 곧 출산과 육아가 부담(burden)이 되는 사회구조를 전환하여, 성과가 될 수 있도록 정책적 지원의 필요성을 역설하고 있었다.

(2) 일-가족 양립지원

일반적으로 구동독 지역에서는 여성의 시간제 취업이 대다수이다. 이에 반하여 구서독에서는 가정과 직업의 양립지원을 중시하기는 했지만 그것이 적극적으로 추진되지 않았다. 통일조약은 동서간의 정책조정과 입법에 의한 지원체계의 구축을 통일정부에 요청하였는데, 위의 제5차 가족보고서는 가족생활과 직장생활의 양립을 최우선 과제로 자리매김하는 등, 양립지원책은 통일독일에서 가족정책의 주요과제가 되었다. 양립정책은 경제성장의 침체와 고실업율 아래서 시간제취업 등 고용정책과 여성정책(남녀평등추진과 직업교육 등)과 연계하여 추진되고 있음을 지적할 필요가 있다.

통일 이후 일-가족 양립을 지원하기 위하여, 독일 정부는 육아수당과 육아휴직에 대한 규정이 대폭적으로 정비하였다. 1992년 1월 1일 이후, 육아휴직은 최장 3년으로 연장되었으며, 육아휴직 취득 이후 직장복귀는 법적 보장을 받게 되었다. 특히 연금법의 개정은 1992년 이후 3년간의 육아휴직 기간이 연금갹출기간에 포함되었다. 육아휴직은 어머니 혹은 아버지가 3차례에 걸쳐 교대로 취득할 수 있으며, 주 19시간까지는 취업이 가능하도록 되어 있다. 또 1993년 1월 1일 이후, 양육자에게 지불되던 육아수당은 지급기간이 18개월에서 24개월로 늘어났다. 육아휴직 중 소득보장에 대해서는 육아휴직 이전 부모의 취업 여부에 관계없이 생후 8개월까지는 월액 800마르크의 육아수당이 지급되었고, 생후 7개월 이후에는 수입에 따라 육아수당이 차등지급 되었다. 이것은 전업주부 가족의 경우 출산 일시급여금의 성격을 갖지만 취업이 되지 않은 부모의 경우 제한된 보상에 불과하다는 문제가 있었다. 이 때문에 육아휴직 취득자 중에서 아버지의 비율은 경우 1%에 불과하였으며, 어머니에 의한 가족 내 육아에 의하여 성별 역할분업이 고착화되고 있다는 문제도 있었다.

독일은 유럽 국가들, 특히 프랑스와 비교할 때 육아휴직 후의 직장복귀를 지원하는 보육제도의 발전이 상대적으로 후진상태를 벗어나지 못했다. 여성취업을 장려하기 위하여 일찍부터 전일제 보육이나 초등학생 대상의 보육제도가 정비되었던 동독과는 달리, 서독의 경우는 어머니에 의한 가족 내 보육이 중시되었다. 그 배경에는 "아이는 세 살까지 어머니가 직접 키우는 것이 좋다"는 3세아 신화와 "훌륭한 어머니인 주부가 이끌어가는 가정"을 가족의 이상형으로 보는 모성신화에 기초한 독일의 전통적 육아관이 작용하였다. 또 하나는 동독의 사회주의적 집단보육에 대한 서독의 반발도 한몫을 하여 서독의 종교적 보수주의 가족정책을 강화하는 데 기여하였다고 할 수 있다.

통일 이후 동독지역에서는 재정악화로 문을 닫은 보육시설이 속출하였다. 그러나 동독지역은 서독지역보다 보육시설의 수가 많았고 보육기관(Kinderkrippe 또는 Tagesstaette)에 등록된 0~3세 자녀의 비율은 1995년에 서독지역 4.2%, 동독지역 50.6%였다. 유치원에 대해서는 1992년 아동청소년 지원법의 개정에 따라, 3세 이상의 미취학 자녀의 유치원 등록을 완전히 보장하도록 지방자치단체에 요청하고 있지만, 유치원은 오전에만 보육을 책임지고 있기 때문에 여성의 전일제 취업은 불가능하였다. 1990년 통일 이후, 독일 연방정부는 보육문제를 해결하기 위하여 가정보육을 할 수 있는 사람이 자신의 가정에서 몇 명의 자녀를 맡는 보육어머니제도(Tagesmutter)의 보급을 시도하여 왔으며, 이에 필요한 인적자원을 육성하기 위하여 노력해 왔다.

독일의 사회민주당과 동맹90/녹색당의 연정(1998~2005)은 저출산 극복을 위한 방법의 하나로서 보육정책의 중요성을 인식하고 있음은 분명하다. 그러나 문제는 다른 구미 선진국들이 직면하고 있는 것과 같은 재정난과 높은 실업률 때문에, 여성의 전일제 취업을 촉진하는 정책을 추진하는 데 그다지 성공하지 못했다. 더욱이,

자녀에 대한 권리보다는 책임이 강조되는 출산환경을 개선하는 데
도 성공을 거두지 못했는데, 이것은 독일통일 이후, 인공임신중절
법의 개정에서도 잘 드러나고 있다. 결국, 독일의 슈뢰더 연방총리
는 파트타임 취업과 노동시간의 유연화를 중심으로 하여 가정/직장
의 양립지원으로 정책대응의 방향을 전환하였다.[8]

Ⅳ. 메르켈 정부 수립 이후 가족정책의 변화

저출산 문제가 지속적으로 심화되면서 2000년대에 들어서서 가
족정책의 방향 전환을 모색해 왔다. 2005년 총선에서 승리한 기민
련(CDU/CSU)이 '부모수당'을 받아들여 기민련과 사민당의 대연정
시기인 2007년부터 실시되고 있다. 독일정부는 독일의 가족정책이
스칸디나비아 방식으로 변화하고 있으며, '부모수당'의 도입은 새
로운 패러다임의 결정적 역할을 했다고 주장하고 있다. 독일이 현
재 지향하는 가족정책의 기조는 '지속가능한 가족정책'이다. 기존
의 가족정책은 여성 취업이 출산에 부정적인 영향을 미친다는 관
점에 기초하였으나, 새로운 가족정책은 여성과 남성이 가족생활과
직업생활에서 평등할 수 있는 사회적 환경을 창출하는 데 중점을
두고 있다. 독일 가족정책의 새로운 기조라고 할 수 있는 '지속가
능한 가족정책'은 출산율과 여성취업의 증가를 동시에 추구한다는

---

8) 대통령자문 고령화 및 미래사회위원회, 2005, 『유럽국가들의 저출산·고령화 정책 -프랑스, 독일, 스페인
   및 스웨덴을 중심으로-』(2005.6), pp.17-19.

점에서 독일사회의 저출산 문제를 배경으로 하고 있다.[9]

현재의 독일의 가족정책의 기본방향은 대부분 사민당과 녹색당의 연정 때 구상된 것이다. 부모수당(Elterngeld)도 SPD의 슈미트(Helmut Schmidt)장관 시절에 이루어진 것이다. 특히 기민당/기사당과 사민당은 가족정책에 대한 입장이 상당히 다르다. 기민당/기사당은 여전히 전통적 가족형태를 표준으로 설정하고 있고, 가족의 경제적 손실을 줄이는 것에 가족정책의 큰 의미를 두고 있다. 사민당은 다양한 형태의 가족을 보호하는 것을 가족정책의 과제로 본다. 따라서 새로운 가족정책은 기민련의 보수적 가족정책의 붕괴를 표현한다. 그런데 기민당이 2006년 이후 가족부 장관을 맡아 가족정책의 개혁에 동참하거나 심지어 발전시키고 있는 이유는 무엇인가? 최근의 지속가능한 가족정책은 탄생 때부터 사민당뿐 아니라 기민당의 일부진영으로부터 지지를 받았다(자세한 것은 김상철, 2009: 253-257 참조).

독일정부는 지속가능한 가족정책이 인구수 증가, 취업률 증가, 아동의 학력 향상, 노년층의 경험과 시간의 이용 증가 등 다양한 측면에서 사회에 긍정적 영향을 미칠 것을 기대하고 있다. 일과 가족의 양립 향상을 주요 목표로 하는 지속가능한 가족정책에서는 부모수당제도 실시, 아동수당제도 개선, 저소득층을 위한 아동추가수당, 보육서비스 확충 등 다양한 정책을 실시하고 있다. 그 중에서도 저출산과 관련해 독일정부가 가장 핵심적으로 추진하고 있는 것은 소득을 대체할 수 있는 수준으로 수당 개념 전환, 0~3세 사이 아동보육시설의 대대적 확충, 지역가족연대 구축을 통한 가족친

---

[9] 여성특별위원회, 가족문제 예방과 해결을 위한 가족정책 과제 개발, p.16.

화적 사회환경 및 이주배경 가족의 통합을 들 수 있다.[10]

1. 부모휴직수당과 부모휴직제도

1) 목적

독일은 저출산 대응을 위해 일과 가족의 양립을 지원하는 것이 중요하다는 인식하에 2007년부터 새로운 연방부모휴직수당 및 부모휴직법을 시행하고 있다. 이는 기존의 육아수당법을 대체한 것이다. 독일정부는 부모휴직수당이 가족정책의 패러다임 전환을 의미한다며, 부모휴직수당을 새로운 가족정책과 동의어라고 부를 정도로 중요성을 강조하고 있다. 2005년 11월 기민당(CDU), 기사당(CSU), 사민당(SPD)의 대연정 협약에 따라 도입된 새로운 부모휴직수당제도는 부모들이 경제적 어려움을 겪지 않고 자녀를 스스로 양육할 수 있도록 하는 데 목적이 있다. 이 제도는 도입 당시부터 경제단체, 노동조합, 여성 및 가족 단체 등이 대체로 호응을 받으면서 사회적 합의가 높은 편이었다.

1986년부터 시행된 육아수당법은 정액으로 육아수당을 지급하였던 것에 비해, 새로운 부모휴직수당법에서는 휴직 전 부모의 소득과 연계하는 임금대체 급여의 특성을 띠고 있다. 이는 소득이 높은 배우자의 양육 참여 가능성을 높임으로써 남녀 모두에게 직업과 자녀양육에 대한 선택의 자유를 제공하고 가족의 경제적 기초

를 지속적으로 강화하는 데 목적이 있다. 독일정부는 부모휴직수당의 액수가 출산 전 소득과 연계되어 있기 때문에 많은 가임 여성들이 직업을 갖도록 하는 데에도 중요한 유인 요인이 될 수 있을 것으로 보고 있다. 또한 새로운 부모휴직제도는 휴직 기간에도 근로를 계속할 수 있는 가능성을 넓히고 직업능력 향상훈련에 적극적인 참여를 유도함으로써 부모휴직 후 직장으로 복귀하는 것을 수월하게 하는 데에도 도움이 되는 것으로 보고된다.[11]

2) 내용

(1) 부모휴직수당제도

① 수급 자격: 독일에 거주하며 자녀를 직접 양육하는 부모로 자녀와 함께 동거해야 한다. 다만 부모가 중병이나 중증 장애로 인해 자녀를 직접 양육할 수 없는 경우에는 3촌 이내의 방계혈족도 수급권을 가질 수 있다. 일을 하는 경우는 노동시간이 주당 30시간을 넘지 않아야 한다. 외국인도 기본적으로는 수급권이 있으나 일시적 거주자는 제외된다.

② 급여 수준: 월 급여액은 출산 전 12개월 평균 월 순소득의 67%이며, 최대 1,800유로를 넘지 못한다. 소득이 없는 경우에는 부모휴직수당으로 최소 월 300유로를 받는다. 월 소득 1,000유로 미만의 저소득인 경우에는 임금대체율이 조금씩 인상되어 최대 100%까지 급여 수준이 인상된다. 즉 월 소득이 1,000유로에서 2유

---

[11] 김은영, 2010, "가족정책과 출산률", 『FES-Information-Series』(2010. 2), pp.5-6.

로써 감소될수록 임금대체율은 67%에서 0.1%씩 증가하게 된다.

③ 급여 기간: 자녀 출산 후 14개월이 될 때까지 수급 자격이 주어지며, 부모 모두 급여를 신청할 경우 두 사람이 합쳐서 최대 14개월까지 받을 수 있다. 부모 중 한 사람이 수급할 수 있는 기간은 최소 2개월 이상 최대 12개월 이하이다. 부모가 모두 급여를 받는 경우에는 기간을 나누어 받을 수도 있고, 같은 기간에 함께 받을 수도 있다. 자녀를 홀로 양육하는 한부모는 수급기간이 최대 14개월이다.

(2) 부모휴직 제도

① 급여 자격: 고용관계에 있는 부모는 급여 자격이 있다. 부모휴직을 이용할 수 있는 자격은 자신의 자녀를 양육하는 경우, 아직 부로서 인정되지는 않았지만 이에 대한 신청을 하고 있는 아버지(양육권을 가진 모의 동의 하에), 배우자 혹은 사실혼 배우자의 자녀(양육권자의 동의 하에)나 종일 위탁을 받은 아동(양육권자의 동의)을 양육하는 경우 등이다. 부모휴직 기간에도 주당 30시간까지는 임금노동이 허용된다.

② 급여 기간: 부모휴직 기간은 아동이 만 3세가 될 때까지이다. 필요할 경우엔 고용주의 동의를 받아서 전체 부모휴직 기간 중 12개월 이하의 기간을 아동이 8세가 될 때까지 이용할 수 있다. 모성보호 기간은 부모휴가 기간 안에 포함되어 산정된다. 부모가 동시에 휴직을 할 수도 있고 각각 다른 기간에 할 수도 있다. 입양한 아동에 대해서도 규정이 동일하게 적용된다. 부모휴직기간에는 법에

따라 특별한 해고보호규정이 적용되며, 휴직 후에는 종전의 업무 혹은 그와 동일한 업무로 복귀가 보장된다. 15명 이상 피고용자가 종사하는 기업에서는 긴박한 경영상의 이유가 없는 경우에는 주당 15시간 이상 30시간 이하의 단축근무에 대한 권리가 보장된다.[12]

2. 보육정책

보육정책의 초점이 반드시 출산장려에 있는 것은 아니지만, 독일 정부가 최근 강조하고 있는 3세 미만 아동을 위한 보육서비스 구축은 저출산에 대한 대응정책으로서의 의미가 크다. 독일여성가족부의 '보육시설 구축보고서'에 따르면, 독일정부는 1~3세 아동을 위한 보육서비스 구축을 통해 일과 가족의 양립을 위한 좋은 환경을 마련하고자 하며, 이를 통해 많은 부부들에게 자녀출산의 소망을 실현할 수 있는 조건을 마련하는 데 목적을 두고 있다. 따라서 3세 미만 아동을 위한 보육서비스 확충은 출산장려와도 깊은 관련이 있다고 볼 수 있다. 동 보고서에 따르면 출산율은 다양한 요인으로 설명될 수 있으나, 자녀가 취업'방해'가 되지 않는 것이 중요하다고 강조한다. 이는 다른 유럽국가에서도 분명히 드러나는데, 여성의 취업률이 높고 여성 취업을 가능케 하는 정책들이 시행되고 있는 국가(덴마크, 스웨덴)의 출산율이 독일보다 높다는 사실이다. 2007년 포르사연구소(Forsa)의 조사에 따르면, 45세 이하의 독일 부모 중 32%는 보육시설이 제대로 구축되면 많은 부부들이 출산을

---

[12] 보건복지부, 2007, 『저출산대응 출산지원 및 모자보건사업 국외연수보고서』(2007.5.28~6.5), pp.34-36.

결정하게 될 것이라고 응답했다. 현재 독일은 2008년 제정된 아동지원법(KiföG)과 '아동보육 재정지원'이라는 투자프로그램을 통해 2013년까지 보육서비스 수준을 대폭 향상시킨다는 계획이다.

1) 보육현황

독일통계청에 따르면 2009년 3월 현재 보육시설과 공적 지원 보육모가 양육하고 있는 3세 미만 아동은 417,000명이다. 이는 2008년도에 비해 15%(53,000명) 늘어난 수치이며, 3세 미만 아동의 약 20%에 해당하는 숫자이다(2008년, 18%). 특히 현재 서독지역의 3세 미만 아동 보육률은 약 15%로 수요에 훨씬 미치지 못하고 있다. 동독지역의 보육률은 46%로 서독지역(15%)에 비해 3배 정도 높다. 동독지역에서 작센-안할트 주의 보육률은 55%로 가장 높다. 서독지역에서는 라인란드-팔츠 주의 보육률이 18%로 가장 높다. 3~6세 아동의 경우에는 92%인 190만 명의 아동이 공적 보육서비스를 이용하고 있다. 유니세프의 2008년 보고서에 따르면, 3세 미만 아동보육률의 국제 비교 결과 독일은 25개국 중 14번째로 나타났다.

현재 독일에서는 3세 미만 아동이 보육시설에 가기 위해 대기자 명단에 올려놓은 경우가 매우 많은 상태이다. 보육시설의 중요성을 인식한 지방자치단체들은 2009년 연방정부에 15만 개의 자리를 확충하기 위한 특별예산을 신청했으며, 현재 이것이 통과된 상태이다. 이와 같이 보육시설에 대한 투자가 2008년에 비해 3배의 예산 증액을 의미한다.

2) 보육정책의 내용

2009년 1월 1일부터 시행되고 있는 아동지원법(KiföG)은 특히 3세 미만 아동의 보육서비스를 확충하는 데 목적을 두고 있다. 아동지원법은 돌봄이 필요한 아동에게 보육서비스를 제공하고, 직업이 있는 부모뿐 아니라 구직 중에 있는 부모에게도 보육 지원을 하는 것이다. 이 법에서는 2013년까지 1~3세 미만 아동의 35%에 대한 보육이 가능하도록 보육시설을 확충하겠다는 목표를 정하고 있다. 또한 2013년부터는 1~3세 미만의 모든 아동에게 보육서비스를 받을 권리를 법적으로 보장하였으며, 이러한 법적 권리를 충족시킬 수 있는 보육시설을 구축하기로 했다. 독일 정부는 현재 보육의 다양성 확보라는 방침 하에 보육모의 돌봄 서비스 강화를 위해 노력하고 있다. 따라서 새롭게 구축되는 보육서비스의 30%는 보육모 서비스를 계획하고 있다. 이에 따라 보육모 서비스의 질적 향상을 위한 기준으로 보육모 1명이 원칙적으로 5명 이하의 아동만 보육하도록 하였다. 앞으로 독일 정부는 보육모의 처우 개선을 위해 보육모의 의료보험료 및 수발보험료의 절반을 지원할 계획이다.

독일정부가 재정이 많이 소요되는 이러한 정책 시행을 위한 정당성의 근거로, 3세 미만 자녀가 있는 미취업모의 89%와 유치원 아동 어머니의 75%가 미취업의 이유로 보육서비스 부족을 지적한다는 것을 내세우고 있다. 또한 독일 국민의 4/5가 부모에게 일과 가족에 대한 선택권 보장을 위해서는 보육시설 확충이 필요하다고 인식하고 있으며, 서유럽과 북유럽의 국가들에서 보육률과 여성취업, 출산율 간에는 밀접한 관련이 있다는 사실이 드러났다는 점이다.

독일정부는 '아동보육재정지원법률'을 통해 재정 확충을 위한 법적기초를 마련하였다. 2013년까지 예정된 보육시설 구축을 위해 소요되는 예산은 총 120억 유로인데, 이 중 1/3에 해당하는 40억 유로는 연방정부가 부담하게 된다. 이 중 21억 5천만 유로는 시설투자에 지원된다. 재정을 구체적으로 어떻게 지원할 것인가에 대해서는 연방주가 각각 결정을 하게 되며, 각 주에는 이에 대한 지침이 마련되어 있다. 각 주의 상황에 적합하게 지원하기 위해 주에 많은 재량권이 부여되어 있다. 또한 연방정부는 보육시설 운영비용을 지원하는데, 투자비용 외에 운영비용으로 2009년부터 2013년까지 총 18억 5천만 유로를 부담하게 된다. 또한 2014년 이후에도 연방정부는 매년 7억 7천만 유로의 보육시설 운영비를 지원하게 된다.

3. 지역가족연대

독일 연방정부 가족·노인·여성·청소년부(Bundesministerium fuer Familie, Senioren, Frauen und Jugend: BMFSFJ)는 2003년 12월 1일 '지역가족연대(Lokale Buendnis fuer Familie)'[13]를 구성하였다. 연방가족부는 지역가족연대 구성을 위한 상담 사무소를 베를린에 개소하고, 각 지역사회에서 가족연대 네트워크를 구축하는 사업을 시작하였다. 독일의 '지역가족연대'는 전국에 1,000여 개가 있으며, 이 연대는 지역의 단체·기업 등이 자발적으로 참여하여 일과 가정을 양립할 수 있는 환경을 만들기 위해 노력하고 있다.[14]

---

[13] http://www.lokales-buendnis-fuer-familie.de/

저출산 문제를 해결하기 위하여 여성만을 정책대상으로 해서는 정책효과를 볼 수 없다는 인식 하에 정책대상으로서 가족 지원 사업을 강화하는 차원에서 지역가족연대를 구상하게 된 것이다. 지역가족연대를 통한 가족친화환경 조성에서 가장 역점을 두는 부분이 가족생활과 취업생활의 균형(Ballance von Familie und Beruf)이다. 지역사회 기업과 관련 조직이 가족·취업 생활의 균형을 이룰 수 있는 서비스 하부구조를 구축하고, 출퇴근이나 상점·병원 등의 영업, 관공서 업무와 관련한 시간 등을 협의·조정함으로써 돌봄 노동과정에서 발생하는 가족의 부담을 덜어줌으로써 좀 더 많은 출산을 유도할 수 있다고 본다.[15]

더 나아가 지역가족연대에서는 이주가족의 사회 통합을 주요 의제로 설정하고 있다. 이를 위한 실천적 방안으로서 이주가족의 자녀 교육문제를 해결하기 위하여 다문화 카페(multiculturelle cafe)를 만들어 문화교류의 경험을 제공한다든가, 어린이집에 아이를 맡기러 오는 이주부모, 특히 엄마를 그냥 집으로 돌아가게 하지 않고 어린이집에 온 김에 곧장 어린이집 공간을 활용하여 문화 및 언어 교육을 제공하는 장소로 시도하는 것이다. 어린이 집에서는 국적을 가리지 않고 모든 아동을 대상으로 독일어 교육을 따로 실시하는 프로그램, 특히 이주 가족아동의 사회통합에 기여할 수 있게 하는 것이다.[16]

---

[14] 보건복지부, 2009, 『지역가족연대(Lokale Buendniss fuer Familie) 국외 출장 보고서』(2009.2), pp.1-38.

[15] Irene Gerlach, 2008, "Familienpolitik: Geschichte und Leitbilder", *Informationen zur politischen Bildung* Heft 301(4), Quartal 2008.

[16] 정재훈, 2010, "독일의 저출산문제 등장 배경과 정책적 대응양상", 『민족연구』, pp.185-186.

Ⅴ. 독일정부의 정책변화와 시사점

독일의 가족정책은 2007년부터 도입된 '부모수당'을 중심으로 최근 상당한 변화가 있었다.'부모수당'의 도입은 일과 가정의 양립, 양육과 아버지에 대한 새로운 접근을 하면서 맞벌이 가정을 모델로 하는 새로운 가족형태로의 전환을 상징한다고 평가되기도 한다. 더 나아가 '부모수당'의 도입은 독일의 보수주의적 가족정책이 폐기되고 스칸디나비아방식으로 패러다임이 변화하는 결정적 계기를 부여했다고 정부 측으로부터 선전되기도 한다. 현재의 독일은 개혁의 전환점에 놓여있다. 독일의 '지속가능한 가족정책'이 성공하여 스웨덴과 같이 출산율을 회복하고, 일과 가정의 양립이 실현되어 '2인 생계부양자모델' 혹은 '보편적 양육자 모델'로 이행할 수 있을지 귀추가 주목된다.

우리나라는 독일의 가족복지정책개혁에서 상당한 시사점을 얻을 수 있다. 우리나라와 독일은 강한 가족주의 전통과 강한 '남성 생계부양자 모델'이었다는 점에서 유사성을 가지고 있다. 지금까지 독일의 경험을 통하여 보다 장기적이고 일관된 전략을 수립하여 정교하게 정책을 다듬어나가야 하는 것이 중요함을 깨닫게 된다. 특히 독일정부가 생산주의적 패러다임을 내세워 담론을 형성하고, 정책을 마련하고, 사회적 합의를 도출해 나가는 과정은 우리에게 많은 시사점을 주고 있다. 또한 독일은 '출산율 증가'와 '여성의 경제활동 증가'를 '지속가능한 가족정책'의 목표로 내세우고 현금급여, 시간정책, 보육시설 인프라의 세 기둥을 중심축으로 세부적 목

표를 세워 정책을 추진하고 있는데, 이는 우리나라의 가족정책에서
도 도입 가능한 정책으로 보인다. 이와 같이 독일의 정책들이 국가
재정규모나 제도적인 측면에서 아직 많은 차이가 있지만, 상당한
부분에서는 정책적인 대안모델로 발전시킬 수 있는 것으로 연구되
었다.

참고문헌

1. 국내문헌

괴델리츠, 악셀 슈미트. 2012. "독일 통일 후 내적 통합-성과, 도전 그리고 전망." FES Information Series(2012-04), pp.1-8.

김상철. 2009. "제2차 슈뢰더 정부 이후 독일의 '지속가능한 가족정책'에 관한 연구."『사회보장연구』제25권 제4호, pp.245-280.

김영미. 2009. "복지국가의 일가족양립정책 개혁과 여성 사회권: 영국, 독일, 네덜란드의 개혁을 중심으로."『사회보장연구』제25권 제3호, pp.1-27.

김은영. 2010. "가족정책과 출산률." FES-Information-Series』(2010. 2), pp.5-6.

대통령자문 고령화 및 미래사회위원회. 2005.『유럽국가들의 저출산·고령화 정책-프랑스, 독일, 스페인 및 스웨덴을 중심으로-』(2005. 6), pp.17-19.

보건복지부. 2007.『저출산대응 출산지원 및 모자보건사업 국외연수보고서』(2007.5.28~6.5), pp.34-36.

보건복지부. 2009.『지역가족연대(Lokale Buendniss fuer Familie) 국외 출장 보고서』(2009.2), pp.1-38.

은기수 외. 2005.『외국 저출산 대응정책 효과성 분석 및 우리나라 도입방안 연구』. 서울: 서울대 국제대학원, 보건복지부(2005. 9. 30), pp.63-73.

오향미. 2006. "독일 가족정책에 대한 여성주의적 비판: "육아와 직업의 조화"에서 "육아의 직업화"로."『세계지역연구논총』24권 1호, pp.175-199.

이진숙. 2005. "제14장 가족과 복지." 박응격(편),『독일사회복지론』. 서울: 앰-에드, pp.255-377.

______. 2006.『가족·직장 양립관점에서 본 독일 가족정책』. 한국사회복지학회 학술대회자료집, pp.359-363.

전광희. 2005. "유럽 선진국 인구가족정책의 전개과정."『사회과학연구』제16권. 충남대학교 사회과학연구소, pp.211-236.

조성혜. 2007. "독일의 양육 관련 법제와 출산장려정책." 『공법학연구』 제8권 제3호, pp.561-592.

정재훈. 2010. "독일의 저출산문제 등장 배경과 정책적 대응양상." 『민족연구』, pp.169-198.

2. 외국문헌

Annett Schultz, Klaus Peter Strohmeier & Holger Wunderlich. 2009. "Oetliche Familienpolitik -warum und wie?" *Zeitschrift fuer Public Policy, Recht und Management* Heft 1/2009, pp.185-206.

Irene Gerlach. 2008. "Familienpolitik: Geschichte und Leitbilder." *Informationen zur politischen Bildung* Heft 301(4. Quartal 2008).

Irene Gerlach. 2008. "Sozial Staats-konzeptionen und Familienpolitik." *Informationen zur politischen Bildung* Heft 301(4. Quartal 2008).

Johannes Huinink. 2009. "Familie: Konzeption und Realität." *Informationen zur politischen Bildung* Heft 301. Bonn.

Katharina Belwe. 2005. "Editorial." *Aus Politik und Zeitgeschichte*. Beilage zur Wochenzeitung Das Parlament, pp.23-24.

Sandra Gruescu & Bert Ruerup. 2005. "Nachhaltige Familienpolitik." *Aus Politik und Zeitgeschichte*. Beilage zur Wochenzeitung Das Parlament, pp.23-24.

http://www.lokales-buendnis-fuer-familie.de/

Ruling, Anneli und Kassner, Karsten. 2007. Familienpolitik aus der Gleichstellungsperspektive-Ein europaischer Vergleich. Berlin.

www.arbeitgeber.de "Familienpolitik"(2011.4.13).

제2부

유럽복지체제의 위기

제5장

세계경제위기와 남유럽복지모델의 상관성
– 이탈리아와 스페인의 복지정책을 중심으로

김종법[*]

* 서울대학교 국제대학원 EU연구소 HK연구교수
이번 장의 내용은 2010년 12월 한국유럽학회 연례학술회의 발표 자료 저자의 발제문 "이탈리아 사회적 양극화 해결을 위한 방안 모색" 중에서 유럽연합 복지모델의 특징 부분을 발췌한 것임.

Ⅰ. 서론: 세계경제위기와 복지정책의 균열

2008년 말부터 미국에서 촉발된 경제위기가 여전히 세계 경제의 회복을 더디게 하고 있을 뿐만 아니라 국가와 사회 그리고 개인 단위로까지 그 위기의 진폭을 확장하고 있다. 세계는 세계대로 경제위기 극복을 위한 새로운 국제기구 성격을 갖는 G20을 활성화 시키고 있으며, 국가는 국가대로 재정 건전성 강화를 위한 여러 노력들을 진행하고 있고, 기업은 항상 그랬듯이 기다렸다는 듯이 구조조정을 통한 일자리 감축과 임금동결 통한 노동자의 희생을 강요하고 있다.

수많은 전문가들과 경제 관료들 역시 경제위기 해결책으로 다양하고 기발한 정책을 제안하고 있는 현실이다. 한국 역시 이러한 경제위기에 초국가적으로 대처하면서 국가의 재정건전성을 높이기 위해 여러 가지 정책들을 시행하고 있다. 그러나 성공적인 위기 극복 사례라고 평가를 받음에도 불구하고 중산층과 일반 국민들의 고통과 체감 위기는 오히려 더욱 악화되고 있는 것이 현실이다. 이와 같은 역설적이고도 첨예한 경제상황은 그 시작이 노동과 복지로부터 초래되었으며, 결국 복지의 문제로 귀결되는 양상을 보이고 있다.

무엇보다 복지정책의 균열이라고 할 수 있는 원인은 대부분의 선진 국가들이 예산절감과 재정안정화를 위해 취했던 국가예산의 합리적 조정과 긴축재정기조였다. 이는 가장 쉬운 방법이자 가시적인 측면에서 바로 눈에 보이는 결과를 도출할 수 있다는 측면이 존재하기 때문이다. 따라서 국가의 재정 건전성이란 소비성 예산의 감축이나 삭감을 의미하며, 이는 정책적으로 복지 분야에서 가장 쉽고 직접적으로 나타날 수 있는 것이다. 사회보장이 필요한 서민들이나 빈곤계층 및 사회적 약자들에 대한 예산 편성이나 정책이 축소되는 것은 바로 그러한 이유에 기인한 것이다. 그러나 본질적으로 사회적 보장이나 복지정책은 국가의 재정긴축이나 예산 절감과는 전혀 다른 별개의 분야이며, 국민 간 통합과 안정적인 사회질서 유지에 가장 근간이 되는 기본 정책이자 제도일 뿐이다.

현실적으로 경제 위기 이후 많은 국가들에서 복지예산이 삭감되고 있으며, 연금이나 사회보장 제도의 비용 절감을 추진하는 정책들을 수립하거나 수립중이다. 유럽을 비롯한 전통적인 복지국가들에서도 이와 같은 현상은 보편화되어 있으며, 이미 1980년대부터 지속적으로 복지국가 모델의 변화가 진전되어 왔다. 그러나 복지의 사회안전망이 미진하고 안정적이지 않은 신흥경제국가의 복지정책과 모델은 더욱 심각한 혼란과 사회적 양극화를 촉진하는 계기가 되고 있다.

본 연구는 이러한 세계경제 위기에 의해 더욱 촉발되고 있는 복지제도의 균열과 사회적 양극화에 처한 많은 국가들 중에서 비교적 유사한 정치·경제·사회·문화적 배경을 갖고 있다고 평가되는 남부모델의 전형적인 국가로서 이탈리아와 스페인의 복지정책 변화를 통해 남부복지모델의 양상을 살펴보고자 한다. 특히 한국에서 최근 무상급식 문제와 함께 촉발되고 있는 복지국가 논쟁에서 유의미한 정책적 함의를 제공할 수 있다는 측면에서 주목할 필요가 있는 것이다.

따라서 본 논문의 구성은 다음과 같은 순서를 통해 구성될 것이다. 연구 도입부로서 서문에 뒤이어 본론의 첫 절에서는 유럽복지모델의 변화를 간략하게 살펴보고, 그에 대한 선행연구와 현재의 상황을 중심으로 서술할 것이다. 둘째는 유럽복지모델의 주요 사례 중에서 이탈리아 복지모델에 대한 소개와 최근의 변화 양상을 기술하고, 세 번째 절에서는 스페인에 대한 내용을 서술할 것이다. 마지막 절에서는 두 국가의 복지국가 모델을 통해 현재 한국사회의 복지 논쟁에 미칠 수 있는 영향 관계와 정책적 함의를 정리하면서 논문을 마무리 할 것이다.

연구의 진행과 분석 과정은 복지정책을 중심으로 양적분석의 한 방법인 시계열분석(pooled time-series analysis)을 주축으로 이탈리아와 스페인의 복지정책 사례와 변화 등을 분석하는 질적 분석 방법을 혼용하여 사용할 것이다.[1] 또한 제도적인 차원에서 주요 변수들

---

[1] 이에 대하여는 다음의 책을 참조하시오. Kerstin Hamann and John Kelly, 2011, *Parties, Elections, and Policy Reforms in Western Europe: Voting for social pacts*(New York, Routledge), pp.9-56.

과 주체들에 대한 소상한 비교를 통해 현실적으로 적용 가능한 정책과 유의미한 제도를 제안하는 형식으로 진행될 것이다. 결론 부분에서는 최근 경제 위기 이후 이탈리아와 스페인의 복지제도와 모델의 변화가 시사하는 의미를 한국 사회에 투영시켜봄으로써 한국의 복지제도 한계의 구조적 문제까지 함께 제시할 것이다.

Ⅱ. EU 주요 국가 복지모델의 특징과 변화[2]

1. 유럽 국가의 복지모델 유형과 특징

복지국가에 대해 이야기할 때 가장 먼저 거론되는 유럽 국가들은 오래전부터 복지국가를 위한 실질적인 정책과 제도를 만들어왔다. 실제로 유럽 복지의 시작은 1883년 프로이센의 비스마르크 사회입법에 기인한다. 산업재해, 노인과 연금문제, 실업보험제도를 포함하여 일종의 사회보장제도론을 근거로 탄생한 것이 바로 유럽 복지모델의 탄생이라 할 수 있다. 이후 사회적 양극화 해소를 위한 사회안정발전론을 통해 여러 국가들로 전파되기 시작한 유럽의 복지모델은 크게 보아 두 가지 목적을 갖고 있다. 첫째는 노동자에 대한 보호이며, 두 번째는 유럽이 내세우고 있는 민주주의 가치의 보장이라는 이중적 특징에서 유래하였다고 평가된다. 그러나 실제

---

[2] 이번 장의 내용은 2010년 12월 한국유럽학회 연례학술회의 발표 자료 저자의 발제문 "이탈리아 사회적 양극화 해결을 위한 방안 모색" 중에서 유럽연합 복지모델의 특징 부분을 발췌한 것임.

로는 국가별 정치경제적 상황에 따라 조금은 다른 경로를 띠고 발전되어 왔다.

유럽의 주요 국가들의 복지 모델을 나누는 방식에는 두 가지가 있다. 하나는 4개의 유형으로 세분화 하는 방법이고, 다른 하나는 두 개로 광역화 하는 방식이다. 첫 번째 경우인 유럽의 복지모델을 4가지 유형으로 분리하는 방법은 가장 대표적 학자의 하나인 사피어(Sapir)의 분류법이다. 그에 따르면 유럽복지국가는 앵글로색슨형(영국, 아일랜드), 유럽대륙형(오스트리아, 벨기에, 프랑스, 독일, 룩셈부르크), 북유럽형(덴마크, 핀란드, 스웨덴, 네덜란드), 지중해형 혹은 남유럽형(그리스, 이탈리아, 포르투갈, 스페인) 등으로 나눌 수 있다.[3] 두 번째 경우는 앵글로색슨 계열과 북유럽형을 하나로 묶어 북구-영국 모델로 분류하고, 유럽대륙형과 지중해형을 합하여 대륙모델로 구분하기도 한다. 여기서는 논문의 목적과 유형화에 맞게 서술의 편의상 두 가지 유형에 대한 일반적 특징에 대하여만 간략하게 소개하고자 한다.

대륙모델의 일반적 특징은 소규모의 시민조직을 기반으로 하고 있으며, 특정 집단과 대상 영역에 대한 보편화를 지향하고, 노인 연금과 장애인 연금 및 실업수당 등의 다양한 연금과 수당을 정책의 주요 내용을 삼고 있으며, 의료서비스나 국립교육 시스템의 유지와 같은 국가적 수준의 제도화와 정책화를 시행하고 있다. 대륙모델 중에서도 국가 간 차이가 다소 존재하지만, 북부유럽 모델의 경우에는 독일이 대표적 국가이며, 남부 유럽모델의 경우 이탈리아가

---

3) Sapir, Andrée, 2005, "Globalization and the Reform of European Social Models," Paper presented at ECOFIN Informal Meeting in Manchester, 9 September.

대표적 국가라 할 수 있다.

이에 반해 북구-영국 모델은 사회시민권에 기반 한 모델로서 획일적이고 통합된 제도를 시행하고 있으며, 주로 최저임금보장, 평생고용, 최저연금, 의료서비스, 실업 급여 등의 사회적 보장을 가장 중요한 특징으로 내세우고 있다. 또한 공교육의 강화와 국립교육정책 기조 유지하면서, 주요 국가들의 경우 GDP의 40~50%에 달하는 예산으로 사회복지비용을 유지하고 있으며, 전통적으로 노동자 권리회복을 위한 수단으로 복지정책을 활용하기 때문에 노동과 관련된 다양한 정책이 존재하고 있는 모델이다.

이와 같은 모델의 주요 국가들 중에서 특히 주목할 만한 몇 개 국가들의 복지정책을 살펴보면 다음과 같다. 먼저 프랑스의 복지정책에서 나타난 두드러진 특징은 개인의 소득과 임금에 비례하여 복지정책을 실시하고 있는 모델로서 독일과 유사한 복지정책의 틀을 유지하고 있지만, 그 운영과 세부적 제도 수준에서 차이를 나타내고 있다. 복지 부문에서 프랑스 모델을 보수적-조합주의적 복지모델에서 기원한 것으로 평가하고 있으며, 소득에 상응하는 보험당사자의 분담금에 의존하는 형태로 사회보장지출의 75~80%를 이러한 임금에 의해 조달이 가능하도록 하는 안정적 운영 방식이 특징적이다. 그러나 1991년 총괄적 사회기여세(Contribution Sociale Generalisee: CSG) 제도로 변경하면서 이전과는 다른 운영상의 특징을 나타내고 있다. CSG의 기존적인 특징은 임금공제방식에서 모든 소득원에 대하여 일정한 비율의 직접세를 부과하는 원칙으로 변경되었다. 누진적인 세금 부담과 고용주에 대한 부담을 경감하고, 국가에 의한 조세 부과 방식으로 전환하면서 복지국가 모델에서 국가의 역할을 강화하는 방향으로 선회하면서 좀 더 영·미식 모델에 보다 가까워지고 있게 되었다. 이와 같은 경향은 사르코지 정부 이후 더욱 가속화되고 있다.

북구 모델의 대표적 국가는 스웨덴이다. 스웨덴은 최저임금보장, 최저연금, 고정수당, 의료서비스 등의 정책적 기반으로 사회적 비용이 증가하고 있는 국가이다. 신자유주의 정책으로의 전환 이후에도 사회보장비의 총액은 계속하여 증가하고 있는데, 이 중 의료비 비중이 비교적 높은 편이다(18~20% 사이를 유지). 사회적 연대와 평등을 강조하는 사회민주주의 복지모델의 원형을 이루고 있으며, 적극적 노동시장 정책을 통한 국가에서 노동과 복지를 결합하여 시행하고 있는 노동-복지 연계모델이다. 직업훈련과 고용안정성을 국가가 보장하는 모델로 1990년대 이후에는 지나친 재정 악화와 부담을 이기지 못하고 서서히 제도와 정책 방향을 변경하고 있다. 특히 복지서비스 제공의 주체를 지방으로 이전하거나, 서비스 비용의 인상을 시도하면서 복지서비스 분야에 복수의 기관과 주체들이 존재하는 경쟁원리를 도입하였고, 급여 조건 강화를 통한 복지지출 증대를 억제하는 정책과 방안을 모색하고 있다. 특히 일자리 창출을 통한 적극적 사회보장 기회의 증가를 유지하기 위하여 노동과 복지 정책의 연계를 통하여 복지모델에 변화를 가하고 있다.

이러한 변화와 함께 우리가 주목해야 할 것은 유럽연합(EU)이라는 새로운 행위자(actor)라는 변수이다. 유럽의 주요 국가들이 복지모델을 시작한 이후 개별 국가 차원에서 복지정책을 시행해왔지만, 유럽연합 차원에서도 공동의 기준과 개요를 정하는 작업을 동시에 진행하였다. 특히 EU는 유럽 내 각 국가별 편차와 경제적 격차를 줄이기 위해 1987년 발효된 단일유럽의정서(Single European Act: SEA)를 통해 경제적·사회적 결속(economic and social cohesion) 조항을 신설하고 이러한 격차를 해소하는 데 정책과 제도를 통해 해결하려고 주안점을 두고 있다.[4] 특히 통합과정에서 회원국 확대에 따라 예상되는 경제적 격차를 줄이기 위한 노력과 방안을 모색하였다. 실제로 1980년대 가입한 스페인과 포르투갈 및 그리스 등의 국가와 기존 회원국 간 격차가 컸던 점도 단일유럽의정서에 수혜국과 후발 회원국의 발전을 도모하기 위한 결속조항을 추가하게 된 배경이 되었다.

더군다나 2004년의 동구권의 확대(eastern enlargement)로 10개 회원국이 동시에 가입한 사건은 유럽통합 역사상 최대 규모의 확대였으며, 10개국 가운데 8개 나라가 사회주의 경제체제에서 자본주의로 전환했던 전환경제라는 특성을 지니게 되었다. 그럼에도 불구하고 사회보장정책은 EU의 여러 정책 가운데 아직도 회원국들이 주도적으로 정책권한(policy competence)을 보유하여 행사하고 있는 개별국가의 권리 중의 하나이다.

유럽의 경우 복지정책의 이중화와 다원성은 이와 같이 유럽연합이 제기하는 커다란 정책 기준과 유럽연합 회원국인 개별 국가들이 시행하고 있는 복지정책에 기인하고 있다. 오랜 복지국가 전통을 가진 유럽 국가들과 더불어 사회적 협약이나 사회보장의 제도적 공고함을 가진 유럽 대부분의 국가들이 보다 쉽게 정책적인 공조가 가능한 것은 이와 같은 이원화와 다양성을 통해 실현되고 있

---

4) 유럽연합의 사회정책에 대한 보다 자세한 내용은 다음의 책을 참조하시오. Hantrais, L., 2007, *Social Policy in the European Union*(New York, Palgrave).

기 때문이다. 2008년 말의 경제위기는 이러한 이중적이고 다양한 복지정책의 전환과 변화의 시금석이 되었으며, 현재 그 조정과 정책적 변화는 다양한 형태로 나타나고 있다.

유럽연합 27개국의 사회안전망은 동일한 지평선에 위치하면서도 국가별 차별성이 뚜렷이 부각되고 있다. 특히 2008년 미국으로부터 확대된 경제위기를 조정하고 극복하는 과정에서도 사회적 빈곤층과 취약계층에 대한 끊임없는 안정정책과 실질소득증가 정책을 적극적으로 실시하고 있다. 이는 국가별 노동과 복지정책의 차이에도 불구하고 2006년 유럽연합 27개국의 사회적 보호(social protection)에 상당한 정책 할당을 하고 있다는 것을 알 수 있고, 실제로 유럽연합 27개 회원국의 사회적 보호를 위한 총지출은 GDP 평균 26.9%를 차지할 정도이다.

사회적 보호는 공공 혹은 사적기관이 리스크에 처한 개인을 도와줌을 의미하며 건강보험과 연금, 장애인 연금 등을 포함하는 것이 일반적이다. EU 27개 회원국은 이러한 사회적 보호가 경기자동안정장치(economic stabilizers)와 같은 역할을 한다고 인식하고 있으며, 경제위기의 시기에 경제적 침체가 사회에 미치는 여파를 완화시키는 데 매우 중요한 역할을 수행한다고 보고 있다.

2. 경제위기 이후 EU의 새로운 복지정책과 내용

2008년 말 경제위기는 EU 차원뿐만 아니라 개별 회원국에도 복지정책과 예산 등을 둘러싸고 많은 변화를 초래할 수밖에 없었다.

경제위기 이후 국가별 경제위기의 주요 원인으로 제기되었던 것이 제정적자 문제였고, 이는 복지예산이나 사회정책에 사용되는 국가예산의 과다와 과잉의 문제로 귀결되었기 때문이다. 특히 2008년 경제위기 이후 개별 국가 차원에서 가장 큰 주목을 받고 있는 국가들은 흔히 '돼지들(PIGS)'이라 불리는 국가들로 혹자는 여기에 이탈리아를 함께 넣어 'PIIGS'로 부르기도 한다. 포르투갈, 아일랜드, 그리스, 스페인의 첫 글자를 조합하여 만든 용어로 국가 부도의 위기에 처해 있는 경제위기가 폭발할 가능성이 가장 높은 국가들이다. 아일랜드의 경우 언급한 다른 3개 국가와는 조금 다른 경제 구조를 갖고 있지만, 다른 3개국(이탈리아를 포함하면 4개국)은 앞서 언급한 지중해 모델로서 경제위기 상황에서 이들 국가들이 어째서 가장 취약한 구조를 갖고 있는가에 주목할 필요가 있다.

경제위기와 복지정책의 변화가 어떤 상관성을 갖는 것인가에 대해서는 몇 가지 논의와 검토가 필요하지만, 적어도 경제위기로 인해 초래된 미시적인 차원의 복지정책 변화는 일반적으로 어느 나라에서나 수반되고 있다. 유럽 역시 전반적으로 복지예산을 동결하거나 삭감하면서 제정적자의 폭을 줄이려는 노력을 하고 있다. 그럼에도 불구하고 유럽의 주요 국가들은 기존 복지정책의 일반적 방향이나 틀 자체를 바꾸려하기보다 경제위기 이후 심화되고 있는 양극화의 문제나 실업 문제 등에 있어 보다 적극적인 정책을 펼치고 있는 것도 사실이다. 특히 EU 차원에서는 적극적인 사회정책을 실행할 정책권한이 부족함에도 경기침체에 가장 취약한 계층에 대한 배려에 많은 관심을 기울여 노사정의 사회적 파트너(social partners) 간 대화도 개최하고 일부 정책도 제안하여 실행에 옮겼다. 집행위원회가 사회정책을 입안할 때 EU 차원에서 사용자와 노조 대표의 동의가 반드시 필요하며 경제사회위원회(Economic and Social Committee)라는 자문기구도 집행위의 사회정책 입안에 대해 의견을 표명할 수 있다. 이는 유럽차원에서 제도화된 사회정책의 한 면을 보여주고 있다고 볼 수 있다.

특히 2009년 체코 프라하에서 개최된 고용정상회담(Employment Summit)은 EU 내의 사용자대표와 노조대표 및 회원국 대표가 참가하여 국제적인 공조와 통합정책의 준비 필요성을 제기하였다. 참가자들은 일자리 유지와 실업자들에 대한 직업훈련의 필요성을 집중 논의함으로써 노동과 복지의 일원적인 정책 공조를 모색하였다. 집행위원회는 2009년 6월초 '고용을 위한 약속을 공유하며(Shared Commitment for Employment)'라는 정책제안서(communication)를 발간하였는데, 집행위원회는 정책제안서에서 1) 고용유지와 일자리 창출, 근로자 이동(mobility) 촉진 2) 기술의 업그레이드와 노동시장 수요와의 대응 3) 고용기회 촉진 이라는 3가지 분야의 우선순위를 정하였다.[5]

보다 구체적으로 제기되고 있는 사회안전망 확충을 위한 제도를 보면 다음과 같다. 소기업의 확장과 실업 청소년의 창업 장려를 위한 소액금융(microfinancing) 제도를 제안하고 있는데, 지원대상은 근로자 10명 미만의 기존 기업들이 확장을 원할 경우로 기업당 2만 5천유로(약 4천 2백만 원)까지 지원받을 수 있는 제도이다. 두 번째는 구조기금(structural funds)과 유럽사회기금(European Social Fund: ESF)으로 ESF는 청소년과 여성 등 경기침체의 영향을 크게

---

[5] 이에 대해서는 다음의 자료를 참조하시오. IP/09/859 and MEMO/09/259.

받는 취약계층의 지원을 우선하여 실시하고 있다. 실업에 직면한 5백만 명의 청소년들에게 인턴십을 제공하는 것을 주요 목적으로 하고 있다. 주요 프로그램으로는 실직자들에게 직업훈련의 기회 제공을 목표로 하고 있으며, 20세 이하 청소년 실업자는 1개월 훈련비를 지원하며, 25세 이하 청소년은 2개월분을 지원하고, 25세 이상 청년은 3달의 훈련비를 지원하는 것을 내용으로 하고 있다.

또한 집행위원회는 노동시장 등에 더 빨리 개입할 수 있도록, 세계화조정기금(European Globalisati-on Adjustment Fund: EGF)의 규정을 개정할 수 있도록 제안하고 있고, 세계화적응펀드(European Global Adjustment Fund: EGF)라는 명칭으로 실직한 근로자 직업훈련과 직장재배치 등을 위해 예산을 지원한다. 이 기금에는 모두 5억 유로 규모가 적립되어 있으며, 필요할 경우 조기집행도 가능하도록 합의하였다.

이와 같은 유럽연합 자체의 노력과 해결방안의 가이드라인 제시는 유럽의 개별 국가들에게 사회적 안전망을 축소하는 것이 아니라 보다 적극적인 사회적 안전망의 확충을 통한 복지제도 강화를 요청하는 것이며, 국가의 경제위기가 심화 될수록 그에 비례하는 국가의 책임성을 강조하는 정책 기조로 '사회적 유럽'을 강화하겠다는 유럽연합의 의지를 잘 알 수 있다. '사회적 유럽'의 강화라는 방향에도 불구하고 몇몇 남유럽 국가들은 여전히 어려움에 봉착해 있으며, 유럽의 다른 국가에 의한 경제원조에도 불구하고 국가부채의 위기를 극복하는 데 어려움을 겪고 있다. 이에 남부유럽 복지국가 모델의 대표적인 국가라 할 수 있는 스페인과 이탈리아의 복지정책과 제도를 통해 경제 위기와 복지정책의 기조변화에 대한 내용을 추적하고 이들 복지정책이 한국의 경제위기와 환경에 미치는 함의를 찾아보고자 한다. 특히 이탈리아와 스페인의 복지정책과 내용을 통해 남유럽 모델이 외부적 환경변화 요인이라 할 수 있는 세계경제위기에 대응하는 방식과 복지모델 자체의 근본적인 변화 등을 주요 속성을 통해 분석하게 될 것이다.

Ⅲ. 이탈리아와 스페인의 복지제도와 정책

1. 문제 제기와 선행연구

남유럽모델 혹은 지중해 모델로 명명되는 지중해 연안 국가들에는 이탈리아, 스페인, 그리스, 포르투갈 등이 있다. 특히 그리스는 이미 국가부도 문제로 현재까지 해결되지 않은 재정파탄 국가로 분류되고 있으며, 10년 안에 유로존(Euro Zone)을 탈퇴할지도 모르는 상황으로까지 위기가 심화되고 있다.[6] 그리스 외에도 스페인과 포르투갈 및 이탈리아 등의 국가들도 재정적자가 갈수록 심화되면서 또 다른 국가부도 국가의 가능성과 국제적인 신용등급 하락이 예상되고 있다. 이들 국가들만이 세계 경제위기를 겪은 것은 아님에도 불구하고 이들 국가들의 국가부채 위기가 더욱 높아지고 있는 것이 단순히 복지모델의 문제로 귀결시킬 수 있을 것인가가 본 논문에서 스페인과 이탈리아의 남부유럽 복지모델의 변화와 내용

---

6) http://news.hankooki.com/lpage/world/201109/h2011092020572522450.htm(2010년 9월 21일 검색)

을 살펴보고자 하는 이유이다.

2008년 경제위기 이후 이들 국가들이 재정부채와 국가신용도 등급하락의 주요 요인으로 거론했던 것은 복지과다 문제였다. 복지예산의 과다가 재정적자의 주요 원인이라는 점은 누구나 공감할 수 있겠지만, 그것만으로 국가재정의 위기나 국가부도를 초래하게 된 결정적 원인으로 이야기하기에는 몇 가지 전제와 분명한 분석의 틀이 필요한 것도 사실이다. 특히 유럽 국가들의 복지국가 모델이 몇 년 전에 시작되거나 확대된 것도 아니며, 현재 경제위기 양상을 복지 문제로 축소시키는 세계 유수의 경제학자들이 많은 것도 아니다.[7] 따라서 이번 절에서는 남유럽 복지모델의 대표적인 국가라 할 수 있는 스페인과 이탈리아의 복지정책과 내용을 통해 현재의 경제위기가 어떤 변화와 변형을 가져왔는지에 대하여 논의하고자 한다.

이탈리아 복지제도에 대한 기존 연구들은 비교적 많은 편이다. 사회적 협약의 큰 틀에서 이탈리아 복지모델은 상당한 관심 주제이며, 특이하게도 1990년대 이후 등장한 네오-코포라티즘의 국가시스템을 갖고 있는 이탈리아의 복지모델은 다양한 함의와 분석 결과들을 내놓고 있다[8]. 그러나 대부분의 연구 결과들이 특정 주제,

---

[7] 경제위기의 진단에는 여러 원인들이 있고 이에 대한 진단 역시 다양하지만 크게 보아, 두 가지 흐름이 존재한다. 하나는 금융위기가 아닌 국가정책과 복지 국가의 위기라는 측면이 강조되면서 유럽 국가들의 재정적자 문제를 집중적으로 거론하는 것이다. 두 번째는 1980년대부터 본격적으로 신자유주의가 시작되면서 현재의 급격한 경제위기를 초래했다고 보는 입장이다. 조셉 스티글리츠 교수 등을 비롯한 신자유주의 학자들이 전자라면, 루비니 교수나 폴 크루드먼 교수 그리고 장하준 교수 등은 후자의 입장을 지지하고 있다.

[8] 김혜란, 2008, "이탈리아식 복지모델 제도화의 정치", 『國際政治論叢』, Vol.48 No.4; 안세아, 2011, "젠더적 관점에서 본 한국의 복지체제유형 논의-남부유럽과의 비교를 중심으로-", 『사회보장연구』; 조상미·김진숙·강철희, 2011, "사회적 기업 정책특징 비교분석 연구: 영국, 프랑스, 이탈리아, 한국을 중심으로", 『사회복지정책』; 김영순, 2005, "연금개혁의 정치: 서구 3개국 사례를 통해 본 구조적 개혁의 정치적 조건들," 『사회보장연구』; 남현주·이현지, 2004, "유럽의 주요 노인장기요양제도 수립 현황과 시사

예를 들면 가족법이나 노인복지, 아동복지, 연금제도나 의료보험
제도 및 사회적 기업 등과 같은 특정한 주제를 중심으로 분석하고
있다는 점에서 전체적이고 종합적인 비교의 틀이나 제도적 특징에
대하여 분석적인 결과물들을 내놓고 있지는 못하다.

그러나 유럽의 많은 전문가들과 학자들은 이탈리아 복지모델의
다면성에 주목하고 이탈리아 복지의 정치문화적 특성 및 사회구조
적인 비정형적 특징을 통해 두드러진 결과물들을 제시하고 있다.[9]
특히 일반적으로 이탈리아 복지모델 분석의 어려움은 계량화나 모
델로서의 분석의 비과학성에 기인하여, 이에 대한 가장 전형적인
연구는 주로 이탈리아와 유럽의 학자들에 의해 진행되었다. 특히
바카로(L. Baccaro)는 이탈리아의 코포라티즘과 연금제도 등에 대하
여 분석적인 유의미한 결과물을 제시하고 있다. 또한 몰리나는 이
탈리아 산업사회와 구조 속에서 변화하는 복지국가의 내용과 정책
을 분석하고 있다.

이탈리아와 함께 대표적인 남유럽 국가인 스페인의 복지정책과
복지모델의 특징을 분석한 결과물들은 주로 1970년대 후반 프랑코
체제의 종식 이후를 주로 분석하고 있다. 특히 사회협약의 큰 틀에
서 정치권력의 교체와 연합정부의 등장으로 인한 비정형성과 불연
속성 등에 주목한 분석 결과들이 많이 산출되었다. 특히 파편화된

점: 재정적 정책지원 기준을 중심으로," 『노인복지연구』 등 참조.

[9] Baccaro, L., 2001, "Negotiating the Italian Pension Reform with Unions: Lessons for Corporatist Theory", *Industrial and Labor Relations Review* Vol.55 No.3, pp.413-31; 2002, "The Construction of 'Democratic' Corporatism in Italy," *Politics and Society* Vol.30 No.2, pp.327-57; Molina Romo, Oscar, 2006, "Political Exchange and Bargaining Reform in Italy and Spain," *European Journal of Industrial Relations* Vol.11 No.1, pp.7-26: Molina Romo Oscar and Martin Rhodes, 2007, "Industrial Relations and the Welfare State in Italy: Assessing the Potential of Negotiated Change," *West European Politics* Vol.30 No.4, pp.803-29 등 참조.

입법부의 형태에서 사민당이 집권한 1982~96년의 기간은 사회적 협약에 대한 빈번한 입법화를 통해 복지모델과 정책을 그때그때의 정치적 상황에 맞추어 정립해나갔다. 그러나 1990년대 중반이후에 경제위기가 닥치면서 재정위기에 봉착한 정부는 사회협약을 통해 복지정책의 위기를 타개하려고 하였다. 21세기에 들어서는 이전 정부보다 강력한 사회당 정부가 출현하면서 사회협약과 복지정책의 제도화가 신장되면서 다양한 정책들이 제도화 단계에 진입하게 되었다.

스페인의 복지정책을 다룬 연구 결과물들은 비교적 다양한 편이다.[10] 특히 노인 정책이나 사회적 협약과 관련한 연구 결과물들이 존재하며, 아동 대상의 복지정책과 장애인 정책 등에 대해서도 비교적 다양하고 부분적인 연구 결과물들이 존재한다. 그러나 여전히 복지국가 모델로서 스페인을 정의하거나 정형화하는 데에는 이탈리아만큼 어려움이 뒤따른다는 한계도 있기 때문에 파편화된 정책 위주의 분석이 주류를 이룬다.

2. 이탈리아의 복지제도

선진 자본주의 복지국가들 중에서도 이탈리아는 재정위기와 자원분배의 형평성뿐 아니라 노동 없는 복지의 위기를 첨예하게 겪

---

[10] 스페인 복지제도에 대한 연구 결과물이 많지는 않지만, 몇몇 구체적인 제도를 통해 소개되고 있다. 특히 최근에는 의료보험제도나 노동시장과 연관한 사회적 협약의 틀 안에서 스페인의 복지제도를 설명하고 있는 것이 일반적이다. 주요 연구 결과물은 다음과 같다. 선학태, 2007, "사회협약정치와 민주주의 공고화", 『민주주의와 인권』 Vol.7 No.2; 김필헌, 2010, "PIIGS 국가부도 위기의 교훈", *KERI Insight* Vol.10 No.11, pp.1-26: 김인춘, 2010, "유럽통합과 자본주의의 다양성: 북유럽과 남유럽의 "유럽화" 비교", 『유럽연구』 Vol.28 No.3, 鄭聖彩, 1996, "노인복지와 관광: 스페인 노령자관광 촉진제도", 『호남대학교 학술논문집』 Vol.17 No.1 등의 논문 참조.

고 있다. 이미 1980년대 이후 여러 국가들이 복지개혁을 시도했고, 특히 1990년대 이후 유럽대륙모델의 여러 국가들이 '노동 없는 복지'의 위기를 벗어나기 위해 복지모델을 재정의하고 있다. 이탈리아도 1990년대 중반 이후 구조적인 연금개혁을 비롯해서 복지모델의 변화를 시도하고 있다. 그러나 이탈리아 복지제도는 교육과 의료 부문 등을 제외하고는 그다지 효율적이지도 않고, 노동과 연계하기 힘든 구조 속에서 새로운 경제·사회적 변화와 요구에 적절히 대응하지 못하고 있다.

재정위기, 형평성과 효율성 제고에 초점을 두어 이루어진 1990년대 복지개혁은 매우 급진적이고 혁신적인 수단들을 도입했음에도 불구하고 그 효과는 아직 구체적으로 나타나지 않고 있으며 이탈리아에서 복지위기 논쟁은 여전히 치열하다. 이탈리아 복지국가가 직면한 이러한 문제점과 위기는 매우 파편화되고 차별화된 사회보장체제, 왜곡된 자원분배 구조의 제도화, 미로식 구조의 '연금제도'가 초제도화 된 이탈리아식 복지모델에 그 원인이 있다고 할 수 있다.

기존연구들은 이탈리아의 복지모델을 유럽대륙 복지모델 혹은 남유럽 복지모델로 분류하고 있으나 양 복지 모델의 특성을 일정 부분 공유하고 있는 다소 변형된 모델로 보는 것이 더욱 타당할 것이다.[11] 이탈리아의 복지제도는 유럽대륙 복지모델처럼 가톨릭주의와 가족주의에 기반하고 있으며 북유럽의 보편주의적 복지모델

---

[11] 이탈리아 복지모델에 대해 자세하게 소개하고 있는 자료로 유용한 것은 다음의 저서들이다. 먼저 유럽대륙형 복지모델로 분류하고 있는 책은 에스핑-앤더슨의 저서이며, 이와는 다르게 남유럽 모델로 분류하고 있는 저서는 페레라의 논문이다. Gøsta Esping-Andersen, 1990, *The Three Worlds of Welfare Capitalism*(Cambridge: Polity Press); Maurizio Ferrera, 1996, "Il modello sud-europeo di welfare state," *Rivsita Italiana in Scienza Politica* 1, pp.67-101.

이나 영미형 자유주의적 복지모델에 비해 관대한 사회보험이 발달
한 반면, 복지 서비스의 수준은 매우 낮다. 사회보장은 직업범주에
따라 분류되어 있으며 복지혜택은 사회적 지위와 소득수준과 밀접
히 연관되어 있다.[12]

그러나 무엇보다 이탈리아 복지제도의 두드러진 특징은 연금제
도의 과다와 복지예산에서 연금과 함께 의료 부문이 차지하는 비
중이 너무 크다는 점이다. 이탈리아의 경우 사회복지 분야에서 사
용되는 예산은 주로 연금(60% 이상), 의료(24%), 생계지원 및 보조
(8.1%) 등으로 구성되는데, 그 비율에서 알 수 있듯이 연금 부문이
지나치게 과도하고 복잡한 다층적인 구조를 가지고 있다는 점이
다.[13] 연금에 집중되어 있는 복지예산이나 의료 부문의 비중 등을
보면 이탈리아 복지구조가 향후 고령화 사회의 도래가 필연적인
사회적 분위기를 고려할 때, 시급하게 해결해야 하는 문제로 대두
되고 있다.

〈표 1〉 2006년 이탈리아 사회보장 예산 구성과 항목비

예산 항목	금액(단위: 백만 유로)	비율	국민총생산대비 비
보건	94,727	24.06	6.42
사회보장	203,505	51.70	13.79
사회부조	61,654	15.66	4.18
연말정산 환급	20,088	5.10	1.36
행정비용	13,666	3.48	0.93
총계	393,640	100	26.68

출처: 이탈리아 통계청

---

[12] Gøsta Esping-Andersen, 1995, "Il welfare state senza lavoro. L'ascesa del familismo nelle politiche sociali dell'Europa continentale," Stato e Mercato 45, pp.347-380.

[13] 예산 구성에 대한 보다 자세한 내용은 다음의 자료를 참조하시오. Sabattini G., 2009. *Welfare State: Nascita, evoluzione e crisi. Le propospettive di roforme*, Francoangeli, pp.93-113.

이탈리아 현재의 인구 구성과 인구증가율 및 기타 인구구성비 등을 고려할 때 향후 예산 비중이 더욱 높아질 것으로 전망되는 분야는 의료 및 노령 층에 대한 사회보조 사업이 될 것이다. 2045년 65세 인구 구성은 총인구의 30%를 초과할 것이며, 80세 이상의 고령 인구도 12%를 넘을 것으로 예상하고 있다. 2009년 현재 인구의 25% 이상이 각종 질병을 비롯한 의료 서비스를 받고 있는데, 이 비율은 총 의료 예산 중 약 70%에 해당하는 비율이다. 따라서 이탈리아 복지정책과 예산상 시급히 해결해야 할 문제는 연금 제도의 합리적이고 건전한 재조정이며, 사회적 복지 예산의 재구조화라고 할 수 있다.

그러나 2008년 재집권에 성공한 베를루스코니(Silvio Berlusconi)의 등장 이후 이탈리아 복지제도는 여러 측면에서 새로운 국면에 진입하고 있다. 가장 최근의 주요한 변화는 교육부 장관인 젤미니(Mariastella Gelmini)의 이름을 따서 제정하여 시행하고 있는 '젤미니법(교육제도 개혁법)'이다. 이 법안의 주요 내용은 주로 국립대학 시스템의 개편과 초등학교 교사 수의 축소 등을 골자로 하고 있다. 특히 국립대학 지원금 중 300억 유로를 3년에 걸쳐 삭감하면서, 국립대학의 사립대학 전환 여부를 경쟁력 강화라는 미명 아래 진행하고 있다. 또한 초등학교 단일교사제를 변경하여 원래 2명이었던 교사 수를 단일 교사로 축소함과 동시에 교사 1인 근무시간을 주당 24시간에서 일반 노동자들의 수준인 35~40시간으로 연장하려는 내용을 담고 있다.

이 법안으로 인해 교육의 질적 저하와 함께 가장 기본적인 사회 안전망과 교육 평등권의 침해를 초래할지도 모르는 사회복지 개악으로 평가를 받고 있다. 서구 유럽 국가들 중에서 교육 부문에서 비교적 가장 훌륭한 제도적 정비가 되어있다고 평가를 받고 있는 교육제도에 대한 개편은 이탈리아 사회의 사회안전망 자체의 균열과 해체를 가속화시키며, 고등교육을 통한 사회적 격차의 감소를 기대할 수 없게 한다는 점에서 비판을 받고 있다. 이러한 일련의 사회복지 제도의 변화는 지역과 계층 간의 차이를 더욱 심화시켜 사회 계층 간 차이와 지역 간 차이를 존속시키고 구조적으로 고착화하는 부정적 효과를 내고 있다.

특히 2008년 말부터 시작된 경제 위기는 실업률 증가와 실질 소득 감소 문제 등을 초래하면서 눈에 띠게 사회적 양극화의 불안정성과 구조적 고착화를 가져왔다.[14] 이 문제는 연금 중심의 이탈리아 사회복지 제도의 비합리적이고 취약점을 노출시키면서 사회적으로 절대 빈곤층이 증가하는 현상을 초래하게 되었다. 실제로 최근 몇 년간의 추이를 보면 사회적 양극화의 수준이나 복지 예산의 감소가 두드러지게 나타나고 있다. 빈곤층의 실질소득은 2007년과 2008년을 대비해 보았을 때, 상당히 감소한 것으로 <표 2>는 제시하고 있다. 이러한 원인에는 무엇보다 물가상승률이 소득 증가분을 상화하는 수준이라는 점과 현물 공여의 성격이 강한 국가의 복지예산이 감소하고 있는 것이 가장 크다고 볼 수 있다. 복지예산의 축소와 규모의 감소는 유럽연합에서 사용하고 있는 복지수준을 나타내는 베버리지 곡선[15]을 통해서 분명하게 드러난다. 특히 2005

---

14) 이탈리아의 사회적 양극화 심화와 그 내용에 대해서는 다음의 사이트 강원대 G20 모니터링 사업단 웹사이트(http://g20.kangwon.ac.kr/)의 이탈리아 월별보고서를 참조하시오.

15) 베버리지 곡선은 기업들의 일자리 창출이 둔화되면 실업률이 상승하지만, 반대로 일자리 창출이 늘어나면 실업률이 하락하는 관계를 나타내는데, 이탈리아에서는 2005년 이후 실업률이 상승하면서 복지 수

년 이후 이탈리아 복지수준은 이전과 비교해서 상당히 축소되거나
규모 자체가 감소했다는 점을 알 수 있다.

〈표 2〉 빈곤층 실질소득 변동표(2007~2008)

	2007년 빈곤층 소득기준 985.35 euro		2008년 환산 2007 소득기준 1,018.90 euro		2008년 빈곤층 소득기준 999.67 euro	
	가족 수	비중(%)	가족 수	비중(%)	가족 수	비중(%)
북부	631	5.5	637	5.4	572	4.9
중부	297	6.4	345	7.2	317	6.7
남부	1,725	22.5	1,944	25.0	1,847	23.8
이탈리아	2,653	11.1	2,925	12.1	2,737	11.3

출처: Istat

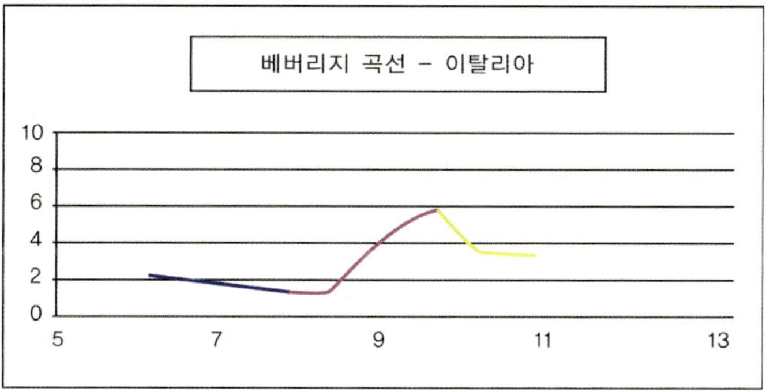

〈그림 1〉 이탈리아 복지 수준의 경감 추이(베버리지 곡선 추이)

　　더군다나 이탈리아의 경우에는 지역에 따른 편중과 격차 등에
의해 발생하는 지역 간 복지 수준과 비용의 차별성 역시 구조적인
측면에서의 조정과 정책적 배려가 필요한 부분이다. 주로 남부에
집중되어 있는 빈곤층에 대한 정책적 배려와 지역에 따른 복지정

준이 격감하고 있는 것으로 나타나고 있다.

책의 차별화 등도 현재 이탈리아 복지정책에서 개선이 필요한 부분이다. 실제로 북부와 남부 간 지역 격차는 사회보조(생계나 최저의 사회 안전 비용 등을 포함하는 보조적인 사회보장정책을 위한 비용) 비용에서도 큰 격차를 보이고 있다. 북부의 경우에는 주민 1명당 146유로의 복지비용을 사용하는 반면, 남부는 1인당 불과 40유로에 지나지 않는 편차를 보임으로써 남부 인들에게 할당되어 사용되어지는 복지예산이 북부인에 비해 상당히 적다는 사실을 알 수 있다. 이는 남부에 더 많은 빈곤층이 존재하고 있으며, 절대 빈곤층의 가구 수 역시 남부에 집중되었다는 사실을 이야기한다(<그림 2>와 <표 3> 참조).

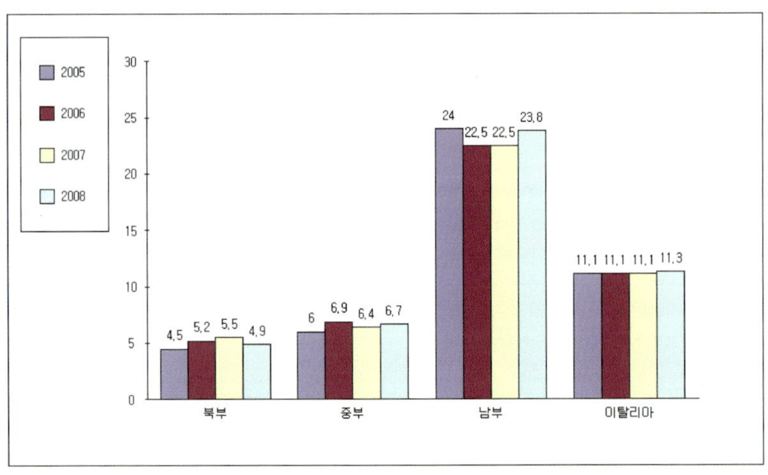

출처: Istat

〈그림 2〉 연도별 빈곤층의 지역별 분포도

〈표 3〉 지역별 빈곤 가족 수와 인구 수(단위 천/비율 %)

지역	북부				중부				남부				이탈리아			
연도	2007		2008		2007		2008		2007		2008		2007		2008	
단위	천명	%	천명	%	천명	%	천명	%	천명	%	천명	%	천명	%	천명	%
빈곤 가족	631	5.5	572	4.9	297	6.4	317	6.7	1,725	22.5	1,847	23.8	2,553	11.1	2,737	11.3
빈곤 인구	1,563	5.9	1,592	5.9	827	7.2	945	6.1	5,152	24.9	5,541	26.7	7,542	12.8	8,078	13.6
총거주 인구	26,646		26,919		11,421		11,601		20,688		20,740		58,757		59,261	
빈곤 밀도		19.2		18		17.1		19.6		21.6		23		20.5		21.5

출처: Istat

이와 같은 특징을 갖고 있는 이탈리아 복지모델은 전체적으로 국가가 주도하면서 비정치적 요소들이 결합된 변형 모델로 분류할 수 있을 것이다. 연금 중심의 비효율적 구조 속에서도 이탈리아 복지 정책은 노동이나 광범위하게 사회적 안전망을 공고하게 구축해 왔던 특징을 나타내고 있다. 그러나 최근의 이탈리아 복지 모델은 베를루스코니라고 하는 언론재벌 출신의 총리가 집권하면서 신자유주의 세계화의 틀 속에서 복지모델이 변화되어 가는 과정에 있다. 그러나 여전히 이탈리아 사회 복지는 사회적 안전망 구축을 국가가 주도하면서, 노조의 일자리 나눔과 보호 정책 노선, 지역을 중심으로 하는 노사정 지역협약 시스템의 존재, 전통적으로 가톨릭 중심의 선교와 구휼 사업 등에 익숙한 사회적 전통 등과 유럽연합의 각종 구조기금 사업의 활성화 등을 통하여 비교적 광범위하게 복지네트워크가 구축되어 있다고 평가할 수 있다.

3. 스페인의 복지제도

남유럽의 또 다른 대표국가로 거론되는 스페인 역시 복지제도와
정책에서는 이탈리아와 유사한 특징을 지니고 있다. 오랜 독재체제
를 뒤로 하고 민주국가로 재탄생한 스페인은 유럽의 다른 나라들
에서 이미 시작하고 있던 복지 제도의 도입을 서둘러 시행하였으
며, 다양한 연금과 소득을 보전해주는 형식을 통해 복지국가의 길
을 완성해갔다. 1975년부터 시작된 민주화 이후 본격적으로 시작
된 스페인의 복지정책은 소득성격이 강한 사회보장프로그램이 가
장 큰 비중을 차지했지만, 경제위기 이후에는 이러한 기조 유지가
어려워졌다.

스페인의 사회보장 지출 비율은 다른 유럽 국가들에 비하여 낮
은 편이다. 특히 1975년을 기준으로 서유럽 지역 평균 사회보장지
출 비율이 GDP의 23%였지만, 스페인은 12.1%에 불과했다. 이후
서서히 사회보장 지출 비율이 증가했으며, 주로 연금 수급권이 확
대되었고, 연금 지급을 위한 지출도 증가하여 1980년에는 GDP의
5%에 불과했던 연금지급 비율이 1982년에는 8.3%로 증가했다.[16]
또한 사회당 정부가 들어섰던 1985년에는 연금 지급을 위한 지출
을 감소하는 개혁안을 마련했으며, 1990년에 비록 성격은 다르지
만 새로운 연금이 다시 도입되기도 하였다.

그러나 1990년대에 들어서면서 스페인이 경제적 침체기를 겪게
되면서 구조적인 높은 실업률 문제가 복지 정책의 주요한 기준이

---

[16] Kown, Mi-Ran, 2002, "Estudio sobre la cotidianidad laboral después de la guerra civil española(스
페인 시민대란 이후 노동현황에 관한 연구)", 한국외국어대학교 학위논문; OESSA 1983 등 참조.

되었다. 특히 노년 인구의 증가에 따른 노인 복지정책과 실업 문제를 해결하기 위한 방향으로 복지 정책이 집중되었다. 스페인의 노년 인구는 1980년에 18%에서 1993년 22%로 증가했다. 또한 1980년대 15%를 기록했던 실업률이 1993년에는 무려 23%로 급증하는 현상도 발생했다. 결국 경제위기 극복과 유로존 가입의 당면 과제 앞에서 안정적인 재정 확보가 복지 정책의 목표가 되었다.

1994년 당시 스페인의 GDP 대비 사회보장비 지출 비율은 EU 15개국 평균 27.2%보다 다소 낮은 22.4%였으나, 이미 다른 유럽국가에서처럼 재정적 불균형이 나타났다. 결국 의회에서 사회보장체계 개혁위원회가 구성되었고, 재정지출 억제와 다양한 방식을 도입하여 재정안정화를 추구하기 위한 방안을 제안했다. 흔히 톨레도 협약이라고 부르는 개혁안은 사회보장체계의 재정 안정을 확보하기 위해 사회보험과 사회연금의 재원과 관리를 분리하고, 연금수령 연령을 늦추는 등의 이탈리아 연금개혁안을 적용하여 보조적으로 사용할 수 있는 보조기금 제도를 도입하였다.

이후 1996년 총선을 통해 집권한 국민당의 아즈나르(José M. Aznar) 정부는 톨레도 협약을 구체적으로 실행하고 사회보장지출을 억제하기 위한 실질적인 수단을 도입하는 데 노력했다. 이를 위해 정부는 노동자 단체와 합의하여 실천 방안을 수행해 나가는데 합의하게 되었는데, 정부와 양대 노총인 노동자위원회(Comissiones Oberas, CC.OO)와 노동총연맹(Union General de Trabajadores, UGT)이 참여하여 체결된 합의안이 그것이었다. 사용자 단체의 반대로 무산되는 듯 보였던 이 합의안은 '사회보장체계의 공고화와 합리화에 대한 합의'라는 명칭으로 1997년 의회의 승인을 거쳐 입법화되어 오늘에 이르렀다.

21세기에 들어서도 스페인의 복지정책과 제도는 노동자들을 기반으로 하는 사회협약 시스템 안에서 공고하게 강화되어 진행되어 왔는데, 이는 국가 재정의 지속적인 부담을 가져오게 되었으며, 결국 2008년 말부터 시작된 경제위기에서 재정 건전성이 악화되면서 PIGS국가의 하나가 되었다. 그럼에도 불구하고 스페인의 복지정책의 수준과 내용은 기타 유럽의 주요 국가들이 시행하고 있는 국가주도 정책과 그다지 큰 차이가 없음을 알 수 있다. 스페인 정부가 시행하고 있는 다양한 영역의 복지정책은 다음과 같다.

〈표 4〉 스페인의 주요 영역별 복지정책과 내용[17]

영역	정책	내용
노인복지	노령연금 수혜	대부분의 노인에게 가장 중요한 소득원천으로 액수가 많지는 않으며 연령과 성별에 따라 액수가 큰 차이, 낮은 연금 액수를 간접적인 사회보장 혜택으로 보충함
	대중교통 무료승차제도	대중교통 이용 시, 일정 연령 이상의 성인에게 무료 승차의 혜택 제공
	연금수급자 휴가제도	여행 비수기인 10월에서 다음해 5월 사이에 제공
	식사할인 제도	점심이나 저녁에 대한 비용의 할인 혜택
	지역사회통합 프로그램	광역정부에서 농촌 환경 및 정신건강프로그램 등을 주관하여 시행, 가정원조서비스, 주간센터(노인을 위한 의료, 오락 및 사회통합프로그램 제공), 노인보호시설 및 무료휴가여행 등은 지역정부에서 주관하여 실시
	거주 지역 내의 재가보호서비스 개발	노인들이 거주 지역 사회에 통합될 수 있도록 자택보호서비스의 일종, 노인들로 하여금 가능한 한 거주 지역에 머무르도록 하고 노인보호시설로의 이전을 방지하는 효과

---

[17] 이 부분의 주요 정책과 내용은 스페인 복지정책 관련 여러 논문들에 산재해있는 정책과 그 내용을 필자의 주관적 편의에 의해 다시 정리한 것이며, 해당 정책에 대한 보다 자세한 내용은 참고문헌을 참조하시오.

	일반연금제도	일반 근로자에게 해당
연금제도	특별연금제도	광부, 선원, 공무원에 해당
	임의연금제도	자영업자에 해당. 65세 이상 노령연금 혜택을 받기 위해서는 15년 이상의 연금 납부 실적 필요. 3D업종에 종사하는 근로자의 경우 65세 이전 조기연금 신청 가능하게 함. 1년에 14회, 퇴직 이전 8년간 평균 소득의 100% 지급
노동자 복지	실업보험	1961년 시행, 최소 18개월 이상 가입자를 대상으로 함. 6개월간 지급. 5년 이상 가입자의 경우 최고 2년간 지급. 1978년 신헌법 제정 이후 실업보험제도에 의료보험과 산재보험 추가
	노동환경	일일 노동 시간 제한과 정기 휴가 보장
	비정규직 문제	정규직 노동자의 퇴직금 절감, 비정규직을 정규직으로 전환시킨 기업에는 사회보장성 부담금 완화. 1997년 18~29세 사이의 실업자와 45세 이상의 노동자를 정규직으로 채용한 기업에게 2년간 사회보장 부담을 40~60% 완화하는 조치 실행함
국민건강 및 의료	국민의료	국가가 운영하는 국가의료서비스 제도 채택. 출산, 산업재해, 직업병 등 직업과 관련된 경우 특별의료혜택 부여함
교육	의무교육제도	전 국민의 교육받을 권리 보장. 8년의 의무교육 기간을 규정하여 보조금 지급
아동복지	아동수당제도	소득 수준에 따른 양육 및 아동 수당 지원, 지원 금액은 낮은 수준
	보육지원제도	맞벌이 부부를 위한 보육 시설 확충과 보육 지원 시스템 강화
장애인 복지	장애인사회통합법	1982년 장애인사회통합법 제정으로 민간부문과 공공부문 2% 고용의무 규정. 이후 2003년 장애인사회통합법 개정으로 민간부문 2%, 공공부문 5%의 장애인 의무고용률 규정함
여성복지	2007년 양성평등법 제정	각종 선거에서 여성후보 40% 이상 할당. 아버지에게 15일간 출산휴가 보장. 고위직에 남녀성비를 맞춰가는 기업에 대해 정부 조달업체 선정 시 가산점 부과. 공공부문과 민간부문 모두 여성인력의 채용 확대 촉진 및 장려함

스페인의 복지제도 중에서 특히 주목할 만한 것은 의료보험 제도이다. 제도적 우수성뿐만이 아니라 운영 면에서도 뛰어난 것으로 알려진 스페인 의료보험은 스페인의 사회적 보장과 복지모델의 근간을 이루고 있다. 또한 노인과 여성을 대상으로 하는 복지 수준이 2007년 이후 제정된 관련법들을 중심으로 스페인 복지의 중심적 내용을 이루고 있는 것도 최근의 변화 중에서 주목할 만하다. 그러

나 2008년 이후 스페인 복지 정책의 기본 틀에 변화가 불가피하게 된 것은 재정적자의 과다 문제가 부각되었기 때문이었다. 스페인의 경우 고령화 사회와 연금제도의 과다 및 의료체계의 적자 문제 등이 한꺼번에 겹치면서 새로운 돌파구와 해결책을 고민해야 할 시기가 도래하였다.

<표 5> 이탈리아와 스페인의 경제성장률과 재정수지 지표

	경제성장률(%)		재정수지/국내총생산(%)		실질실효환율(지수)	
	2009e	2010f	2009e	2010f	2009e	2010f
그리스	-2.0	-2.5	-13.0	-9.5	186.1	183.4
스페인	-3.6	-0.3	-11.4	-11.6	102.8	100.6
포르투갈	-2.7	0.3	-9.3	-8.5	103.0	100.1
이탈리아	-5.1	0.6	-5.3	-5.3	104.3	103.9
아일랜드	-7.0	-2.3	-12.0	-12.5	109.1	109.1

주: 실질실효환율은 2005년 기준, e는 추정치, f는 전망치.
출처: Europeen Commission, Ecoromic Forecest, 2010.

Ⅳ. 결론

이탈리아의 경우 사회적 안전망은 국가가 주도하면서, 노조의 일자리 나눔과 보호 정책 노선, 지역을 중심으로 하는 노사정 지역협약 시스템의 존재, 전통적으로 가톨릭 중심의 선교와 구휼 사업 등에 익숙한 사회적 전통 등과 유럽연합의 각종 구조기금 사업의 활성화 등을 통하여 비교적 광범위한 사회적 안전망이 구축되어 있다고 평가된다. 정부가 주도하는 사회적 안전망은 주로 사회적 약자와 저소득층에 집중되어 있는데, 경제 위기 이후에는 주로 현물 공여나 생활보조 성격의 다양한 정책이 실행되고 있다. 실업급여의 지급이나 생활비 보조를 위한 현물과 쿠폰 지급이 가장 주요한 사회적 양극화 해결을 위한 정책적 유형의 특징을 구성하고 있다. 이러한 정책의 주된 시혜 주체는 사회적 약자, 소외계층, 실직자, 저소득층 등이다.

따라서 이탈리아는 노사정 및 시민사회 등의 네트워크가 중심이 된 사회적 협약 시스템이라는 사회적 안전망이 존재하고 있다. 가장 중요한 기구는 노사정위원회에 해당되는 전국노동경제위원회를 비롯한 지역사회와 지방정부 및 전국노조 등이 있으며, 이들을 중심으로 경제위기 극복을 위한 다양한 정책들이 제시되고 있고, 실제의 정책으로 환원되어 시행되고 있다. 또 다른 주요한 특징의 하나는 협동조합과 노동조합 등이 주도하는 사회적 안전망의 형태와 내용이다. 소액 크레디트 은행 설립이나 협동조합 회원들의 상호 공제 제도 등이 비교적 활성화 되어 있는데, 주로 서민들이나 지역 중심의 협동조합 운동이나 조합원을 위한 공판장과 대형 슈퍼마켓의 운영을 등을 통하여 간접적인 생활보조 효과가 발생되고 있는 것으로 평가하고 있다.

지역 차원의 사회적 안전망과 가톨릭을 비롯한 사회단체의 사회 안전망 역시 주요한 이탈리아의 사회보장 네트워크를 구성하고 있다. 풀뿌리 민주주의와 사회복지 및 시민참여 등을 담보로 하는 사회적 통합의 보다 광범위한 기제로서 '지역협약'이 존재하는 것도 주요 특징이다. 이는 노동운동의 보다 확장된 개념과 지역 중심의 생활정치라는 특징을 가지고 지방의 소외된 노동자와 서민을 중심으로 전개하고 있는 지방과 지역 중심의 생활노동운동과 풀뿌리 정치의 결합이라고 할 수 있을 것이다.

금융위기에 직격탄을 맞은 스페인 역시 2009년 GDP 대비 9.5% 의 재정적자를 기록하였다. 공식적으로 스페인 정부는 유럽 기준에 부응하기 위해 2010년에는 7.9%, 2012년에는 3%로 줄이기를 희망 하고 있지만, 2010년 초 경기유지를 위한 재정확대 조치를 취한 이 후 현재까지 가시적인 성과를 보이지 못하고 있으며 재정지출을 줄이지도 못하고 있다. 스페인은행재단(Funcas) 경제학자들은 재정 적자가 줄기는커녕 2010년에는 11.5%로 늘 것을 예상하고 있으며, 일부 전문가들은 스페인 국가채무는 GDP 대비 90%에 도달할 것 으로 전망하였다. 스페인 정부는 2010 GDP 하락의 폭을 3.6%로 예상하고 있으며 스페인 경제가 하반기 전에 상승 국면을 타서 2010년은 전체 -0.3%의 경제상승률을 기록할 것으로 예상하였다. 그러나 440만 명에 달하는 실업자 문제와 소비의 극심한 위축으로 인한 내수침체를 감안한다면 이 예상이 지나치게 낙관적이라고 전 문가들은 판단하고 있다.

따라서 스페인 정부의 경제위기 대응은 여전히 부정적이고 비관 적인 측면에 존재하고 있다. 특히 연금 제도와 실업문제에 대한 국 가의 역할 증대는 오히려 재정적자로 인한 경제위기를 심화시키고 재정 건전성의 악화를 초래하고 있다. 결국 스페인 정부의 복지정 책의 기조와 방향은 근본적인 복지정책의 전환이라는 노선보다는 점진적으로 정해져 있는 경로를 따라 진행되는 방식을 선택하였다 고 볼 수 있다. 이는 남부유럽의 대부분의 국가에서 구조적으로 결 정된 경로에 따른 점진적 복지정책의 전환이라는 틀을 유지하는 것으로 평가할 수 있을 것이다.

이에 반해 이탈리아 정부는 보다 적극적인 재정지출 억제를 정책적이고 정치적으로 해결하려는 노력을 하고 있다. 상하양원에서 승인된 2010년 예산안 약 90억 유로를 통해 2009년의 130억 유로보다 감소된 지출 계획을 수립함으로써 긴축 재정 방침을 통해 재정 적자를 줄이려는 노력과 의지를 천명하고 있는 재정 지출 감소의 대부분은 인건비 축소나 동결의 방법을 선택하고 있다. 특히 공무원과 공사의 인원을 동결 혹은 감축함으로써 정부 인건비 규모를 줄이는 것으로 계획하여 시(Comune)와 현(Provincia)의 각종 자문위원과 평의회원 35,000여 개의 자리를 없애버림으로써 재정 부담을 경감하려는 것이다.

부족한 재정 적자와 예산은 예산방어분(Scudo fiscale) 3.7억~4억 유로 정도를 통해 조달할 것으로 보이며, 2010년 예산 삭감으로 어려움에 처한 다양한 영역에서 유용하게 사용될 것으로 보인다. 이탈리아 산업계와 금융계는 비교적 PIGS 국가들에 대한 비중이 다른 유럽 국가들에 비하여 낮은 편이기 때문에, 이탈리아 내부의 재정 문제는 PIGS의 재정적자 위기와는 무관한 것으로 보인다. 이탈리아의 PIGS 국가에 대한 금융 비중은 2006년 2.8%에서 2009년 3.6%로 소폭 증가하였지만, 아직은 그 부담이 크지 않은 것으로 전문가들은 보고 있다.

이탈리아의 경우 재정적자 해소의 가장 중요한 수단으로 거론되는 것은 가계저축 분의 증가와 그 규모이며, 이를 통해 이탈리아 정부는 충분히 재정위기에서 벗어날 수 있을 것으로 예상하고 있다. 특히 재무장관 트레몬티(Giulio Tremonti)는 2009년 5.2% 정도

에 달하는 국민총생산 규모를 이제는 거의 회복하고 있다고 자신
있게 성명을 발표했을 정도였다.(2010년 2월 4일 엘파이스(El Pais)
지와의 인터뷰에서 밝힘) 베를루스코니 정부는 2010년 예상 경제
성장률을 0.7%에서 1.1%로 상향 조정하면서, 이탈리아의 경제위기
극복 의지를 대외적으로 천명하였으나, 여전히 주식 시장을 비롯한
금융계의 위기의식은 사라지지 않고 있는 편이다. 지난 2010년 상
반기까지 수개월간 밀라노 주식시장의 지수는 약 11.5%가 하락하
여 이탈리아 재정위기의 징후를 더욱 강하게 표출시킴으로써 해외
투자자들과 신용평가 회사들로부터 우려의 시선을 받고 있기도 하다.

더욱이 이탈리아의 대표적 기업인 FIAT의 경영 실적 악화도 이
러한 이탈리아 경제위기에 커다란 위협요소로 인식되고 있는데, 피
아트 본사에서 밝히고 있는 2009년 손실액은 총 8억 4,800만 유로
에 달할 정도였다. 그럼에도 불구하고 이탈리아 정부가 경제위기
회복과 재정적자 위기에서 이탈리아가 탈출할 것이라고 공언하는
것은 해외부채 규모에 근거한 것이다. 이탈리아의 해외 부채 규모
는 국민총생산의 125% 수준으로 그리스의 175%나 아일랜드의
928%에 비하면 여전히 건전한 편으로 인식하고 있다. 또한 공공지
출의 증가분 역시 그리스, 아일랜드, 스페인이 12~13%의 증가분
의 압박을 받고 있는데 반하여, 이탈리아의 경우 5% 내외의 증가
분으로 공공비용지출 증가를 억제하고 있다는 점 역시 이탈리아
정부의 경제위기 회복 주장의 근거가 되고 있다.

결국 이탈리아 정부는 경제위기 이후에도 여전히 복지정책의 기
조와 노선을 어느 정도 일정한 방향에서 유지하고 있다고 판단할
수 있다. 이는 궁극적으로 복지비용의 절감만으로는 구조적으로 해

결되지 않은 문제들이 존재하고 있으며, 오히려 사회적 양극화나 실업 등의 문제가 악화되어 국가 경쟁력과 사회적 안전망의 유지 비용이 더 소모될 수밖에 없다고 보는 것이다. 따라서 이탈리아나 스페인 모두 복지정책의 기조를 유지한 채 점진적이고 완화된 정책 변화를 추구하고 있다는 점에서 경제위기의 도래가 곧바로 복지지출의 감소로 이어지지 않은 특징을 보이고 있다.

지금까지 살펴본 남유럽의 중심 국가 이탈리아와 스페인의 복지정책과 제도는 현재 한국사회에서 논의 중인 보편적 복지와 시혜적 복지 논쟁 상황에 몇 가지 점에서 시사점을 제공하고 있다. 첫째는 사회적 양극화의 심화를 막기 위해서는 실질적 소득을 보장할 수 있는 제도적 뒷받침과 사회안전망의 확충이 더욱 필요한 시점이라고 할 수 있다. 둘째는 사회안전망의 확충이야말로 인간다운 최소한의 삶을 유지하고 사회질서의 안정과 국민들의 삶의 질을 높일 수 있는 최선의 정책이며, 삶의 질을 보장하는 것이 국가 경쟁력 강화의 핵심이라는 점이다. 셋째는 사회적 기업 활성화를 위한 사회투자재단(가칭)의 설립을 추진하고, 취약계층에 대한 '일하는 복지' 정책의 추구가 필요하다. 넷째는 각 영역별로 기금을 조성하여 재원을 마련하여 복지사업과 소득보전 사업의 안정적 재원 확보가 필수적 요인으로, 공평하고 투명한 세금 정책을 통해 국민의 부담을 최소화하면서 재원을 확보할 필요성이 있다. 다섯째는 이탈리아나 스페인이 지속적으로 추구하고 있는 정책의 근간에는 사회적 협약이라는 틀 안에서 노동 정책과의 연계를 통해 일하는 복지를 통해 사회안전망을 유지하고 있으며, 이는 세제 조정과 예산 재편성을 통한 고용안정화 대책 기금의 조성, 각종 사회적 기금의 조성 및 활용, 지역협약 시스템의 활성화, 사회적 기업을 통한 복지와 노동의 해결 등으로 나타나고 있다는 사실을 반면교사로 삼아야 한다는 점이다. 여섯째는 경제 위기 상황에서 이탈리아와 스페인이 강조하고 있는 복지정책의 주요 쟁점과 내용은 사회투자 활성화정책, 고용안정화 대책, 사회안전망 확충을 위한 새로운 재원 확보 정책, 사회적 약자와 소외계층에 대한 집중적이고 구조적인 대책 등을 마련하고 있다는 점이다. 이는 경제위기 상황이야말로 사회적 안전망의 확충이 국가의 가장 중요한 역할 중의 하나라는 점을 역설적으로 증명하고 있는 것이다.

참고문헌

김영순. 2005. "연금개혁의 정치: 서구 3개국 사례를 통해 본 구조적 개혁의 정치적 조건들." 『사회보장연구』, pp.1-28.

김인춘. 2010. "유럽통합과 자본주의의 다양성: 북유럽과 남유럽의 "유럽화" 비교." 『유럽연구』 Vol.28 No.3, pp.175-211.

김필헌 2010. "PIIGS 국가부도 위기의 교훈." *KERI Insight* Vol.10 No.11, pp.1-26.

김혜란. 2008. "이탈리아식 복지모델 제도화의 정치." 『國際政治論叢』 Vol.48 No.4, pp.263-288.

남현주·이현지. 2004. "유럽의 주요 노인장기요양제도 수립 현황과 시사점: 재정적 정책지원 기준을 중심으로." 『노인복지연구』, pp.287-307.

선학태. 2007. "사회협약정치와 민주주의 공고화." 『민주주의와 인권』 Vol.7 No.2, pp.229-265.

삼성경제연구소. "남유럽 재정위기와 유로경제의 향방." Issue Paper(2010년 6월 10일).

안세아. 2011. "젠더적 관점에서 본 한국의 복지체제유형 논의-남부유럽과의 비교를 중심으로." 『사회보장연구』, pp.27-53.

정성채. 1996. "노인복지와 관광: 스페인 노령자관광 촉진제도." 『호남대학교 학술논문집』 Vol.17 No.1, pp.375-391.

조상미·김진숙·강철희. 2011. "사회적 기업 정책특징 비교분석 연구: 영국, 프랑스, 이탈리아, 한국을 중심으로." 『사회복지정책』, pp.1-38.

Baccaro, L. 2001. "Negotiating the Italian Pension Reform with Unions: Lessons for Corporatist Theory." *Industrial and Labor Relations Review* Vol.55 No.3, pp.413-31.

__________. 2002. "The Construction of 'Democratic' Corporatism in Italy." *Politics and Society* Vol.30 No.2, pp.327-57.

Earley, B., Farrell, J. A., Murray, M. and Nolan, M. 2004. "The welfare of weanling heifers transported from Ireland to Spain." Summary of Papers Presented at The Agricultural Review 2004.

Esping-Andersen, G. 1990. *The Three Worlds of Welfare Capitalism*. Cambridge: Polity Press.

Esping-Andersen G. 1995. "Il welfare state senza lavoro. L'ascesa del familismo nelle politiche sociali dell'Europa continentale." *Stato e Mercato* Vol.45, pp.347-380.

_______________. 1997. "Welfare States at the End of the Century: The Impact of Labour Market, Family and Demographic Change, Family, Market and Community." OECD, *Social Policy Studies* 21, Paris.

European Commission. 2010. European Economic Forecast 2010.

"European employment observatory." Quarterly reports, Febbraio 2009.

"European Foundation for the Improvement of Living and Working Conditions 2009." Europe in recession: employment initiatives at company and Member States level, background paper.

"Excelsior 2009." Prime considerazioni sui dati rilevati al 14 aprile 2009.

Garce´s, J., Carretero, S., Ro´ denas, F., & Sanjose´, V. 2009. Variables related to the informal caregivers' burden of dependent senior citizens in Spain. Arch, Gerontol.

George, V. 1999. "Squaring the welfare circle and government ideology: Greece and Spain in the 1990s." *International social security review* Vol.52 No.4.

Hantrais, L. 2007. *Social Policy in the European Union*. New York: Palgrave.

Ilo. 2009a. *Global Employment Trends 2009*.

Ilo. 2009. *The financial and economic crisis: a decent work response*. Marzo.

IMF. International Financial Statistics, 2009-2010

IP/09/859 and MEMO/09/259.

Isae. 2009. Le assunzioni nel 2008 nel settore manifatturiero: tipologie contrattuali, contrattazione integrativa, skills.

Isfol. 2009. Rapporto 2008 sulla Formazione Continua Isfol 2009.

Istat. 2009a. L'inserimento professionale dei laureati, anno 2007, 17 giugno.

Istat. 2009b. Bilancio demografico mensile,

Istat. 2009c. Gli stranieri nel mercato del lavoro Istat.

Istat. 2009d. Rilevazione sulle forze di lavoro(I trimestre 2009) Istat, Rapporto

Annuale 2008.

Levrino, G. A. & Robinson, M. V. 2003. "Welfare status of commercial sows in three housing systems in Spain." *ARCHIVOS DE ZOOTECNIA* Vol.200 No.3.

Kown, Mi-Ran. 2002. Estudio sobre la cotidianidad laboral despue´s de la guerra civil espan̄ola.

Kerstin Hamann & John Kelly. 2011. *Parties, Elections, and Policy Reforms in Western Europe: Voting for social pacts.* New York: Routledge, pp.9-56.

Maurizio Ferrera. 1996. "Il modello sud-europeo di welfare state." Rivsita Italiana in Scienza Politica 1, pp.67-101.

Maurizio Ferrera(ed.). 2006. "Welfare State Reform in Southern Europe: Fighting Poverty and Social Exclusion in Italy, Spain, Portugal and Greece." *Journal of European social policy* Vol.16 No.3.

Molina Romo, Oscar. 2006. "Political Exchange and Bargaining Reform in Italy and Spain." *European Journal of Industrial Relations* Vol.11 No.1, pp.7-26

Molina Romo Oscar & Martin Rhodes. 2007. "Industrial Relations and the Welfare State in Italy: Assessing the Potential of Negotiated Change." *West European Politics* Vol.30 No.4, pp.803-29.

Palacios, S. x. 2007. "Welfare Benefits and Social Exclusion in Southern Spain." *South European Society and Politics* Vol.12 No.2.

Sabattini G. 2009. "Welfare State: Nascita, evoluzione e crisi." *Le propospettive di roforme.* Milano: Francoangeli, pp.93-113.

Sapir, Andrée. 2009. "Globalization and the Reform of European Social Models." paper presented at ECOFIN Informal Meeting in Manchester, 9 September 2005.

Sherr, L. 2009. "Social welfare and cash transfer meeting, Carmona, Spain." *Vulnerable Children and Youth Studies* Vol.4.

이탈리아 재정경제부(Ministero dell'Economia e Finanzia) : http://www.mef.it/
이탈리아 재무부 : http://www.tesoro.it/
이탈리아 총리실 : http://www.presidente.it/
이탈리아 경제노동위원회 : http://www.cnel.it/
이탈리아 정부 온라인 : www.info.gov.it

이탈리아 통계청(Istat) : www.istat.it
이탈리아 중앙은행 : http://www.bancaitaliana.it
http://g20.kangwon.ac.kr/
http://news.hankooki.com/lpage/world/201109/h2011092020572522450.htm(201
    0년 9월 21일 검색)

제6장

포스트 산업경제의 도전과 유럽의 복지국가
- 트릴레마(Trilemma) 테제의 이론적 전제에 대한 비판적 검토를 중심으로

박경순* 윤도현**

* 우석대학교 실버복지학과 교수
** 꽃동네현도사회복지대학교 교수

이 글은 한국유럽학회, 『유럽연구』 제25권 3호(2007년 겨울) pp.183-212에 게재된 바 있음.

Ⅰ. 서론

유럽에서의 복지국가를 둘러싼 최근의 논의를 보면, 하나의 공통된 출발점이 발견된다. 그것은 우리가 지금까지 알고 있고, 경험했던 복지국가의 지속가능성을 위협하는 형세가 형성되었다는 것이다. 좀 더 강하게 표현하자면, 과거 케인즈주의적 합의에 기초했던 복지국가를 이제는 더 이상 지불될 수 없는(unaffordable) 사치품으로 만들고 있는 형세가 조성되었다는 것이다. 그 형세는 포스트 산업경제의 도전으로 표현되고 있으며, 구체적으로 세계화, 저생산력·저성장과 연결된 서비스경제로의 이행, 정부헌신(government commitments)의 성장한계, 인구고령화, 가족구조 및 가족과 유급노동 관계의 구조변화 등이 복지국가 재편을 강요하는 힘으로 지목되고 있다.[1] 그리고 이 힘들의 상호작용으로 나타난 결과는 "금리정책 주권의 상실",[2] "평등과 고용의 상쇄관계(trade-off)",[3] "서비스경제의 트릴레마(Trilemma)",[4] "영속적 내핍정책(permanent austerity)"[5] 등으로 개념화되고 있다.

그러나 간스만(Ganßmann)은 복지국가의 지속가능성 또는 지불가능성을 다른 관점에서 바라보고 있다.[6] 19세기 말 복지국가가 생성된 이래 경제적·사회적 보장을 위한 국가의 역할은 끊임없이 정책적·이론적 갈등의 대상이었다. 이것은 무엇보다도 복지국가 프로그램이 자원의 재배치, 분배과정에의 개입을 함의하기 때문이다. 즉, 복지국가 프로그램이 자원의 재분배에 기반하고 있다는 사실은 그로부터 잃는 사람들의 승인을 전제하고 있음을 의미하며, 이 승인은 다시 그 프로그램이 어떤 정치적 전통 및 전략에 편입되어 있는가에 달려 있다. 그렇기에 Ganßmann은 복지국가 및 복지국가의 미래에 대한 문제제기가 반복되어 나타나는 것은 당연한 것이나, 이를 '복지국가의 위기'로 간주하여 반응하는 것은 '역사적 근시성'을 보여주는 것이라고 지적한다. 현대사회는 정치적으로 조정되고

---

[1] Paul Pierson, 2001, "Post-industrial Pressures on the Mature Welfare States", Paul Pierson(ed.), *The New Politics of the Welfare State*(Oxford: Oxford University Press); 송호근·홍경준, 2006, 『복지국가의 태동. 민주화, 세계화, 그리고 한국의 복지정치』(서울: 나남출판) 참조.

[2] Fritz, W. Scharpf, 1987, *Sozialdemokratische Krisenpolitik in Europa*(Frankfurt: Campus) 참조.

[3] Gøsta Esping-Andersen, 1996, "황금기 이후? 글로벌 경제안에서 복지국가의 딜레마", G. Esping-Andersen(ed.), 한국사회복지연구회 역, 『변화하는 복지국가』(서울: 인간과 복지), pp.13-63 참조; Gøsta Esping-Ansersen, 1999, 박시종 옮김, 『복지체제의 위기와 대응. 포스트 산업경제의 사회적 토대』(서울: 성균관대학교 출판부) 참조.

[4] Torben Iversen and Anne Wren, 1998, "Equility, Employment, and Budgetary Restraint. The Trilemma of the Service Economy", *World Politics* Vol. 50, No. 4, pp.507-546; Torben Iversen, 2005, *Capitalism, Democracy, and Welfare*(Cambridge: Cambridge University Press) 참조.

[5] Paul Pierson, 1996, "The New Politics of the Welfare State," *World Politics* Vol. 48, No. 2 , pp.143-179, Paul Pierson, op. cit.; Paul Pierson, "Coping with Permanent Austerity: Welfare State Restructuring in Affluent Democracies,", Paul Pierson(ed.), op. cit., pp.410-456 참조.

[6] Heiner Ganßmann, 2001, *Politische Ökonomie des Sozialstaats*(Dortmund: Westfälisches Dampfboot), pp.9-10 참조.

있는 집합적 생존보장을 포기할 수 없다는 것이다. 그리고 경제성장이 이루어지고 있는 한 이러한 프로그램이 장기적으로 지불될 수 없다고 우려할 까닭도 없다는 것이다. 따라서 Ganßmann은 민주주의 조건에서 복지국가의 위기는 있음직하지 않으며, 만약 있다고 한다면 그것은 복지국가가 더 이상 지불될 수 없기(can't afford it) 때문이 아니라 이해관계에 의해 규정된 정치적 결정에 의한 것이라고 말하고 있다.

이 논문은 이러한 Ganßmann의 문제의식에서 출발한다. 이 문제의식에서 출발하여 논문은 포스트 산업경제의 도전이 유럽의 '성숙된' 복지국가의 발전을 제약하는 기제들을 설명하는 논의들의 이론 전 전제를 비판적으로 검토하고자 한다. 논의의 초점은 소위 '서비스경제의 트릴레마' 테제이다. 이 테제에 의하면, 서비스경제 시대에서 복지국가는 고용, 평등, 재정건전화 등 세 가지 정책목표를 동시에 만족시킬 수 없고 이 중 어느 한 가지를 희생시켜야 하는 불가피한 선택상황에 놓여 있다. 달리 표현하면, 포스트 산업경제에서 복지국가는 여러 가지 상쇄관계(평등-효율, 고용-인플레이션, 고용-평등 등)가 중첩된 국면에 직면해 있다. Trilemma 테제는 그 선택이 복지국가체제 특유의 취약성에 기초하여 내려진다고 지적한다. 즉, 오늘날 우리는 경로의존적 해결의 세계에 살고 있고, 유럽 복지국가의 급진적 변화는 제도적으로 배제되어 있다는 것이다.[7] "자본주의의 다양성"[8]을 주장하는 다른 논의와 마찬가지로

---

[7] Maurizio Ferrera and Anton Hemerijck, 2003, "Recalibrating Europe's Welfare Regimes," Jonathan Zeitlin and David M. Trubeck(ed.), *Governing Work and Welfare in a New Economy. European and American Experiments*(Oxford: Oxford University Press), p.89

[8] Peter A. Hall and David Soskice(ed.), 2001, *Varieties of Capitalism. The Institutional Foundation of*

Trilemma 테제는 신자유주의 외에는 대안이 없다는 TINA(There is No Alternative) 관점의 세계화 시나리오를 회의적으로 논박하면서, 포스트 산업경제의 도전에 대해 다양한 대응방식이 존재하고, 따라서 세계화의 환경 속에서도 복지국가의 건재함을 보여주고 있다. 이것은 분명 이들 입장의 공로이다. 그러나 Trilemma 테제는 유감스럽게도 공급지향 정책적 편향을 보이고 있다. 이 편향은 첫째, '포스트 산업경제'의 고용문제를 서비스 부문에서의 상대적으로 높은 임금에서 찾고, 둘째, 긴축적 재정정책의 필연성을 가정하는 데서 찾을 수 있다. 고용문제의 진단은 임금의 유연화, 즉 임금분산(아래로의 임금격차 확대)이라는 공급정책의 처방으로 이어지고 있다. 그리고 재정건전화 역시, 공급지향정책의 논리와 같이, 비용의 측면에서 접근하면서, 지출삭감(또는 더 이상 관대한 지출은 불가능하다는 것)이 해법으로 제안되고 있다.

　바로 이 두 가지 측면이 이 논문이 주목하는 포인트이다. 왜냐하면, 이 진단에 기초하여 오늘날 유럽의 복지국가가 여러 가지 상쇄관계(평등-효율, 고용-인플레이션, 고용-평등 등)가 상호 중첩된 국면에 놓여 있다는 논리가 도출되고 있고, 이것은 다시 유럽 복지국가의 확대는 더 이상 가능하지 않다는 것을 함의할 수밖에 없기 때문이다. 그러나 이 논문은 포스트 산업경제의 압력에도 불구하고 확대지향적 복지국가정치가 가능함을 주장하고자 한다.[9] 우리의 주장은 고용과 임금, 재정건전화의 필요성에 대해 대안적 설명을

Comparative Advantage(Oxford: Oxford University Press).

9) 한국의 상황과 관련하여 윤도현, 2007, "세계화 시대 한국 복지국가의 발전 가능성-계급의 권력자원, 국가의 정책적 자율성을 중심으로," 『국제지역연구』 제10권 제4호, pp.191-214 참조

제시함으로써 논증될 것이다.

글의 구성은 다음과 같다. 먼저, 2절에서 세계금융시장의 통합이 과연 복지국가의 위기요인으로 작용하고 있는지를 논의한다. 3절에서 포스트 산업경제의 도전과 관련하여 서비스경제의 트릴레마 테제를 설명한다. 그리고 4절에서 이 테제의 이론적 전제를 비판적으로 검토한 후 수요지향정책의 관점에서 대안적 설명을 제시한 후, 논문은 5절에서 결론을 맺는다.

Ⅱ. 세계화: 복지국가의 위기 요인?

세계화를 복지국가의 위기요인으로 보는 견해는 통상 복지국가의 팽창을 가능하게 했던 소위 케인지언 합의(Keynesian Consensus)가 특히 금융시장의 통합과 함께 그 토대가 무너졌다고 말한다. 이 견해에 의하면, 케인지언 합의 시대에서는 사회보장과 경제성장, 평등과 효율 사이의 상쇄관계는 인지되지 않았으며, 오히려 연대적 임금정책, 생산성지향 임금결정, 고용증대 간에는 선순환이 존재하였다.[10] 복지국가의 확대를 뒷받침 했던 케인지언 합의는 본질적으로 국내시장지향적 경제행위에 기반을 두고 있었으나, 금융시장의 세계화와 함께 세계시장이 경제행위자의 준거점이 되면서 더 이상 케인지언 합의는 불가능해졌고, 따라서 복지국가의 위기는 불가피해졌다는 것이다. 즉, 세계화는 평등과 고용 간의 상쇄관계가 효력

---

10) Gøsta Esping-Andersen, op. cit.; Torben Iversen, op. cit.

을 발휘하도록 하여, 임금 연대주의-임금억제-고용증대 간의 선순환을 파괴하였다는 것이다.

이러한 독해에 기초하여 샤르프(F. W. Scharpf)는 브레튼-우즈체제(Bretton-Woods System)의 붕괴, 그리고 1973/75년 '오일 위기'와 함께 복지국가에 대한 도전이 시작되었다고 논의하고 있다.[11] 그에 의하면 Bretton-Woods 체제의 붕괴의 결과 변동환율체제(floating exchange rate system)로의 이행이 일어났고, 각국의 중앙은행의 통제 밖에 있는 오프쇼어 자본시장(offshore capital market)의 성장이 가속화되었다고 말한다. 변동환율체제로의 이행, 화폐 및 금융시장의 글로벌화는 국민국가의 '금리정책 주권의 상실'을 낳았으며, 그와 함께 국민국가가 외부 환경의 변화에 대해 대응하기 위해 개입·통제할 수 있는 정책변수로는 임금만이 남았다는 것이다.[12] 말하자면, 이제 국제 금융시장에서 확정된 조건, 즉 금리는 독립변수이고, 국내 생산비용이 종속변수로서 이에 적응해야만 한다. 여기서 임금노동과 자본의 관계, 즉 노사관계체계(system of industrial relation)가 그 의미를 갖게 되는데, 주어진 금리에 충분한 이윤율을 보장하는 임금(억제)정책이 필요불가결하기 때문이다. 한 마디로 금리가 세계 시장에 의해 주어지기 때문에 임금과 노동시장의 유연화, 즉 공급정책의 길을 빗겨갈 수 없다는 것이다.

세계화에 의한 복지국가 위기의 설명은 바로 이 부분에 맞춰져

---

11) Scharpf, 2000, "Economic Changes, Vulnerabilities, and Institutional Capabilities," Fritz W. Scharpf and Vivien A. Schmidt(eds.), *Welfare and Work in the Open Economy* Vol. I(Oxford: Oxford University Press), pp.21-124 참조.

12) Elma Altvater, 1993, *Gewerkschaften vor der europäischen Herausforderung*(Dormund: Westfälisches Dampfboot) 참조.

있다. 이 설명에 의하면, 복지국가의 근간을 이루었던 연대적 임금 정책은 세계 금융시장의 압력에 의해 해체되어야만 하고(그렇지 않은 경우 그 대가는 실업이기 때문에), 국가의 역할은 투자자, 납세자 및 소비자의 탈출 옵션(exit-option)에 직면하여 최소한으로 또는 슘페터식 경쟁국가로 재정비되어야만 한다는 것이다.

그러나 이러한 독해는 한 가지 중요한 사실을 간과하고 있다. 그것은 바로 우리가 살고 있는 이 세계가 본질적으로 화폐경제라는 것이다.[13] 이것은 이자가 전체 경제과정의 일차적 규정요소로 작용한다는 것을 의미한다. 마르크스는 이를 "$G \rightarrow W \rightarrow G+\Delta G$"라는 순환등식으로 표현하였다. 즉, 생산을 위해서는 화폐자본(G)이 투자되어야 하고, 그 결과로 투자된 화폐자본에 덧붙여 이윤(ΔG)이 생산되어야 한다. 이 때 투자의 조건은 예상되는 이윤이 적어도 금리와 같아야만 한다. 이러한 자본주의 화폐경제의 특징은 고정환율체제에서 뿐만 아니라 변동환율체제에서도 역시 동일하게 관철된다.

그렇다면 달러를 기축통화로 하였던 Bretton-Woods 체제와 오늘날 달러, 유로, 엔이 경쟁하는 다극체제[14] 간의 차이가 있다면 무엇이고, 그 차이가 복지국가에 갖는 함의는 무엇인가?

과거 Bretton-Woods 체제에서는 달러를 정점으로 하는 통화 간의 위계구조가 확립되어 통화 간의 경쟁이 적었다. 이것은 국민국가가 상대적으로 안정적으로 거시정책을 전개할 수 있는 토대를

---

[13] 이에 대한 자세한 논의는 4절 참조

[14] 1990년대 일본의 장기불황은 달러와 유로에 비해 엔의 위상을 현저하게 저하시켰다. 따라서 오늘날 통화체제는 달러와 유로를 둘러싼 양극체제로 보는 것이 더 옳다.

이루었다. 그러나 오늘날 다극체제에서는 달러, 유로, 엔 간의 경쟁으로 세계 시장의 불안정이 높아졌다. 왜냐하면, 중심축이 여러 개이고, 또 그 중심축 간의 관계가 지속적으로 변동하고 있기 때문이다. 이 통화경쟁은 포트폴리오의 지속적 재편성, 이로 인한 국제 자본흐름의 불안을 야기하고 있다. 이러한 배경에서 이에 따라 각국의 중앙은행은 외환시장의 움직임에 더욱 민감하게 반응하도록 강제되고 있다. 자국 통화의 가치안정의 중요성이 더 해졌고, 따라서 대부분의 산업국가에서 물가안정은 중앙은행의 일차 과제로 간주되고 있다. 이 상황에서 중앙은행은 인플레이션의 증후에 대해 신속하게 금리인상으로 반응하고 있는 반면, 디플레이션으로 인하여 금리인하의 필요성이 있을 때는 매우 더디게 움직이는 긴축적이고 경직적인 정책운영을 취하고 있다. 따라서 다극통화체제에서는 높은 금리수준이 관철되는 긴축적 효과가 내재하여 있다.

그러나 이 긴축적 경향으로부터 '금리정책 주권의 상실'이 자동적으로 도출될 수는 없다. '금리정책 주권의 상실' 테제는 중앙은행이 물가안정의 절대명제 앞에서 다른 경제과정에 대해 신경 쓸 여유가 없다는 것으로 이해되며, 또 그런 정책을 제안한다. 그러나 한 국민국가의 중앙은행이 물가안정에 통화정책의 초점을 맞춘다는 것은 자국 '통화의 질(quality of currency)'을 높여야만 함을 의미할 뿐이며, 이것은 꼭 높은 금리를 전제하는 것은 아니다(예를 들어, 달러의 이자는 낮지만, 아르헨티나 페소보다 통화의 질은 높게 평가되며, 투자자들은 페소보다는 달러로 자신의 자산을 보유하고자 한다). 또한 인플레이션은 본질적으로 소득인플레이션의 성격을 가지기 때문에 생산성지향의 임금정책(이것은 반드시 임금삭감을 의미하지 않는다)은 물가안정에 기여함으로써 중앙은행의 운용 폭을 넓혀주어 고용친화적 정책을 전개할 수 있도록 해 준다.[15] 이것은 케인지언 합의 시대와 마찬가지로 또는 그 보다 더욱 긴요하게 통화정책, 재정정책, 임금정책 간의 거시적 조율(coordination)이 필요함을 보여주는 것이다.

이렇게 볼 때 금융시장의 세계화 환경이 복지국가에 새롭게 부과하는 제약은 그 의미가 매우 작다고 할 수 있다.[16] 오히려 복지국가의 유지와 확대가 요구되는데, 이것은 외부에 의해 발생된 불안정(insecurity)에 대한 보상적 대응[17] 때문만은 아니다. 이보다 더 중요한 것은 정책 간의 연대, 사회파트너 간의 연대가 그 어느 때보다 필요하다는 점이다. 나아가 세계시장에서 핵심통화인 달러와 유로 간의 경쟁이 세계시장의 불안정을 야기하고 있음을 고려할 때, 국제적 차원에서 복지자본주의 간의 협력이 어느 때보다 강조된다. 슈바르츠(H.Schwarz)의 말을 빌리자면, 복지국가는 세계화 때문에 위기를 맞이하고 있는 것이 아니라 오히려 탈규제화·민영화 정책의 결과로 위기에 놓여있는 것이다.[18] 말하자면, 세계화라는

---

[15] Scharpf는 유럽 국가의 비교연구를 통해 1970년대, 1980년대 실업감축의 수단으로 각각 수요 리플레이션(demand reflation), 환율정책이 활용되었는데, 그 성과는 조율된 임금억제정책에 의해 좌우되었음을 지적하였다. Scharpf, op. cit. 참조. 그러나 Scharpf는 1990년대에 들어서면서 세계 금융시장의 환경이 변화되었고, 이와 함께 기업들이 생산투자보다는 포트폴리오 투자에 치중하기 시작하였으며, 이 상황에서 거시경제적 조율과 노동조합의 임금억제만으로 새로운 도전을 다루기에는 충분하지 않게 되었다고 말하고 있다. 이어서 그는 연대주의적 임금정책, 최저임금제도, 실업자의 의중임금(reservation wage)을 높이는 사회정책 등은 이제 일자리 소멸의 위험을 담고 있다고 강조한다. 즉, 고용, 사회보장, 사회적 평등이라는 목표의 추구는 경제적 세계화에 의해 제약되고 있다는 것이다. Ibid., p.71 참조.

[16] 세계화의 환경 속에서 복지국가의 위기를 초래하고 있는 중요 요인으로 조세경쟁, 그리고 이로 인한 국민국가의 조세능력 감소를 들고 있다. 그러나 Ganßmann은 국민국가의 세수와 지출의 비교연구를 통해 그러한 징후를 발견할 수 없다고 설명하고 있다. Heiner Ganßmann, 2003, "Reaction to Globalization: Germany, France, and the USA in Comparison," *DGAP-Analyse, Forschungsinstitut der Deutschen Gesellschaft für Auswärtige Politik*, Nr. 23, pp.5-24 참조.

[17] Dani Rodrick, 1997, *Has Globlization Gone Too Far?*(Washington D.C.: Institute for International Economics) 참조.

거대한 힘은 물적 강제(Sachzwang)라기보다는 이해관계에 의해 규정된 정치프로젝트이다. 즉, 세계화는 탈규제화와 유연화를 정당화하기 위한 은유이며, 세계화에 의해 속박이 풀린 시장의 힘 역시 공급정책의 추가적 투여를 위해 수사학적으로 부풀려진 것이다.[19]

Ⅲ. 서비스 경제: 포스트 산업경제의 고용문제?

1. 서비스 경제와 상쇄관계들

오늘날 복지국가 위기와 재편의 논의에서 발견할 수 있는 공통된 가정은 '새로운 정치경제' 환경에서 복지국가는 다양한 상쇄관계들(trade-offs)이 상호 중첩되어 있는 국면에 직면해 있다는 것이다. 세계화 외에 이 국면을 야기한 힘은 경제의 3차 산업화, 즉 서비스 경제이다. 서비스 경제에 대해 주목하는 이유는 국민국가 차원에서의 경제이행과정과 정치적·제도적 조건 등 내부적 요인이 복지국가의 중요 설명요인이라는 인식 때문이다.[20] 그렇다면 서비

---

[18] Herman Schwartz, 2001, "Round up the Usual Suspects! Globalization, Domestic Politics and Welfare State Change," Paul Pierson(ed.), op. cit., pp.17-44 참조

[19] Heiner Ganßmann, op. cit. 참조

[20] 아이버슨과 렌에 따르면, 첫째, 세계화는 중요하기는 하지만 이에 대한 배타적 강조는 대체적으로 비교류(nontraded) 분야인 서비스분야의 중요성을 과소평가하고, 둘째, 대부분의 서비스가 지역에서 생산되어 공급되기에, 국제투자에 대한 논의는 주로 제조업에 대해서만 타당하며, 셋째, 세계화로 인하여 케인즈주의 수요관리의 시행 가능성이 감소하였으나 공적·사적 서비스의 고용에 대한 정부정책은 영향력을 갖고 있다. Torben Iversen and Anne Wren, 1998, "Equility, Employment, and Budgetary Restraint. The Trilemma of the Service Economy," *World Politics* Vol. 50, No. 4, p.508 참조

스 경제 뒤에 어떤 힘이 작용하여 어떤 상쇄관계를 관철시키고 있는가?

거의 모든 산업사회는 지난 30년간 세계시장에 노출된 제조업 생산이 지배적인 산업경제에서 국제경쟁으로부터 보호된 서비스 생산이 지배적인 경제로의 이행을 보여주고 있다. 서비스사회 또는 지식사회의 도래를 진단했던 논의의 핵심은 지식과 산업의 결합이 구조변화를 창출한다는 것이다. 지식기반 서비스사회 또는 정보사회로의 경제·사회구조의 전환은 무엇보다도 전통적 생산요소의 상대적 중요성을 바꾸어 놓고 있다. 즉, 하드웨어에서 R&D, 마케팅전략, 재정방식 등 소프트웨어로 그 비중이 전위되었다. 이러한 변화는 '탈산업화(de-industrialization)' 과정으로 서술되기도 한다.

사회구조와 관련하여 중요한 것은 서비스부문의 고용발전이다. 고전적인 3부문 가설에 따르면 1차 및 2차 산업부문에서의 고용상실은 3차 산업부문의 고용증대에 의해 상쇄된다. 그러나 친(Karl Georg Zinn)은 탈산업화가 자동적으로 푸라스티에(Jean Joseph Fourastié) 식의 낙관적 미래를 가져오지 않는다고 말하고 있다.[21] 그에 의하면, '1차 구조혁명'(즉, 탈농업화)과 '2차 구조혁명'(즉, 탈산업화)은 침체산업과 성장분야 간의 관계에 있어서 큰 차이가 난다. 이전에는 농업분야의 축소가 산업분야의 팽창을 동반했으나, 지금은 침체산업의 수가 증가하였고 동시에 성장분야가 소수일 뿐만 아니라 곧바로 과잉투자의 한계에 부딪혀 전체 산업분야가 침체하는 경향을 갖고 있다는 것이다. 즉, 숙련 서비스직만이 팽창하는 것도 아니며,

---

[21] Karl Georg Zinn, 1993, "Dienstleistungsgesellschaft oder Krise des tertiären Sektors?" *WSI-Mitteilungen* 46. Jg., H. 1, pp.1-10 참조.

서비스부문의 고용증가가 1, 2차 산업부문의 고용감소를 상쇄하지
못하고 있다. 나아가 Zinn은 서비스부문의 고용이 오히려 특정 분
야의 임금소득 감축, 열악한 서비스직(즉, 불안정한 고용관계)의 발
생, 소득감소로 인한 수요저하, 그리고 이로 인한 산업부문에서의
추가적 고용감소 등의 모습으로 나타나고 있다고 서술하고 있다.[22]
요컨대, 고용체계의 3차 산업화(tertiarization of employment system)
는 한편으로는 1, 2차 산업의 고용감소를 상쇄할 만큼 충분하지 못
하고, 다른 한편으로는 저숙련, 저임금 고용을 수반하고 있다.[23] 이
것이 서비스 경제의 딜레마를 발생시키고 있다.

먼저, Esping-Andersen은 서비스 직업의 심각한 양극화에 주목한
다.[24] 지속적 고용팽창을 위해서는 소비자 서비스와 사회 서비스의
성장이 필요한데, 이 부문의 성장은 대규모 비숙련 노동자의 증가
를 수반하고 있기 때문이다. Altvater와 Ganßmann은 세계화, 서비
스 경제, '노동의 탈정형화(de-formalization of labour)'가 상호 맞물
려 있다고 말하고 있다. 이들에 의하면, 서비스 부문의 고용확대는
비정형적이며 법적으로 보호를 받지 못하고 있는 비숙련·저임금
고용관계에 기반하고 있다. 이 노동은 임금협약 및 노동조합에 의

---

[22] ibid., p.6.

[23] 이것은 국가별 '3차 산업화의 정도'의 차이를 규정한다. 사업관련 서비스의 경우 거의 모든 산업사회에
서 고용이 팽창한 반면, 소비와 관계된 개인 서비스의 경우 유럽과 미국이 구분된다. 이 '서비스 갭'의
원인으로 무엇보다도 유럽의 고비용 서비스를 지목한다. 그러나 Altvater과 Ganßmann은 미국의 '고용
기적'이 낮은 생산력, 낮은 임금, 그리고 불안정한 고용관계를 대가로 이루어졌음을 지적하고 있다. 경
제의 3차 산업화를 옹호하는 사람들조차 이 대가가 너무 높다고 말하고 있다. 예를 들어 드러커
(Drucker)는 서비스 활동의 영역에서 새로운 '계급투쟁'의 위험을 인정하고 있다(Altvater, op. cit.,
p.137에서 재인용). Elmar Altvater, op. cit.; Elmar Altvater, 1996, *Grenzen der Globlaisierung.
Ökonomie, Ökologie und Politik in der Weltgesellschaft*(Dortmund: Westfälisches Dampfboot); Heiner
Ganßmann, op. cit. 참조.

[24] Gøsta Esping-Andersen, 1999, op. cit., pp.218-225 참조.

해 보호되지 못하고 있고, 통상 사회보장체계 밖에서 탈규제화되어 실시되고 있다. 여기서 탈규제화란 다름 아닌 노동을 경제적·사회적·법적 구성의 '정상적 형식'으로부터 분리하는 것이다. 이에 덧붙여 주목할 것은 여성의 고용이 서비스직에 집중되어 있다는 것이다. 따라서 '고용의 여성화(feminization of employment)'는 여성 취업활동의 확대뿐만 아니라 유연한 노동구조의 확대를 의미한다. 말하자면 여성은 세계화, 3차 산업화, 그리고 고용의 탈정형화가 함께 빚어낸 질곡의 영향을 정면으로 받고 있는 것이다.[25] 이렇게 볼 때, 고용위기의 극복을 위해 '저급한' 서비스부문의 확대를 부각시키는 제안은 그 핵심에 있어 (젠더 특수적) 저임금분야의 고착화를 낳을 뿐이다.

Esping-Andersen의 관찰에 의하면, 보수주의적 복지체제를 대표하는 독일의 경우 서비스는 매우 전문적이고 비 프롤레타리아적(non-proletariat)인 반면, 민간 사회서비스는 높은 노동비용으로 인하여 시장으로부터 밀려나고(crowd out) 있다. 이에 덧붙여 전통적 남성중심 생계 가족모델(male bread-winner model)은 소비자 서비스의 수요를 떨어뜨리고 있다. 여성의 경제활동참가율이 낮은 상황에서 육아보모, 가정부 등의 서비스의 시장가격이 가정 내 가사의 기회비용보다 높은 경우, 가계는 이러한 서비스를 스스로 해결하고자 할 것이기 때문이다. 독일과는 달리 스웨덴이나 미국의 경우 저숙련 서비스직의 비중이 높다. 물론 양자 간에는 질적 차이가 있다. 스웨덴의 경우 서비스부문의 고용이 공공부문에서 일어나고 있으며, 비록 저급한 일자리라고는 하나 상대적으로 좋은 보수에 안정

적인 직종으로 이루어져 있다. 이에 반해 미국의 경우 저급한 서비스 노동자들은 주로 민간부문에 종사하며, 이들의 고용관계는 전형적인 노동의 탈정형화의 성격을 갖는다. 미국에서 서비스직의 편중현상은 젠더보다는 인종에 기초하고 있음이 특징적이다.

이러한 관찰에 의거하여 Esping-Andersen은 일자리가 없는 상황 아니면 대량의 저급한 일자리라는 상쇄관계가 발생함을 확인한다. 말하자면 일자리의 동질성과 임금의 평등으로부터 양극화 쪽으로 몰아가고 있는 힘이 작용하고 있다는 것이다.[26]

둘째, 서비스 경제의 고용흡수 능력이 불충분하다는 것이다. Iversen 과 Wren은 임금상승과 낮은 가격을 결합할 수 없는 어려움을 그 이유로 파악하고 있다.[27] 이들에 의하면, 고숙련·고임금의 서비스 는 내수시장의 규모에 의해 제한된 반면, 고용팽창을 가져올 부문 은 생산력 발전이 더딘 비숙련·저임금 개인 서비스분야이다. 그러 므로 서비스 부문에서 고용을 발생시키는 중요한 원천은 낮은 임 금이다. 왜냐하면 낮은 임금은 가격인하와 함께 높은 유효수요로 이어지기 때문이다. 그러나 서비스 부문의 임금은 생산력 증대가 빠르게 진행되는 제조업의 임금과 밀접하게 연계된 경우, (생산력 보다) 높은 임금으로 인하여 제조업 팽창시기에 경험했던 가격인하 와 실질 수요증가 간의 선순환이 파괴된다. 그 결과, 민간 서비스 생산은 보몰의 비용질병(Baumol's cost-disease)에 걸리게 되고,[28] 서

---

26) Gøsta Esping-Andersen, 1999, op. cit., p.225.

27) Torben Iversen and Anne Wren, op. cit., p.512.

28) 보몰의 비용질병의 가정은 생산물의 상대적 가격상승이 대체효과를 가져온다는 것이다. 따라서 서비스 의 비용질병 문제는 제조업 생산성이 서비스부문보다 평균적으로 훨씬 빠르게 증가하는데 기인한다. 기 술발전은 일반적으로 자본결합적인 것으로 간주되기 때문에, 자본집약적 산업생산은 노동집약적 서비스 보다 더 잘 기술발전을 이용할 수 있다. 이로 인하여 서비스의 단위임금비용이 상대적으로 증가하게 되

비스 부문의 고용증가율은 감소하게 된다. 서비스 경제에서 이 비용질병의 문제는 고용없는 성장으로 전환된다.

Iversen과 Wren의 처방은 명확하다. 그것은 좀 더 불평등한 (inegalitarian) 임금구조이다. "산업경제에서 연대적 임금정책이 생산력 증가의 범위가 가장 큰 가장 효율적 분야로 생산을 이동시켰던 반면, 서비스 경제에서 연대임금정책은 전체 고용수준의 팽창을 보상하지 않은 채 생산력이 가장 낮은 근로자들을 밀쳐낸다."[29] 달리 표현하면, 임금압축이 과거에는 가장 생산력이 높은 부문의 임금을 상대적으로 낮게 유지시킴으로써 고용을 촉진하였다면, 이제는 가장 비역동적 부문의 상대적 임금을 높게 유지시키면서 고용을 저해하고 있다는 것이다. 이로부터 도출되는 함의는 평등과 고용 간의 상쇄관계이다.

생산성 격차에 대해 Esping-Andersen은 세 가지 대응책을 구분한다.[30] 하나는 '시장청산'(market clearing)의 방법, 즉 노동비용을 생산성 차이에 맞추어 조정하는 조치이다. 그러나 이 대응책은 빈곤의 문제를 야기한다. 즉, 낮은 가격에 힘입어 서비스의 전체적 소비는 활성화될 수 있지만, 다른 한편으로 고용인구의 대다수가 빈곤수준의 임금을 받고 고용된다는 것이다. 두 번째 방식은 서비스 부문의 임금을 경제의 전반적 임금발전에 맞추어 조정하는 것이다.

고, 산업생산물에 비해 서비스의 비용이 상대적으로 비싸게 된다. 이에 대한 고전적 예가 미용사의 서비스이다. 이전부터 미용을 위해 30분이 소모되었다. 그러나 오늘날 기술발전에도 불구하고 30분 동안에 10명 또는 100명의 미용을 가능하게 하는 미용기계는 없다. 다른 한편으로 자동차 산업부문에서 산업노동자는 50년 전에는 승용차 한 대를 생산하는 데 약 5,000시간이 필요하였으나 오늘날에는 500시간이면 충분하다. 이 경우 미용서비스는 자동차에 비해 상대적으로 10배 비싸진 것이다.

[29] ibid.

[30] Gøsta Esping-Andersen, 1999, op. cit., pp.225-230 참조; 또한 Torben Iversen, op. cit., p. 246 참조.

이 방식은 압축된 임금구조가 갖는 고용 효과를 받아들이는 한편, 여성의 경제활동 참가 억제, 고령근로자의 조기퇴직 등의 노동감축을 통해 분배효과를 제한하는 형태이다. 그러나 이 방식은 앞서 설명한 비용질병의 문제를 안고 있다. 세 번째 대응방식은 서비스에 보조금을 지불하는 방식으로, 보조금 지불은 정부생산에 의해 직접적으로, 또는 간접적으로 소비자에 대한 보조금지불이 이루어질 수 있다. 전자의 방법은 사회민주주의적 복지국가체제에서 선호하는 것으로, 여기서 정부는 공공부문의 소비확대를 통해 상대적으로 높은 임금으로 서비스 노동자를 고용하는 책임을 진다. 그러나 Esping-Andersen은 조세 또는 정부채무의 증가, 그리고 서비스 생산의 사회화로 인한 경제적 비효율성이 이 방법의 문제점이라고 지적하고 있다.[31]

2. 서비스 경제의 트릴레마

서비스 경제에서 복지국가는 여러 상쇄관계가 중첩적으로 작용하는 상황에 놓여있다는 논리의 연장선상에서 Iversen과 Wren은 케인지언 합의의 선순환이 서비스 경제의 트릴레마(Trilemma of sercive economy)로 대체되었다고 주장하고 있다.

트릴레마는 세 가지 정책목표, 즉 임금평등, 민간 서비스의 고용, 재정제약으로 구성된다(<그림 1> 참조). 이 세 정책목표는 평등-효율, 고용-인플레이션, 평등-고용 간의 상쇄관계들로부터 도출된

---

[31] Torben Iversen and Anne Wren, op. cit., p.513.

것이다. 여기서 제정제약은 효율과 인플레이션이 합쳐진 것으로 효율의 강조는 공공부문 그리고 이와 함께 시장관계의 왜곡이 축소/완화되어야만 한다는 것을, 인플레이션의 강조는 국가채무와 인플레이션이 감축/억제돼야 함을 함의한다. 따라서 재정제약은 비용통적(non-accommodating) 재정정책과 관계가 있으며, 비시장청산(nonmarket-clearing), 즉 생산력보다 높은 임금에 대해 공공소비 및 공공고용의 팽창을 통해 반응할 것인가 아닌가를 규정한다.[32]

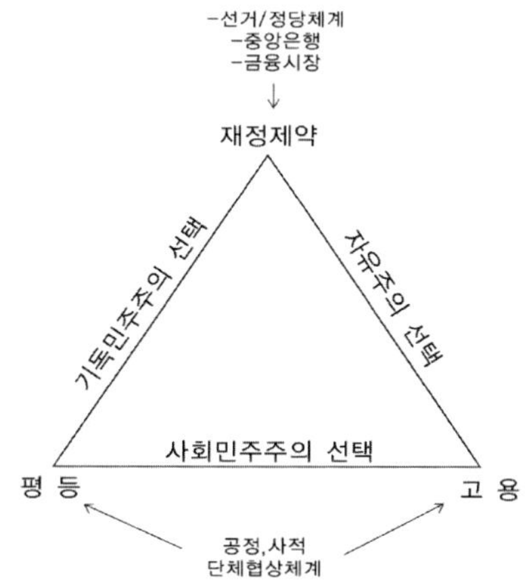

출처: Iversen, op. cit., p.248, 그림 6.4에서 인용

〈그림 1〉 서비스 경제의 트릴레마

트릴레마의 기본 아이디어는 임금평등과 고용 간의 상쇄관계가 존재하는 한, 세 가지 정책목표인 평등, 고용, 그리고 재정제약을 동시에 추구할 수 없다는 것이다. 즉, 정부는 세 가지 정책목표 중 가장 중시하는 두 가지 목표를 극대화하기 위해 상대적으로 덜 소

---

[32] Torben Iversen, op. cit., p.247.

중하게 여기는 다른 하나를 양보해야만 한다는 것이다. 말하자면, '공짜 점심'이란 없는 것이다. <그림 1>에서 보듯이 트릴레마는 세 개의 정당정치와 연결되는데, 이는 Esping-Andersen의 세 개의 복지국가체제 유형에 상응한다.[33] 사회민주주의 복지체제에서 임금평등의 강조는 고용증대에 대한 강력한 지지와 결합되어 있으며, 이를 위해 재정제약을 희생한다. 자유주의 체제는 재정규율과 고용증대를 결합하며, 이를 위해 소득불평등의 증가를 대가로 치른다. 보수주의(즉, 기독교민주주의) 체제의 선택은 재정규율과 소득평등의 결합이며, 고용증대를 포기한다. 복지국가별 선택은 정당정치와 트릴레마에 의해 정의된 구조적 제약 간의 상호작용으로 이해되며 계급동맹을 반영한다. 특히, 임금구조와 임금억제를 매개로 고용에 영향을 주는 단체협상체계, 삭감에 대한 방벽을 제공하는 선거 및 정당정치체계, 재정정책의 규율과 물가를 통제하는 중앙은행의 독립성 정도, 그리고 거시경제적 조건(국제금융시장, 생산체계 등) 등이 복지국가별 정치선택을 가르는 주요 요인이다.

Iversen은 복지국가체제별 비교연구를 통해 이 트릴레마가 지금까지 계속하여 작동하고 있다고 결론을 짓고 있다.[34] 그러면 그의 결론대로 트릴레마로부터 탈출은 불가능한 것인가? 우리는 Iversen의 이 결론에 대해 이의를 제기한다. 이것은 무엇보다도 트릴레마가 전제하고 있는 고용정책적 함의 때문이다. 트릴레마 테제에 의하면, 실업은-Iversen에 의하면 주로 유럽대륙의 보수주의 복지체제

---

[33] Gøsta Esping-Andersen, 1990, *The Three Worlds of Welfare Capitalism*(Princeton: Princeton University Press).

[34] Torben Iversen, op. cit. 참조.

에 만연돼 있다-임금평등에 대한 정치적 선호의 산물이다. 역으로, 고용은 민간 서비스 부문에서는 임금불평등을 통해, 공적 서비스의 경우 높은 조세와 재정적자를 통해 달성된다. 한마디로 실업의 원인이 임금압축으로 인한 (생산력 보다) 높은 임금이고, 그 처방은 임금불평등, 즉 아래로의 임금격차 확대라는 것이다. 이러한 설명은, 비록 의도하지 않았다 하더라고, 다름 아닌 신자유주의적 공급지향정책의 논리를 대변하는 것이다. 이에 대한 비판과 대안적 설명이 다음 절의 내용이다.

Ⅳ. 임금, 고용, 재정정책: 수요정책 관점에서 대안적 설명

1. 임금과 고용

1) 공급지향정책의 논리

실질임금과 고용의 역관계는 신자유주의 공급정책의 핵심을 이룬다. 공급정책의 논리는 신고전주의의 노동시장 이론에 이론적 토대를 두고 있다. 신고전주의 이론에서 노동시장은 그 작동원리에 있어 다른 부문시장과 차이가 없다. 노동공급곡선은 노동을 통한 소득과 자유로운 여가의 조합을 통해 효용을 극대화하려는 노동자의 계산으로부터 도출된다. 노동수요곡선은 기업가의 이윤극대화 전략으로부터 도출되는데, 그 토대가 되는 것은 노동생산력의 한계

체감의 법칙이다. 즉, 노동공급과 노동수요는 모두 실질임금의 함수로 규정된다. 실질임금과 정(正)의 관계에 있는 노동공급과 실질임금과 부(不)의 관계에 있는 노동수요에 의해 신고전주의의 노동시장이 구성된다. 이 이론의 핵심 가정은 첫째, 노동시장은 스스로 (완전고용의) 균형에 도달할 수 있고[35] 둘째, 이 균형에서 상응하는 실질임금(즉, 생산력에 상응하는 실질임금)에서 모든 노동력은 일자리를 찾을 수 있으며, 셋째, 노동자는 실질임금을 직접 결정할 수 있는 옵션을 가지고 있고, 이를 통해 노동수요에 영향을 미친다는 것이다.

이 관점에서 실업은 기본적으로 존재하지 않는다. 만약 실업이 존재한다면, 그 원인은 잘못된 가격, 즉 (균형수준보다, 생산력보다) '높은' 실질임금이다. 그러나 이 실업은 기본적으로 "자발적" 성격을 갖는다. 즉, 노동자가 높은 임금을 요구하는 것은, 현재의 임금수준에서 노동을 통해 얻는 소득보다 자유시간을 더 선호하고 있음을 의미하는 것이고, 노동자는 희망하는 임금이 관철되지 않는 한, 효용극대화의 원칙에 따라 실업상태로 남는다는 것이다. 이로써 실업은 노동공급의 문제로 간주되고 있다.

신고전주의 노동시장이론의 바통을 이어 받은 뉴케인즈주의 이론은 유럽의 고실업의 지속 현상, 즉 왜 실질임금이 '높은' 수준에서 경직되어 머물고 있어 고실업의 지속을 야기하고 있는가에 대한 설명을 다음과 같이 하고 있다.[36] 이들에 의하면, 무엇보다도

---

35) 여기서 이 균형은 "완전고용의 균형(equilibrium of full employment)"이다. 물론 이 균형개념은 미스매칭(mismatching)으로 인한 실업을 포함하는데, 이 실업은 "균형실업" 또는 "자연실업"으로 개념화되고 있다. 이에 대해 Milton Friedman, 1968, "The Role of Monetary Policy," *American Economic Review* Vol. 58, No. 1, pp.1-17 참고

임금결정권이 있는 노동조합의 존재, 그리고 의중임금(reserve wage)으로 작용하는 복지국가의 사회급여는, 실업(즉, 노동력의 초과공급)의 상황에서 실질임금이 내려가는 것을 차단하여 (고)실업의 지속을 야기하고 있다. 바로 이 논의로부터 소위 '유로경화증' 테제가 도출되고 있다. 즉, 유럽의 실업은 노동시장의 경직성에 의한 것이고, 그 원인 제공자는 노동조합과 복지국가라는 것이다.

이들 이론의 핵심적 결함은 노동자가 직접 실질임금을 정할 수 있다(또는 노동조합과 기업가가 실질임금을 협상한다)는 가정이다. 물론 신고전주의 노동시장이론이나 뉴케인즈주의 모델은 실제세계에서 협상되는 것이 실질임금이 아니라 명목임금임을 인정한다. 그러나 이들 이론은 명목임금의 변화가 곧 실질임금의 변화로 이어진다고 가정한다. 이 가정 뒤에는 물가는 명목임금과 무관하고, 중앙은행(좀 더 정확히 표현하자면, 중앙은행의 통화공급)에 의해 결정된다는 통화주의의 사고가 숨어 있다. 중앙은행이 가격안정을 추구하는 한, 실질임금은 명목임금과 동일하게 움직인다. 이 가정 아래 명목임금의 상승이 이윤감소와 함께 실업을 야기한다고 주장되고 있다.

이 논리는 두 가지 측면에서 비판될 수 있다. 첫째, 통화량에 의한 물가규정이라는 통화주의 논리는 실질잔고효과(real balance effect)에 의해 보장되고 있다. 그러나 실질잔고효과가 가정하고 있는 외생

---

36) 자세한 논의는 박경순·윤여덕, 2006, "독일의 고용정책 비판과 대안-포스트케인즈주의 시각에서," 『한국사회학』 제40집 3호, pp.77-117; Wendy Carin and David Soskice, 1990, *Macroeconomics and the Wage Bargain. A Modern Approach to Employment, Inflation and the Exchange Rate*(Oxford: Oxford University Press); David Soskice, 2000, "Macroeconomic Analysis and The Political Economy of Unemployment," Torben Iversen, Jonas Pontusson and David Soskice(eds.), *Unions, Employers, and Central Banks. Macroeconomic Coordination and Institutional Change in Social Market Economics* (Cambridge: Cambridge University Press), pp.38-74 참조.

적 통화량(exogenous money supply)은 화폐경제의 작동원리와 모순
된다.37) 왜냐하면 화폐경제에서 통화량은 대부관계, 즉 중앙은행으
로부터 은행의 차입(refinancing)과 은행으로부터 기업의 신용수요에
의해 내생적으로 창출되기 때문이다. 둘째, 만약 기업이 명목임금의
인상을 가격에 전가할 수 있다면, 명목임금의 인상은 자동적으로 이
윤감소를 결과 하지 않는다. 이 경우 기업은 가격전가를 통해 임의
의 이윤율을 실현할 수 있기 때문이다. 개념적으로 "실질임금 = 명
목임금/물가"임을 고려할 때, 실질임금이 높은 상황은 노동조합의
공격적 요구에 의해 발생한 것이라고 선험적으로 말할 수 없으며,
오히려 기업이 경쟁관계 속에서 높은 가격을 관철시킬 수 없는 경
제과정의 결과라 할 수 있다. 예를 들어 경기침체시기에 기업이 명
목임금의 인하를 관철시킬 경우, 이것은 가격인하로 결과 하여 실질
임금은 변화하지 않거나 오히려 상승하게 될 것이다.

2) 수요지향정책 관점에서 대안적 설명

그렇다면, 실업의 대안적 설명은 무엇일 수 있는가? 케인즈의 화
폐경제이론(monetary theory of production)으로부터 도움을 얻을 수
있다.38) 여기서 실업은 수요현상이다. 즉 실업은 금리에 비해 상대

---

37) 뉴케인즈주의 이론 역시 통화량의 외생성을 부정하고, 단위노동비용이 인플레이션의 규정요인임을 주장
한다. 예를 들어 J. Gali and J. D. Lopez-Salido, 2001, "European Inflation Dynamic," NBER
Working Paper, No.8218(Cambridge) 참고. 그러나 뉴케인즈주의 이론은 동시에 장기적으로 물가가
통화량에 의해 규정된다고 가정함으로써 모순된 논의를 전개하고 있으며, 또한 단기적 적응과정에 대한
설명에서 실질잔고효과를 가정하고 있다.

38) "내가 희망하는 이론은 화폐가 구성요인으로 기능하고, 동기와 결정에 영향을 주는 경제, 즉 화폐가 이
것의 작동요인이기에, 화폐행위에 대한 이해가 없다면, 사건의 과정이 장기적으로나 단기적으로 예견될
수 없는 경제를 다루는 것이다. 이 경제는 우리가 화폐경제라고 말할 때 의미하는 경제이다." John M.
Keynes, 1933, *A Monetary Theory of Production*, CW Vol. XIII, pp.408-409.

적으로 낮은 이윤기대 때문에 생산요소인 노동과 자본이 충분히 가용되지 않음으로써 발생한다. 화폐경제의 특징을 설명하면 다음과 같다.

① 화폐생산이론의 핵심은 자산시장(asset market)에 의한 경제과정의 조정이다.[39] 자본시장, 상품시장, 노동시장이 병렬적으로 존재하는 신고전주의 세계와는 달리, 화폐경제이론은 시장의 위계구조에서 출발한다. 이 위계구조에서 자산시장은 최상위에 위치하며, 상품시장과 노동시장에서의 경제과정을 지배한다. 즉, 자산시장참여자의 이해 계산은 논리적으로 다른 실물 시장의 계산에 앞서며, 이들의 계산에 예산제약을 부과한다. 이것은 전체 경제의 균형이 자산시장에 의해 규정되며, 이 시장에서 경제의 역동성(자본축적)이 결정된다는 것을 함의한다.

② 화폐경제에서 지속적인 저고용(under-employment)은 시장논리의 결과이며, 결코 최적의 자원배분 상태로부터의 이탈, 즉 불균형을 나타내는 것이 아니다. 이것은 화폐경제에서 왈라스 법칙이 보편적 타당성을 갖지 않음을 의미한다.

③ 화폐경제의 추동력은 이자 부담이 있는 자원투입, 즉 투자이며, 투자는 반드시 잉여가치를 생산하여야만 한다.

---

[39] 자산(asset)이란 가치저장의 가능성을 약속하고 주기적으로 수익을 기대하도록 하기 때문에 경제주체가 보유하고자 하는 재화 또는 목적물로 정의된다. 소득이 플로우(flow) 개념인 반면, 자산은 스톡(stock) 개념이다. 자산시장은 다양한 형태의 자산이 거래되는 시장의 관념적 집합(aggregation)이다. 이 집합이 가능한 것은 자산보유의 목적이-즉 자산가치의 안정과 증식-모두 동일하기 때문이다. 이러한 이유로 다양한 형태의 자산은 근본적으로 상호 대체관계에 서 있다. 자산시장의 균형은 경제주체가 희망하는 자산의 규모와 구조를 보유하고, 이때 모든 목적물의 수익률이 원칙적으로 일치할 때 달성된다.

④ 이러한 조건에서 경제정책은 시장교정자(market corrector)가
아니라 규범에 의해 인도되는 시장참여로써 이해되어야만 한다.[40]

<그림 2>에서 보듯이, 화폐경제이론에서 자산시장은 위계구조
상 최상위에 위치하며, 여기서 유동수단(케인즈의 용어로 말하면,
finance)의 처분을 통해 투자량이 결정된다. 달리 표현하면, 자산시
장에서 결정되는 (균형)이자율이 총수요(투자와 소비) 수준을 결정
하고, 그 결과 생산규모와 고용수준이 결정된다.

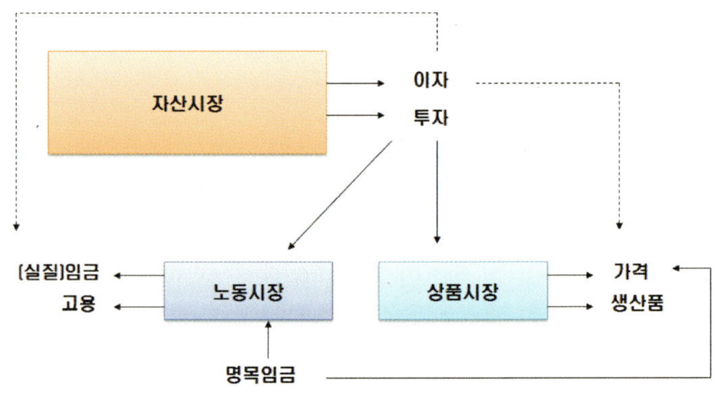

출처: Arne Heise, 2005, *Einführung in die Writschaftspolitik. Grundlagen, Institutionen, Paradigmen* (Müchen: UTB), p.80

〈그림 2〉 화폐경제이론의 시장위계

전체 경제과정의 기능적 연관성을 이렇게 규정할 때, 이로부터
두 가지 중요한 결론이 도출된다.

첫째, 화폐경제에서 경제의 균형은 "저고용의 균형(equilibrium of

---

[40] 시장참여는 경제정책의 행위자들이 시장조건을 수용해야만 하며, 시장행위자, 특히 자산시장 참여자의
선호에 부응함을 함의한다.

underemployment)"으로 정의된다. 경제의 (장기적) 균형은 자산시장과 생산시장 간의 상호작용((균형)이자율 = (균형)이윤율)에 의해 결정되며, 이 규정성으로 인해 생산요소(자본, 노동력)는 그 잠재수준보다 낮게 고용된다. 즉, 경제균형은 노동시장의 청산을 포함하지 않는다. 물론, 이 균형개념은 완전고용을 배제하지 않는다. 그러나 화폐경제에서 완전고용은 여러 가능한 결과 중 하나일 뿐이다. 균형이 저고용과 양립한다는 것은 균형 상태에서도 역시 거시정책적 개입이 필요함을 함의한다. 이 경우 정책의 목적은 더 높은 임금수준과 결합된 더 높은 고용수준을 달성하는 것이다. 따라서 케인즈주의 원리는 단기뿐만 아니라 장기적 현상에 대해서도 타당하다.

둘째, 실업은 노동시장과 무관하다. 이것은 두 가지 측면에서 설명될 수 있다. 하나는 이자율에 의해 총수요의 크기가 결정되고, 이것의 결과로 고용수준이 결정되기 때문이다. 다른 하나는, 실질임금이 노동시장에서 결정되는 것이 아니기 때문이다. 노동시장에서는 단체교섭을 통해 명목임금만이 결정되는 반면, 가격은 상품시장에서 결정된다. 따라서 명목임금과 가격의 비로 정의되는 실질임금은 경제과정의 결과이지, 결코 실업의 원인이 아니다. 요약하면, "우리가 실제로 살고 있는" 화폐경제에서 실업은 수요현상이다.

실업이 (실질)임금에 의해 결정되는 것이 아니라면, 임금정책은 전체 경제체계에서 어떤 위상을 갖는가? 화폐생산이론의 관점에서 임금정책은 고용수준이 아니라 물가수준을 결정한다. 즉, 임금은 물가의 "안정 추"로서 기능(해야만)한다.

케인즈의 "화폐가치의 기본방정식(fundamental equation of money)"에 따르면 가격수준은 두 개의 요소, 즉 소득요소와 이윤요소로 구성된다.[41] 전자는 다시 단위노동비용과 단위이자비용으로 나뉘고, 후자는 시장의 초과수요(또는 초과공급)에 따른 "잉여이윤(windfall profit)"의 발생(또는 손실)을 표현한다. 케인즈는 이들 요소에 의한 물가상승(하락)을 각각 "임금인플레이션"(임금디플레이션), "이윤인플레이션"(이윤디플레이션)으로 지칭하였다. 첫 번째 요소에서 단위노동비용은 결정적 역할을 한다. 임금비용이 전체 비용에서 차지하는 비중이 그리 크지는 않지만, 이것이 중간재 및 자본재의 가격에 영향을 주기 때문이다. 따라서 단위노동비용의 변화는 물가수준의 일대일 변화를 동반한다. 두 번째 요소에 의한 물가변화는 비용이 아니라 수요에 의한 결과이다. 경기호황으로 인한 초과수요는 기업에게 물가상승을 통한 잉여이윤의 실현을 가능하게 한다. 이에 반해 경기침체시기의 수요부족은 기업의 이윤실현을 어렵게 하여 생산축소와 함께 가격인하가 결과한다. 여기서 유의할 것은 단발적인 가격상승과 인플레이션의 구분이다. 인플레이션은 가격상승이 누적적으로 이뤄지는 경우이다. 따라서 경기호황은 가격상승을 동반하지만, 이것이 임금-가격의 나선운동(wage-price spiral)으로 전개되지 않는 한, 가격안정을 위한 긴축정책은 요구되지 않는다.

(명목)임금이 가격효과만을 갖는다는 사실은 임금정책이 고용수단 및 분배수단이 될 수 없음을 뜻한다. 명목임금의 삭감은, 특히 경기둔화시기에, 오히려 디플레이션의 위험을 불러일으킬 수 있다. 물론 임금상승이 소득의 재분배를 가져올 수 있다. 그러나 이 효과는 결코 계획된 임금정책의 결과가 아니다. 소득분배 개선을 위한 노동조합의 임금요구는 가격에 전가되기 때문에, 결과적으로 실질

---

41) John M. Keynes, 1930, *A Treatise on Money*, CW Vol. V and VI, 특히 Chap. 10과 11 참조.

임금은 처음 수준으로 남거나, 그 이하로 떨어질 수도 있다. 케인즈의 화폐경제이론의 관점에서 소득분배의 출발점은 이자율이다. 이자율에 의해 이윤율이 결정되고, 이것은 다시 가격수준과 함께 실질임금의 크기를 결정한다. 즉, 노동소득분배율은 나머지 크기로 결과한다.

이러한 이유로 화폐경제이론의 임금정책은 (기대)인플레이션율과 노동생산력의 증가율을 지향하는 임금규범을 특징으로 한다. 그러나 이 임금규범은 공급정책의 분배중립적 임금정책과 차이가 있다. 공급정책에서는 분배구조의 변화가 배제된 반면, 수요정책 관점에서 임금정책은 임금정책으로부터 인플레이션의 충격이 발생해서는 안 된다는 인식을 반영한 것이다. 이 임금정책은 생산력 증가라는 결실에 노동자들이 참여하는 것을 포함한다. 그렇지 않은 경우, 생산과 소득의 격차로 유효수요의 부족이 야기되기 때문이다. 따라서 기능적 임금정책은 명목임금의 경직성, 그리고 이와 동시에 실질임금의 변동을 포함한다. 여기서 실질임금의 변동은 가격의 변동에 기인한다. 명목임금의 경직성은 공급지향정책의 주장과는 반대로 노동시장의 결함이 아니며, 오히려 안정된 경제과정을 위한 조건이다. 이러한 임금정책이 가능하기 위해서는 무엇보다도 전략능력이 있는 중앙집권적 노동조합의 존재가 요구되며, 다른 거시정책과의 협조(coordination)를 필요로 한다.

이상과 같이 실업은 실질임금에 의해 규정되는 것이 아니라 수요의 문제이다. 그렇다면 고용정책은 어디에서부터 시작되어야만 하는가? 수요부족이 실업의 원인이므로, 고용정책의 방향은 총수요의 증대, 즉 수요지향정책에 맞추어져야만 한다.[42] 그러면, 수요의 증대는 어디에서 나오는가?

수요의 증가는 소비성향이 높은 소득계층에서 소비성향이 낮은 소득계층으로의 소득재분배가 있을 때 이뤄진다. 즉 수요는 이윤소득계층에서 임금소득계층으로의 소득재분배 및 조세에 의해 재정 조달되는 정부수요의 확대를 통하여 증가한다. 이때 유념할 것은, 소득재분배가 고전적 의미로 이해돼서는 안 된다는 점이다. 이윤소득의 감소는 시장과정을 통해서만, 즉 자산시장이 요구하는 균형이자율의 하락에 의해서만 가능할 뿐이다. '이자소득자의 안락사'라는 케인즈의 요구는 바로 이 맥락에서 이해될 수 있다. 균형이자율의 하락은 안정지향의 통화정책을 통해 달성할 수 있다. 통화정책이 통화의 안정에 초점을 둔 통화 강세정책으로 운영될 때 통화의 유동성선호는 높아지고, 그 결과 자산시장이 요구하는 균형이자율의 수준은 하락하게 된다. 낮은 이자율은 한편으로 투자의 촉진을 통해, 다른 한편으로 소비수요의 증가를 통해 총수요수준을 높인다.

재정정책 역시 이 틀에 맞추어져야 한다. 단기적으로 적자재정의 경기부양정책은 총수요를 안정시킨다는 점에서 나름대로의 정당성을 갖는다. 그러나 동시에 재정적자의 결과로 인한 정부부채 증가의 장기적 효과에 유의해야만 한다. 정부부채로 인한 이자지출은 한편으로 그 만큼 정부수요가 감소함을 의미하고, 다른 한편으로 임금소득계층에서 이자소득계층으로의 소득재분배를 야기하기 때문이다. 또한 정부부채의 발행이 자산시장에서 흡수되기 위해서는 이자율의 인상이 요구된다. 따라서 화폐경제이론의 수요지향정책은 장기적 관점에서의 재정건전화를 요청한다. 이 점에서 공급정책

---

42) 수요지향정책의 성공 사례에 대해 박경순·윤여덕, op. cit. 참조.

의 재정건전화 요구의 합리성은 인정된다. 그러나 공급정책과는 본질적 차이가 있다. 즉, 공급정책이 재정건전화를 위해 정부지출의 삭감을 요구하는 반면, 수요정책의 관점에서는 재정건전화는 장기적으로 추구되어야 하지만, 이를 주로 수입측면에서 이룰 것을 제안한다. 예를 들어 '부유세' 등이 정부수입을 높이는 방안이라 하겠다. 따라서 수요지향정책의 재정건전화는 세금감면 등을 통하여 국민총생산대비 정부부문의 비율을 감축하고자 하는 시도에 대해 부정적이며, 오히려 정부부문의 확대와 모순되지 않는다.

임금정책은, 위에서 설명한 바와 같이, 결코 분배 및 고용의 수단이 될 수 없고 다만 가격효과만을 갖기 때문에 물가의 안정추로서의 기능을 해야만 한다. 이러한 "시장기능적" 임금정책은 물가안정에 기여함으로써 통화정책의 운용공간을 넓혀준다. 여기서 강조할 것은 이러한 임금정책이 이뤄지기 위해서는 중앙차원의 노동조합이 전제된다는 것이다. 즉 전략능력이 있는, 중앙집권적 노동조합의 존재는 화폐경제에 절대 필요한 기능조건이다.

2. 재정정책

공공 재정정책은 국가 활동의 재정계획을 반영하고 있다는 점에서, 국가 정책의 방향과 이데올로기의 금전적 거울(monetary mirror)이라고 할 수 있다. 통화주의의 공급지향정책이 주도권을 잡게 되면서, 재정정책에서도 역시 'TINA' 관점이 지배하고 있다. '워싱턴 합의(Washington Consensus)'의 '건전한 공공 재정(sound public finance)',

‘안정·성장협약(stability and growth pact)’에 기초한 유로화 지역의 재정정책 기조가 그러하다. TINA 관점에 따르면, 재정정책은 재정건전화를 목표로 삼아 균형재정 또는 흑자재정을 이루도록 운영되어야만 한다. 이 경우 지출삭감이 재정건전화를 달성하기 위한 방법으로 간주된다. 이에 따라 TINA 관점에서의 재정건전화는 필연적으로 긴축적으로 작용할 수밖에 없다.

TINA 관점은 복지국가 논의에서 그대로 반영되고 있다. 재정제약은 위에서 살펴본 트릴레마의 한 축을 구성한다. 또한 Paul Pierson은 오늘날 복지국가정책이 과거와는 다르게 “영속적인 내핍정책(permanent austerity)” 속에서 이루어져야만 한다고 말하고 있다. 성숙한 복지국가에서 사회급여의 기회비용 증가, 높은 조세수준에 대한 대중의 관용 약화 등으로 재정지출이 한계에 봉착하였기 때문이다. 이 상황에서 재정수지의 균형 유지는 세수만으로 충분하지 않고, 내핍정책이 불가피하게 요청된다는 것이다.

공급지향정책 관점에서 재정정책에 대한 비판은 ‘구축효과(crowding-out)’, 즉 정부지출이 직접적으로는 금리인상, 간접적으로는 강제저축을 야기하면서, 민간 부문의 투자와 소비를 시장으로부터 밀어내어 실물경제에 대한 효과는 없다는 것이다. 이러한 결과는 물론 출발점으로써 자본장비의 풀가동을 가정하였기 때문이다. 그러나 이 경우, 왜 이 완전고용/완전풀가동의 상황에서 굳이 재정정책적 개입이 필요한 것인가 의문이 제기된다. 이 문제를 빗겨나가기 위해 통화주의론자들은 경제과정을 단기와 장기로 나눈다. 이에 따르면, 중장기적으로 완전가동의 가정, 그리고 이와 함께 구축효과는 타당하다. 그러나 단기적으로 생산요소가 불완전하게 가동되는 경우 구축효과는 불완전하다. 달리 표현하면, 장기적으로 시장의 자기통제력(즉, 균형회복능력)이 관철되며, 재정정책적 개입은 실물경제적 효과 없이 오직 인플레이션만을 야기하여, 민간 부문의 안정성을 해친다는 것이다.[43] 이러한 논리는 거시정책의 무용론(politic ineffectiveness)으로 이어진다. 따라서 통화주의 공급지향정책은 재정정책이 제로 적자 정책을 추구해야만 한다고 주장하고, 이에 덧붙여 공공 부문이 본질적으로 민간 부문보다 비효율적이라고 가정하면서, GDP 대비 정부채무의 비중을 가능한 한 최소한으로 할 것을 요청한다. 말하자면, 복지국가의 역할을 최소화해야 한다는 주장이다.

그러나 TINA 관점에서의 재정정책 비판, 달리 표현하면 긴축적 재정건전화의 필연성은 본질적으로 우리가 살고 있는 이 세계와는 동떨어진, 완전고용, 생산요소의 완전가동이라는 가정에 그 토대를 둔 것이다. 역으로 말해서, 국민국가의 재정정책적 한계는 세계화 및 (또는) 서비스 경제로의 이행으로부터 결과하는 어떤 불가항력적 힘 때문이 아니다. 그것은 오히려 이데올로기적 해석에 기인한 것이다.

이와는 달리 화폐경제이론은 저고용(즉, 생산요소인 자본과 노동의 불완전 가동)이 화폐경제의 정상적 상황임을 확인한다. 이 관점에서 재정정책의 실물효과는 분명하다. 이것은 우리에게 잘 알려진

---

[43] 배로의 '재정정책적 등가이론(fiscal equivalence theorem)' 역시 같은 맥락에서 이해될 수 있다. 확장적 재정정책의 자산효과와 관련하여 Barro는 정부채권이 실제적으로 민간부문의 순자산을 나타내는 것인지 묻는다. 그에 의하면, 합리적 기대를 가진 경제행위자들은 현재의 재정적자, 즉 정부채무의 증가는 미래의 추가적인 조세부담으로 충당되어야만 한다고 생각한다. 경제행위자들이 추가적인 조세부담을 채무로 간주하게 될 경우, 이 미래의 채무는 적자재정으로 발행된 추가적인 채권보유의 자산증가와 같다. Barro의 주장이 옳다면, 정부채무는 아무런 자산효과도 갖지 않으며, 따라서 적자재정에 의한 확장적 효과도 없다. 즉, 경제주체의 합리적 기대로 인하여 재정정책은 단기에서도 조차 어떤 실물경제적 효과도 갖지 않는다. Robert J. Barro, 1981, *Money, Expectations and Business Cycles*(New York) 참조.

소득승수효과(multiplicator effect) 때문이다.[44] 따라서 화폐경제이론은 단기적 경기부양책을 배제하지 않는다. 특히 경기침체시기에 금리인하정책은 투자를 촉진하기 위한 필요조건이다. 물론 경기회복을 위해서는 (명목)금리인하만으로 충분하지 않다. 경기침체로 인한 가격하락은 언제든지 높은 실질금리를 의미하기 때문이다. 투자가 활성화되기 위한 충분조건은 판매전망이 호전되어 기업의 "동물적 충동(animal spirit)"이 자극되어야만 한다. 바로 이 맥락에서 적극적 재정정책의 역할이 요구된다. 재정정책은 경기침체로 인한 적자를 수용하면서 안정화기제로서의 기능을 하여만 한다. 즉, 단기적으로 하벨모-원칙(Haavelmo-Theorem)은 유효한 것이다. 말하자면 재정정책은 소위 내재적 안정화 기제를 매개로 경기변동을 억제하는 것이다. 또한 정부의 재정정책과 재정적자 간에는 상호작용이 존재한다. 즉, 신용에 의해 충당되는 정부지출은 한편으로 재정적자를 높이지만, 다른 한편으로 이를 통해 발생하게 된 소득증대는 재원을 확대하여 재정적자를 낮춘다. 말하자면, 스스로 재원을 충당하는 효과가 있는 것이다.[45] 물론 화폐경제이론 역시 장기적으로 재정건전화가 필요하다고 본다. 그러나 여기서의 재정건전화 필요성은 TINA 관점이 말하는 외적 제약이나 정책 무용성 때문이 아

---

[44] Michael Heine and Hansjörg Herr, 2003, *Volkswirtschaftslehre: Paradigmenorientierte Einführung in die Mirkoß und Makroökonomie*, 3. Auflage(Müchen: Oldenbourg), Kap. 5.4 참조.

[45] 그러나 여기서 유의할 것은 과거 '적자재정(deficit spendig)' 정책과의 차이이다. 적자재정 정책은 그 결과, 즉 지속적 적자재정으로 인한 정부부채의 누적의 효과를 주의하지 못하였다. 즉, 재정정책의 가격효과와 양적 효과를 구분할 수 없었으며, 결국 적자재정은 인플레이션이라는 시장의 복수를 맞이하게 되었다. 이 적자재정 정책은 유감스럽게도 케인즈주의 수요정책으로 잘못 인식되어 있다. 엄격히 말해 이것은 신고전주의 종합(Neoclassical Synthesis)의 해석이다. 신고전주의 종합은 왈라스의 균형이론에 케인즈이론을 종속시켜 구성된 것으로, 그 핵심에는 신고전주의 노동시장이론이 서 있다. 이 이론은 안정된 필립스 곡선(Phillips curve)의 존재를 가정하여, 정부는 인플레이션과 고용을 임의적으로 선택할 수 있다고 주장하였다. 그러나 경험적으로 1970년대 스태그플레이션이 나타나면서, 그리고 이론적으로 Milton Friedman이 기대를 가미한 필립스 곡선을 기초로 스태그플레이션의 설명 틀을 제시하면서 케인즈주의 이론으로 참칭되었던 재정주의는 통화주의 패러다임에 그 자리를 내주게 되었다.

니다. 그것은 오히려, 위에서 서술한 바와 같이, '이자소득계급의 안락사'를 통해 유효소비를 높이기 위해서이다.

Ⅴ. 결론

유럽의 복지국가는 다양한 개혁의 요구 속에 놓여있다. 확실히 포스트 산업경제의 특성으로 지적되는 여러 요인들(탈산업화, 노동 시장과 가계에서의 여성의 역할변화, 인구고령화 등)은 남성중심의 생계모델(male bread-winner model) 및 정상적 노동관계에 기초하여 설계된 현재의 복지국가 프로그램의 재편을 강요하고 있다. 그 재 편의 내용은 체제특유의 정치적·제도적 구조에 의해 규정된다. 그 렇다면 그 방향은 무엇인가? 여기서 중점적으로 논의된 Trilemma 테제는 재편 내용의 다양성만을 지적할 뿐, 그 방향을 명확하게 설 명하고 있지 않다. 그러나 공급지향정책적 가정으로 인하여 Trilemma 테제는 유럽의 '성숙된 복지국가'가 '성장의 한계(Peter Flora)'를 맞 이하였으며, 긴축적 '복지정치'를 전개할 수밖에 없다는 견해에 암 묵적으로 동의하고 있다.

그러나 이것은 반대로 Trilemma 테제의 이론적 전제가 달리 설 명될 수 있다면, Trilemma는 존재하지 않고, 포스트 산업경제의 도 전에 직면하여 더욱 삶의 질을 높이는 방향으로 복지국가의 재편 이 논의될 수 있다는 것으로 해석될 수 있다. 바로 여기에 주목하 여 우리는 지금까지 포스트 산업경제론, 특히 Trilemma 테제의 이론적 전제를 비판적으로 검토하고, 대안적 설명을 제시하였다. 이를 정리하면, 우리는 다음과 같다.

첫째, 세계화(특히 금융시장의 세계화)로부터 내려오는 복지국가의 축소지향 재편의 압력은 '물적 강제(Sachzwang)'라기보다는 신자유주의 프로젝트의 산물이다. 즉, 세계시장의 환경 변화에도 불구하고 여전히 국민국가 차원에서의 정책적 자율성은 남아있다.

둘째, 탈산업화(즉, 서비스 경제로의 이행)와 함께 (임금)평등과 고용(특히 서비스 부문) 간의 상쇄관계가 관철되어 복지국가의 확대재생산이 불가능하다는 주장은 임금이 실업의 원인이라는 신자유주의 공급정책의 논리를 쫓는 것이다.

셋째, 재정정책의 무용론 또는 폐해성의 주장은 우리가 살고 있는 세계가 신고전주의 세계라는 가정에 기초한다. 이것은 '세계화 및/또는 탈산업화 시대에서는 국민국가 차원의 재정정책은 한계가 있다'는 주장이 이데올로기적 해석에 기인하고 있음을 보여주는 것이다.

셋째, 재정건전화의 필요성은 분명하다. 그러나 공급정책의 주장과는 달리, 재정건전화는 수입 측면(조세형평, 누진세 강화, 부유세 등)에서 이루어져야 한다.

넷째, 이렇게 볼 때, 서비스 경제의 Trilemma는 존재하지 않으며, 오히려 '새로운 정치경제 시대'에서도 사회보장과 경제성장, 평등-고용-재정건전화 간의 선순환은 여전히 가능하다. Trilemma로 그려지는 상황에서 어떻게 고용과 경제성장의 성과를 일궈내고 있는가는 덴마크의 사례를 통해 경험적으로 확인할 수 있다.

참고문헌

박경순·윤여덕. 2006. "독일의 고용정책 비판과 대안-포스트케인즈주의 시각
　　에서." 『한국사회학』 제40집 3호, pp.77-117.
송호근·홍경준. 2006. 『복지국가의 태동. 민주화, 세계화, 그리고 한국의 복지
　　정치』. 서울: 나남출판.
윤도현. 2007. "세계화 시대 한국 복지국가의 발전 가능성-계급의 권력자원,
　　국가의 정책적 자율성을 중심으로." 『국제지역연구』 제10권 제4호,
　　pp.191-214.
Altvater, Elmar. 1993. *Gewerkschaften vor der europäischen Herausforderung*. Dormund :
　　Westfälisches Dampfboot.
　　　　　　　　. 1996. *Grenzen der Globlaisierung. Ökonomie, Ökologie und Politik in
　　der Weltgesellschaft*. Dortmund: Westfälisches Dampfboot.
Robert J. Barro. 1981. *Money, Expectations and Business Cycles*. New York.
Carin, Wendy and Soskice, David. 1990. "Macroeconomics and the Wage
　　Bargain." *A Modern Approach to Employment, Inflation and the Exchange
　　Rate*. Oxford: Oxford University Press.
Esping-Ansersen, Gøsta. 1990. *The Three Worlds of Welfare Capitalism*. Princeton:
　　Princeton University Press.
　　　　　　　　　. 1996. "황금기 이후? 글로벌 경제 안에서 복지국가의
　　딜레마." Esping-Andersen, G.(ed.) 한국사회복지연구회 역. 『변화하는
　　복지국가』. 서울: 인간과 복지, pp.13-63
　　　　　　　　　. 1999. 박시종 옮김. 『복지체제의 위기와 대응. 포스트
　　산업경제의 사회적 토대』. 서울: 성균관대학교 출판부.
Ferrera, Maurizio Ferrera and Hemerijck, Anton. 2003. "Recalibrating Europe's
　　Welfare Regimes." Jonathan Zeitlin and David M. Trubeck(ed.). *Governing
　　Work and Welfare in a New Economy. European and American Experiments.*

Oxford: Oxford University Press, pp.88-128.

Gali, J. & Lopez-Salido, J. D. 2001. "European Inflation Dynamic." NBER Working Paper, No. 8218. Cambridge, MA.

Ganßmann, Heiner. 2001. *Politische Ökonomie des Sozialstaats.* Dortmund: Westfälisches Dampfboot.

______________. 2003. "Reaction to Globalization: Germany, France, and the USA in Comparison." *DGAP-Analyse, Forschungsinstitut der Deutschen Gesellschaft für Auswärtige Politik* Nr. 23, pp.5-24.

Hall, Peter A. & Soskice, David(ed.). 2001. "Varieties of Capitalism." *The Institutional Foundation of Comparative Advantage.* Oxford: Oxford University Press.

Heine, Michael und Herr, Hansjörg. 2003. *Volkswirtschaftslehre: Paradigmenorientierte Einführung in die Mirkoß und Makroökonomie,* 3. Auflage, Müchen: Oldenbourg.

Heise, Arne. 2005. *Einführung in die Writschaftspolitik. Grundlagen, Institutionen. Paradigmen.* Müchen: UTB.

Iversen, Torben. 2005. *Capitalism, Democracy, and Welfare.* Cambridge: Cambridge University Press.

Iversen, Torben and Wren, Anne. 1998. "Equility, Employment, and Budgetary Restraint. The Trilemma of the Service Economy." *World Politics*, Vol. 50, No. 4   pp.507-546.

Keynes, John M. 1930. *A Treatise on Money.* CW Vol. V and VI.

______________. 1933. *A Monetary Theory of Production.* CW Vol. XIII, pp.408-409.

Pierson, Paul. 1996. "The New Politics of the Welfare State." *World Politics*, Vol. 48, No. 2, pp.143-179, Paul Pierson, op. cit.

__________. 2001a. "Post-industrial Pressures on the Mature Welfare States." Pierson, Paul (ed.). *The New Politics of the Welfare State.* Oxford: Oxford University Press, pp.80-104.

__________. 2001b. "Coping with Permanent Austerity: Welfare State Restructuring in Affluent Democracies." Pierson, Paul(ed.). *The New Politics of the Welfare State.* Oxford: Oxford University Press, pp.410-456.

Rodrick, Dani. 1997. *Has Globalization Gone Too Far?* Washington D.C.:

Institute for International Economics.

Scharpf, Fritz W. 1987. *Sozialdemokratische Krisenpolitik in Europa*. Frankfurt: Campus.

___________. 2000. "Economic Changes, Vulnerabilities, and Institutional Capabilities." Scharpf, Fritz W. and Schmidt, Vivien A.(eds.) *Welfare and Work in the Open Economy* Vol. I. Oxford: Oxford University Press, pp.21-124.

Schwartz, Herman. 2001. "Round up the Usual Suspects! Globalization, Domestic Politics and Welfare State Change." Paul Pierson(ed.). *The New Politics of the Welfare State*. Oxford: Oxford University Press, pp.17-44.

Soskice, David. 2000. "Macroeconomic Analysis and The Political Economy of Unemployment." Iversen, Torben, Pontusson, Jonas and Soskice, David(eds.). *Unions, Employers, and Central Banks. Macroeconomic Coordination and Institutional Change in Social Market Economics*. Cambridge: Cambridge University Press, Spp.38-74.

Zinn, Karl Georg. 1993. "Dienstleistungsgesellschaft oder Krise des tertiären Sektors?" *WSI-Mitteilungen* 46. Jg., H. 1, pp.1-10.

제7장 유럽의 청년실업정책
- 주요 5개국을 중심으로

임운택*

* 계명대학교 사회학과 교수
  이 글은 『유럽연구』 제29권 제3호에 게재된 것을 수정 보완하였음.

제7장
유럽의 청년실업정책
- 주요 5개국을 중심으로

I. 서론

1990년대 이후 청년실업의 증가는 유럽 개별 국가에서뿐만 아니라 EU 차원에서 고용정책을 수립하는 데 커다란 영향을 미쳤다. 이에 대해 실업을 극복하기 위한 다양한 노동시장정책 및 고용정책적 조치들이 시도되었다. 그러나 공적인 고용프로그램, 고용촉진프로그램, 나아가서 적극적 노동시장정책에서 고비용 수단으로 간주되는 임금보조의 지원마저 이루어졌음에도 불구하고 현재의 상황을 보면 그러한 대책들은 결과적으로 노동시장의 문제를 해결했다기보다는 오히려 심화시켜왔다. 적극적 노동시장정책을 보완하는 차원에서 종종 사회정책적 수단을 활용하기도 하였지만, 정책상의 효율적 목표가 제시되지 못하곤 하였다. OECD[1]에 의하면 이러한 정책은 실업자들에게 잠시 쉬어가는 정거장을 마련해주는 정도에 그

---

[1] OECD, 1998, "The OECD Jobs Strategy: Progress Report on Implementation of Country-Specific Recommendations," OECD Economic Departments Working Papers, Nr. 196 (Paris: OECD), p.19.

치곤 하였다. 나아가서 생계노동과 분배(복지)의 선순환 구조라는
복지국가의 특성을 공유하는 유럽국가는 일반적으로 고용의 단계
에 제대로 진입하지 못한 청년실업을 노동시장정책의 주요변수로
다루지 않았다. 그러한 이유로 EU 집행위원회는 2009년에 청년실
업문제를 해결하기 위한 조치로서 적극적 시민권(active citizenship)
을 강조하기에 이르렀다(EU KOM 2009). 그러나 2000년대 후반까
지 여전히 유럽의 청년실업의 문제는 개별 국가의 제도적, 문화적,
가치적 특성에 기초하여 해결하려는 방식이 일반적이었으며, 청년
실업 대책은 국가별로 장기간에 걸쳐 지속적 혹은 간헐적으로 다뤄
졌다. 부분적인 사례는 국내에 알려져 있다시피 성공적인 사례도
있고, 그렇지 못한 경우도 있다.

그간 국내에서 유럽의 청년실업대책은 빈번하게 벤치마킹의 대
상이 되어 왔다. 학계는 물론 정부 및 국책연구기관의 각종 보고서
등에서 독일, 프랑스, 영국 그리고 최근에는 벨기에까지 다양한 청
년실업대책을 소개하고, 이를 국내의 청년실업대책에 연계시키려
는 시도가 적지 않게 있었다. 가장 빈도가 높게 소개된 유럽국가의
청년실업대책은 직업훈련과 고용의 연계를 강조하는 독일과 영국
모델이다.[2] 프랑스의 경우 노동시장의 특징상 한국과 차이를 보이
고 있고,[3] 상대적으로 높은 프랑스의 청년실업률로 인해 국내의 소

---

[2] 이동임·김덕기, 2005, 『독일의 자격제도 연구』(서울: 한국직업능력개발원); 사람입국일자리위원회,
2006, 『한국의 고용전략수립에 대한 연구』; 노동부, 2007, 『유럽의 청년고용대책』; 임운택, 2009, 『대
구지역의 청년층 고용창출전략개발을 위한 연구사업』, II장(대구: 대구경영자총협회); 이승렬, 김주영·박
혁·황규성·옥우석, 2010, 『청년 일자리지원사업 심층연구-외국의 청년층 고용정책 검토를 중심으로』(서
울: 노동연구원).

[3] 프랑스의 경우 정규직 및 기간제고용에 대한 보호가 강한 편이어서 사용자들이 미숙련 청년근로자들의
고용을 꺼리는 반면, 한국의 청년실업은 노동시장의 분절화에 기인하는 측면이 강하다. 따라서 프랑스의
저숙련 근로자들을 대상으로 한 다양한 정책을 한국에서 실현하기에는 어려움이 없지 않다. 이승렬, 외.
op. cit., pp.105-106.

개는 그리 많지 않은 편이다. 한편, 벨기에의 '로제타 플랜'은 최근 의무고용제에 대한 관심으로 주목받고 있다.[4] 적지 않은 해외의 정책사례연구에도 불구하고 다수의 해외사례연구는 두 가지 점에서 한계를 보이고 있다. 우선, 청년실업정책을 소개함에도 불구하고 일부연구는 일반적인 고용 및 노동시장정책의 틀 안에서 소개를 하고 있어(특히 독일의 이중적 직업훈련제도) 청년실업으로 특화된 정책의 특성을 가늠하기 어렵다. 고용정책과 사회정책의 연계가 긴밀한 유럽의 경우, 청년실업은 노동시장정책의 측면에서 예외적 사례인데, 이를 노동시장정책상의 결과에만 초점을 맞추면 청년실업 대책의 특수성이 잘 포착되지 않은 문제가 발생한다. 다른 한편으로 정책의 제도형성의 경로의존성(path dependency)문제를 고려하지 않고 해외사례연구의 다수가 현재 상태의 국가별 청년정책을 제도적 차원에서 소개하고 있어 정책의 형성사를 가늠해보기가 어렵다. 한국사회의 청년문제가 고용시장의 문제를 넘어 과잉 고학력의 문제를 안고 있듯, 어느 나라나 청년실업은 각 국가의 관습과 문화, 고유한 제도적 특성을 반영하고 있기 때문에 정책 형성의 역사와 청년실업을 바라보는 사회적 배경을 이해할 필요가 있다.

이 글에서는 기존의 해외사례 연구에서 드러난 문제점을 보완하면서 유럽 주요국가의 청년실업 대책의 배경과 특수성을 비교분석하는 데 그 목적이 있다. 주지하다시피 청년실업 정책은 대체로 경제적 관점에서 논의되어왔다. 그러나 이 논문에서 그러한 경제적 관점에서 논의를 심화하기보다는 청년실업을 해소하기 위해 유럽

---

[4] 벨기에의 로제타 플랜은 최근 언론에서 언급되는 빈도에 비해 막상 연구문헌은 거의 드물다. 김성희, 2007, "청년실업바로알기와 3가지 해결방안," 『진보평론』 가을호를 참조할 것.

의 주요 5개 국가들(벨기에, 덴마크, 독일, 영국, 프랑스)에서 시도된 다양한 고용정책 및 노동시장정책을 사회학적 관점에서 분석하고자 한다. 청년실업문제를 해결함에 있어서 상이한 가치와 문제해결 방식을 보여주고 있다고 판단되어 느슨한 형태로나마 유형화하여 비교분석 되고 있는 유럽 주요 5개국은 상이한 지역적 특성을 보여주고 있다. 한편, 국가별로 차이를 보이고는 있지만, 청년실업을 극복하기 위한 정책대안으로 이들 국가는 일자리를 찾는 청년실업자에 대한 직접적인 지원(실업부조), 지역노동시장의 직접적인 요구와 당사자들의 특성을 고려한 맞춤형 직업훈련 등과 같은 적극적 노동시장정책을 공통적으로 시행하고 있다.[5] 그러나 직업훈련 프로그램이 보다 포괄적일수록, 그리고 훈련프로그램에 참여하는 사람들의 구성이 보다 다양해질수록 효율성은 더 떨어지는 문제도 드러나고 있다.[6]

아래에서는 유럽의 청년실업대책을 분석하기 위해 우선 EU차원에서 청년실업문제를 해결하기 위해 일반적으로 이해되는 고용정책과 노동시장정책 상의 개념들을 간략하게 정의하고(Ⅱ), 그에 기초하여 벨기에, 덴마크, 독일, 영국, 프랑스 유럽 주요 5개국들이 청년실업을 해소하기 위해 시행한 적극적, 소극적 노동시장정책을 분석할 것이다(Ⅲ). 마지막으로 5개국 청년실업정책의 공통점과 차이점을 분석하고, 한국의 청년실업대책에 던지는 교훈을 찾아보고자 한다(Ⅳ).

---

[5] J. P. Martin, 1998, "What Works among Active Labour Market Policies: Evidence from OECD Countries Experiences," *Labour Market and Social Policy Papers*, Nr. 35(Paris: OECD).

[6] K.-W. Schatz, 2001, "Beschäftigungspolitik," R. Ohr and Th. Theurl(eds.), *Kompendium Europäische Wirtschaftspolitik*(München: Verlag Vahlen), pp.564–568.

Ⅱ. 개념틀: 고용정책과 노동시장정책의 관점에서 본 청년실업정책

1. 고용정책

일반적으로 고용정책은 "첫째, 잠재적 노동력에 일치하는 고용의 수준과 구조를 만들고, 이를 유지하며, 둘째, 모든 노동력의 완전한 고용을 보장하며, 셋째, 지역 및 산업의 고용구조를 개선하는 데 기여하는 국가와 여타 제도적 조치의 총합"을 의미한다. 따라서 "실업과 저고용의 위험이 지속적으로 줄어들고, 적절한 소득이 보장되며, 직업의 숙련이 활용되고 그 숙련수준이 가능성에 따라 발전되며, 일자리와 노동조직, 노동환경의 조건이 사람들의 수요에 조응할 때" 고용은 '완전한' 것으로 간주된다.[7]

그렇게 볼 때 고용정책의 목적은 '모든 실업자들이 불편함을 감수하더라도' 그들에게 일정한 만족을 줄 수 있는 일자리를 찾는 데 있다. 물론 이는 모든 사람들이 '이상적인 일자리'를 찾는다는 것을 의미하지는 않는다. 그러한 것은 개별적 노력의 여하에 따라 달라진다.

---

[7] U. Engelen-Kiefer, 1995, *Beschäftigungspolitik*(Köln: Bund Verlag).

2. 노동시장정책

노동시장정책은 일반적으로 경제 및 고용정책의 범주 내에서 이해된다. 노동시장정책은 노동시장의 결함을 특별히 사회적 약자를 고려한 사회적 규제를 통해 줄여가는 것을 추구한다. 이와 관련하여 적극적 노동시장정책과 소극적 노동시장정책이 구별된다.

적극적 노동시장정책으로서 노동시장정책은 노동력의 고용기회를 증대시키는 데 주목적을 둔다. 정보, 상담, 알선, 숙련 등은 이를 실현하기 위한 중요한 수단으로 활용된다. 그에 반해 소극적 노동시장정책은 실업급여와 같은 임금대체활동을 통해 실업상태에 있는 노동자의 생존을 보장하는데 초점을 맞춘다.[8]

노동시장정책에서 시장과정에 대한 국가의 개입은 특정한 집단의 고용수준을 높이는 것에 초점을 맞춘다. 목표집단에 대한 지향성은 전반적인 고용수준을 높이는 것을 목표로 하는 거시경제정책적 조치와는 본질적인 차이를 가진다. 노동시장정책을 통해 통합되는 개별집단은 그 특성에 있어서 완전히 상이하다. 청년들을 대상으로 하는 노동시장정책의 특수성은 상호 긴밀한 연관을 가지고 있는 두 가지 사실로부터 발생한다.

청년은 생계노동의 시작단계에 놓여 있다. 은퇴를 앞둔 고령 노동자들과는 달리 단기적 고용만을 목표로 하는 수단은 불충분하다. 이들에게는 다가올 생계노동의 과정에서 노동시장으로의 지속적인 통합이 가장 중요하다.

---

[8] H. Reithofer, 1995. *Sozialpolitik in Österreich, Probleme, Lösungen, Argumente. Eine praxisorientierte Darstellung*(Wien: Verlag des ÖGB), p.85.

고용시스템에서 미래의 성공을 위해 중요한 일반적이고, 직업적인 능력이 청년시기에 형성된다. 따라서 직업훈련에 성공적으로 참여하고, 노동에 대한 동기를 부여하고 이를 안정화시키며, 단기적이기보다는 장기적인 노동시장의 통합을 유도하는 방식은 여타 직업집단과 다른 노동시장정책의 성공기준이 되어야만 한다.[9]

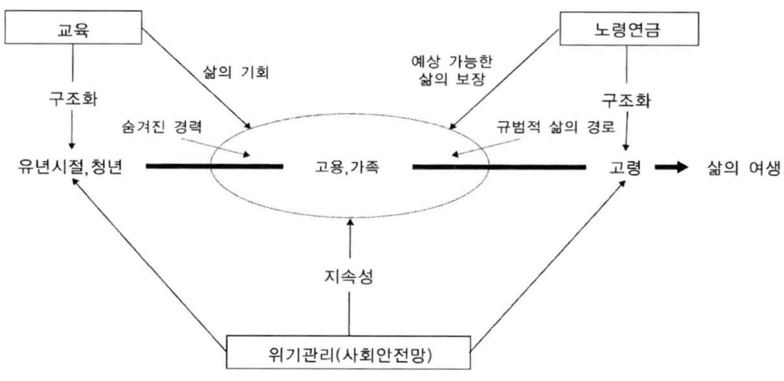

〈그림 1〉 복지국가에서 생애의 제도화

이와 같은 정의에 기초하여 보면, 유럽의 고용정책은 청년들이 정상적으로 성년의 단계에 진입할 수 있는 기초적인 숙련을 확보하고, 성년이 되어 사회보장정책의 혜택을 지속할 수 있기 위해 고용을 유지할 수 있도록 기획되어 있으며, 노동시장정책은 복지국가 시스템 내에서 성인들이 노동시장의 불안정성으로 인해 연금을 확보하는 데 어려움을 겪게 되는 위험을 방지하기 위한 위기관리 전

---

[9] G. Bosch, 2001, "Die Zukunft der Arbeitsmarktpolitik für Jugendliche in Deutschland," C. Groth and W. Maennig(eds.), *Strategien gegen Jugendarbeitslosigkeit im internationalen Vergleich* (Frankfurt am Main: Peter Lang), p.22.

략의 일환으로 활용된다. 복지국가의 생애과정에서 고용과 복지의 선순환과정을 요약한 <그림 1>에서 보듯, 유럽국가에서 청년 시기는 일반적으로 미래의 안정적인 삶을 준비하는 전초단계로 인식된다. 만약 이 단계에서 청년들이 자발적이든 비자발적이든 교육이나 훈련과정을 이탈하여 생계노동에 별다른 준비 없이 뛰어든다면, 청년들은 복지국가가 설정한 삶의 제도화 단계에서 정상적인 노후를 보장받을 수 없는 어려움을 겪게 된다.

따라서 성인 노동자들을 대상으로 한 고용정책과 청년을 대상으로 하는 고용정책은 가치측면에서 차별화될 수밖에 없다. 보통 청년들을 대상으로 하는 노동시장정책은 이미 발생한 실업이나 청년들의 훈련부족을 해소하기 위해서 노동시장에 치료적인 개입을 하는 것으로 이해된다. 그러나 지체된 최초의 직업훈련은 단지 예외적인 경우에만 만회될 수 있다. 노동경험이 전혀 없는 청년들의 실업은 노동에 대한 동기부여를 오랫동안 상실하게 할 수 있다. 따라서 청년들을 대상으로 하는 노동시장정책을 일반 노동자들을 대상으로 하는 단기적 노동정책적 개입처럼 협소하게 정의하는 것은 문제가 있다.[10] <그림 2>에서 보듯, 오늘날 청년이 성년으로 진입하는 과정은 단순히 생물학적인 성장과정을 넘어 복잡하게 구성된다. 단순한 직업훈련을 통해 단선적이고, 동질적인 지위변화가 있는 집단이 있는가하면, 교육과 직업훈련의 연장을 통해 성인화가 지체되고 다양화되는 집단도 있으며, 경제적·문화적 요인(개인화과정)으로 인해 교육과 직업훈련으로부터 이탈하여 성인화과정이 일탈적으로 진행되는 집단도 있다.

---

[10] Ibid., p.22.

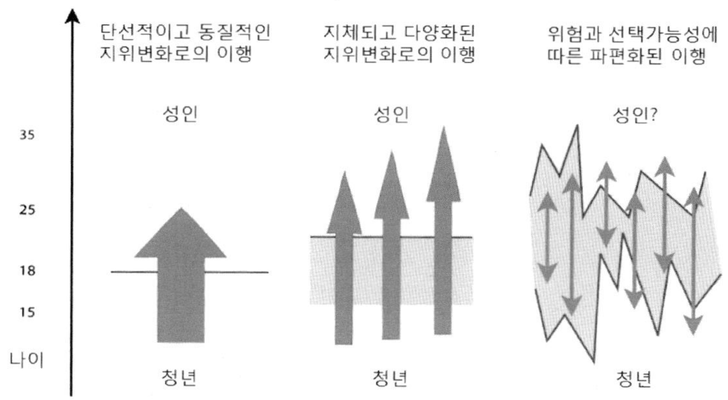

출처: IRIS(2001: 3)

〈그림 2〉 청년으로부터 성인으로의 다양한 이행과정

그러한 이유에서 EU집행위원회(European Commission)가 고용정책의 본질적인 목표로 언급한 고용가능성(employability)[11]을 높일 목적으로 유럽 주요국가는 청년실업문제를 극복하기 위해 다양한 이행과정에 놓여 있는 청년들에 대한 직업훈련과 노동에 대한 동기부여에 주력한다. 동기부여를 통해 청년실업을 해결하려면 당연히 각국의 사회적, 문화적 인식, 그리고 그에 기초하여 실업을 풀어나가는 방식이 다양할 수밖에 없다. 그러한 점에서 유럽의 청년실업정책은 단순히 고용정책적 제도의 측면뿐만 아니라 청년실업을 풀기위한 다양한 사회적 인식이 같이 고려되어야 한다. 이러한 점은 유럽과 마찬가지로 높은 청년실업에 시달리는 한국에도 시사하는 바가 크다고 할 수 있다.

---

[11] Europäische Kommission, 1998, *Nationale Aktionspläne*(Brüssel: EU).

Ⅲ. 적극적 노동시장정책을 중심으로 본 개별국가의 청년실업대책

EU회원국은 자국의 고용정책을 시행함에 있어서 EU의 고용정책 가이드라인을 준수해야만 한다.[12] 개별국가들이 EU가이드라인을 수행하는 방식은 소극적 노동시장정책에서와 마찬가지로 각국의 역사적, 전통적 배경이나 청년실업에 대한 국가/사회별로 상이한 제도와 가치에 따라 평가될 수 있다.

따라서 청년실업에 대한 개별국가의 조치들은 실업을 개인능력의 결함으로 보느냐 혹은 구조적 문제에서 비롯되는 것으로 보느냐에 따라 상이하다. 청년실업률이 높은 나라의 경우에 청년들의 고용능력이 전반적으로 취약한데 반하여, 청년실업률이 낮은 나라는 주로 문제 집단(예컨대, 이주청년집단)에 주목한다. 청년실업의 개인적인 속성은 객관적으로 인지된 요인(예컨대, 장애)과 주관적으로 인지된 요인(훈련 및 노동시장경쟁)으로 구별된다. 실업상태에 있는 청년에 대한 개별적인 비난은 기껏해야 청년실업자들이 직업훈련으로의 진입을 유도하는 효과를 낳을 뿐이지만, 실업에 대한 책임을 온전히 개인의 차원으로 돌리면 강제노동(소위, '근로연계복지'(workfare)) 혹은 직업준비를 위한 보완적 조치를 유도할 수 있다. 그러나 이러한 조치들은 청년들의 실업상황을 거의 개선하지 못하는데, 왜냐하면 실업자들은 종종 그러한 조치에서 요구되는 것

---

[12] 대다수 동유럽 국가들이 EU에 가입하기 이전인 1990년대 후반에 이미 그리스나 스페인과 같은 나라들이 EU 가이드라인을 시행하는데 있어, 많은 문제를 드러냈다.

조차 극복하지 못하기 때문이다. 개인적 비난에 기초한 조치들은 노동시장 진입을 위해 줄 서 있는 청년들의 순서를 바꿀 수는 있지만, 노동시장 진입의 협소함 그 자체를 없애기에는 역부족이다.

<표 1> 청년실업자를 위한 정책: 구조적 혹은 개인적 요인

실업대책유형/차별요인	개별적 요인(선택의 적응)	구조적 요인(기회의 확대)
객관적(예컨대, 장애) 개인적 결함 훈련 및 노동시장경쟁을 통해 발생	보충적 숙련 및 직업준비대책/'근로복지' 프로그램	임금보조 교육, 직업훈련, 고용으로의 진입확대
구조적 장벽	재교육 직업준비대책	임금보조 생계지원 공공서비스의 확대

출처: IRIS e.V.(2001: 9)

청년실업의 원인을 구조적 속성(예컨대 노동시장의 분절화)이라는 측면에서 보면, 시장의 한계를 철폐하거나 추가적인 취업기회를 창출함으로써 전반적으로 청년들에게 노동시장진입의 기회를 증대시키는 것이 필요하다는 결론이 도출된다. 그러나 구조적 속성은 노동시장에 대한 개인적 적응을 필요로 한다. 앞서 간략히 살펴본 청년실업발생의 속성과 조치들에 기초하며 청년실업자들에 대한 다양한 실업대책을 유형화하면 다음과 같이 정리할 수 있다.

구조적 요인에 근거한 실업대책은 추가적으로 고용기회를 창출하거나 교육시스템으로의 새로운 진입을 창출하여 경쟁의 불이익을 제거한다는 의미에서 기본적으로 기회의 확대를 목표로 한다. 반대로 개별적 요인에 근거한 실업대책은 기껏해야 실업급여 대기자 명단에 있는 개별자들의 자구적 노력을 재촉할 뿐이다. 보충적 숙련은 무엇보다 청년실업자들로 하여금 표준화된 기본적 기술훈련만을 받게 함으로써 비숙련의 함정에서 벗어나지 못하는 낙인(Stigmatization)의 위험이 잠재한다. 이때 실업청년의 주관적 이해관계, 개별적 욕구와 문제는 거의 고려되지 못한다.

이러한 관점을 견지하면서 아래에서는 벨기에, 덴마크, 독일, 영국, 프랑스의 청년실업대책을 간략하게 분석할 것이다. 개별국가의 실업대책은 청년을 바라보는 문화와 가치, 고용시장의 규모와 유형에 있어서 상이한 특성을 보여준다. 벨기에는 '고용할당제'의 대표적 사례이며, 덴마크는 스칸디나비아 국가들의 유형을 대변하며, 독일은 직업훈련(소위 '듀얼시스템')이 가장 활성화되어 있으며, 영국은 전형적인 자유주의 복지국가의 유형이라는 점에서, 프랑스는 남부유럽국가들의 유형을 대변한다는 점에서 대표적 사례로 선택하였다.

1. 벨기에의 '로제타 플랜(Rosetta Plan)'

1990년대 후반 EU 평균실업률에 비해 벨기에의 청년실업의 사회적 상황은 매우 좋은 편이었다. 실업상태에 있는 청년들의 70%가 실업급여를 받고 있으며, 나머지는 최저임금을 보장받고 있다. 벨기에의 노동시장활성화조치는 사회경제적 상황을 지속적으로 개선하는데 초점을 맞추고 있었으며, 이후 취약청년들을 위한 일련의 조치들이 시행되었다. 1998년에 2만 명의 청년들이 그러한 조치에 포함되었으나 6만 5천개의 일자리가 추가로 필요하였다. 왜냐하면 그 당시 매년 8만 명의 청년들이 학교를 떠나고 있었으며, 대략 5만 명이 단기간 내에 실업자가 되었다. 따라서 실업상황을 극복하기 위한 지속적인 시도가 이루어졌으며, 그 결과 2000년 4월에 소위 '로제타 플랜'이 전국적으로 도입되었다. 이 실업대책은 2개의 핵심적인 요소를 포함하고 있다.[13]

▶ 실업상태에 있는 모든 청년에게 '사회통합의 경로(Pathway to integration)'를 보장하는 활성화 프로그램: 이 프로그램은 학교에서의 취업에 대한 예방적 캠페인, 일반적 오리엔테이션단계, 개별적 상담, 직업훈련 등을 포함한다.
▶ 노동시장으로의 통합에 중요한 지렛대가 될 수 있는 최초노동협약(First Job Agreement: FJA)이 있는데, 이 프로그램은 사업주에게 근로자 수의 3%까지 청년을 추가로 고용하게 의무 지운다. 지역별로 특수하고 상이한 우선권과 문제들이 고려되며, 저숙련 상태의 청년을 고용하거나 기업이 3% 비율을 초과할 시에는 보조금이 지급된다.

FJA의 목적은 청년들에게 가능하면 빨리 일자리와 직업훈련을 제공하는 데 있다. 이러한 계획은 장기실업을 방지하고, 동시에 노동시장으로 지속적인 사회통합이 이루어질 수 있는 직업능력을 획득하는 데 일조할 것으로 보았다.

벨기에 연방제도의 특성상, FJA가 다양한 이해당사자(Stakeholder)

---

13) Europäische Kommission, 2001b, "Peer-Review-Programme of the European Employment Strategy, TRACE-Access routes to employment for young people in danger of exclusion," (Paris, October 2 and 3), http://peerreview.almp.org/de/FRANCEoct01.htm(2010년 11월 30일 검색), p.11.

를 참여시켜 이와 같은 이니셔티브를 강화하려는 지역 간의 협력이 매우 중요하다.

공공부문의 사업주와 민간부문의 사업주는 '로제타 플랜'의 틀 속에서 각각 1.5%와 3%의 의무고용이 요구된다. 신규노동자의 채용은 현존하는 종업원의 수준을 넘어서야만 한다. 따라서 기존의 노동계약을 해지하고, FJA 틀 안에서 신규노동자를 채용하여 종업원 수를 동일하게 유지하는 것은 금지된다. 이론적으로 보면 '로제타 플랜'은 사용자에게 유리하다. 왜냐하면 사회보장에 대한 사용자의 부담금을 줄여주는 것이 합법적이기 때문이다. 의무 고용시에 사용주들은 비숙련 노동자들을 고용해야만 한다. 고용의무로부터 부분적인 혹은 전체적인 면제는 아래에 근거해서 허용된다.

- 노동부장관이 서명한 합의
- 산업부문차원의 특수성을 고려한 면제
- 어려운 상황에 처한 기업

그러나 지금까지 예외의 적용은 대단히 제한적이고, 국가노동심의회(National Labour Council)의 조사에 따르면 로제타 플랜에 의해 고용된 청년의 비율은 전체 실업자의 4%에 달한다. 의무고용비율을 제대로 지키지 못하였을 경우, 기업에는 그 기간 동안 청년일인당 매일 3,000 벨기에프랑[14]의 벌금이 부과된다. '로제타 플랜' 아래서 제공된 적절한 일자리를 거부하는 청년에게는 실업급여지급

---

[14] 벨기에는 유로존 국가이므로 1991년 1월 1일부터 유로를 사용하였으나 벨기에의 고유한 통화인 벨기에 프랑은 2002년 2월28일까지 공용으로 사용되었다. 3000벨기에 프랑을 유로로 환산하면 대략 78유로 정도에 해당된다.

이 중단된다. 지역의 기구가 권력을 소유한 연방차원으로 정보를 제공하고, 제재를 부과한다.

FJA에서 제공되는 일자리는 다음과 같다.

- 최소한 일 년 이상 지속되는 통상적인 일자리 혹은 파트타임노동 (최소한 반나절 이상)
- 일정시간의 직업훈련과 일정시간의 근로가 결합된(최대 3년) 직업훈련이 병행되는 일자리
- 자영업이나 유급의 전문직에 대한 견습이나 도제과정 혹은 1~3년에 이르는 직업훈련을 허용하는 사회통합협약

숙련수준의 여하와 상관없이(대학졸업을 하였든, 중고등학교 마저 졸업하지 않았든 간에) 아래의 범주에 해당하는 모든 청년들에게 FJA에 대한 권리가 부여된다.

- 6개월 이내에 학교를 떠났거나, 의무교육을 받고 사회통합프로그램을 마치기 직전의 25세 미만의 청년
- 25세 미만의 청년 실업자들(1항의 범주에서 요구되는 인원이 부족할 경우)
- 30세 미만의 청년 실업자들(1항과 2항의 범주에서 요구되는 인원이 부족할 경우)

FJA는 우선적으로 범주 1의 청년들을 목표로 하며, 범주 1에 속한 젊은이들이 부족할 경우에 범주 2와 3이 고려된다.

한편 벨기에 내 왈론(Walloon)지역에는 2002년에 '청년플랜 +' (Le Plan Jeunes +)이 시행되어 1만 8천 명이 참여하였다. 이 프로그램은 주로 저숙련 청년들 중 장기실업을 줄이려는 시도였다. 플랑드르지역에서는 학교를 마치고 곧바로 생계노동으로 이어지는 것을 돕는 'Jobkaart'라는 실행프로그램이 시행되었다.

2. 덴마크의 청년실업 프로그램

25세 미만의 청년실업자를 대상으로 한 덴마크의 노동시장정책은 교육을 강화하는 데 초점을 맞춘다. 따라서 덴마크에서는 무수히 많은 교육프로그램이 시행된다. 그 중 일부는 청년들이 지속적인 교육에 참여하도록 동기를 부여하는 것이며, 나머지는 노동시장으로의 사회통합을 촉진하는 것이다. 노동시장의 파트너인 노사는 청년실업자들의 교육에 기여할 의무가 있다. 덴마크에서는 사회부조수령자들과 실업급여수령자들을 위한 독립적인 활성화조치가 있다. 실업급여수령자를 위한 조치는 노동부 산하의 노동행정기관 소관이다. 반면에 사회부조수령자의 활성화 프로그램은 사회정책부 산하의 지방기관 소관이다. 청년실업 극복은 청년 실업부조수령자의 문제로 간주되지 않고, 사회정책부가 이들을 위한 조치들을 담당한다.[15)]

덴마크에서 청년실업을 해결하기 위한 구체적 조치로 1996년 4

[15)] Europäische Kommission, 2001a, "Peer-Review-Programme of the European Employment Strategy, The 'Rosetta Plan': A Springboard for Young People into Employment," (Brüssel, June 11 and 12), http://peerreview.almp.org/de(2010년 11월 30일 검색), p.61.

월에 청년운동('Youth Effort') 프로그램이 도입되었다. '청년운동' 프로그램은 1994년 도입한 노동시장정책 프로그램에 대한 전반적인 개혁의 일부이다. 이 프로그램은 정기적으로 실업급여를 필요로 하는 25세 미만의 비숙련 노동자를 대상으로 하였다. 프로그램의 성공에 힘입어 1999년에는 정기적으로 실업급여를 받는 25세 미만의 모든 청년(제대로 된 직업훈련을 받는 청년들을 모두 포함)에게까지 확대되었다. 청년프로그램의 상위목표는 젊은 실업자들이 일반적인 교육프로그램에 참여하게 하거나 스스로의 힘으로 정규직을 찾게 하는 것이다. 6개월 이상 실업상태에 놓여 있으면서 9개월 내에 실업상태를 벗어나지 못하는 청년들은 최소한 18개월 동안 일반적 혹은 특별한 직업훈련의 정규 프로그램에 참여해야 할 의무와 권리가 있다. 이 프로그램이 일반적인 직업교육에 초점을 맞추고 있는 이유는 덴마크 노동시장에서 취업기회를 획득하기 위해서 최소한 일반적인 교육 혹은 직업훈련은 필수적이기 때문이다.

실업상태가 3달 동안 지속되면 노동청은 청년실업자를 소환하여 정규직 일자리로 갈 수 있는지의 여부를 확정한다. 여기서 개별적 행동플랜 혹은 훈련계획이 확정되며, 당사자들은 확정된 결과를 받아들여야만 한다. 이러한 플랜을 통해 노동청은 6개월 이상의 실업상태에서 시작하는 활성화 프로그램에 참여하는 청년에게 어떠한 직업교육이 제공되는지 설명해준다.

실업급여를 담당하는 실업보험기구는 청년의 실업이 4개월 이상 지속되면 노동청에 실업 상태를 통고한다. 이후 2개월 동안에는 모든 직업훈련플랜에서 합의된 18개월 기간의 직업훈련 프로그램을 준비한다. 이러한 과정은 청년들을 교육부 소관의 일반 교육시스템의 정규 교육프로그램에 참여시키는 것을 주요 목표로 한다. 정규 교육에 참여하는 청년은 국가의 고용시스템의 틀 외부에서 (대)학생을 위해 노동부가 제공하는 정규적인 지원을 받는다. 정규교육에 참여하지 않는 청년들은 국가고용시스템 내에서 제공되는 직업훈련을 받고, 훈련에 상응하는 노동경험을 가진 청년들은 그에 준하는 다른 일자리를 제공받는다. 일반적으로 정규교육을 받지 않는 대부분의 집단에게 교육부 소관의 직업학교가 청년프로그램의 일환으로 개발한 18개월 기간의 직업훈련프로그램이 제공된다.

교육과정에 참여하는 6개월 이내에 구직자들이 일자리를 찾거나 꾸준히 정규 교육프로그램에 참여하는 것을 독려하기 위해 18개월 직업훈련과정에 참여하는 동안 실업급여는 삭감된다. 삭감된 실업급여는 일반 교육프로그램에 참여하는 참여자들에게 국가가 수당 형태로 지불한다. 만약 직업훈련에 참여하는 것을 거부한다면, 실업급여에 대한 권리를 상실하고 사회부조를 신청해야만 한다. 학업을 마친 청년들이 향상훈련 프로그램(일반교육 혹은 직업훈련)에 참여할 경우에 실업급여의 82%를 받는다. 실업으로부터 이득을 볼 수 있는 유일한 집단(실업부조를 받기 위한 어떠한 의무로부터 배제된 경우)은 실업기금[16]을 받는 이들이다. 기금을 받기 위해서는 수년 동안 노동을 해야만 하며, 기금 가입의 최소연령은 16~18세이다.

한편, 사용자가 25세 미만의 청년실업자를 고용하고, 보조금을 지급하는 방식(국가가 임금의 절반을 지불함)의 특수한 고용형태가

---

[16] 노조가 실업보험의 관리권을 지니는 북유럽국가(스웨덴, 덴마크, 벨기에, 핀란드) 특유의 겐트시스템(Ghent system)의 틀 안에서 노조가 관리하는 실업기금을 지칭한다.

단기간 동안 존재하였다. 그러나 이러한 이니셔티브는 효과가 그리 크지 않아 철회되었다.[17]

덴마크식 실업극복 방식은 주로 교육에 초점을 맞추고 있으며, 노동시장으로의 사회통합에는 별다른 노력을 기울이지 않는다는 점에서 매우 독특하다. 아래에서 살펴볼 영국의 사례와 마찬가지로 덴마크에서는 동기부여(직업훈련)와 제재(실업수당 삭감)라는 당근과 채찍을 혼용하는 방식을 추구한다. 그러나 한계도 있다. 덴마크의 청년은 직업훈련과 관련된 다양한 프로그램을 선택할 수 있지만, 프로그램의 수준이 그다지 높지 않기 때문에 재능이 있는 청년들에게는 오히려 비생산적일 수 있다.

3. 독일의 'JUMP' 청년실업 프로그램

독일은 1980년대 이후 실업자 수와 실업기간을 단축하기 위해 적극적 노동시장정책을 시행하였다. 이미 그 당시부터 청년실업을 극복하기 위한 많은 프로그램이 도입되었다. 그 중 가장 핵심적인 프로그램은 다음과 같다.

▶ 직업관련 숙련 및 훈련
- 견습생이 되고자 하는 사람들에 대한 지원
- 견습생 이전의 직업훈련

---

17) A. Furlong and W. McNeish, 2000, *Integration through Training: Comparing the Effectiveness of Strategies to Promote the Integration of Unemployed Young People in the Aftermath of the 1997 Luxembourg Summit*, Leonardo Da Vinci Programme, Final Report (Glasgow: University of Glasgow), 23ff.

- 기업외부에서의 이론교육

▶ 노동지향적 프로그램
- 1차 노동시장에서 임금보조
- 일자리창출 프로그램(Arbeitsbeschaffungsmaßnahme: ABM)

▶ 2차 노동시장에서의 고용집단지향적 프로그램
- 장애 청년들을 위한 대책
- 25세 미만의 취약집단을 위한 학습능력개발(외국인 자녀, 독일
  계 이주민)

이러한 프로그램은 사회법전(Sozialgesetzbuch) Ⅲ[18]의 틀 내에서 시행된다. 1998년 이후 월평균 40만 명의 청년들이 노동시장정책 프로그램에 참여하고 있다. 이 숫자는 계속 증가하여 2000년에는 50만 명에 달하였다. 일 년 내에 십만 명의 청년실업을 해결하는 것을 목표로 한 긴급지원프로그램인 'JUMP-청년의 미래'가 시행되면서 참여자의 수는 대폭 늘어났다.[19]

청년긴급지원프로그램 'JUMP'는 유럽의 고용전략과 영국의 뉴딜(New Deal), 프랑스의 '청년고용'(Les emplois jeunes)이나 'TRACE' 프로그램의 영향을 받아 형성되었다. JUMP 프로그램은 2003년까

---

[18] 독일의 사회법을 정리한 것을 사회법전이라고 하며, Ⅲ권은 고용촉진과 직업훈련에 관한 내용으로 구성된다.

[19] Europäische Kommission, 2001c, "Peer-Review-Programme of the European Employment Strategy, The German Immediate Action Programme for Training, Qualification and Employment of Young People(JUMP)," (June 21 and 22), http://peerreview.almp.org/deGERMjun01.htm. (2010년 11월 30일 검색), p.2.

지 시행되었으며, 2003년 7월 1일에 'JUMP PLUS'라는 프로그램이 그 뒤를 이어 시행되었다. 본질적으로 JUMP 프로그램과 내용에 있어서 대동소이한 이 프로그램은 2004년 말까지 시행되었다. 프로그램은 사회부조 수령자들인 청년 10만 명을 고용이나 직업훈련(양성 및 향상훈련)에 연계시키는 것을 목표로 하였다. 독일정부는 청년들을 집중적으로 보살피기 위한 전문가들을 추가적으로 고용하고, 지역 공동체의 사회통합 프로그램을 지원하기 위해 비용지원을 위한 특별회계로 3억 유로를 마련하였다. 프로그램은 주로 구조적으로 취약한 지역, 특히 구 동독지역에 집중되었다.[20]

JUMP 프로그램은 기본적으로 사회법전 Ⅲ을 보완하는 성격을 지닌다. 2002년에는 사회법전 Ⅲ의 수단을 동원해서 44만 6천명의 청년들이 지원을 받았으며, JUMP 프로그램을 통해 8만 5천 9백명이 추가로 지원을 받았다. 독일에서 청년에 대한 노동시장촉진대책은 노동시장정책에서 유도된 청년의 지원이 상당부분 특수한 프로그램에 대한 지원을 통해 이루어지고 있는 프랑스, 영국, 이탈리아와 같은 국가와는 구별된다.

사회법전 Ⅲ의 규정에 비해 완화된 진입조건이나 자격조건을 제시하면서 JUMP 프로그램은 청년들에게 노동에 대한 동기를 부여하였다. 프로그램의 목표집단은 노동청에서 일자리를 찾거나 실업을 신고한 청년들이지만, 노동청이나 사회청과 단절된 실업청년들도 포함하였다. 또한 JUMP는 장기실업에 놓여 있거나 실업의 위험에 노출된 젊은 여성, 장애인, 외국인 등과 같은 취약집단을 포함한

---

[20] Bundesregierung, 2003, "JUMP PLUS"(Bundesregierung: Berlin),
http://www.bundesregierung.de/Themen-A-Z/Kinder-und-Jugend-,2154/Jugendarbeitslosigkeit.htm.
(2007년 5월 20일 검색)

다. 이와 같은 포괄적인 목표집단에 조응하여 광범위한 수요 및 공급지향적인 프로그램이 JUMP 프로그램 내에 채택되었다. JUMP 프로그램은 1999년 이후 <표 2>에서처럼 여러 차례 수정되었다.

<표 2> JUMP 긴급프로그램

적용기간	프로그램의 유형
1999년 이후	기업의 견습 수요를 창출하고 증대시키기 위한 지방, 지역 프로젝트의 지원
1999년만 적용	구직지원자를 대상으로 한 훈련 프로그램
1999년 이후	구직지원자를 위한 기업 외부에서의 직업훈련
1999년 이후	직업학교졸업의 지원
1999년 이후	적절한 직업훈련을 받지 못한 청년을 위한 노동 및 숙련 훈련(AQJ)
1999년 이후	지속적, 추가적 숙련 a) 직업적 향상훈련 촉진 　　확실하게 인정되는 훈련자격증 취득 　　공인된 숙련일자리에서 적용되고, 인증될 수 있는 부분적인 자격증 취득 　　기타 숙련프로그램(직업훈련학교를 마친 청년들의 지속적, 추가적 숙련) b) 훈련 프로그램
1999년 이후	청년 실업자들에 대한 임금보조
2001년 이후	제3자에게 일괄지급: 외국 기업을 통해 프로그램을 지원할 경우 해외노동 수당(AA-Zuschüsse) 지급
2001년 이후	권리의 이행: 제3의 사용자에게서 훈련의 지속과 촉진
1999년 이후	숙련연계 일자리창출프로그램(Quali-AMB)
1999년 이후	고용지원 프로그램(BBH)
1999년 이후	고용 및 숙련프로그램 도입을 위한 사회적 보호
2000년 이후	청년들의 직업이동지원

출처: Bundesarbeitsamt für Arbeit(2003); Institut für Arbeitsmarkt-und Berufsforschung(2002)

'JUMP'의 핵심 목표는 실업을 줄이는 데 있다. 이와 관련하여 첫째, (학교로부터 생계노동으로의 이행을 완화함으로써) 청년들이 실업상태에 놓이는 것을 방지하고 둘째, 실업의 개인적 주기를 낮추며 셋째, 더 이상 실업자 등록을 하지도 않고, 일자리를 찾거나 직업훈련을 받기를 포기한 실업청년들에게 동기를 부여하는 것이 강조된다.

독일연방과 지역의 노동청은 'JUMP'프로그램을 집행할 책임이 있다. 프로그램의 실행방식은 전적으로 분권적(탈중앙적)이다. 지역의 노동청은 지역의 수요에 따라 프로그램을 집행할 수 있을 만큼 독립적이다. 따라서 일부 노동청이 공급자 중심의 프로그램을 제공하는 반면, 다른 곳에서는 수요자 중심의 프로그램을 제공할 수도 있다. 'JUMP' 프로그램은 사회법전 Ⅲ 아래의 일상적 노동시장 프로그램뿐만 아니라 지역이나 각주 연방의 특수 프로그램에도 종속된다. 다시 말해서 이는 실업청년들을 JUMP로 유인하기 전에 정규 노동시장으로 통합시키려는 시도가 우선적으로 강조되어야 한다는 것을 의미한다. JUMP 프로그램은 주로 정규 프로그램에 적응하지 못한 청년들을 겨냥한 것이지만, 자격조건은 상대적으로 느슨하다 (예컨대, 실업상태가 일 년 이하인 세 달만 되어도 이 프로그램으로의 참여가 가능하다). 프로그램 참여의 허용기간은 최대 24개월이며, 참여자들에게 월 460유로씩 재정적인 지원이 이루어진다.

JUMP는 독일 정부와 유럽사회기금(Europäischer Sozialfond)에 의해 공동지원되며, 연간 10억 유로의 예산이 투입되었다. 이 예산은 다음의 세 가지 기준, 즉 청년실업자 수, 직업훈련을 받지 않은 청년실업자 수, 장기청년실업자 수에 따라 지방 노동청에 지원된다. 프로그램 초기에 전체 예산의 40%는 구 동독지역에 지원되었으며, 2001년 이후에는 이 지역에 전체 예산의 50% 이상이 지원되고 있다.

JUMP는 출범당시부터 독일고용리서치센터(IAB)와 연방직업훈련연구소(BIBB), 두 개의 연구소와 긴밀한 네트워크를 구축하였다.[21]

---

[21] Europäische Kommission, 2001c, op. cit., p.13.

4. 영국의 '뉴딜(New Deal)' 프로그램

영국에서는 지난 30여 년 동안 적극적 노동시장정책이 다양하게 시행되어 왔다. 1996년 토니 블레어의 노동당이 선거에 승리한 이후 '복지에서 노동으로(welfare to work)'를 앞세운 뉴딜 프로그램이 다수 도입되었다. 이 프로그램들은 특수한 실업집단을 겨냥하였다. 이러한 정책적 프로그램의 공동의 목표는 장기고용의 수준을 높이고 사회적 배제를 낮추는 데 있었다. 이를 위해 도입된 '뉴딜 프로그램'은 총 6개 프로그램으로 구성되어 있는데, 이들은 목표집단, 목적, 참여의 전제, 제공된 지원유형 등에 있어서 각각 구별된다.

- 청년을 위한 뉴딜(New Deal for Young People)
- 장기실업자를 위한 뉴딜(New Deal for the Long Term Unemployed)
- 한부모를 위한 뉴딜(New Deal for Lone Parents)
- 장애자를 위한 뉴딜(New Deal for Disabled People)
- 실업자의 파트너를 위한 뉴딜(New Deal for Partners of Unemployed People)
- 50세 이상의 사람들을 위한 뉴딜(New Deal for 50+)

이후 시간이 흐르면서 뉴딜 프로그램은 지속적으로 목표 집단을 도입하여 음악가를 위한 뉴딜, 공동체를 위한 뉴딜 등의 방식으로 확산되었다.

청년 뉴딜은 노동당 정부의 근로연계복지 체제(workfare regime)에서 핵심적인 역할을 수행하였다. 이는 당시 차기 의회 회기기간 동안 사회급여를 받는 25만 명의 청년들을 취업시키겠다는 목표를 내세운 노동당의 선거공약이기도 하였다. 1998년 1월 영국영토 전체의 10~15%를 차지하는 12개 테스트 지역에서 청년을 위한 뉴딜(이하 NDYP)이 도입되었고, 4월에는 전국적으로 확대되었다. 뉴딜 프로그램은 노동청과 지역 및 지방 당국 간의 다양한 파트너십에 의해서 시행되었다. 직업훈련 및 기업위원회(TEC), 노조, 대학, 공공부문의 사용자 등이 이에 해당된다. 공공부문 노동시장의 현실에 대한 뉴딜의 선택적 적응은 이러한 파트너십에 의해서 가능해졌다. 뉴딜의 특수한 선택은 144개 지역 파트너십에 의해 준비되었다. 12개의 지역에서는 어떠한 뉴딜을 선택하고 준비하느냐의 문제가 노동청으로부터 완전히 민간부문의 조직으로 양도되었다.[22] 1997년부터 2002년까지의 26억 파운드의 예산이 투입되었으며, 이 기간에 64만 명의 청년들이 참여하였다. 구속성을 지닌 이 프로그램의 목표는 최소한 6개월 이상 실업상태에 있는 18~24세의 모든 청년들에게 장기적인 일자리를 찾아주는 것이다. NDYP 프로그램은 3단계로 구성된다.[23] 실업상태가 6개월을 넘어서면 실업청년은 입문프로그램(Gateway)에 참여하는데, 기간은 4달이다. 입문단계는 6개월 동안 실업상태를 겪은 후에 시작되는데, 그 이유는 다수의 청년들(대략 80%)이 버틸 수 있는 최대한의 실업기간이며, 대부분

---

22) Europäische Kommission, 1999, "Die europäische Beschäftigungsstrategie," Europäische Kommission(eds.), *Menschen investieren-mehr und bessere Arbeitsplätze schaffen*(Brüssel: Europäische Kommission), p.2, 5.

23) P. Dolton and Y. Balfour, 2002, "Der New Deal, 'Welfare to Work'-Programme in Großbritannien," *Zeitschrift des Vereins für Sozialpolitik*, Vol. 2, pp.175 ff.

은 일자리를 찾는 데 별다른 수단을 가지고 있지 않기 때문이다. 노숙자나 범법자들과 같은 특수한 집단은 3달 미만의 실업상태에도 뉴딜에 참여할 수 있다.[24] 이러한 진입단계에서 실업청년들은 대개 노동청 직원들과 같은 개인적 상담자를 통해 개별적 조력, 지도, 직업적 상담을 집중적으로 받는다. 핵심목표는 일자리를 구하는 구직자들이 정부지원을 받지 않는 일자리를 찾는 것이다. 이 단계에서 일차 노동시장에 참여할 수 있는지 참여자의 능력이 검증된다. 개별적 직업상담과 구직과정에서의 지원을 통해 모든 참여자들이 열린 노동시장에서 일자리를 찾는 것이 보장되어야만 한다. 일자리를 찾지 못하거나 고용전망이 나쁜 사람들에게는 4가지 선택을 지닌 다음 단계가 진행되는데, 여기서 실습, 견습, 향상훈련 등의 장기적 단계 혹은 다양한 직업경험을 쌓는 것이 가능하다.[25]

▶ 고용선택(Employment Option): 사용주가 6개월 동안 정부보조금을 받고 정규고용을 한다. 사용자는 최소한 일주일에 하루는 향상훈련 혹은 그에 준하는 교육을 실시하여 숙련을 향상시킨다. 자영업자에게도 이러한 선택이 허용된다.

▶ 자발적 영역 선택(Voluntary Section Option): 자발적인 선택영역에 있는 한 조직에서 6개월 일하고, 동시에 공인된 숙련에 도달하기 위해 최소한 매주 하루의 혹은 그에 준하는 교육을 받는다.

▶ 환경분야 선택(Environment Task Force): 6개월 동안 환경프로젝

---

24) Europäische Kommission, 1999, op. cit., p.4.

25) P. Dolton and Y. Balfour, 2002, "Der New Deal, 'Welfare to Work'-Programme in Großbritannien," *Zeitschrift des Vereins für Sozialpolitik*, Vol.2, pp.175 ff.

트에 참여하고, 동시에 공인된 숙련에 도달하기 위해 최소한 매
주 하루의 혹은 그에 준하는 교육을 받는다.

▶ 전일제 교육 및 직업훈련(Full-time Education or Training): 12개월
동안 참여자는 공인된 숙련을 획득하기 위해 향상훈련에 참여해
야 하며, 추가적으로 4주간의 실습단계를 마쳐야한다. 이는 구직
자들에게 실업급여에 대한 어떠한 추가적 지불을 제공하지 않는
유일한 선택이다.

프로그램을 도입하면서 정부는 향후 이 프로그램에 참여하지 않
으면서 지속적으로 구직자수당(Jobseeker's Allowance: JSA)을 지불
하는 다른 선택을 허용하지 않을 것임을 명백히 하였다.[26]

뉴딜의 4가지 선택 중의 하나에 참여하는 것을 거부하는 사람들
은 일시적으로(보통 2~3주) 실업급여를 삭감하였다. 2000년 3월
이후 적절한 이유 없이 세 번씩 이를 거부하는 사람은 26주까지 실
업급여를 삭감하였다.

4개의 선택 중 하나에 참여한 이후에도 일자리를 구하지 못한
사람은 노동청으로부터 추가적인 지원과 구직자 지원급여를 받는
다. 이 단계는 '계속지원(follow-through)'으로 표현된다. 프로그램의
틀 안에서 장기적인 지원방안은 과거의 직업훈련 및 고용프로그램
과 비교해 볼 때 새로운 시도라 할 수 있다.

실업청년들을 위한 뉴딜은 지속적인 고용을 목표로 하기 때문에
뉴딜을 떠난 후 13주 이내에 실업자가 된 사람은 프로그램을 중단
한 그 시점에서 다시 프로그램에 참여할 수 있다.[27]

---

[26] Ibid., p.177.

뉴딜에 반대하는 사람들은 이전 정부의 여타 다른 프로그램과 마찬가지로 뉴딜프로그램 또한 '제대로 된 일자리'를 만들지 못하는 반면에, 정부가 구직자들에게 일반적으로 구직수요가 거의 없는 일자리를 압박할 뿐이라고 비난한다. 프로그램에서 적용된 복지삭감과 그로 인한 대체효과는 거의 평가하기 힘들다는 것이다. 일부 사용자가 단지 정부의 지원금만 타가면서, 법적인 뉴딜 단계가 종료되면 장기적으로 고용을 제공할 필요가 없는 시스템의 한계를 이용한다는 점은 명백하다. 더구나 사용자들이 선택한 일부 참여자들만이 전일제 직업훈련이나 향상훈련 선택의 기회를 잡을 수 있으며, 뉴딜의 환경이나 자발적 영역을 선택한 대다수의 청년들이 취업하기에 능력이 부족하거나 동기부여가 제대로 안 되고 있는 점도 비판되었다. 뉴딜 내에서 이러한 선택의 위계는 프로그램의 효과를 약화시키는 요인이 되고 있다.[28]

이러한 점에서 뉴딜에 대한 전면적이고 체계적인 평가가 필요한 것이 사실이다. 이는 개별적 참여자에 대한 영향과 프로그램 자체의 비용효과는 물론이려니와 거시경제적 효과가 있는지의 여부도 따져보아야 할 것이다. 그러나 현재까지는 개별 참여자에 대한 평가기록만 존재할 뿐이어서 당분간 뉴딜에 대한 논란은 지속될 것으로 보인다.[29]

---

27) Europäische Kommission, 1999, op. cit., p.5.

28) P. Dolton and Balfour, op. cit., p.180.

29) Europäische Kommission, 1999, op. cit., p.7.

5. 청년들을 위한 프랑스의 노동시장정책

프랑스에서 청년의 2/3는 국가의 지원을 전혀 받지 못하거나 최저소득보조금(Revenu minimum d'insertion: RMI)을 받지 못한다. 따라서 사회통합과 노동시장 활성화를 위한 대책은 추가적 소득을 받지 못하는 청년을 겨냥하며, 그러한 대책에 참여하는 사람들이 지원을 받을 수 있도록 고안되었다. 프랑스의 청년실업대책은 그 특성에 있어서 포괄적이지만, 노동사무소 직원들의 개별적 활동에 영향을 받는 매우 목적지향적인 대책을 가지고 있다. 구직자들의 모든 프로필을 고려하여 가장 적절한 조치를 내려주는데 초점을 맞추고 있다.[30]

프랑스 정부는 청년실업의 유형이 단기적이든 중기적이든, 혹은 특수한 욕구와 문제를 가진 청년들이든 그 유형을 가리지 않고, 청년실업을 극복하기 위해서 모든 영역을 방어해야만 한다는 입장을 견지한다. 프랑스에서 청년실업극복을 위한 다양한 조치는 1975년 이래 시행되어왔다(<표 3> 참조). 이를 위해 새로운 일자리를 만들어내는 것은 물론, 기존에 있었던 일자리의 질을 개선하고, 사용자가 지불하는 사회보장비용을 낮추어줌으로써 기업이 청년을 고용할 수 있도록 고무하는 등 다양한 이니셔티브가 생겨났다. 이러한 노력은 청년들의 실력과 지식을 개선하고 직업훈련, 교육, 노동경험을 보장하는 방향으로 진행되고 있다.[31]

---

[30] Europäische Kommission, 2001a, op. cit., pp.5 ff.

[31] Europäische Kommission, 2001b, op. cit., p.2.

<표 3> 1975년 이후 프랑스의 청년실업대책에 대한 조망[32]

적용기간	프로그램의 유형
1975	직업훈련계약
1977	1차 청년고용을 위한 국가협약
1978	2차 청년고용을 위한 국가협약
1979	3차 청년고용을 위한 국가협약
1980	3차 청년고용을 위한 국가협약의 개정
1982	청년의 미래를 위한 플랜
1982	16~21세 대상의 청년대책 a) 오리엔테이션 심화단계 b) 변화를 위한 훈련단계 c) 18~21세: 전문성을 통한 준비단계
1983	고용적응을 위한 계약
1984	이직을 위한 직업훈련 a) 숙련계약 및 고용적응계약 b) 전문성을 통한 이니셔티브 단계(SIVP) 16~25세 대상 a) 오리엔테이션심화단계 b) 변화를 위한 훈련단계 c) TUC(Travaux d'utilité collective)
1985	직업훈련의 개발 촉구
1986	청년고용을 위한 1차 긴급플랜
1987	청년고용을 위한 2차 긴급플랜
1989	SIVP의 고용연대계약
1991	청년고용촉진(exo jeunes)/직업오리엔테이션 계약/지역의 직업오리엔테이션계약
1992	숙련과 고용 활성화 준비(PAQUE)
1993	청년고용을 위한 국가신용소득지원, 전문가(퇴직자) 활용계약
1994	청년고용지원보조
1997	새로운 서비스, 새로운 일자리(Nouveaux services, emplois jeunes: NSEJ)
1998	고용경로 프로그램(Trajet d'accès à l'emploi: TRACE)
2005	사회생활 적응계약(contrat d'insertion dans la vie sociale: CIVIS)

출처: Raith(2008: 168)

---

[32] 2006년 자크 시라크 대통령 당시 드 빌팽(Dominique de Villepin) 총리에 의해서 제안된 최초고용계약제(CPE)는 법안이 제출된 단계에서 두 달이 넘는 기간 동안 학생과 노동자대중의 저항을 받아 정부가 공식적으로 법안을 철회하기에 이르렀다. 따라서 프로그램 자체가 시행되지 못하였기 때문에 이 표에서는 그 내용을 다루지 않는다.

　프랑스는 1991년에 '청년고용촉진(Exo Jeunes)' 조치를 도입하였는데, 이는 벨기에의 로제타 플랜과 유사한 것이었다. 기업은 의무고용을 하면서 직업훈련을 제공할 필요 없이 사회보험기급을 완전히 면제받았다. 이 조치는 다양한 프로그램 간에 중요한 대체효과를 가져왔다. 예컨대, 직업훈련을 제공할 필요가 없는 'Exo Jeunes' 협약으로 인해 직업훈련과 의무고용을 번갈아가면서 제공하는 것이 포기되었다. 고용효과가 미미해지자 이 조치는 곧바로 폐기되었다.[33]

　프랑스는 1997년 10월 16일에 '새로운 서비스, 새로운 일자리(NSEJ)' 프로그램에 기초한 법안을 가결하였다. 프로그램은 두 가지 문제 해결을 목표로 한다.

- 청년실업에 대한 우려
- 프랑스 경제의 부족한 서비스 공급

'NSEJ' 프로그램은 특히 아래와 같은 서비스분야의 사용자들에게 제공된다.

- 지역 행정당국, 관청, 공공기간
- 공공교육기관
- 경찰

　청년실업자를 위한 일자리를 창출하기 위해 임금보조가 지원된다. 프랑스 정부는 적극적으로 이 프로그램을 지원하였는데, 당시

---

33) Europäische Kommission, 2001a, op. cit., pp.5 ff.

두 개의 목표는 프랑스 사회에 중대한 의미를 지니는 것이었기 때문이다. 고용문제를 지역중심으로 해결하려는 접근방식은 혁신적이었으며, 정책집행에 있어서 프랑스의 전통적인 중앙집중성의 이완을 의미하는 것이었다. 이 프로그램은 많은 다른 나라에서 시행하던 적극적 노동시장정책과 뚜렷하게 구별된다. 프랑스 정부는 'NSEJ' 프로그램을 청년을 위한 고용창출 및 새로운 서비스노동의 개발을 위한 프로그램으로 정의한다. 정부는 '사회적 안정망'을 갖춘 새로운 서비스 분야의 개척을 지원하며, 이러한 혜택 속에서 새로운 서비스노동을 창출하는 기업 및 조직을 독려한다. 이를 위해 청년들을 위한 새로운 일자리를 창출하는 사람들에게 연간 14,484 유로의 보조금을 지불하고 있다. 이는 프랑스 최저임금(SMIC)의 80%에 달하는 액수이다. SMIC 이상으로 지불하는 사용주는 정액요금(flate rate)을 받는다. 보조금은 매월 지급되며, 5년 이상 지불된다. 이 기간은 장기적 고용을 보장하는 서비스노동을 제대로 개발하기 위해 매우 중요한 것으로 간주된다. 이러한 방식으로 프로그램에 참여한 청년들이 직업경험을 축적할 수 있는 반면에, 제공된 서비스에 대한 수요가 발생할 수 있다. 단순한 직업훈련을 넘어선 전문화는 프로그램의 핵심으로 간주된다.

이 프로그램은 18~25세의 구직을 원하는 모든 청년들을 대상으로 한다. 이때 청년들이 노동청(Agence nationale Pour l'Emploi: ANPE)에 등록되느냐의 여부는 중요하지 않다. 물론 실업상태에 있으면서 오랫동안 일을 하지 않았기 때문에 실업보조금을 신청할 수 없는 상태에 놓여 있는 26~29세의 사람들도 이 프로그램의 참여를 문의할 수 있다. 30세 이하의 장애인들도 프로그램에 참여할 수 있다.

'NSEJ' 프로그램은 파트타임 일자리도 포함하며, 대신 보조금은 노동시간 비율에 따라 삭감된다.

'NSEJ' 프로그램을 통해 창출된 일자리의 상당부분이 저숙련 청년들, 특히 빈곤계층의 청년들에게 주어질 수 있는지의 여부는 담당관료의 책임에 놓여 있다. 동시에 프로그램은 담당자가 '과도하게 숙련화된' 사람들도 고려해야만 하며, 남성과 여성의 기회균등을 제공해야만 한다고 규정하고 있다. 'NSEJ' 프로그램의 일반적인 목표는 청년실업자들이 서비스노동을 위한 직업훈련을 받게 하는 데 있다. 따라서 새롭게 발생한 서비스시장에서 요구되는 서비스 노동을 위한 직업훈련과 숙련수준 개발의 필요성이 꾸준히 제기된다.

'NSEJ' 프로그램은 정규 시장력을 통해 생성되지 못하는 일자리와 서비스노동만을 지원하며, 노동력의 대체효과나 전직효과는 피하고자 한다.[34]

프랑스 정부는 1998년에 TRACE(Trajet d'accès à l'emploi) 프로그램을 도입하였다. 이 프로그램은 18개월 동안 지속되는 사회통합 프로그램으로서, 특별히 인성이나 학업에 문제를 지닌 26세 이하의 청년들을 대상으로 한다. 프로그램의 목표는 실업이나 주변화를 방지하고, 동시에 이들의 고용, 자기개발, 사회통합을 하는 것을 지원하는 데 있다. 프로그램의 주요부분은 대상 청년들이 주무관청과 접촉을 하도록 하는 데 있는데, 여기서 해당 청년들에게 자신들이 원하는 직업훈련요구가 무엇이고, 자신들이 당면한 문제를 어떻게 대처해야 하는지를 지도한다. 프로그램의 내용은 대부분 개별적으로 적용되며, 재정적인 보조는 전체 프로그램시기가 지속되는 한

---

[34] Europäische Kommission, 1999, op. cit., pp.1 ff.

지원된다. 상위목표는 TRACE에 참여하는 사람들 중 최소 50% 이상이 정규 일자리를 얻거나, 최소한 6개월 이상의 고용계약을 획득하게 하는 데 있다.[35] TRACE는 2005년에 사회생활 적응계약(CIVIS)으로 대체되었다.

Ⅳ. 결론

유럽 주요 국가들에서 시행된 청년실업대책은 EU 룩셈부르크 정상회의의 고용정책적 가이드라인(2001)이 공표되기 이전부터 활발하게 시행되었다. 각국의 청년실업대책은 문화와 전통에 따라 매우 상이하다. 따라서 어느 한 나라의 성공적인 프로그램을 다른 나라에 그대로 적용하는 데는 문제가 있다. 무엇보다 청년실업대책과 관련된 프로그램들은 각국의 특수한 노동시장 상황에 근거하고 있다. 사회적, 경제적, 문화적, 역사적 전통이 발전의 경로의존성을 규정하며, 따라서 청년실업과 관련된 프로그램의 개발에도 지대한 영향을 미친다. 그러나 인생의 과도기적 단계에 있는 청년은 그 자체로 하나의 가치를 지닌다고 생각하고, 노동시장으로 진입하는 이행단계에서 생계노동의 지위를 부여하려는 시도는 나라별로 상이한 문화적 전통 속에서도 공통적으로 추구된다.

---

35) Europäische Kommission, 2001b, op. cit., pp.1 ff.

〈표 4〉 EU 국가의 청년실업대책의 특성

	의도적인 청년실업 대책	실업대책의 유형	구조적 속성 혹은 개인적 속성	실업대책의 강제적 특성 여부	EU 룩셈부르크 고용가이드 라인 이전의 대책	실업대책의 범위	시행에 있어서 중앙집중적 혹은 분권적 경향
벨기에	○	압도적으로 수요자중심	개인적	○	○	전국적, 해당하는 모든 사람, 지역차원의 공급	분권적
덴마크	○	공급자 중심	개인적	○	○	전국적, 해당하는 모든 사람	분권적
독일	○	공급자중심, 그러나 부분적으로 수요자중심의 대책 병행	개인적	×	○	전국적, 해당하는 모든 사람	분권적
영국	○	압도적으로 공급자 중심	개인적	○	○	전국적, 해당하는 모든 사람	분권적
프랑스	○	수요자 중심과 공급자 중심 병행	구조적/ 개인적	○*	○	전국적, 해당하는 모든 사람	분권적

※ 프랑스에서는 청년의 2/3가 국가의 지원을 받지 못하고 있거나 RMI(Revenu minimum d'insertion : 최저소득보조금)을 받는다. 노동시장통합이나 취업 활성화를 위한 대책은 대체소득이 없는 청년들을 대상으로 하며, 참여자들이 그럼으로써 사회급여를 받을 수 있도록 기획되었다.

나라별로 상이한 문화와 청년에 대한 이해는 <표 1>에서 분류한 이념형, 즉 실업의 결과(빈곤, 지위 및 사회적 정체성의 결여 등)로 등장한 구조적 차별과 노동시장에서 경쟁의 핸디캡이 되는 개인적 결함을 반영하여 정책으로 구현되었다. 이에 근거하여 여기서 분석된 5개국 청년실업대책의 특성을 유형화하면 <표 4>와 같다. 5개국 청년실업대책의 특성을 간략하게 요약하면 다음과 같다.

영국의 청년실업대책은 개별적 노동시장의 참여라는 의미에서 가능하면 빠른 자립을 선호한다. 따라서 청년실업문제의 해결은 사회보장급여 등으로부터 구직자의 '자립화'라는 문화와 연계되어 있다(전형적인 자유주의적 복지국가 유형).

생계노동중심의 체제가 유지되는 독일에서는 청년실업의 문제를 직업노동과 정상적 고용관계에 집중해서 해결하려하며, 이때 직업훈련은 청년들에게 중요한 사회적 장소이다.

사회보장으로의 개별적 진입과 '교육을 통한 평등'을 골자로 하는 덴마크(전형적인 스칸디나비아 국가유형)에서 청년은 개인적 생애를 발전시키는 과제를 수행하는 시기로 정의된다. 따라서 청년은 일하는 존재가 아니라, 교육을 통해 스스로를 만들어가는 존재로 인식되기 때문에 청년실업은 사회적으로 중요한 테마가 아니다.

반대로 프랑스와 같은 국가(남유럽국가의 유형[36])에서는 교육과 노동시장정책에 대한 청년의 사회적 장소를 새롭게 정의하고, 실업청년의 교육과 훈련을 제도화하는 것이 쟁점이 되고 있다. 이는 독일이나 북유럽국가처럼 초기 산업화단계에서 직업훈련을 제도화하지 못한 역사적 경험에서 비롯된다.

---

[36] 남부국가유형에는 프랑스를 비롯하며 스페인, 포르투갈, 그리스 등의 국가들이 포함된다. 북유럽국가들에 비해 이들 국가는 전통적으로 청년들에 대한 지원을 국가보다는 가족이 부담하여왔다. 1990년대 이후 높은 실업률로 인해 청년들을 위한 국가의 교육 및 직업훈련 대책이 상대적으로 늦게 개발된 공통적인 특성을 지닌다.

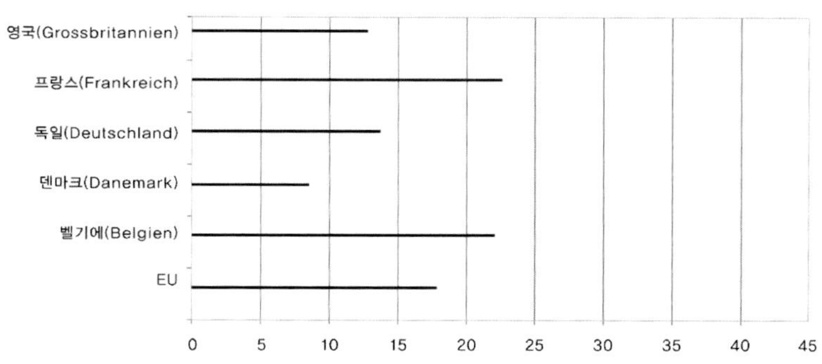

〈그림 3〉 유럽의 청년실업률

이처럼 유럽국가들은 청년에 대한 독특한 사회문화적적 이해에 기초하여 청년실업대책을 수립하고 있다. 1990년대부터 2000년대 초반에 수립된 이러한 정책의 효과는 상이한 결과를 낳았다. <그림 3>에서 보듯 2006년 현재 이 글에서 분석된 유럽 5개국의 실업률을 보면 영국, 독일, 덴마크의 청년실업률이 EU평균 실업률보다 낮게 나타난 반면, 벨기에와 프랑스의 실업률은 높게 나타났다. 실업률이 한 국가의 경제상황을 반영하는 것이기에 한 시기의 실업률을 가지고 일방적인 평가를 내리는 것은 물론 위험하다. 그럼에도 의무고용제를 통해 실업문제를 적극적으로 해결하려는 의지를 보인 벨기에가 높은 실업률을 보이고, 상대적으로 청년실업에 대해 특화된 정책보다는 교육과 직업훈련에 주력한 덴마크의 청년실업률이 낮게 드러난 점은 주목할 만하다.

전반적으로 어떠한 나라의 청년실업대책도 완벽한 모델을 제공하지 않는다. 그러나 EU 국가들은 다른 이웃국가로부터 다양한 개혁사례를 배우고, 선택적으로 이를 수용하고 있다. 그러나 더 중요한 사실은 청년실업을 성공적으로 극복하기 위한 프로그램이 청년에 대한 사회적 인식, <그림 2>에서 보았던 청년으로부터 성인으로 발전하는 다양한 과정을 염두에 두고 개발되고 있다는 점이다.

마지막으로 유럽청년실업이 한국에 주는 교훈을 간단하게 살펴보고자 한다. 유럽의 청년실업대책은 그 자체로 완벽한 것이 아니다. 국가별로 편차가 있기도 하지만, 여전히 유럽은 적지 않은 청년실업을 유지하고 있다. 그러나 청년실업을 단순히 노동시장의 문제로만 환원시키지 않고 청년실업의 상태를 세분화하고, 재사회화, 나아가서 시민권을 강화하려는 기회로 보려는 노력은 우리가 청년실업을 해결하는 데 있어서 교훈으로 삼을 필요가 있다.

유럽의 청년실업은 대부분 24세 미만의 저숙련, 저학력 취업계층이 주를 이루고 있는 반면에, 2011년 3월 현재 청년실업률 9.8%의 한국은 저학력 청년층의 실업률도 높은데다가 고학력 청년층의 실업률도 상대적으로 높다는 특징을 가지고 있다.[37) 따라서 이를 단순히 '88만원 세대'[38)로 뭉뚱그려 표현하는 것은 의지의 표현은 될 수 있을지언정 문제해결에는 별반 도움이 되지 않는다.

유럽 5개국의 경험이 한국의 청년실업대책에 주는 교훈은 다음과 같이 요약될 수 있을 것이다.

첫째, 청년실업의 구조적 요인과 개별적 요인을 세분화하는 것이다. 전자는 고용의 창출과 관련되며, 후자는 구직자의 고용능력을 향상시키는 것과 관련된다. 두 개의 요인은 서로 연관되어 있지만, 청년의 교육수준, 사회화 수준, 욕구 등을 고려하여 세분화된 정책

---

37) 군 입대 등을 고려하여 한국의 청년실업률은 15~29세까지 환산된다.

38) 우석훈·박권일, 2007, 『88만원 세대』(서울: 레디앙).

을 필요로 한다.

둘째, 구조적 요인의 측면에서 최근 한국에서는 벨기에나 프랑스의 청년고용할당제의 도입이 강조되고 있지만, 통계에서 확인되듯 청년고용할당제가 곧바로 실업문제를 해결해주지는 않는다. 그러한 점에서 고용할당제는 조심스럽게 접근할 필요가 있다. 무엇보다 유럽의 청년고용할당제가 저숙련 실업청년을 겨냥하고 있는 반면, 한국은 주로 고학력자를 겨냥하고 있다는 점에서 그 배경이 다르다. 현재 국내에도 청년고용촉진법이 공공기관에 적용되고는 있으나 그 결과는 유명무실하다. 공공기관은 물론이려니와 행정인턴제와 같이 비정규직을 남발하는 편의적인 대책보다는 기업에 보다 적극적인 인센티브를 부여하면서 청년고용할당제를 도입하는 방안을 고려해 볼 필요가 있다.

셋째, 한국의 청년실업률은 개인적 요인의 측면에서도 재고할 여지가 많다. 익히 알려져 있다시피 한국의 청년실업률의 주요 원인 중의 하나는 고용률이 매우 낮다는 점이다. 장기불황으로 취업준비자, 구직단념자들이 많은 탓이다. 이러한 문제를 단순히 눈높이 교정으로 해결할 수는 없다. 프랑스의 경우처럼 개인적 상담을 활성화하고, 독일, 덴마크, 영국의 사례처럼 고용능력을 향상시키는 다양한 노력이 필요하다. 그러한 점에서 다양한 직업훈련 프로그램의 개발이 시급하다.

넷째, 청년은 노동경험이 부족하기 때문에 취업준비 단계에서 많은 재정적 어려움에 직면한다. 특히 최근 높은 등록금으로 인해 이미 채무자의 지위에 놓인 청년들이 최저임금도 못되는 취업지원서비스를 받으면서 고용능력을 향상시키기란 불가능하다. 그러한 점에서 앞서 살펴본 모든 유럽국가들처럼 청년실업부조를 도입하는 것이 필요하다. 이를 위해 단순한 실업부조부터 평생직업훈련계좌제도 등 다양한 프로그램을 개발할 필요가 있다.

다섯째, 독일과 덴마크의 사례처럼 민간기업이 직업훈련을 담당하는 것을 제도화할 필요가 있다. 일종의 듀얼시스템(이론과 기업에서의 실무훈련 병행)으로 이는 저숙련, 저학력계층의 청년들에게 직업훈련과 고용을 연계시키는 중요한 기회를 제공할 것이다.

전반적으로 한 나라의 고용정책을 제도화하는 데는 많은 시간과 노력이 필요하다. 그러나 청년(실업)의 문제를 어떻게 보고, 어떠한 가치를 부여하느냐보다 더 중요한 인식적 출발점은 없다. 청년실업은 단순히 국가경쟁력의 문제만으로 환원되지 않는다. 장기적 실업에 놓이거나 불안정 고용에 시달리는 청년시기는 결국 사회통합을 해칠 뿐 아니라 많은 사회갈등과 문제를 야기한다. 그러한 점에서 청년실업대책을 위해서 정책수립자에게 경제성의 원칙보다는 '사회성'의 관점에서 청년실업을 바라보는 높은 '민감성'이 요구되며, 이를 통해 세분화된 청년실업대책이 준비되어야만 할 것이다.

참고문헌

김성희. 2007. "청년실업바로알기와 3가지 해결방안." 『진보평론』 가을호, pp.10-36.

노동부. 2006. 『한국의 고용전략수립에 대한 연구』. 서울: 노동부.『유럽의 청년고용대책』(2007).

우석훈·박권일. 2007. 『88만원 세대』. 서울: 레디앙.

이동임·김덕기. 2005. 『독일의 자격제도 연구』. 서울: 한국직업능력개발원.

이승렬·김주영·박혁·황규성·옥우석. 2011. 『청년 일자리지원사업 심층연구』. 서울: 한국노동연구원

임운택. 2009. 『대구지역의 청년층 고용창출전략개발을 위한 연구사업』. 대구: 대구경영자총협회.

Bosch, G. 2001. "Die Zukunft der Arbeitsmarktpolitik für Jugendliche in Deutschland." Groth, C. and Maennig, W.(eds.) *Strategien gegen Jugendarbeitslosigkeit im internationalen Vergleich*. Frankfurt am Main: Peter Lang.

Bundesanstalt für Arbeit. 2003. *Europa kommt-geher wir hin! Perspektiven in Europa: Bildung-Ausbildung-Sutdium–Jobben*. Nürnberg: BfA.

Bundesregierung. 2003. "JUMP PLUS." Bundesregierung: Berlin. http://www.bundesregierung.de/Themen-A-Z/Kinder-und-Jugend-,2154/Jugendarbeitslosigkeit.htm. (2007년 5월 20일 검색)

Dolton, P. and Balfour, Y. 2002. "Der New Deal, 'Welfare to Work'-Programme in Großbritannien." *Zeitschrift des Vereins für Sozialpolitik*, Vol. 2.

Engelen-Kiefer, U. 1995. *Beschäftigungspolitik*. Köln: Bund Verlag.

Europäische Kommission. 1998. *Nationale Aktionspläne*. Brüssel: EU.

Europäische Kommission. 1999. "Die europäische Beschäftigungsstrategie." Europäische Kommission(eds.). *Menschen investieren-mehr und bessere*

Arbeitsplätze schaffen. Brüssel: Europäische Kommission.

Europäische Kommission. 2001a. "Peer-Review-Programme of the European Employment Strategy, The 'Rosetta Plan': A Springboard for Young People into Employment." Brüssel, June 11 and 12.(http://peerreview. almp.org/de. (2010년 11월 30일 검색))

Europäische Kommission. 2001b. "Peer-Review-Programme of the European Employment Strategy, TRACE-Access routes to employment for young people in danger of exclusion." Paris, October 2 and 3(http:// peerreview.almp.org/de/FRANCEoct01.htm. (2010년 11월 30일 검색))

Europäische Kommission. 2001c. "Peer-Review-Programme of the European Employment Strategy, The German Immediate Action Programme for Training, Qualification and Employment of Young People(JUMP)." June 21 and 22.(http://peerreview.almp.org/deGERMjun01.htm. (2010 년 11월 30일 검색))

Europäische Kommission. 2009. "Eine EU-Strategie für die Jugend-Investitionen und Empowerment. Eine neue offene Methode der Koordinierung, um auf die Herausforderungen und Chancen einzugehen, mit denen die Jugend konfrontiert ist." Apr. 27. KOM(2009) 200 endgültig.

Eurostat. 2006. Jugendarbeitslosenquote. Brüssel.

Furlong, A. and McNeish, W. 2000. "Integration through Training: Comparing the Effectiveness of Strategies to Promote the Integration of Unemployed Young People in the Aftermath of the 1997 Luxembourg Summit." Leonardo Da Vinci Programme, Final Report. Glasgow: Unversity of Glasgow.

IRIS e.V. 2001. "Institutionelle Ausgrenzungsrisiken im Übergang?: Eine vergleichende Auswertung nicht beabsichtgter Effekte von Maßnahmen zur Integration junger Erwachsener in den Arbeitsmarkt in Europa." Hechingen/Tübingen: Universität Tübingen, http://www.iris-egris.de/pdfs/tser-bericht-deutschland.pdf. (2011년 3월 21일 검색)

Leisering, L. and Walker, R. 1998. "New Realities: the dynamics of modernity." Leisering, L. and Walker, R.(eds.) *The dynamics of modern society*. Bristol: The Polity Press.

Martin, J. P. 1998. "What Works among Active Labour Market Policies: Evidence from OECD Countries Expeirences." OECD Labour Market and Social Policy Papers, Nr. 35. Paris: OECD.

OECD. 1998. "The OECD Jobs Strategy: Progress Report on Implementation of Country - Specific Recommendations." Economic Departments Working Papers. Nr. 196. Paris: OECD.

Raith, M. 2008. *Maßnahmen gegen Jugendarbeitslosigkeit in der Europäischen Union: Einfluss der Struktur allgemeiner gesellschaftlicher Werte und der institutionellen Rahmenbedingungen*. Saarbrücken: VDM Verlag Dr. Müller.

Reithofer, H. 1995. *Sozialpolitik in Österreich, Probleme, Lösungen, Argumente. Eine praxisorientierte Darstellung*. Wien: Verlag des ÖGB.

Schatz, K.-W. 2001. "Beschäftigungspolitik." Ohr, R. and Theurl, Th.(eds.) *Kompendium Europäische Wirtschaftspolitik*. München: Verlag Vahlen.

제3부

한국과 아시아의 복지체제

제8장 ■■■ 복지와 성장의 딜레마

- 한국복지국가 논쟁에의 함의

이혜경[*]

* 연세대학교 사회복지대학원 교수
  이 글은 2011년 5월 20일 한국유럽학회춘계학술대회의 기조발제를 수정보완한 것임.

제8장
복지와 성장의 딜레마
– 한국복지국가 논쟁에의 함의

Ⅰ. 서론

복지가 한국 주류정치의 본격적인 정책 어젠다로 부상하고 있다. IMF 위기 이후 10년 동안 가파르게 복지를 확장시킨 진보정부에 뒤이어 747과 감세를 공약한 보수정부가 집권하였으나, 그럼에도 불구하고 2010년 한국의 공공복지지출 규모는 81.2조원으로[1] 2008년 물려받은 복지재정 예산 68.8조원보다 12.4조가 늘었고, 정부 총지출 대비 복지지출 비중도 26.2%에서 27.7%로 증가하였다. 지난 5년(2005~2010) 정부복지지출의 연평균 증가율은 10.4%로 정부 총지출 증가율 6.9%의 1.5배 수준이었다. 현 추세가 유지되면 공공사회복지지출은 2013년 GDP 대비 8.9%에서 2040년 17.7%로 증가할 전망이다(박인화, 2011). 1987년까지 한국의 공공복지지출

---

[1] 정부예산 외로 운영되어 국내외 재정통계에 포함되지 않는 건강보험과 노인 장기요양보험 지출 33.5조원을 합하면, 2010년 한국의 공공복지지출 규모는 115조, 정부총지출 대비 비중은 35.2%가 된다(박인화, 2011).

은 국가재정의 15%에도 못 미쳤던 것을 생각하면 놀라운 증가이다. 더구나 1960년대 이래로 한국이 고수해온 '선성장 후분배'라는 선명하고 강력한 발전국가형 정책 기조를 기억한다면, 놀라운 변화라 하지 않을 수 없다.

그러나 문제는 지금부터다. 복지에 대한 합의의 저변이 확장되고 있는 것은 사실이지만, "어떤" 복지를, "어떻게," "얼마큼"이라는 구체적인 질문에 합의하려면, 보다 진지한 논의와 훨씬 심화된 담론이 필요하기 때문이다. 한국 유럽학회가 "복지와 성장의 딜레마"라는 근본적인 질문으로 한국 복지국가 논쟁을 조망하는 것은 매우 의미 있는 일이다. 복지와 성장은 어떤 관계에 있는가? 복지는 성장을 방해하는가? 복지국가는 국가경쟁력을 훼손하는가? 복지 없는 성장은 지속가능한 것인가? 그것은 복지국가의 역사만큼이나 오래된 질문이고 끊임없이 반복되어 온 기본적인 질문이다. 수많은 연구자들이 복지와 성장, 평등과 효율, 사회통합과 경쟁, 사회정책과 경제성장, 국가와 시장, 복지국가와 국가경쟁력 등 다양한 이름으로 양 변수간의 관계를 규명하려고 노력해왔다. 특히 1970년대 이후 복지국가가 세계경제 둔화의 원인으로 비판받기 시작하면서, 두 변수간의 관계에 관한 사회과학적 연구의 관심도 급증하였다.

본 발제에서는 첫째, 복지와 성장의 관계를 규명하고자하는 실증 연구들이 어떤 결론에 도달하고 있는지 알아보고, 둘째, 복지국가 위기로 표현된 복지와 성장의 대립의 역사적 경험을 시대사적으로 살펴보고, 그리고 셋째, 복지레짐의 위기가 현재 한국의 복지국가 논쟁에 던지는 함의를 살펴본다.

Ⅱ. 복지국가는 경제성장을 저해하는가?

많은 사회과학자들이 복지와 성장, 평등과 효율, 복지국가와 국가경쟁력 두 변수간의 관계를 객관적으로, 논리적으로 규명하고 실증적 증거를 찾으려고 노력해 왔다. 논리적으로는, Gough(1996)의 주장과 같이, 복지와 성장의 관계는 5가지가 가능하다. 첫째, 양립 불가능하다. 포괄적인 사회정책은 경제성장을 저해하고 국가경쟁력을 떨어뜨린다. 둘째, 양립가능하다, 보다 포괄적인 사회정책은 국가 경쟁력을 강화하고 성장을 촉진한다. 셋째, 사회정책은 국가 경쟁력에 아무 영향을 미치지 않는다. 넷째, 사회정책의 상이한 측면들이 상이한 방향, 혹은 반대방향으로 국가경쟁력에 영향을 미친다. 그리고 다섯째, 양자 간의 관계는 주어진 국가의 다른 경제 사회 정치 제도적 조건에 따라, 그리고 세계경제에서 국가의 위치에 따라 달라진다. 그는 이 중에서 세 번째 가설은 다른 가설의 검증에 따라 검증될 것이므로 논외로 하고, 네 번째와 다섯 번째를 묶어서 조건부 양립 가능론이라 불렀다.

본 절에서는 고프(1996)가 정리한 (복지와 성장의) 양립불가설과 양립 가능설을 중심으로, 그것을 지지하는 다양한 연구들의 가설, 논리와 반론들을 소개한다. 복지와 평등 어느 것도 간단한 개념이 아니고 두 변수 간의 관계도 시대의 변화와 함께 변화해 온 것이어서, 복지를 어떻게 정의하고 무엇으로 측정하느냐에 따라, 그리고 성장을 어떻게 정의하고 무엇으로 측정하느냐에 따라 연구의 프레임이 달라지고, 연구결과도 달라진다.

고프(1996)는 복지와 성장의 관계에 접근하는 실증연구들을 체계적으로 분류하는 틀을 만들었다. 복지는 사회정책과정의 일반적인 분류에 따라, 투입, 산출, 결과로 분류하고, 경쟁력(경제성장)은 그것에 영향을 미치는 매개변수로서 자본의 공급, 노동력의 공급, 그리고 자본과 노동력의 생산성의 3요소를 구별하였다.[2] 사회정책의 "투입"은 보통 사회지출수준이나 그 재원이 되는 조세 수준으로 측정되고, "산출"은 프로그램 적용률, 급여 대체율 등의 지표가 사용된다. "결과"는 복지의 수준을 말하는 것으로, 가장 보편적으로 사용되는 지표는 평등이고, 그 밖에 재분배, 탈상품화의 정도, 완전고용정도로 측정도기도 한다.

그리하여 아래 <표 1>이 만들어졌다. 종축에 복지의 3요소, 횡축에 성장의 3개의 매개요소를 두어 독립변수 복지가 종속변수 경제성장에 영향을 미칠 수 있는 9가지 방식을 구별하고 있다. 이들 각각의 방향은 원칙적으로 긍정과 부정 양 방향일 수 있다. 복지비 지출과 총 조세가 경제성장에 미치는 영향, 구체적인 개별 프로그램과 정책들이 경제성장에 미치는 영향, 그리고 복지의 결과로서의 (불)평등이 경제성장에 미치는 영향의 순서로 살펴본다.

---

[2] 노동공급은 노동의 양과 질의 변화로 다시 나누어 고려할 수 있고, 생산성은 다시 회사내부효율성과 회사들 간, 산업부문 간 자원할당의 효율성을 나누어 볼 수 있다.

〈표 1〉 양립가능성과 양립불가능성

	자본의 공급	노동의 공급	자본과 노동의 생산성
사회지출 /조세	1. 정부부채는 민간자본 투자를 감소시킨다. 2. 사회보장부담은 자본의 수출을 가져온다. **4. 거시경제적 안정효과가 있다.**	3. 조세는 노동공급을 감소시킨다.	재분배는 가격기제를 붕괴시킨다.
사회 프로그램	1. 부과방식 연금은 저축률을 감소시킨다.	2. 연금은 노동공급을 감소시킨다. 3. 실업과 질병급여는 노동공급을 감소시킨다. 4. 최저임금, 고용보호는 고용증가를 저해한다. **7. 사회서비스는 여성고용을 지원한다.**	5. 공공사회서비스는 내부효율성이 낮다. **6. 시장의 실패(실업보험보건서비스) 보완한다.** **8. 교육 훈련은 인적자본을 향상시킨다.**
복지결과	산업평화는 투자를 촉진하고 불평등은 대중소득과 구매력을 감소시킨다. 3. 범죄는 투자를 저해한다.	2. 질병의 사회적 비용을 감소시킨다. 3. 범죄는 아동교육에 해가 된다.	1. 신뢰 확대와 거래비용 감소를 통해 유연성을 높인다. 4. 불평등의 집행비용을 감소한다.

1. 복지비 지출과 경제성장의 관계

복지비 지출수준은 자본의 공급, 노동의 공급, 자본과 노동력의 생산성에 부의 영향을 미친다는 것이 고전경제학의 가정이다. 그러나 1995년 Atkinson이 GDP 대비 사회보장 이전지출을 경제성장률로 회귀분석한 주요 실증연구 9개를 검토하였는데, 그중 4개는 부정적인 관계, 3개는 긍정적인 관계, 두개는 무의미한 관계를 보여주고 있었다. 고프가 1996년에 검토한 연구들 중에서도 부정적인 관계가 우세하였으나, 거시 집계자료의 국가 간 비교분석으로는 일관성 있는 결론을 내리기가 어려웠다.

(1) 적자재정으로 공공 사회지출을 증가시킬 경우, 민간자본투자에 부정적인 영향을 미친다. 정부가 채권발행으로 적자재정을 운영할 경우, 단순한 크라우딩 아웃(Crowding out)[3]효과를 가정하면 그렇지만, 재정부양책이 채권이자율에 미치는 영향은 통화정책 여하에 따라 달라질 수 있다. 또한, 정부의 부채는 자본의 비용을 간접적으로 높일 수 있고, 공급을 감소시킬 수 있다. 더구나 그러한 요인은 반드시 총투자를 감소시키는 것은 아니다.

(2) 사회지출을 위한 기업의 높은 부담(사회보장 갹출)은 자본공급에 부정적인 영향을 미친다. 조세와 사회보장 갹출 부담은 노동비용이 낮은 곳으로 생산 활동을 이전시킬 수 있고, 경쟁력에도 부정적인 효과를 가져온다. 복지프로그램 지출 삭감은 경쟁력을 향상시키는 다섯 가지 대책 중의 하나에 불과하다. 나머지 4가지는 직접노동비용 줄이기, 다른 비용 줄이기, 복지국가의 비용을 기업에서 가구로 재분배하기, 통화가치 절감하기 등이다. 선택은 기본적으로 사회적 선호의 문제이고 각각 상이한 결과를 가져온다.

(3) 높은 조세와 사회보장 갹출은 노동공급에 부정적인 영향을 미친다. 모든 직접, 간접 조세는 고용주의 노동비용과 노동자의 구매력을 감소시킨다. 각각의 가설이 성립되기 위한 전제와 매개요인들이 논의되고 있지만, 대체로 복지와 성장의 양립불가가 지지되고 있다. 그러나,

---

[3] 정부지출이나 조세감면 증가가 이자율을 상승시켜 민간소비 및 투자활동을 위축시키는 현상을 말함. 국채이자율이 상승하면 민간자금이 국채로 흡수되고, 전반적인 금리수준이 상승하여 민간부문의 자금조달이 어려워지는 상태를 나타내는 용어.

(4) 사회프로그램 지출의 반 경기순환적 효과 때문에, 특히 재분배적 사회지출은 경제적 안정성에 기여한다. 가난한 사람들은 부자들보다 소비에 돈을 사용할 것이기 때문이다.

(5) 고프 자신은 GDP 조세비율, 사회보장비 지출 비율, 총 사회지출을 독립변수로 그리고 제조업 수출 성장률(1980~1986)을 경쟁력의 지표로 하여, 사회지출(1979)이나 사회지출 변화(1973~1979)와 경쟁력과의 상관관계를 검증한 결과, 유의미한 관계는 발견되지 않았다. 다만, 제조업분야의 피용자 1인당 실질 부가가치(제조업 생산성 성장)와는 약한 부의 상관관계, 사회지표와 경제 성장률은 높은 부의 상관관계를 발견하였다. 그러나 일본을 넣느냐 빼느냐가 상관관계에 큰 차이를 가져오는 것으로 나타났다. 에스핑-앤더슨은 GDP 대비 총 사회지출 수준을 독립변수로 사용하여, 역시 국가수준의 경쟁력에 미치는 영향을 회귀분석 하였는데, 결과는 긍정, 부정, 무의미의 혼합이었다. 광범위한 거시수준 회귀분석의 결론은 양립가능론과 양립불가론에 대한 일관성 있는 증거를 찾기는 어렵다는 것이다.

2. 특정 사회정책 프로그램과 경제성장의 관계

복지와 성장의 관계의 실증연구들은 대부분 공적 연금, 실업급여, 사회서비스, 최저임금 등 특정 개별 프로그램에 초점을 맞추고 있다. 그 결과를 포괄적인 복지와 성장의 관계로 일반화하는 데는 문제가 있다. 구체적인 프로그램이 경제성장에 미치는 영향도 여러 가지 중요한 가정을 전제로 하는 경우가 대부분이다.

(1) 부과방식의 공적연금은 자본의 공급에 부정적이 영향을 미치고, 장기적인 성장률에 부정적인 영향을 미친다. 그러나 그것은 요소 간 대체, 내생적 기술발전, 제한된 생애기간, 상속이 없다고 가정할 때 그리고 저축에서의 변화가 자동적으로 투자 변화로 이전된다고 가정할 때, 성립되는 가설이다. 부과방식의 대안인 민간 적립방식으로 대체된다면, 민간연금기금의 확대로 인하여 자본시장의 제도적 구조가 심각한 영향을 받게 될 것이고, 경제에서 저축의 총체적 수준은 높아지지만 회사의 투자와 성장률은 낮아질 수 있다. 공적연금제도가 저축, 투자, 성장에 미치는 영향은 제도적 구조와 대안과 별개로 논의할 수 없다.

(2) 공적 연금은 노동공급에 부정적인 영향을 미칠 수 있다. 국가 연금수준의 인상은 근로자의 퇴직연령을 낮출 것이기 때문이다. 주로 미국에서 수행된 타임시리즈 연구들은 실제로 부의 상관관계를 보여준다. 그러나 국가 간 연구에서는 고령자를 위한 일자리의 존재 여부 같은 국가 복지제도의 다른 특징의 효과가 더 중요하기 때문에 그런 관계는 나타나지 않는다.

(3) 실업급여, 질병급여도 소득대체율이 높으면 노동시장에 부정적인 영향을 미칠 수 있다. 그러나 OECD 조사에 의하면 대체율의 효과는 미미하고, 급여기간은 고용률과 부의 상관관계를 보였다. Atkinson과 Mogensen(1993) 보고에 의하면, 독일과 영국의 실업과

질병급여는 직장으로의 복귀를 방해하지 않으며, 덴마크와 스웨덴
의 경우는 실업기간을 연장하고, 결근을 늘리는 것으로 나타났다.
스웨덴 실업보험은 노동시장에 머무는 경향을 오히려 높이고, 부모
급여는 여성의 노동시장참여를 장려한다. 소득조사 급여는 직접조
세와 결합하여 한계세율을 높임으로써, 초과근무와 노동시장 진입
을 저해하는 것으로 나타났다.

(4) 최저임금, 고용보호입법은 고용주가 추가적인 근로자를 고용
하는 데 장애가 된다는 가설과 관련하여, OECD는 강력한 증거가
있다고 주장하고, 다른 사람들은 급여의 관대성의 효과는 개별 복
지국가의 완전고용에 대한 사명감에 의해 압도된다고 주장한다.[4]

(5) 공공 사회서비스는 민간부문의 서비스보다 내부효율성이 낮
다. 따라서 국가복지는 생산성수준에 직접적으로 부정적인 영향을
미친다. 그것은 서비스 공급의 독점적 지위와 의사결정과정의 정치
화에 기인하는 것이다. Ringen(1987)은 이러한 주장에 상당한 증거
가 있다고 결론 내렸지만, 미국의 민간의료서비스의 지나치게 높은
비용은 저비용 공공의료서비스를 제공하는 나라들은 피할 수 있는
경쟁적 불이익을 가져오는 분명한 예외들이 발견된다.

(6) 국가의 실패뿐 아니라 시장의 실패도 고려하여야 한다. 규제
되지 않은 시장은 정보의 실패, 역선택, 도덕적 해이, 불확실성 등

---

[4] Gregg는 최저임금과 노동시장규제는 상황에 따라서는 노동시장의 생산성과 경쟁력을 낮추는 것이 아니
라 향상시킨다고 주장한다. 왜냐하면 노동의 한계생산보다 낮은 임금을 지불할 수 있는 구매자독점이 존
재하는 저임금 노동시장이 많이 존재하는데, 이런 경우 노동자들은 기술수준을 개선해도 임금상승이 따
르지 않으므로 기술수준 향상의 인센티브가 없고, 또 일할 가치가 없다고 생각할 수 있기 때문에, 고용과
기술수준 모두 비효율적으로 낮아진다는 것이다.

이미 잘 알려진 시장의 실패 때문에, 실업보험 같은 급여나 건강보험 같은 서비스를 제공할 수 없다. 이러한 주장이 함의하는 바는 공공급여의 내적 비효율성은 민간급여의 외부비효율성으로 상쇄된다는 것이다.

(7) 사회적 이전과 지지적 사회서비스가 노동공급을 감소한다는 주장에 대해서는 특히 기혼여성의 노동시장 지위와 젠더효과가 밝혀지면서, 반론이 확산되고 있다. 유치원교육이나 학령 전 보육, 육아휴직 등의 사회적 서비스는 여성들의 유급노동에의 접근을 향상시킴으로써, 전반적인 생산성을 향상시킨다. 피상적으로는 노동에 비유인이 되는 것처럼 보일 수 있지만, 더 큰 그림에서는 노동공급의 전제조건이 된다.

(8) 최근에는 인적자본론이 복지와 성장의 양립가능성을 지지하는 이론적 근거로 주목받고 있다. 인적자본론은 근대화론과 기술기능주의이론의 경제학적 버전이라고도 하는데, 근대화론에서 공교육제도가 학생들에게 근대적 가치와 태도, 직업관련 능력과 기술을 가르침으로써 경제발전에 기여한다고 주장하는 것처럼, 인적자본론은 교육 훈련과 개인의 생산 효율성을 연결한다. 인적자본 투자의 부족은 전반적인 기술 부족을 가져오고, 그것은 다시 사회 전체를 저숙련의 덫에 갇히게 할 수 있다. 다시 말해서 기업의 대부분이 훈련이 부족한 관리자와 근로자로 채워지게 되어서, 낮은 질의 상품과 서비스를 생산하게 된다는 것이다. 이렇게 되면 개인 근로자와 기업에게 더 이상의 훈련이 비합리적인 것이 되어버리고. 그것은 다시 생산성의 성장과 구조적 경쟁력을 약화시킨다. 이것을

막으려면 집중적인 교육과 훈련이 필요하고 다른 사회적 프로그람 들과 더 가깝게 통합되어야 한다는 것이다.

3. 복지의 결과: 평등(불평등)과 경쟁력의 관계

오쿤(1975)의 표현대로 평등과 효율 간에는 전형적인 교환관계 (trade-off)가 성립한다. 시장의 효율의 편에 서게 되면, 소득의 불평 등은 문제되지 않았다. 경제성장으로 증가된 총소득이 저소득층에 게 적하(trickle down)될 것이라고 믿기 때문이다. 그들은 시장이 개 인의 자유의 공간을 확대하고, 경제성장이 민주주의를 가져오며, 시장의 개방으로 가장 빠른 경제성장이 가능할 뿐 아니라, 배분문 제도 시장의 기능으로 해결해야 한다고 주장한다. 소득재분배나 시 장가격의 의도적 수정(alteration)은 시장경제에서 가격의 신호와 인 센티브 기능을 왜곡하기 때문에, 자원의 할당과 저축, 노동공급의 효율성을 감소시킨다.

그러나 많은 연구들이 지나친 불평등은 효율을 낮추고, 성장을 억제한다는 것을 보여준다. 제도경제학 패러다임에서 가장 일반적 인 주장은 불평등이 생산성향상 구조의 진화를 방해한다는 것이다. 보다 평등한 사회는 경제적으로 불평등한 사회에서는 기대할 수 없는 협력과 신뢰의 수준을 지원할 능력이 있다. 그리하여 경쟁과 명령(command)만이 아니라, 협력과 협상적인 조정형태가 발달할 수 있는 환경을 형성하게 된다. 이것은 거래비용을 감소하고 인센 티브 구조를 향상시키다. 특히 탈산업사회에서 질 중심의 생산시스템으로의 이행은 보다 큰 사회적 연대와 통합을 필요로 하며, 그것은 다시 집합적 재화의 사회적 인프라의 확충을 필요로 한다.

Philip Nel(2006)은 불평등이 경제적 효율과 인간개발을 저해하는 인과적 기제로서, 권력층의 집중적인 지대추구행위, 낮은 인적자본투자, 소비시장의 왜곡, 사회적 긴장의 증대, 민주주의의 퇴행, 정치적불안정 등을 들었다. 최근 로버트 라이시(Robert Reich, 2010)는 미국의 사회적 불평등이 어떻게 2008년 세계금융위기를 가져왔는지를 보여준다. 신자유주의 30년에 걸친 규제완화와 복지축소가 불평등을 심화시키고 대중소득 감소와 구매력감소를 가져왔으며, 그것이 세계경제의 대불황을 가져왔다는 것이다.

Katzenstein(1985)의 연구는 어떻게 유럽의 작은 개방경제들이 보호주의나 집중적인 개입경제 대신, 민주적 조합주의 구조를 발전시켰는지를 보여준다. 특히 선진 복지정책이 사회적 조합주의 국가에서 나타나는 협상에 의한 합의의 중요한 측면이라는 것을 보여준다. Leibfried와 Rigger(1995)는 지구화의 압력에 직면하여, 경제 대국들 조차도 정책도구 선택에 제약을 받게 되었으나 보편주의적 복지제도를 갖춘 국가들이 경제적으로도 선방하고 있음을 보여준다. 보편주의 복지국가가 제공하는 보편주의적 사회보장이 사회적 위기를 막는 필터와 버퍼의 역할을 수행하며 노동자들의 유연화에 대한 저항을 감소시키고, 사회적 해체와 정치적 소요를 감소시킨다는 것이다. 이것은 비스마르크식 복지의 정당화 역할의 부활이며 스웨덴 복지모델의 생산주의로의 회귀라고도 할 수 있다. 같은 맥락에서 Leibfried와 Rigger(1995)는 그것이 세계화라는 새로운 상황에의 적응방식이라고 주장한다. 생산성은 경쟁력의 핵심이고, 노동기준의 향상은 (유럽) 경쟁력 공식의 핵심요소이다.

불평등의 구체적인 결과라고 할 수 있는 질병, 범죄 등이 성장을 저해하는 메커니즘을 분석한 연구들도 복지와 성장의 양립을 지지한다. 질병은 그로 인한 결근을 통해서 경제적 생산을 간접적으로 방해하고 건강 서비스에 직접적인 비용을 부과한다. 재분배적 복지국가는 시민권에 기반한 건강서비스를 통하여 가난한 사람들의 건강수준을 향상시킬 뿐 아니라 질병자체의 경제사회적 비용을 감소하는 데 기여한다는 것이다. 범죄에 대해서도 복지국가는 직접, 간접적 영향을 미친다. 실업이나 불평등 지표와 범죄율간의 다양한 형태의 관계가 확인되고, 그리고 소득지원, 고용 훈련서비스 제공은 경제조건과 범죄수준간의 상관관계를 매개하여 직접적인 역할을 수행할 수 있다. 복지서비스는 취약계층의 집중과 격리를 감소시키고 개인과 지역사회의 주변화를 방지함으로써 범죄율에 대하여 강한 간접효과도 가진다.[5] 또한 높은 범죄율은 법과 질서유지 비용을 증가시킴으로써 자원배분의 효율성을 낮춘다. 높은 범죄와 낮은 신뢰가 불평등과 상관관계가 있다면, 재분배적 복지국가는 이러한 비용을 감소시킬 수 있다.

총량자료를 사용한 국제 비교연구들은 모두 평등의 정도와 경제성장률 간의 정의 관계를 보여준다. Kenworthy(1995)도 평등주의적

---

[5] 범죄와 경제성과의 관계에 관한 연구는 미국 이외의 국가에서는 거의 이루어지지 않았기 때문에 아직 논란의 여지는 있다. 범죄율이 높은 지역에서 운영되는 사업은 과도한 보험비용을 지불해야 하거나, 아예 보험가입을 거절당할 수 있다. 20년 이상 전일이지만, 미국에서는 우편번호 지역의 회사들은 고위험으로 간주되어 보험가입이 거절되는 보험 우범지역설정(red-lining)이 인정되었다. 미국도시 낙후지역에 대한 투자에 대한 유의미한 disincentive는 인식되고 있다. 보다 일반적으로, 범죄, 빈곤, 사회적 dislocation은 아동의 인지적·정서적 발달을 저해하고, 교육과 기술습득에 장기적으로 유해한 결과를 가져온다. 이 분야의 연구는 본적이 없지만 그것이야말로 불평등이 장기적으로 경쟁력에 미치는 가장 중요한 비용일 수 있다.

소득분배와 건전 무역수지 간의 정의 관계를 발견했다. 최근 로버트 라이시(2010)는 미국의 사회적 불평등이 어떻게 2008년 세계금융위기를 가져왔는지를 보여준다. 신자유주의 30년에 걸친 규제완화와 복지축소가 불평등을 심화시키고 대중소득 감소와 구매력감소를 가져왔으며, 그것이 세계경제의 대불황을 가져왔다는 것이다.

이상의 논의를 다시 정리해보면, 복지국가의 결과를 종속변수로 하는 연구의 대부분은 양립가능성을 지지한다. 대부분의 연구들이 지나친 불평등이 성장을 방해하고, 자본과 노동의 공급을 개선하는 비용효과적인 프로그램과 평등주의적 재분배는 국가경쟁력의 필수적인 요소라는 점을 밝히고 있다. 그것은 비평등적 이전에 초점을 맞춘 비싼 프로그램과 비생산적 지출은 국가경제에 부담이 되기 쉽다는 의미이기도 하다.

반면, 정부지출과 총 조세 수준에 초점을 맞춘 연구들은 대체로 양립불가론을 지지한다. 이러한 연구들은 미시경제적 가정을 기반으로 하고 있음에도 불구하고, 경제수준에서의 총체적인 관계로 일반화하고 있다는 비판에서 자유롭지는 못하다. 이러한 이유 때문에 복지국가 노력과 국가 경쟁력 간의 관계에 관해서 연구자들 사이의 경험적 합의가 이루어지지 못한다.

가장 많은 수의 연구들이 구체적인 사회정책과 특정 프로그램들의 경제적 효과에 초점을 맞추고 있는데, 연금, 실업급여, 최저임금, 사회서비스 등 개별 프로그램의 경제적 효과는 프로그램의 미세구조와 프로그램의 대안, 프로그램이 운영되는 환경 조건으로서의 다른 정책, 다른 프로그램과의 관계에 따라 달라진다는 것이 지배적인 결론이다.

결론적으로 복지와 성장의 관계를 일반화하기는 어렵다는 것이다. 현실 세계에서의 역사적인 경험을 보면, 복지국가의 역사는 복지국가 위기의 역사였다. 복지와 성장간의 정치적 전쟁이 그치지 않았고, 그 전쟁이 고스란히 사회과학에서 평행하였다. 또한 신고전주의 경제학은 대체로 양립불가론을 주도하고 사회학과 정치경제학이 양립론을 주도하는 경향을 보여왔는가 하면, 시대적 변화에 따라 그 관계도 변화하였다.

Ⅲ. 복지국가 위기에서 복지레짐 위기로

복지와 성장의 관계는 복지국가의 역사를 견인해 온 주요 쟁점이다. Polanyi(1944)의 주장처럼 복지는 노동을 상품으로 간주하는 시장경제의 본질적인 허구에 대항하여 그것을 교정하려는 노력이다. 따라서 복지와 시장의 관계는 기본적으로 대립적일 수밖에 없다. 시장은 자유와 효율, 경쟁을 앞세워 가능한 한 상품의 시장관계를 확대하려 하고, 복지는 평등과 연대를 앞세워 가능한 한 시장관계를 사회관계에 착근시키려 한다. Esping-Anderson(1990)은 그것을 탈 상품화라 불렀다. Polanyi에게 인류의 역사는 노동의 상품화와 노동의 탈상품화의 "이중운동"의 역사로 요약된다. 그것이 Esping-Anderson(1999)이 복지국가의 역사는 위기의 역사였다고 말하는 배경이기도 하다.

1. 복지국가의 위기들: 증상의 변화

전후 복지국가란 케인즈의 표현대로 현명하게 관리된 자본주의 국가를 뜻한다. 그의 목표는 비교적 폐쇄적인 국민경제에서 수요관리를 통해 완전고용을 촉진하는 것이었고, 베버리지가 이에 필요한 제도적 구조물을 제공했다. 전 국민에게 국민건강서비스, 아동수당, 완전고용서비스를 보장하고 사회보험을 통하여 모두에게 기본적인 생활을 보장하려하였다. 빈곤은 제거될 수 있고 제거해야 하는 사회악으로 간주되었고 궁핍으로부터의 자유는 국가가 보장하여야할 시민의 권리였다. 복지국가는 전 국민에게 국민적 최저를 보장함으로써, 당시로는 시장경제가 소화할 수 있는 가장 포괄적이고 보편적인 평등구현의 해법이었다. 케인지언 복지국가는 1970년대 초까지 전 세계적인 지지 속에서 전후 세계질서의 주요 축이 되었다.

그러나 좀 더 상세히 보면, 전후 복지국가는 끊임없이 위기에 직면해 왔다. 에스핑-앤더슨(1999)이 주장하는 바와 같이, 복지국가의 역사는 위기의 역사였다. 아래 <표 2>는 50년대를 시작으로 시대에 따라 변화해 온 위기의 증상을 요약하고 있다.

<표 2> 시대별 복지국가 위기 증상들

1950s	1960s	1970s~1980s	1990s~
인프레 유발, 성장저해	평등효과 부족, 지나친 관료화	스태그플레이션, 정부의 과부하, 실업, 탈물질주의	세계화, 고실업, 가족불안정, 경직성, 불평등, 사회적 배제

출처: Esping-Anderson(1999)

이미 1950년대에, 공공부문의 빠른 성장이 시장을 질식시킬 것이라고 예측하는 고전경제학자들과 우파의 비판이 비등하였다. 그것이 에스핑-앤더슨이 말하는 첫 번째 위기였다. 그러나 그들의 예측은 크게 빗나갔다. 공공지출확대에도 불구하고 경제성장의 놀라운 붐이 계속되었다. 첫 번째 위기는 복지와 성장의 상승적 공존으로 해결되었다. 10년이 지난 1960년대에 이르면, 복지국가 확대에도 불구하고, 불평등 해소가 미흡하다는 좌파의 비판과 지나친 관료화에 대한 비판이 집중적으로 쏟아지게 된다. 두 번째 위기였다. 이들의 평등주의적 공격은 1960년에서 1970년대 중반까지 서구 복지국가를 급속히 성숙시키는 채찍이 되었다. 이 기간 동안 모든 복지국가들이 급여 적절성 수준을 높이고, 불평등을 감소시키고, 사회적 시민권을 공고히 하였다. 복지국가의 황금기는 1950년대가 아니라 1960년대와 70년대였다고 말하는 이유가 여기에 있다. OECD 국가들은 GDP 대비 공공지출 비율을 평균 30%이상 증가시켰다. 두 번째 위기는 복지국가의 성숙으로 평정된 셈이다.

그러나 1970년대 후반과 1980년대 초 사이, 처음으로 실업문제가 심각하게 대두되고 성장의 둔화가 시작되었다. 이미 정부는 과부하(overloaded)되었고, 사회는 통제 불능 상태(ungovernability)가 되었다는 불안이 확산되었다. 세 번째 위기였다. 복지국가는 고실업과 스태그플레이션의 주원인으로 비난받게 되었고, 케인지언 복지국가(Keynesian welfare state)에 대한 정치적 합의는 급속도로 약화되었다. 새로운 탈물질적 사회운동들은 복지국가가 탈산업사회화와 문화적 가치 변화를 따라가지 못하고 화석이 되어버렸다고 진단하였다. 그들은 복지국가의 실패를 선언하였다. 영국과 미국에서는 대처(Margaret Thatcher)와 레이건에 의한 복지국가 축소의 실험이 시작되었다.

여기에 탈냉전과 세계화라는 네 번째 위기가 더해졌다. GATT가 WTO로 대체되고, WB와 IMF가 신자유주의 세계화의 양손이 되어 이른바 "Washington Consensus"의 시대를 열었다. 복지와 평등, 연대와 통합의 가치가 주도하던 복지국가의 황금기는 효율과 성장, 자유와 경쟁의 가치가 주도하는 신자유주의 시대로 이행하였다. 1970년대의 세 번째 위기 이후 역사의 시계추는 평등에서 효율로, 연대에서 자유로, 복지에서 성장으로 진동의 방향을 바꾸었다.

신자유주의자들은 1970년대 이후 신자유주의의 등장을 케인즈주의적 복지국가에 대항한 시장자유주의로의 혁명이라고 주장한다. 18세기를 풍미한 고전적 자유주의가 중세 사회원리에 대한 인간해방의 대항논리로 등장한 것과 같은 역사의 논리라는 것이다. 이들에게 복지국가의 퇴조는 국가통제의 족쇄로부터의 해방이고, 전후 복지국가의 황금기는 인류역사의 예외적인 에피소드에 불과했다. 이들은 경쟁시장이 경제성장과 풍요를 가져오고, 개인의 자유공간을 확대하며, 분배 문제도 시장의 기능으로 해결해야 하며, 국가의 역할은 최소화 되어야 하고, 글로벌기업의 자율성은 최대한 보장되어야 한다고 주장한다.

신자유주의주의자들은 자유주의와 지구단일 시장경제 질서만이 인류사회발전의 유일한 선택이라고 주장했지만, 실제로 신자유주의 30년 동안 민족주의가 고조되어 민족분쟁이 빈발하였고, 세계금융체제의 불안고조로 1980년대의 남미 금융위기, 1992년 서유럽경제위기, 1994년 멕시코 경제위기, 1997~98년 아시아경제위기, 2008년 미국 발 금융위기까지 수많은 경제위기를 초래하였다. 고실업과 장기실업, 청년실업과 소득 불평등, 양극화와 사회적 배제, 가족의 불안정이 도처에서 신자유주의가 한계에 도달하였음을 알려주고 있었다.

복지국가 지지자들에게 신자유주의의 대두는 시장경제의 역사에서 익히 보아온 주기적인 진동에 지나지 않았다. 이들에게 복지국가는 사회적 보호를 확보하기 위한 수세기에 걸친 투쟁의 결정이며, "이중운동"의 결과였다. 복지국가의 해체를 요구하는 신자유주의 세계화야말로 인류역사의 예외적인 단막에 불과하다. 지금이야말로 그 어느 때보다 평등과 연대의 회복을 위한 국가의 역할이 필요한 시기라고 주장한다. 변화에 대한 두려움을 감소함으로써 복지국가가 보다 유연한 시장을 보완할 수 있다는 것이다. 다시 역사의 시계추는 운동방향을 바꾸고 있다. 시장에서 복지로, 효율에서 평등으로 운동의 방향을 바꾸기 시작했다.

2. 조건부 양립론과 복지레짐론

그러나 중요한 것은 오늘의 복지국가 위기는 과거의 위기와는 증상에서뿐 아니라 성격도 다르다는 사실이다. 과거의 첫 번째, 두 번째 위기가 더 작은 국가와 더 큰 국가, 더 큰 자유와 더 큰 평등을 요구하는 복지국가의 내생적인 위기였다면, 현재의 위기는 복지국가의 지속가능성을 흔드는 외생적 충격을 들어내고 있다.

오늘날의 세계화, 과학기술의 혁명, 정보지식 서비스경제로의 전환, 저성장, 고실업, 장기실업, 청년실업, 불평등, 양극화, 사회적 배제, 인구고령화와 가족불안정, 2인 소득자 가족모형, 이러한 21세기의 구조와 조건(사회적 위험)은 1970년대 말까지 전 세계가 합의하고 지지하던 케인지언 복지국가를 탄생시킨 경제사회적 조건들과는 거리가 멀다. 21세기의 새로운 정치경제는 전후 복지국가의 평등주의 목표나 완전고용, 성분업적 가족으로의 복귀를 불가능하게 만들었다. 전후 복지국가의 구조적기반 자체가 약화되고 변화하였다는 것이다. 우리가 아는 복지자본주의의 구조적 기반이 쇠퇴하고 있다. 그것을 구성하던 모든 요소가 위기에 봉착하고 있고, 복지국가, 노동시장, 교육훈련, 가족의 동시적 실패에 직면하고 있는 것이다. 복지국가의 위기가 아니라 복지레짐의 위기인 것이다.

복지레짐이란 국가와 경제, 가족 간의 관계에서 체계적으로 밀접히 짜여진 법적, 조직적 특징을 가진 복합체(complex)를 의미한다. 1990년 에스핑-앤더슨의 세 개의 복지자본주의 레짐을 발표한 이래 복지레짐이라는 개념은 광범위하게 일반적으로 사용되게 되었고, 그것은 복지국가 연구의 새로운 지평을 열었다. 이후 복지국가 연구에서 노동시장과 가족, 복지국가가 상호작용하면서 함께 관여된 국가 제도적 복합체로서의 복지레짐이 핵심 개념이 되게 되었다.

에스핑-앤더슨은 복지국가를 정책내용과 탈상품화 효과, 계층화 효과를 기준으로 3가지 복지레짐을 구분했다. 자유주의 레짐(미국)은 사회부조와 잔여적 복지(민간급여와 함께)에 대한 의존이 크다. 그리고 이중적 계급시스템을 조장하여 부자들의 국가복지 시스템으로부터의 탈출에 유인을 제공한다. 사민주의 레짐(스웨덴)은 관대하고 보편주의적인 국가급여를 현금과 현물로 제공한다. 높은 재분배와 탈상품화를 산출한다. 그리고 연대주의적 계급관계를 조장한다. 세 번째 레짐유형, 보수적 혹은 조합주의적, 기독교 민주주의 복지레짐은 독일이 예인데, 급여를 노동시장 수행에 연계시킨 고전적 사회보험이 중심적 특징이고, 중간수준의 탈상품화에 도달하며, 기존의 지위격차와 국가복지에 대한 중산계급의 지지를 강화한다.

에스핑-앤더슨은 1960년대와 1970년대에 이미 복지자본주의가 제도화되었고, 자유주의, 사민주의, 보수주의 복지레짐의 특징과 차이도 이 시기에 확인되었다고 주장한다. 복지국가의 세 번째, 네 번째 위기는 복지레짐을 구성하는 세 가지 구성요소 중의 하나인 복지국가의 위기가 아니라 노동시장, 가족, 복지국가 세 가지 요소 모두의 위기로 인한 부정합에 기인하는 것이다.

복지레짐 유형에 따라 고용수준, 노동시장 참여, 젠더관계, 평등 등 사회정책의 결과(outcome)에 차이가 나타나고 있음을 보여주는 비교연구들이 누적되고 있다. 예컨대, 탈산업화를 관리하기 위한 복지국가 전략은 세 가지로 구분되는데, 레짐유형에 따라 전략 선택의 차이가 들어난다. 노동가격 인하는 주로 미국, 영국, 뉴질랜드의 선택이었고, 노동공급 감소전략은 EU 국가들의 선택이었다. 스칸디나비아의 선택은 수요와 공급정책 혼합을 통한 고용 확대였다.

젠더연구에서도 강한 남성부양자 모델의 국가와 중간, 약한 남성부양자 모델의 국가를 구분하여 복지레짐 연구에 크게 기여하고 있다. 젠더레짐과 복지레짐과의 연결이 완벽하지는 않다. 독일과 프랑스는 같은 복지레짐 유형이면서 상이한 젠더레짐을 보이는 두 나라이다. 그러나 스칸디나비아 국가에서는 생애주기와 젠더관계의 변화가 가장 진전되었는데 그것이 복지레짐 유형과 관련이 있다는데 많은 사람들이 동의한다.

소득분배에 관한 비교 연구들도 1970년대 이후 자유주의경제와 조합주의경제 간의 차이가 있음을 보고한다. 불평등은 미국과 영국에서 빠른 속도로 증가했지만, 다른 국가들에서는 훨씬 완만하다.[6] 레짐 차이가 경제적 수행의 어떤 측면에 영향을 미친다는 증거도 누적되기 시작하고 있다. Calmfors와 Driffill(1988)은 OECD 국가들을 임금협상구조의 중앙화의 정도에 따라 서열을 매기고 이것과 고용성장 간에는 U자형 관계가 발견되었음을 보고했디. 미국 같은 규제되지 않은 자유주의적 노동시장과 스칸디나비아처럼 고도로 중앙화 된 시스템은 고용창출에 점수가 높았지만, 그 중간 국가들, 특히 EU 국가들은 점수가 낮았다. 임금분산과 복지제도를 관련시켜 보면, 미국은 임금불평등의 증가와 함께 일자리가 증가하였고, 스칸디나비아와 일본은 훨씬 좁은 불평등, 낮은 일자리 증가를 보여 주었다.

Weisskopf(1987)는 노동생산성의 성장에 대한 노동보장(완전고용과 사회적임금의 조합)의 효과를 다른 통제변수를 고려하여 8개국 타임시리즈 분석으로 증거를 제공하였다. 그 역시 상이한 관계를 발견하였다. 노동보장의 증가가 영국과 이태리에서는 노동자 생산성 성장을 감소시켰다. 그러나 일본, 프랑스, 스웨덴, 독일에서는 향상시켰다. 이것은 양립가능성과 양립불가능성 모두 가능하다는 의미이다. 노동자 보장과 협조적인 자본-노동 관계는 혁신과 생산성을 향상시킬 수도 있고, 노동공급에 비유인 효과가 있을 수도 있다는 것이다. 복지국가주의의 경쟁력에 대한 효과는 광범위한 제도

---

[6] 이 패턴의 유일한 예외가 캐나다.

적, 집단관계에 의존한다.

현대복지국가 위기는 복지레짐 차원의 위기라는 인식이 광범위하게 공유되고 있다. 복지국가의 효과는 그것이 뿌리내리고 있는 정치-제도적 조건과 별개로는 이해될 수 없다. 복지국가가 매우 크고 재분배적이라 하여도, 단체협상시스템이 임금조정과 안정적이고 반 갈등적인 산업관계를 확보할 수 없는 나라에서는 평등과 효율 간의 교환관계가 존재할 수 있다. 복지국가의 경제적 효과는 복지국가의 유형에 따라, 복지레짐 유형에 따라 달라진다는 것이다. 고프가 이름붙인 조건부 양립가능론이다. 복지와 성장의 관계가 긍정적이냐 부정적이냐 하는 단선적 질문으로부터 어떤 제도적 조건의 어떠한 결합이 어떤 논리로 긍정적, 혹은 부정적 관계를 만들어내는가하는 복합적 다중적 질문으로 전환하게 되었다.

Ⅳ. 결론

복지국가론에서 복지레짐론으로의 전환은 Jessop(1993)의 슘페터리안 근로국가론, Hall(2001)과 Soskice의 자본주의의 다양성(VOC) 이론, Lewis(1991), Sainsbuiy(1999)등 페미니스트들의 젠더레짐 이론 등과 합류하면서 현대 자본주의 체제연구를 심화시키고 있다. 에스핑-앤더슨의 복지레짐론은 한국 복지국가 논쟁에도 영향을 미쳤다. 한국의 복지레짐은 어떤 유형에 속할까에 관하여 국내 사회복지 연구자들 사이에서 뜨거운 논쟁이 벌어졌다. 결론은 자유주의, 보수주의, 사민주의 어느 것에도 속한다고 말하기 어렵다는 것이었다. 일본처럼 보수주의와 자유주의의 혼합정도로 볼 수 있다는 주장과 사민주의적 지향을 논외로 할 수 없다는 주장이 맞섰다. 앞으로의 경로를 예측하기는 더 어려웠다.

최근 초고속 복지성장으로 복지지출 규모가 확장되기는 하였으나, 그럼에도 불구하고 복지 재정지출 수준은 낮다. OECD 국가들의 재정구조나 GDP 대비 사회지출[7] 수준과 비교하면 아주 낮은 편이다. 2007년 GDP 대비사회지출의 OECD 평균은 19.8%였다. 같은 해 한국의 GDP 대비 공공복지지출 8.1%의 2.5배에 가깝고, 2040년 예측치 17.7%보다도 2%p 이상 높다. 정부재정지출구조도 2003년 OECD 평균 복지지출 비중은 55.3%였다.[8] 2010년 한국의 27.7%는 그것의 절반 수준에 불과하다.

20세기 말에서 21세기 초에 걸친 세계화와 탈산업화의 시대적 도전은 복지레짐별로 상이한 적응과제와 새로운 딜레마를 창출하게 된다. 예컨대, 자유주의 복지레짐의 지배적인 위협은 불평등과 불평등의 결과로서 수요의 불안정성, 질 낮은 교육 기반, 사회해체 등이다. 정책적 해답은 교육투자와 훈련으로 기술기반을 개선하고 경제의 생산성이 높은 부분을 향상시키는 것이다. 이것이 다시 초래하는 딜레마는 높은 질의 교육은 장기빈곤, 증가하는 하층민, 지역사회의 해체와 공존할 수 없다는 것이다. 자유주의 레짐이 이 경쟁력을 높이기 위해서는 인프라, 사회서비스, 사회이전 등 모든 형태의 사회적 지출의 증가를 필요로 한다. 그러나 자유주의 복지레

---

[7] OECD 사회지출은 공공복지지출과 법정민간지출(한국의 경우 퇴직금)를 합한 것이다.

[8] 2003년 총정부지출대비 복지지출비중은 독일 64.8%, 프랑스 60.4%, 영국 57.9%, 일본 61.2%였다.

짐 내부에 조장된 이익집단적 연대가 그 해결책을 반대 할 것이다.

　보수적 복지국가 레짐이 당면하는 문제는 높고 증가하는 사회적 이전 비용과 그 효과이다. 높은 사회보장부담과 비임금노동비용(항상 높은 생산성으로 보상될 수만은 없는)은 새로운 서비스부분의 약화(discouragement)와 그에 따르는 특히 여성과 젊은이들 사이에서 낮은 고용참여율, 노동시장 비유연성과 조세수입을 잠식하는 광범위한 지하경제, 그리고 공공부문 적자와 부채증가를 가져온다. 제안된 해결책은 노동시장의 탈규제, 보험급여의 상한제시, 특히 이태리에서처럼 미래연금의 상한설치, 그리고 사회지출을 보다 생산주의적 목표로 전환하기 등이다. 딜레마는 이러한 해결책들이 막 강하게 조직된 부문과 그것을 지탱하는 부양자/가족주의 복지모델의 이익을 위협한다는 것이다.

　사민주의 복지체제에서는(스웨덴, 덴마크) 국가지출이 소득이전과 사회서비스 둘 다 높다. 실업은 낮고, 참여율은 특히 여성의 경우 매우 높은 수준으로 유지된다. 그리고 불평등과 빈곤율은 낮다. 이 레짐에 쌍둥이 위협은 높은 조세부담률과 높은 비임금 노동비용이다. 그것이 국내 자본공급을 위협하는 것이다. 제안된 해결책은 급여의 삭감과 유사시장, 민간 제공의 확장이다. 앞의 두 레짐에 비하면 사민주의 사회정책들은 생산주의적 복지국가를 지향한다. 생산주의적 복지국가의 아이디어가 스웨덴에서 개발된 것이다. 지속되는 딜레마는 인적가본 투자 확대를 위해 사회적 이전의 삭감이 필요할지 모른다는 것이다. 그것은 조합주의 제도와 합의적 정책결정을 훼손할지 모른다.

　발전국가의 성공적인 사례로 평가받아 온 한국의 21세기 복지개혁의 주요 과제는 발전주의, 성장주의 복지모델의 틀로부터 벗어나는 것이었다. 발전주의 복지모형은 철저한 노동배제와 선성장 후분배를 기본원칙으로, 낮은 복지지출, 사회보험 편향, 조합주의, 권력의 도구주의적 접근, 공공부조의 구체제적 낙후성, 사회복지서비스의 저발전을 특징으로 한다. IMF 위기이후 한국 복지레짐은 탈권위주의, 저출산고령화, 노동시장유연화, 가족구조의 변화, 공공복지지출증가를 축으로 하는 레짐 전환이 진행되었다. 복지레짐의 성격규정은 유보하더라도, 한국 복지레짐이 당면한 위협요소는 고용 없는 성장, 높은 실업, 세계에서 가장 낮은 출산율, 빠른 인구고령화, 여성의 노동시장 참여증가, 그리고 무엇보다 심각한 위협요소는 세계화와 연계되어 심화되고 있는 양극화 현상이다.

한국의 경우, 세계화는 한국의 세계경제 중심부로의 진입을 가능하게 하는 60년대 이래의 국가 생존전략이며, 첨단과학 기술발전은 한국경제 성장과 경쟁력의 동력으로 간주된다. 문제는 이러한 국가전략이 양극화의 원인을 제공하며, 이렇게 시작된 양극화의 순환구조를 완화하고 단절시켜야 한다는 데 있다. 물론 각론수준의 교과서적 정답은 준비되어 있다. 저출산-고령화에 대한 대책이 필요하고, 내수산업의 경쟁력을 제고해야 하며, 수출의 부가가치 및 고용유발효과를 제고하고 중소기업, 서비스업, 노동, 교육 등 저생산성부문의 생산성을 제고하며, 노동시장의 이중구조를 개혁하고, 교육시스템 개혁을 통하여 혁신형 인재를 양성해내며, 보편적 사회보장제도와 교육-고용-복지의 연계가 필요하다.

양극화의 순환적 프레임에는 몇 가지 중요한 전제와 과제가 있다. 첫째, 양극화해소는 성장의 희생에 의한 빈곤감소가 아니라 동반성장을 추구하는 발전전략을 필요로 한다. 양극화는 소득불평등보다 포괄적이고 역동적인 개념으로서 세계화, 첨단기술 혁명과 같은 변인 외에 산업구조, 노동시장구조의 변화와 소득 분배구조의 변화를 포괄하게 되며, 중산층의 복원과 성장 잠재력의 확충이 중요한 관심이 된다. 둘째, 순환적 양극화 프레임에서는 고실업과 저고용, 고용 없는 성장의 현실을 반영하여, 고용을 통한 사회적 통합(social inclusion)에 우선순위가 주어지고 있다. 고용 중심의 성장전략은 EU의 사회적 배제론이나 영국의 신노동당의 제3의 길, 사회투자론의 핵심 전략이기도 하다. 노동시장의 활성화를 위한 인적자본투자와 교육, 훈련, 고용서비스가 강조된다. 무급노동과 유급노동의 구분에 관해서는 논란의 여지가 있으나, 노동시장과 사회정책 간의 보완적 관계에 대해서는 이견이 없다.

셋째, 양극화는 개념자체가 다차원적이어서 대책 역시 역동적이며 다차원적 종합적 접근을 필요로 한다. 관련된 다양한 정책들, 산업정책, 경제정책, 교육정책, 고용정책, 노동시장정책, 사회복지정책, 가족정책, 모두가 같은 지향을 공유하면서 동시에 작동할 때 시너지효과를 기대할 수 있다. 경제정책과 사회정책이 함께 동반성장과 선진복지국가로의 지향을 공유하며 함께 협력 조정되어야 한다. 넷째, 그러려면 잘 고안된 포괄적이고 종합적인 사회정책, 경제정책, 정부기관, 민간기관 모두가 공유하는 내적 일관성 있는 청사진과 로드맵, 그리고 필요하면 조정할 수 있는 강력한 총괄기제가 있어야 가능하다.

마지막으로 포괄적인 양극화 대책이 실행되기 위해서는 충분히 강력한 정치적 지지가 필요하다. 최근 복지자본주의 체제의 다양성

연구에서는 복지국가제도뿐 아니라 생산체제, 정치체제의 다양성에 관한 관심이 높아지고 있다. 특히 다수결주의 정치체제와 합의주의 정치체제의 차이가 복지국가체제의 결정요인이 될 수 있다는 주장이 주목받고 있다. 자유주의 시장경제와 다수결 민주주의, 그리고 사회복지정책을 구성요소로 하는 자유주의(영국식) 복지국가체제는 그 결합의 불안정성 때문에 복지국가의 지속적인 발전에 한계가 있다고 지적되어 왔다(Marshall, 1972). 특히 1인 1표 다수결 민주주의 정치시스템에서 정당은 중산층의 표를 얻어야 하고, 중산층 투표자들은 재분배를 위한 높은 조세부담을 지지하는 데 한계가 있고, 저소득층의 교육에도 관심이 없어서 저소득층을 위한 재분배정책이 강조될수록 정치적 저항은 더 커지게 된다는 것이다. 반면, 합의주의 정치 시스템은 중산층뿐 아니라 다양한 이해관계가 정치과정에 대표됨으로써, 재분배와 사회정책 제도화에 대한 합의 가능성이 높다는 것이다. 순환적 양극화 프레임은 기본적으로 합의주의 정치시스템과 의 친화성이 높다.

두 가지 질문이 남는다. 하나는 합의주의 정치 시스템으로의 전환이 가능한가 하는 것이고, 다른 하나는 고용과 인적 자본투자, 사회서비스를 강조하는 사회투자적 접근이 기본적 사회권 보장도 미흡한 한국에서도 적절한가라는 질문이다. 두 질문 모두 복지 개혁의 전반적인 실천력 확보의 문제, 노동시장정책과 사회정책의 통합적 접근의 실천적 과제 등과 함께 후속 토론의 과제로 남기기로 한다.

참고문헌

라이시, 로버트, 2010, 『위기는 왜 반복되는가』, 안진환, 박슬라 역, 김영사 (Robert Reich, 2010, After Shock: the Next Economy and America' Future)

박인화. 2010. 『복지재정 운용실태와 정책과제』. 국회예산정책처.

오쿤, 아더, 1980, 『평등과 효율』, 이영선 역, 현상과 인식(Arther Okun, 1975, Equality and Efficiency: The Big Trade-off)

Atkins, A. B. 1995a. "Is the Welfare State necessarily an obstacle to economic growth?" *European Economic Review* 39, pp.723-230.

___________. 1995b. "The welfare State and Economic Performance." *National Tax Journal* Vol.48. No.2(June, 1995), pp.171-98.

___________. 1995c. "The Welfare State and Economic Performance." Welfare State Programme Discussion Paper 109. STICERO, LSE, May 1995.

Atkinson, A.B. and G.V. Mofensen, 1993, Welfare and Wo가 Incentive: A North European Perspective, Oxford University Press.

Camfors L, & J Driffill. 1988. "Bargaining Structure, Corporatism, and Macroeconomic Performance." *Economic Policy* No.6.

Darendorf, R. 1969. "On the Origin of social inequality." In P. Laslett & W. G. Runciman(eds.). *Philosophy, Politics and Society*. Oxford: Blackwell, pp.88-109.

Esping-Ansersen, Gøsta. 1990. *The Three Worlds of Welfare Capitalism*. Princeton University Press(January 23, 1990).

___________________. 1999. *Social Foundations of Post-Industrial Economies*. Oxfordm University Press.

Gough, Ian. 1996. "Social Welfare and Competitiveness." *New Political Economy* Vol.1, Issue 2(July 1996), pp.209-232.

Green-Pedersen, Christoffer. 2004. "The Dependent Variable Problem within the Study of Welfare State Retrenchment: Defining the problem and looking for solutions." Journal of Comparative Policy Analysis: Research and Practice Vol.6, Issue 1, pp.3-14.

Heady, Bruce, Robert E. Goodin, Rund Muffels Henk Jan Dirven. 2000. "Is there a Trade Off between Economic Efficiency and Generous welfare State? A Comparison of Best Cases of the Three Worlds of Welfare Capitalism." *Social Indicators Research* Vol.50, No.2, pp.115-157.

Jessop, Bob, 1993, "The Schumpeterian Workfare States? Preliminary Remarks on Post- Fordist Political Economy", Studies in Political Economy 40(Spring, 1993)

Hall, Peter A. & David Soskice, 2001, eds., Varieties of Capitalism: The Institutional Foundations of Comparative Advantage, Oxford Unversity Press.

Katzenstein, P. 1985. *Small States in World Markets.* Cornell University Press.

Kenworthy, L. 1995. "Equality and Efficiency: The Illusory Tradeoff." *European Journal of Political Research* Vol.27.

Kolberg, J. & H. Uusitaro. 1992. "The Interface between the economy and the welfare state: a sociological account." In Z. Ferge & K. Kolberg(eds.). *Social Policy in a Changing Europe.* Campus Westview.

Krugman, Paul. 1994. "Competitiveness: A Dangerous Obsession." *Foreign Affairs* Vol. 73, No.2, pp.28-44.

Leibfried, S. and E. Rieger, 1995, *Conflicts over Germany's Competitivenss: Exiting from the Global Economy?* Occasional Paper, Center for German and European Studies, University of California at Berkeley.

Lewis, J., 1991, Women, Family, Work and the State since 1945, Blackwell, Oxford.

Marshall, TH, 1972, Value Problems of Democratic-Welfare-Capitalism, Journal of Social Policy, Vol.1, No.1.

Navarro, V. J. Schmitt and J Astudillo. 2004. "Is Globalization Undermining the Welfare State?" *Cambridge Journal of Economics* Vol.28, No.1, pp.133-152.

Nel, Philip. 2006. "The Return of Inequality(Review Article)." *Third World Quarterly* Vol.27, No.4, pp.689-706.

Polanyi, Karl, 1968, The Great Transformation: The Political and Economic Origins of Our Time, Boston, Beacon Press.

Reich, Robert. 2010. *After Shock: The Next Economy and America's Future.* 안진환·박슬라 역. 2010. 『위기는 왜 반복되는가』. 김영사.

Ringen, S. 1987. *The Possibility of Politics: A Study in the Political Economy of the Welfare State.* Clarendon Press.

Sainsbury, Diane, 1999, Gender and Welfare State Reimes, Oxford, Oxford University Press, Oxford.

Weisskopf, Thomas E., 1987, The Effect of Unemployment on Labor Productivity: "An International Comparative Analysis," International Review of Applied Economics, Vol. 1. no.2.

Wilkinson, R. 1994. "Health, redistribution and growth." In Glyn & Milliband(eds.). *Paying for Inequality: The Economic Cost of Social Injustice.* London: Livers Oram Press.

동아시아 복지체제의 변화
- 경로의존 혹은 경로탈피

최영준[*] 박근혜[**]

* 고려대학교 행정학과 교수
** 고려대학교 행정학과 박사과정
　이 글은 최영준(2011)과 Choi(2012)를 바탕으로 재구성된 글임.

제9장
동아시아 복지체제의 변화
- 경로의존 혹은 경로탈피

　본 논문은 동아시아 복지체제의 최근 변화들을 어떻게 해석하고 평가할 수 있는지에 대해서 Holliday(2000)가 제시한 생산주의적 복지체제론을 중심으로 비판적 고찰을 하고자 한다. 서구의 복지국가에 대한 다양한 위기론이 제기되고 있는 것과는 달리 동아시아 복지체제에서는 '확대의 정치(politics of expansion)'가 더욱 강하게 작용하였다. 동아시아 각국마다 구체적인 발전양상은 차이를 보이고 있지만, 과거 사회정책이 국가 내에서 매우 미미한 역할만을 담당하던 시기를 지나 각종 사회보험이 도입되거나 확장되었고, 빈곤에 대한 인지가 높아지면서 관련 제도들이 꾸준히 발전하게 되었다. 이러한 변화가 기존 동아시아 복지체제를 설명하는 생산주의적 속성, 즉 사회정책이 경제정책에 종속되어 있다는 체제의 성격을 얼마나 변화시켰는지 살펴보고자 한다. 이를 위해서 2절에서는 기존의 복지국가와 복지체제 논의를 검토하고, 이를 바탕으로 3절에서 한국의 사례를 집중적으로 분석하고자 한다. 4절에서는 동아시아 주요 국가들의 최근 변화들을 소개하고, 생산주의라는 기준으로 어떻게 설명될 수 있는지를 논하게 될 것이다. 마지막으로 본 연구가 주는 함의와 향후 연구 주제를 제시하고자 한다. 본 논문에서는 일련의 정치경제학적 변화들과 함께 동아시아 복지체제가 중요한 전환기를 맞이하고 있으며, 경로의존과 경로탈피가 동시다발적으로 진행되고 있음을 보여주고 있다. 한국과 대만이 생산주의를 탈피하면서 복지국가로 이행하는 반면에 중국과 싱가포르는 여전히 생산주의의 모습을 유지하고 있다. 하지만, 본 논문에서는 이들 국가가 여전히 전환기적 속성을 가지고 있기 때문에 향후 정치경제적 맥락의 변화와 함께 복지정치의 향방이 복지체제 속성을 결정하는 데 중요할 것이라고 주장하고 있다.

Ⅰ. 서론

지난 20년 이상 지속되어오던 서구 복지국가의 경로의존성에 대한 질문은 2007~2008년 경제위기를 기점으로 더욱 강화되는 모습을 보이는 듯하다(Richardson, 2010; 김원섭 외, 2010). 경제위기 이후 뚜렷한 복지제도의 변화가 있지 않다는 '연속성'을 강조하는 의견이 존재하는 한편, 영국과 같은 일부 국가에서는 교육 및 복지 예산의 급격한 삭감으로 정치적 진통을 겪고 있다.[1] 급격하지는 않지만 꾸준히 진행되어져 오고 있는 이러한 변화들은 과연 어느 수준까지 연속성에서 파악해야 하는지는 여전히 어려운 학술적 질문으

---

[1] "Spending review 2010." http://www.guardian.co.uk/politics/spending-review (2011년 5월 6일 검색)

로 남아 있다. 특히 최근 복지국가 논의는 역사적 제도주의의 영향을 많이 받으면서 제도적 유산과 긍정적 환류(positive feedback)의 영향으로 경로의존이 생성되고 있다는 결론이 지배적이었다(Pierson, 1994; Esping-Andersen, 1999). 그러나 t라는 시점과 t+1이라는 시점 사이의 변화는 연속성으로 파악하는 것에 큰 문제가 없지만, t-10와 t+10을 비교할 때 보이는 외형적 단절은 어떻게 해석할 것인지, 연속성의 축적이 어느 단계에서 양질전화(良質轉化)로 평가될 수 있는지는 여전히 복지체제론의 논쟁으로 남아 있다(Seeleib-Kaiser and Fleckenstein, 2007; Kvist, 2007). Heuberger and Ney(2004)는 이 접근이 연속성과 경로의존을 강조하는 대신 그 밑에 흐르는 근본적인 변화는 놓칠 수 있음을 경고하였다. 이러한 논쟁이 가장 적절하게 적용되는 동시에 가장 중요한 질문이 되는 곳은 바로 동아시아 국가이다.

최근 동아시아 복지체제에서는 서구와 달리 '확대의 정치(politics of expansion)'가 더욱 강하게 작용하였다. 과거 사회정책이 국가 내에서 매우 미미한 역할만을 담당하던 시기를 지나 각종 사회보험이 도입되거나 확장되었고, 보건과 관련된 제도들이 정비되었으며, 빈곤에 대한 인지가 높아지면서 관련 제도들이 꾸준히 발전하게 되었다. 물론, 동아시아를 하나의 복지모델이나 복지체제로 간주하고 접근하는 것은 위험하지만(White and Goodman, 1998; Kwon, 1998a; Walker and Wong, 2005), 대체로 이러한 변화들은 일본을 포함하여[2] 한국과 대만 그리고 중국과 태국과 같은 일부 동남아시아에 이르기까지 보편적으로 발견되었다. 본 연구에서는 최근 복지체제

---

[2] 연금개혁을 제외하면 더욱 그러하다.

의 변화를 어떻게 바라볼 수 있을 것인지에 대해서 Holliday(2000)
가 제기하였던 생산주의 복지체제론을 중심으로 분석하고자 한다.
이를 위해서 2절에서는 복지체제론을 소개하고 생산주의 복지체제
론을 논의하게 될 것이며, 3절에서는 한국의 사례를 집중적으로 논
의하면서 복지체제 변화의 성격을 규명할 것이다. 그리고 4절에서
는 대만, 일본, 중국 그리고 싱가포르 사례를 통해서 생산주의 복지
체제가 어떻게 진화되고 변화해왔는지를 소개하면서 동아시아 복
지체제의 다양성을 설명할 것이다. 마지막 5절에서는 동아시아 복
지체제의 미래에 대한 연구의 함의를 제시하면서 글을 마무리하고
자 한다.

Ⅱ. 동아시아 복지체제 논쟁 검토

서구 복지국가의 시작을 언제로 할 것인지에 대한 의견은 다양
하지만, 복지국가 연구의 시작은 대체로 1950년대와 1960년대에
산업화 이론(Industrialism thesis)이라고 바라보고 있다. 산업화 이론
에서는 산업화와 도시화, 그리고 이에 따른 실업이나 퇴직과 같은
사회적 위험의 등장을 경제성장과 함께 복지국가 성립에 핵심적인
요소로 간주한다. 이때부터 시작한 복지국가 이론적 발전은 주로
복지국가 발전의 원인이 무엇인가에 초점이 맞추어져 있었다. 다시
말해서, 산업화나 좌파정당 등 특정 요인들로 전체 복지국가의 차
이나 변화를 설명하려는 시도가 지배적이었다. 이러한 이론들이 복

지국가를 단선적이고 명료하게 이해하려고 시도한 반면 1980년대 Theda Skocpol과 같은 미국의 사회학자들은 이러한 접근들이 역사에 대해서 이해가 부족하고, 각 사례에 대한 충분한 해석이 이루어지고 있지 못하다고 비판하였다. 이들은 국가중심주의적(state-centred) 시각을 가지고, 각 사례가 위치한 맥락과 행위자들과 제도 간의 상호작용에 초점을 두었다. 자연스럽게 이들은 이전의 여러 사례들을 설명할 수 있는 보편적 원칙보다는 개별 사례들이 가지는 특수성에 관심을 두었다. 이러한 보편성과 특수성을 초점으로 하는 두 갈래의 연구흐름은 Esping-Andersen(1990)의 연구에 의해서 변화가 되었다.

Esping-Andersen의 저작인 '세 가지 복지자본주의(The three worlds of welfare capitalism)'가 기여한 바는 복지국가론(welfare state)에서 복지체제론(welfare regime)으로의 전환이다. Esping-Andersen(1990, 1999)은 복지체제론을 통하여 복지제도와 정책이 어떻게 구성되어 있는가에 대한 초점을 넘어서 복지의 재정과 공급 그리고 분배에 있어서 복지국가가 가족과 시장과 어떻게 상호작용하는지를 주목하였다. 다시 말해서 국가복지(state of welfare)를 넘어서 다양한 복지혼합(welfare mix)을 다루었다는 점에서 이전 연구들과 근본적인 차이를 보였다. 또한, 단순히 복지혼합에 대한 묘사를 넘어서 특정 복지혼합이 형성되게 된 역사적 환경과 체제 형성의 경로를 핵심적인 변수로 보았다. 이러한 역사적이고 정치경제적학적인 배경은 특수성의 관점에서만 이해된 것이 아니라 중범위적인 관점에서 해석되었다. 다시 말해서 모든 국가가 한 유형의 보편성을 가지고 있다는 가정과 각자 다른 특수성을 가지고 있다는 가정을 넘어서 몇

몇 국가들이 일정정도의 역사적이고 정치경제학적인 경로를 공유하게 되며, 이를 바탕으로 유사한 혹은 다른 국가들과 질적으로 다른 복지체제를 형성한다고 보았다. 이러한 제한된 일반화(limited generalization)와 이상형(ideal type)을 기반으로 자유주의-보수주의-사회 민주주의라는 세 가지 복지국가체제를 도출하였다.

비록 그의 복지체제론이 민주화된 선진국들만을 대상으로 한다고 하였지만(1990), 이 이론은 동아시아 복지체제를 논의하는 데 매우 유용한 틀을 제공한다. 우선, 복지국가에서 시행하는 정책만을 분석해서는 동아시아의 복지를 이해하기가 쉽지 않다. 상대적으로 국가 영역보다는 가족과 비공식 영역의 복지역할이 두드러졌으며, 최근 시장의 역할 역시 동시에 증대하는 모습을 국가 영역과 함께 분석하지 않으면 복지체제의 성격을 논하기가 쉽지 않다. 또한, 복지국가의 개념이 최소한 혹은 일정 수준 이상의 사회보장에 대한 사회적 권리를 제공하는 규범적인 실체로서 이해가 된다면, 과연 동아시아가 '복지국가'인가라는 까다로운 질문에서 자유로울 수 없을 것이다. 복지국가 연구가 시작된 1950년대에 서구는 이미 일정정도의 국가복지와 사회권을 달성하였지만, 동아시아는 여전히 여러 면에서 국가복지와 사회권의 수준이 미약하기 때문이다. 그러한 점에서 어떤 일정한 기준으로서의 복지국가라는 개념보다 국가와 시장 그리고 가족이 역사적으로 이루어낸 정치경제적 산물로서의 복지체제가 보다 타당한 개념으로 판단된다.

하지만, Esping-Andersen(1990, 1999)의 연구를 동아시아 연구에 직접적으로 대입시키는 데에는 여러 가지 이슈들이 제기될 수 있다. 가장 빈번한 비판인 젠더에 대한 간과와 함께 또 다른 대표적인 이슈를 꼽는다면 그의 세 가지 유형을 넘어선 제 4유형에 대한 것이다. Arts and Gelisson(2002)이 잘 정리한 바와 같이 다양한 이후 학자들이 제 4유형의 가능성에 대해서 끊임없이 문제제기를 해 왔다. 자유주의 복지국가체제와 차별된 오스트레일리아와 뉴질랜드의 유형을 강조한 Castles and Mitchell(1992)의 연구와 대륙 보수주의와 차별된 남유럽 유형을 강조한 Ferrera(1996)와 이후의 학자들의 연구들은 대표적인 예이다. 이들은 단순히 새로운 유형에 대한 결과적인 제시를 넘어서 유형을 형성하는 역사적 배경이나 핵심 지표에 대한 재수정을 가하면서 Esping-Andersen을 비판하였다. 제 4유형에 대한 비판은 서구 밖의 다른 국가들까지 복지체제론을 확장할 경우 더욱 설득력을 얻을 수 있다. 라틴 아메리카나 동아시아 혹은 동유럽 등의 국가들을 포함할 경우 스웨덴과 덴마크로 대표되는 사회 민주주의 유형은 거의 찾아볼 수 없고, 가족의 역할을 중시하고 계층화가 심한 보수주의 체제나 시장의 역할이 강조되는 자유주의 역할 또한 이 두 체제의 혼합 정도 이상을 기대하기가 쉽지 않게 된다(Barrientos, 2004; Choi, 2007). 비록 Esping-Andersen (1997)이 일본을 위시한 동아시아 복지국가가 여전히 덜 정형화 (crystallization)되어 있기 때문에 세 가지 유형 중 하나로 분류되기 위해서는 좀 더 기다려봐야 한다고 지적하였지만, 여전히 현재를 설명하는 분석틀은 제공하지 못하고 있다. 이러한 측면에서는 Gough (2004a)가 주장한 Esping-Andersen의 세 가지 복지국가체제와 질적으로 다른 비공식 영역이 복지제공의 핵심적 역할을 하는 비공식 보장복지체제(informal security welfare regimes)과 기본적 권리와 보장이 위협받는 비보장체제(insecurity regimes)의 수직적 분류체계가 도움이 될 수 있다. 이러한 측면에서 동아시아 복지체제를 분석하기 위해서는 복지체제론의 정치경제학적 접근과 더불어 제 4유형론의 가능성 그리고 복지국가체제와 비복지국가체제 등 다각적인 차원에서의 이론적 접근이 필요하다.

동아시아에서 복지체제의 성격을 밝히기 위한 본격적 연구의 시작은 Jones(1993)의 유교주의 복지국가론(Confucian welfare state)이라고 평가되며, Esping-Andersen(1990)의 복지체제론에 비한 제 4유형으로서 문제제기라기보다는 서구 복지체제와 다른 동아시아 자체의 속성을 밝히려는 작업으로 진행되었다. 그녀는 유교주의적 복지국가의 특징으로 '노동자 참여가 없는 보수적 조합주의, 교회가 없는 보족성의 원리, 그리고 평등이 없는 연대(solidarity), 확장된 그리고 전통적 가족을 바탕으로 한 복지국가'로 보았다(1993: 214). 이러한 맥락 하에서 국가에 의한 사회정책의 확장보다는 확장된 가족이나 비공식 영역에 의해서 복지가 생산되고 분배되었다고 평가한다. 젠더 연구에서 여전히 이 주장의 유효성이 나타나고 있는 것은 사실이지만(Sung, 2003), 지속적인 비판 또한 받고 있다(White and Goodman, 1998; Walker and Wong, 2005). 특히, 유교주의라는 개념을 어떻게 조작화하고 테스트할 수 있는가라는 경험적인 이슈는 가장 핵심적이다. 각 국가에서 발전되고 나타나는 유교주의의 양상도 매우 차이가 날 수 있으며, 학자들에 따라서 유교주의의 긍정적인 측면을 부각시키거나 (효 사상이나 거래비용의 절감과 같은) 혹은 부정적인 영향력을 (예를 들어 연고주의나 부패) 강조하는 등 사안에 따라 다른 조작화가 되고 있는 것은 부정할 수 없다. 또한, 최근 동아시아 국가복지의 발전이 빠르게 진행되고 있는데, 이러한 역동적 변화에 대한 해석이 어려운 것도 약점으로 지적되고 있다. 그러한 점에서 유교주의가 실체가 있는 것이라기보다는 보수적 정치 구호로 활용될 수 있다는 비판도 제기되고 있다(Walker and Wong, 2005). 이에 비해 동아시아 복지체제를 설명하는 발전주의·생산주의 복지체제론은 이론적으로 진일보된 측면을 보이고 있다.

생산주의 복지체제론의 시발은 Johnson(1982)의 발전주의 국가론(developmental state)에서 찾아 볼 수 있다(Johnson, 1982). 발전주의 국가는 강한 정부 주도의 발전전략을 핵심으로 하고 있으며, 국가 주도 경제성장을 위해서 금융시장에 대한 강력한 통제와 이를 통한 전략적 산업육성을 목표로 하고 있다. 이러한 전략은 정치정당이나 시민사회에 의해서가 아닌 전문적 경제관료에 의해서 시행되고 통제되는 것이 발전주의 국가의 핵심으로 지적된다(Kuwayama, 2000). 또한, 이러한 전략을 위해서 관료는 권위주의적 정부와 기업들과 긴밀하지만 일정 정도의 거리를 두는(insulated) 관계를 유지하면서 발전주의 체제를 만들어나간다(Pempel, 1999). 동아시아의 발전주의 국가는 우호적인 정치경제적 환경 하에서 지속적인 경제성장을 이룩하여 왔으며, 경제성장을 통하여 권위주의의 정당성을 찾아가게 되었다(Lee, 1999; Kwon, 1999). 반면에, 국가는 노동운동이나 시민사회를 엄격히 통제하면서 외적인 사회적 안정을 추구했다. 이러한 발전주의 복지국가론이나 생산주의 복지체제론에서는 이러한 발전주의적 성격의 국가가 복지체제 형성에 핵심적인 역할을 담당하였다고 평가한다.

생산주의적 복지체제론(productivist welfare capitalism)은 Holliday

(2000)에 의해서 처음으로 제기되었으며, 그가 제기한 유형론은 다음과 같은 세 가지 특징을 가지고 있다. 첫째, 발전주의 국가론에 기반한 복지체제론이다. 생산주의 복지체제의 가장 핵심적인 특징으로 사회정책의 목표가 경제정책에 종속되어 있으며, 경제성장에 기여하는 것을 목표로 하고 있다는 것이다. 결과적으로 사회정책과 사회권이 다른 서구의 복지체제에 비해서 상당히 제한되어 있다는 특징을 가지고 있다고 주장하였다. 이러한 발전주의적 특징은 이미 다른 학자들에 의해서 제시가 되었었지만(Kwon, 1999; Tang, 2000), 이전 연구와 차별되는 특징은 동아시아 복지체제를 가장 명백하게 Esping-Andersen의 세 가지 복지체제 유형과 비교될 수 있는 제4유형으로 규정하였다는 것이다. 앞서 언급한 사회권의 특징과 함께 계층화에서 생산주의적 요소가 결정적으로 작용하는 점 그리고 복지혼합에 있어서도 성장을 목표로 하여 형성되는 측면을 지적하였다.

 Holliday(2000) 연구의 또 다른 특징은 동아시아 복지체제를 단일한 형태로 파악하지 않고, 내부의 차이점에 따라서 또 다른 유형론을 시도했다는 점이다. White and Goodman(1998) 등의 지적에서 찾아볼 수 있는 바와 같이 동아시아 복지체제를 동질적으로 파악하기에는 다양한 차이점을 내포하고 있다. 이에 따라서 그는 생산주의 체제를 성장촉진형 체제(Facilitative regime), 발전적 보편주의 체제(Developmental-universalist regime), 그리고 발전적 선별주의 체제(Developmental-particularist regime)로 다시 세분화하였다. 구체적으로는 첫째, 홍콩으로 대표되는 성장촉진형 체제는 경제성장을 최우선하는 것과 동시에 자유주의적 복지국가체제와 같이 철저히 시장을 중심으로 복지가 맡겨진다는 특징을 가지고 있다. 둘째는 발전적 보편주의로서 사회권을 생산적 활동과 연계시켰고, 특히 생산적 노동계층을 중심으로 사회정책을 발전시켰다. 이 유형에서 국가는 경제발전의 중요한 행위자이며 사회정책은 생산적 계층을 위한 보편적 프로그램을 일부 가지고 있지만, 가족과 시장의 역할은 여전히 중요하다. 그는 일본과 대만을 이 체제로 분류하였으며, 동시에 한국을 발전적 보편주의에 가장 가까운 이상형으로 지목하였다. 마지막으로 발전적 선별주의 체제는 사회권의 개념이 거의 존재하지 않으며 생산적 활동에 따라서 개인에게 제공되는 복지가 결정된다. 싱가포르로 대표되는 이 모델에서 국가는 복지의 제공에 있어서 권위적이며 지시적인 역할을 감당하게 된다(Holliday, 200: 709-10). Gough(2004b)는 이러한 생산주의 복지체제 논의를 계승하여, 지구적으로 복지체제를 분류할 때 태국, 인도네시아, 말레이시아 등과 같은 동남아시아 복지체제에까지 이 논의가 적용될 수 있음을 주장하였다.

〈표 1〉 생산주의 복지체제의 다양성

	사회정책	사회권	계층화	국가-시장-가족관계
성장촉진형	경제에 종속적	최소	제한적	시장 우선
발전적 보편주의	경제에 종속적	제한적: 생산 활동과 연결된 확장	생산 계층의 강화	국가는 몇몇 보편적 프로그램들을 가지고 시장과 가족 보조
발전적 선별주의	경제에 종속적	최소: 생산 활동과 관련된 개인복지 강화	상동	국가는 가족의 사회복지활동 지시

출처: Holliday(2000: 710)

이러한 맥락에서 생산주의 복지체제가 최근 동아시아 복지 변화에 있어서도 여전히 유용한 이론적 논의가 될 수 있을지에 대해서는 논쟁이 있다. 여전히 유용하다는 주장을 하는 입장은 Gough (2004b)와 같이 범위를 넓혀서 적용할 수 있다는 주장과 Holliday (2005)와 Kwon S. and Holliday(2007)과 같이 최근의 변화에도 불구하고 생산주의 복지체제는 기본적 성격을 유지하고 있다는 주장에 의해서 지지된다. Kwon S. and Holliday(2007)의 경우 한국 복지발전에 있어서 노동시장 유연화나 경쟁력 강화의 측면을 주목한다면 여전히 생산주의 체제의 특성을 가지고 있다고 주장하였다. 반면, Peng and Wong(2004)과 Chen(2008)은 일본이나 대만의 복지발전은 이미 생산주의 단계를 넘어선다고 주장하였으며, Choi(2007)와 Kim(2008) 또한 최근 동아시아 복지체제는 생산주의 체제를 넘어서 복지국가로의 이행으로 최근의 변화를 이해해야 한다고 주장하였다. 이에 대한 근거로 복지의 생산성을 지향하는 것은 동아시아뿐 아니라 서구복지국가에서도 발견될 수 있고, 관료 중심적 복지 정치에서 정당, 시민사회 등 다양한 집단에 의한 '확대된' 복지 정치로의 변화, 또한 성장을 위한 사회정책에서 사회권 확장을 위한 사회정책으로의 변화는 이러한 주장을 뒷받침하고 있다고 지적했다. 이와 함께 동아시아 복지제도 성장과 함께 나타나는 다양성을 생산주의 이론은 충분히 담아내지 못하고 있다는 비판점도 제기된다.

Kwon(2005, 2009)은 두 주장에 대해서 절충적 입장을 취하고 있다. 그는 동아시아 복지체제가 국가주도의 발전주의는 큰 틀에서 유지되고 있다고 파악하였다. 하지만, 그는 과거의 선별적이고 권위주의에 기초한 선별적이고 배제적인 발전주의에서 보편주의적이고 민주주의를 기반으로 한 '포용적(inclusive) 발전주의'로 그 내부적 성격이 변화했음을 주장하였다. 하지만, 주의해야 할 것은 Holliday

(2000)와 달리 Kwon(2005)은 서구와 대비되는 제4의 복지체제 성격으로서 '발전주의'를 이해했다기보다는 서구 복지국가 발전에서도 찾아질 수 있는 '국가주도 발전전략'으로서의 보편성을 가진 '발전주의'로 이해했다는 점에서 차이가 난다. 이러한 입장은 여전히 정부 역할의 중요성이나 사회정책과 경제정책이 통합되어 논의되는 것들이 예라고 할 수 있다.

이러한 다양한 입장들을 복지체제론적인 관점에서 재정리하면, 생산주의 복지체제론이 여전히 경로의존을 가지고 있는지 혹은 경로탈피를 하였는지에 답하기 위해서 다음과 같은 구체적인 질문들이 주어질 수 있다. 1) 생산주의가 복지제도 형성에 여전히 근본적인 원인이라고 할 수 있는지, 2) 생산주의를 벗어났다면 그 증거는 무엇이며, 그 자리를 무엇이 대신하고 있는지, 그리고 3) 생산주의를 기반으로 했던 동아시아 복지체제의 다양성은 어떠한 양상을 나타내고 있는가라고 할 수 있다. 기존의 연구를 바탕으로 생산주의 논의의 재해석에 대한 가능성은 없는지를 검토할 수 있을 것이며, 동아시아 복지체제 발전의 함의는 무엇인지를 물을 수 있을 것이다.

Ⅲ. 동아시아 복지체제의 변화: 한국[3]

1. 발전주의 시기의 복지체제의 변화

일반적으로 한국에서 발전주의의 시작은 수입대체형 산업과 해외원조에 의존했던 1950년대보다 박정희 정부가 들어선 1960년대 초로 파악하는 경우가 일반적이다. Gough(2004a)의 복지체제론에 따르면 1950년대는 국가나 시장 그리고 심지어 가족에 의한 안정적인 복지공급마저 쉽지 않은 비보장복지체제에 가까웠다고 평가될 수 있다. 이후 1960년대 쿠데타에 의해서 집권한 박정희 정부는 초기에 정치적 정당성을 위해서 '복지국가 건설'을 내세우고 사회보장정책에 관심을 기울였다. 이 시기에 공무원 연금법(1960)과 군인연금법(1961) 그리고 의료보험법과 산업재해보상보험법(1963) 등이 차례로 도입되었다. 하지만, 수출지향 산업경제모델을 표방한 박정희 정부는 국가 역량 강화와 국가형성(nation building)을 위해 경제성장을 정책목표의 최우선으로 삼았고, 경제우선전략은 지속적인 경제성장과 기업의 성공으로 뒷받침되었다(Shin, 2003). 경제성장을 통하여 정치적 정당성을 일부분 해결한 이 시기 동안에 복지는 상대적으로 관심을 받지 못했다. 복지는 생산주의적 복지체제에서 설명된 바와 같이 경제성장에 해가 되지 않는 범위 내에서 이루어졌으며 교육과 보건 정책의 강조 그리고 사회보장정책의 저발전으로 나타냈다. 1970년대부터 권위주의적 민주주의가 종식되었

다고 평가받는 1980년대 후반전까지는 사립학교원연금법(1973)과 의료보험(1977)이 실시되었지만, 이외에 뚜렷한 복지발전이 이루어 졌다고 파악하기는 힘들다.

발전주의가 핵심적인 국가운영전략이었던 이 시기 한국 복지체제는 다음과 같은 생산주의 복지체제의 틀 속에서 이해될 수 있다. 첫째, 국가가 담당하는 복지제도의 특징을 통해서 파악할 수 있다. 권위주의와 성장주의를 유지하는 데 필수적인 계층에 한해 선별적 복지가 전개되었다. 공무원, 군인 그리고 교사와 같은 특수 직역종사자에 한정되었으며, 정책적으로도 생산에 필수적인 교육과 보건에 한정되어 발전되었다. 반면 생산주의 복지체제론에서 주장하는 바와 같이 현금이전을 필요로 하는 사회보장 정책은 미발달하였다. 한 예로 1973년 국민연금 제도 도입을 들 수 있다. 당시 국가는 경공업 산업 전략에서 중화학 공업으로 성장하고자 했으며, 이를 위해서 경제관료들에 의해서 국민연금제도의 도입이 제기되었다. 산업화 전략을 위한 내자동원적 성격이 강했던 이 시도는 또 다른 경제적 상황인 석유파동으로 인해서 좌절되었다(Kwon, 1998b; Shin, 2003). 이 시기가 생산주의 복지체제에 속하고 있음을 보여주는 또 다른 특징은 사회보험방식의 복지가 출발되었다는 것이다. 이는 한국만이 가지는 특수성은 아니지만, 조세에 의한 복지보다 대부분의 복지제도 도입방식이 사회보험 형태를 띤다는 것은 국가가 복지에 재정적 부담을 꺼려했음을 보여주는 것이며 규제자(regulator)로서의 역할을 선호했다는 것을 알 수 있다(Kwon, 1998a).

두 번째 특징으로, 이러한 국가에 의한 복지의 저발달은 일부분 기업복지에 의해서 대체되었다. 일본과 유사하게 한국의 안정된 기업들은 퇴직금과 함께 교육이나 의료, 양육 그리고 주거 등에 대한 다양한 기업복지제도를 발전시켰다. Mares(2003)가 지적한 바와 같이 숙련노동과 생산적 노동계층을 필요로 하는 기업들은 그들의 통제력이 강한 정책들을 선호한다고 밝힌 바와 같이 국가 대신 기업에 의한 복지제도가 발전하였다. 이에 대한 대가로 기업은 다양한 세제혜택을 국가로부터 받았으며, 퇴직금은 기업투자를 위한 자금으로 사용되기도 하였다. 이러한 특징들은 생산주의 복지체제 특징을 잘 나타낸다고 할 수 있다.

마지막으로, 이러한 생산주의 체제를 지지할 수 있었던 것은 노동시장을 통한 개인과 가족의 역할 그리고 인구구조라고 할 수 있다. 이 시기에 한국의 연평균 경제성장률은 1970년대 초반까지 연평균 7~10%의 급속한 경제성장을 이루어 나가면서 절대적 빈곤은 지속적으로 감소하였으며, 노동시장에서는 일자리가 꾸준히 증가하여 실업률이 매우 낮은 완전고용노동시장에 가까워졌다. 이러한 배경에서는 개인의 노력과 자립이 개인의 경제적 환경에 가장 중요한 요인으로 간주되었다. 또한, 남성중심적 유교주의 가족구조 하에서 여성에 의한 자녀양육뿐 아니라 노부모나 장애인 등 돌봄이 필요한 이들에 대한 서비스를 제공하였다. 또한, 대가족 하에서 긴급한 경제적 구호가 필요한 이들에 대한 재정적 지원이나 돌봄의 지원이 이루어지는 경우가 대부분이었다. 또한, 상대적으로 낮은 평균수명과 65세 이상 노인이 전체 인구 중 5% 정도의 수준에 머물러 있었다는 것을 감안해보면(World Bank 2008) 복지욕구가 상대적으로 낮았다는 것을 알 수 있다. 따라서 이 시기의 복지는 경제성장에 해가 되지 않는 범위 내에서 이루어졌으며, 이에 따라 복지정책은 경제성장을 위한 전략적 수단으로 해석될 수 있다.

2. 후기 발전주의 시기

1980년대 들어오면서 권위주의적 발전체제는 국제경제질서의 변화와 민주주의의 도래 그리고 기업의 성장과 함께 서서히 해체되기 시작했다(Choi, 2008). 냉전이 서서히 막을 내리고, 미국이 무역 및 재정적자로 인해서 '불공정 무역'을 시정할 것을 강력하게 요구함에 따라서 강력한 보호주의적 경제체제를 유지하는 것이 매우 어려워지게 되었고, 무역 및 금융에 있어서 자유화를 요구받게 되었다(Schaede, 2004). 이는 결과적으로 정부가 기존의 발전주의적 재정정책을 후퇴하게 하는 요인으로 작용하였다(Minns, 2001). 결과적으로 90년대 중반에 OECD 가입과 WTO 가입, 그리고 금융자유화, 경제기획원의 폐지 등을 통하여 발전주의 국가는 후퇴되어 갔다(Choi, 2008). 또한, 기업은 발전주의 시기 동안의 발전을 기반으로 정부로부터의 재정정책에서 점차 독립되어져가는 경향을 보였고, 이는 정부와 기업 간의 마찰로 나타나기도 하였다(Moon, 1994). 또한, 한국은 정치·사회적으로 민주주의가 전개되면서 위의 요인들과 맞물려 발전주의 시기에 강력한 영향력을 행사해왔던 경제관료의 상대적 자율성은 크게 위축되었다.

위와 같은 정치경제적 변화들과 함께 생산주의 복지체제를 지탱하고 있었던 복지혼합의 기반들 역시 약화되기 시작했다. 삼대(三代)를 기본으로 하던 가족구조는 90년대와 경제위기를 겪으면서 급격히 약화되어 1980년대의 70~80%에서 2002년에는 40% 초반으로 하락하며, 일인가구의 급증과 여성의 노동시장 참여의 증가

등 가족구조의 근본적 변화를 맞이하게 된다(Choi, 2006). 또한, 남성중심적인 안정적 노동시장은 연공서열제의 약화와 평생직장 개념의 희석화, 그리고 서비스 직종의 증가 등 후기산업화 여파와 함께 경제위기로 인한 조기퇴직과 노동시장의 유연화로 인한 고용의 불안정성이 증가하였다. 이와 함께 저출산과 빠른 고령화로 인하여 노인인구의 비중이 전체 대비 2010년에 10%를 상회하게 되었다(통계청, 2011). 이러한 변화들이 의미하는 것은 가족과 개인을 통한 자립(self-sufficiency)이 점차 어려워지고 있음을 의미하는 것이며, 또한 기업이 숙련노동을 위해서 기업복지를 제공하는 인센티브가 점차 약화되는 것을 의미하였다. 이러한 복지혼합의 근본적인 변화는 결과적으로 국가복지의 변화를 요구하게 되었다.

하지만, 민주화 이후 1980년대 후반부터 사회정책의 변화가 일어난 것은 아니었다. 경제위기 이전까지는 질적인 확대보다는 기존의 사회보험제도의 적용범위가 확대되는 모습을 보였다. 핵심적으로는 1992년 산업재해보상보험이 5인 이상 사업장으로 확대되고 1989년에는 의료보험이 도시자영업자까지 확대되면서 사실상 전국민 의료보험시대가 되었다. 그리고 1988년에 시작된 국민연금제도는 1992년에 들어서는 5인 이상 사업장으로 확대되었고, 1995년에는 농어촌 자영업자 그리고 1999년에는 도시 자영업자까지 확대가 되었다. 1995년 도입된 고용보험도 1999년 전체 사업장으로 확대되었다. 이러한 적용범위의 확대는 상대적으로 핵심 생산계층에서 벗어난 이들이 공적복지제도 내로 포섭되기 시작했음을 의미했다. 이러한 양적인 변화들은 1997년 경제위기 이후에 질적인 사회정책 변화로도 동시에 나타나기 시작했다.

경제위기와 함께 출범한 김대중 정부는 시장경제와 민주주의와 함께 국정운영의 동반자적 원칙으로 '생산적 복지'4)를 주창하였고, 이를 통해서 국민들의 복지에 대한 '소비적' 인식을 전환하려고 하였다(이창곤, 2010). 비록 생산적 복지가 노동시장을 통한 자립과 자활을 강조하는 개념이기는 하지만, 실제 제도의 정비와 발전에 있어서는 보다 전통적 복지국가의 모습에 가까운 발전들이 실행되었다. 기존의 생활보호법이 근로가 가능하지 않는 계층만을 보호하였다면, 2000년에 도입된 국민기초생활보장법은 법적으로 근로가능유무와 관계없이 모두에게 사회권(social right)을 부여했다는 의미를 가지고 있다. 이와 함께 국민연금 개혁에 있어서 세계은행이 권고한 민간 역할을 강조한 다층체계(multi-pillar)보다는 단일체계를 선호한 점 등은 이전 시기와 확연히 구분되는 점이기도 하다. 다시 말해 국가의 복지에 대한 관심이 높아졌음을 의미하며 국민들이 마땅히 누려야 하는 사회적 권리(social rights)로서 80년대부터 지속적으로 논란이 되어왔던 의료보험 통합을 이룬 점, 사회서비스 측면에서도 보육사업 중장기 종합발전 계획(2001), 최초의 장애인 복지발전 5개년 계획 수립(1998~2002), 국민주택기금 지원확대 (1999) 등이 제안된 점 등 양적으로나 질적으로 중요한 변화들이 실행되었다.

김대중 정부를 이어받은 노무현 정부는 이전 정부의 복지정책 연속선상에서 이해될 수 있다. 노무현 정부가 초기에 주창한 '참여

---

4) 이는 '소극적인 복지수혜를 넘어 시장경제를 통해서 적극적인 노동시장 참여를 통한 복지, 사회적 약자들이 시장으로 재진입이 가능할 수 있도록 돕는 복지, 취약계층의 자활에 초점을 둔 복지 그리고 인적자본 개발의 중요성을 강조하는 복지'(대통령 비서실, 1999, 『새천년을 향한 생산적 복지의 길』, 삶의질향상기획단, pp.27-28)라고 정의되고 있다.

복지'는 뚜렷한 비전과 구체적인 실천사항과 전략이 포함된 것은 아니었다. 그럼에도 불구하고 노무현 정부는 저출산·고령화로 인한 다양한 사회적 문제에 대처해야 했으며, 동시에 이전 정부의 노동시장 유연화와 변화하는 경제구조에 따라서 발생하는 불평등과 빈곤의 증가에 대응해야 하는 이중적인 부담을 안고 있었다. 결과적으로 이 시기에 한국의 복지지출은 상당히 증가되었고[5] 정부지출에서 복지지출이 차지하는 비중도 최초로 경제지출보다 더 높아지게 되었다. 정책에 있어서도 저출산을 해소하기 위한 보육정책 및 기타 제도들이 빠르게 도입되었으며, 빈곤대책으로 차상위층 자활사업이나 의료급여의 확대, 그리고 기초노령연금 도입과 건강보험 적용범위 확대 등 더욱 보편적이고 확대된 복지정책이 도입되었다. 이러한 내용들은 노무현 정부의 중반기 이후에는 '사회투자국가'에 의해 보다 현실화되었다. 사회투자정책은 자립에 대한 강조라는 측면에서 생산적 복지와 유사한 측면이 많은 반면 경제와 복지의 동반성장 이라는 이념과 아동과 여성 그리고 평생교육에 초점을 두는 측면 그리고 사회서비스의 강조라는 차원에서 이전 정부와 차별을 보인다(정부·민관합동작업단, 2006).

하지만, 이러한 정책의 변화와 구호만으로는 생산주의 복지체제 속성의 변화를 판별하기가 쉽지 않다. 제도의 발전과 개혁을 넘어서 그 이면에 있는 복지정치의 변화를 함께 주의 깊게 살펴볼 필요가 있다. 복지정치가 발아하기 시작한 1990년대에는 크게 의료보험 통합운동과 국민연금기금운용에 관한 이슈가 시민사회와 학계

---

[5] 2000년 기준으로 한국의 복지지출은 GDP대비 약 4.8%였던 것에 반해, 2005년에는 6.4%, 2006년에 7.4%, 2007년 7.6%를 기록하면서 노무현 정부의 복지지출은 꾸준히 증가했음을 알 수 있다(OECD SOCX, 2011) http://stats.oecd.org/Index.aspx?datasetcode=SOCX_AGG

를 중심으로 제기되기 시작하였다(최성수, 2006). 복지정치는 경제위기 이후에 더욱 활발해졌고, 2000년대에는 이 시기에 나타난 복지발전에 따라 언론이나 시민단체, 정당들의 복지에 대한 관심이 크게 증가하였다. 이 시기의 복지정치에 관한 모습은 국민연금 자영업자로의 적용범위 확대, 국민기초생활보장법 제정 등에서 잘 나타난다(안병영, 2000; Kim and Kim, 2005; 백승기, 2008). 이처럼 이 시기의 복치정치 활성화에 대한 주요 배경은 정치적으로 민주화 이후 자유로운 정치참여가 가능했고, 민주주의 운동에 대한 경험, 경제위기에 따른 빈곤과 고용불안정, 그리고 저출산·고령화와 가족구조의 변화 등과 같은 증가하는 사회적 위험 등이 중요한 원인으로 작용했다. 결과적으로 이 시기의 복지정치는 밑으로부터의 운동 그리고 생산적 성격보다는 사회권적 성격이 강했다고 볼 수 있다.

대통령과 관료는 여전히 중요했지만, 그 역할 또한 변화했다. 김대중 대통령의 영향력은 이전 대통령과 같이 강했던 반면, 노무현 대통령의 영향력은 상대적으로 약해졌다. 이것은 관료의 영향력과도 상당히 관계가 있어 보이는데, 1990년대 후반 경제위기는 기존에 강력한 영향력을 발휘했던 경제관료의 영향력을 감소시켰고(Kwon, 2003), 친복지 성향을 가진 정부의 등장으로 복지관료의 영향력은 상대적으로 상승되었다. 시민운동의 주요행위자였던 학자들은 그들이 가진 전문지식과 운동의 경험을 바탕으로 정치권과 행정부를 효과적으로 압박할 수 있었다. 그러나 역설적이게도 김대중 정부와 노무현 정부에서 복지정책의 확대에서 핵심적인 역할을 했던 시민단체의 영향력은 오히려 줄어드는 경향을 보였으며, 반대로 복지영역을 상대적으로 간과해왔던 정당들에 의해서 복지정치가 주도되는 새로운 국면을 이명박 정부에서 보이게 된다. 최근에 나타난 무상급식 논쟁이나 무상의료 혹은 반값등록금 등이 모두 정치권 중심으로 나타난 것은 시민단체 중심에서 정당중심의 복지정치로 무게의 축이 이동하는 것을 보여주고 있다.

3. 한국 복지체제 변화에 대한 평가

한국 복지체제는 발전주의 단계에서 생산주의 복지체제의 속성을 유지하고 있었음을 주장한 바 있다. 그렇다면 한국 복지체제는 여전히 생산주의 복지체제인가? 우선, 생산주의 복지체제를 지탱하고 있었던 발전주의가 1990년대에 접어들면서 상당히 약화되었다는 것은 부인하기 힘들다. 또한, 생산주의 복지체제를 안정적으로 지탱하였던 가족구조나 인구구조 그리고 안정된 노동시장 등 중요한 물적 토대가 짧은 시간 동안 빠르게 변화하였음도 사실이다. 그러한 점에서 생산주의를 둘러싼 외적 조건들이 침식되고 있었다고 평가할 수 있다. 복지혼합에 있어서도 근본적 변화들이 감지되었다. 이전의 비공식 영역에 의한 복지나 기업에 의한 복지제도에서 국가복지의 확대는 또 다른 중요한 특징이다. 이러한 맥락에서 Takegawa(2009)는 한국이 1998년에 복지국가로 이행하였다고 주장하고 있으며, Choi(2007)는 Pierson(1998)의 연구를 기반으로 국가가 최저생활을 권리로서 보장하기 시작한 국민기초생활보장법 도입인 2000년도를 복지국가 이행시기로 규정한 바 있다.

복지국가 이행 이전 시기에 대해서는 Gough(2004a)의 복지체제
론에서 제안된 바와 같이 가족 등의 비공식 행위자에 의해 복지생
산이 이루어지는 비공식적 복지체제로 파악할 수 있다. 한 예로
1990년대 이전 시기의 가족중심적인 속성을 '유교주의적 복지국
가'로 칭하며, Lee and Ku(2007)의 연구에서 보이는 바와 같이 발전
주의 복지국가의 속성을 적용범위의 제한이나 성차별 요소, 가족의
역할, 고용주의 기여, 그리고 정부의 사회지출 수준 등을 가지고 파
악하곤 한다. 하지만, 이러한 특징들은 유교주의나 발전주의의 속
성이라기보다는 여타 개발도상국이나 경제저발전국에서 발견되는
비복지국가의 속성에 가깝다. 그러한 점에서 한국과 대만의 경우,
발전주의 '복지국가'가 아닌 비복지국가로 분류될 수 있다고 지적
했다(Choi, 2007). 그러한 점에서 최근 동아시아 복지체제의 변화를
생산주의적 복지체제에서 생산주의적 복지국가체제로의 전환이라
고 바라본 Gough(2004b)의 견해는 일면 타당하다. 하지만, 여전히
'생산주의'인가라는 질문이 남아 있다.

최근 한국 복지체제의 변화를 검토한 바에 따르면 비록 생산주
의 유산이 남아 있을지라도 이를 한국 복지체제의 핵심적 특징으
로 간주하기엔 어렵다는 결론에 이르게 된다. 김대중 정부와 노무
현 정부의 복지발전과 사회정책의 변화들이 경제성장을 위한 것이
었다고 보는 것은 당시 복지정치과정에서 나타나는 특징들과 정치
행위자들의 의도들을 고려해 볼 때 받아들이기가 상당히 어렵다.
물론 생산적 고려를 하는 정치적 행위자들이 있었지만, 이는 사회
권 확장을 시도하는 다양한 정치세력과의 갈등과 타협을 통해서
결정되어가는 복지정치의 과정이었으며, 이것이 동아시아만의 특

수성으로 해석되기에는 무리가 있다. 또한, Holliday(2005) 등의 지적과 같이 국민기초생활보장법에 자활의 강조나 적극적 노동시장 정책의 강조 등은 생산주의에 의한 것이었다고 지적될 수 있지만, 이 또한 동아시아만의 특징이라기보다는 서구 복지국가의 최근 복지개혁과정에서 일반적으로 나타나는 근로복지(workfare)의 일환으로 해석하는 것이 보다 타당하게 느껴진다.

비복지국가에서 복지국가로의 전환, 그리고 생산주의에서 탈생산주의로의 이전이 특징이라면, 한국의 복지국가체제로서 어떠한 성격을 가지고 있다고 평가할 수 있을까? 한국의 사회보장체계는 Esping-Andersen의 복지국가체제론을 대입시킬 경우 탈상품화가 낮고, 국가가 복지국가 재정에 있어서 최소한의 역할만을 감당한다는 점에서 자유주의 유형과 매우 유사하다. 사회보험은 상대적으로 잘 구비되어 있지만 급여수준이 높지 않고, 급여를 받기 위한 조건이 까다로운 점 등은 미국과 같은 'Lite Bismarckian' 모델과 유사하다 (Weaver, 2003). 국민연금이 1988년 시작되어 2008년 완전노령연금을 본격적으로 지급하기 전에 두 번의 개혁을 통해서 급여수준을 70%에서 40%로 낮춘 것은 대표적인 예이다. 또한, 복지혼합의 관점에서 볼 때 <표 2>와 같이 한국의 순사회지출(net social expenditure)[6]은 영국이나 미국과 같은 자유주의 국가들과 유사한 수치를 보인다. 이는 복지제공에 있어서 공공부문보다 민간부문의 역할이 크다는 것이다. 마지막으로 한국은 상대적으로 노동조합이나 이를 대표하는 정당이 저조한 수준에 있기 때문에 정당정치에 있어서도 보

---

[6] 순사회지출은 총 공공사회지출과 복지급여에 대한 세금과 복지관련 조세지출, 강제성을 띤 민간복지지출과 자발적 민간복지지출을 모두 계산하여 도출한 것이다.

수-자유진영 간의 대립이 주를 이루고 있다. 하지만, 한국은 서구와 달리 여전히 제도의 역사가 짧고 내재된(embedded) 이익이 적으며, 복지정치가 본격적으로 시작되는 단계에 있기 때문에 현재의 자유주의적 속성을 고착화된 형태로 해석하기보다는 전환기적인 속성으로 이해하는 것이 더 올바른 평가라고 판단된다.

〈표 2〉 총 공공사회지출과 순사회지출의 일부 **OECD** 국가 비교

국가	총 공공사회지출(A) (GDP 대비 %)	순사회지출(B) (GDP 대비 %)	B/A
덴마크	31.9	25.7	80.6
프랑스	33.8	33.6	99.4
독일	29.9	30.2	101.0
이태리	28.8	26.6	92.4
일본	20.1	22.8	113.4
한국	7.8	10.7	137.2
스웨덴	34.6	29.3	84.7
영국	24.3	29.5	121.4
미국	17.1	27.2	159.1

출처: OECD SOCX(2011)

Ⅳ. 동아시아 복지체제에 변화: 생산주의의 분화

한국의 사례를 본 연구에서는 생산주의 비공식 복지체제에서 전환기적인 자유주의 복지국가 체제로의 전환으로 이해하였다. 생산주의에서 자유주의로의 전환 그리고 비공식 복지체제에서 복지국가체제로의 전환은 단절성과 연속성이 동시에 내포된 진화였다고

평가된다. 그렇다면 이러한 동아시아 다른 복지체제는 한국의 사례에 비해서 어떠한 변화를 가져왔는지를 살펴보도록 하자. 이에 대한 사례로 한국과 가장 유사한 사회경제적 배경과 함께 정치적 경험을 공유하는 대만과 이 두 국가들의 생산주의 유산에 가장 큰 영향을 미쳤다고 평가되는 일본, 사회주의적 유산을 바탕으로 권위주의적 발전주의(authoritarian developmentalism) 정치경제 구조를 발전시키고 있는 중국, 마지막으로 다른 동아시아 국가들과 다른 산업 전략을 전개해오면서 여전히 생산주의 체제를 가지고 있는 싱가포르 사례를 검토하도록 하겠다. 지면상 최근 경험들을 중심으로 이론적 논의에 초점을 맞추게 될 것이며, 비교적 관점을 통해서 생산주의 복지체제론의 유용성과 함께 동아시아 지역 내에서 복지체제의 분화 가능성에 대해서 논하고자 한다.

1. 대만

대만은 경제성장 수준뿐 아니라 최근의 민주화에 대한 경험 그리고 인구학적 구조까지 국제적 관점에서 가장 유사한 국가라 칭할 수 있다. 최근의 복지발달 경험을 돌이켜보면 1995년 전국민건강보험의 시작이나 다양한 연금제도의 발전 그리고 최근 사회복지 서비스의 발전 역시 유사한 측면들이 많다. 이 때문에 대만은 Holliday(2000)이나 Wilding(2004) 등 많은 동아시아 복지모델 연구에서 한국과 같은 유형으로 언급된 국가이다. 타 국가들에 비해서 가지는 상대적인 유사성 때문에 이들 두 국가의 차이점들은 크게 주목받고 있지 못하고 있지만, 실제로 가까이 들여다보면 이 두 국가는 몇 가지 점에서 주목할 만한 차이점을 가지고 있다. 첫째, 정책적 유산의 차이점이다. 한국이 독일과 일본식의 개별 사회보험을 발전시켜온 구조를 가지고 있다면, 대만은 영국과 같이 단일 국민보험 형식인 노동보험 내에 다양한 급여를 발전시켜왔다. 둘째, 한국이 국민연금제도 형태의 사회보험을 발전시켜왔다면, 대만은 국민연금제도 도입이 지속적으로 좌절되는 한편 세금에 기반한 노령수당제도를 발전시켜왔다. 1995년 한국 국민연금이 농어촌 자영자에게 확대될 때 대만은 농어촌 자영자를 위한 노령수당이 도입되었으며, 이 노령수당은 2002년에 전 국민으로 확대가 되어 2005년에는 개인을 기반으로 하는 정액형 급여를 노인인구의 70% 이상이 수급하게 된다(Choi, 2008). 비록 2008년 국민연금제도가 도입되었지만, 이 제도는 노동보험에 가입되지 않은 이들을 대상으로 하는 부차적 성격을 가진 연금제도로 자리매김되었다. 셋째, 건강보험 역시 한국과 유사한 제도를 가지고 있으나 구체적으로는 많은 차이를 보인다(문성웅 외, 2008). 행위별 수가제를 실시하는 한국에 비해서 총액예산제와 포괄수가제 그리고 보다 엄격한 의료기관 규제를 하고 있다. 또한, 한국에 비해서 보장성이 약 90%로 매우 높으며, 암 등 중증질환자는 사실상 무상의료의 혜택을 누리고 있다.[7] 넷째, 복지체제에서 국가가 재정에 보다 적극적으로 참여하는 것 또한 중요한 차이이다. 조세에 기반한 노령수당제도의 활성화나 건강보험 보험료 부담에 있어서도 저소득층 100%, 농민 70%, 직종별협회 소속 자영자 40%, 일반 피고용자 역시 10% 등 적극적으로 복지재정에 국가가 참여하고 있다. 이러한

---

[7] 『한겨레 신문』 2011년 5월 7일.

국가의 복지재정 참여는 고용보험이나 노동보험 등에서도 발견된다. 이는 최근 경제위기 이후 모든 국민에게 3,600원(대만 위안)을 지급한 '경제진흥 소비권 발행특별 조례'에서도 나타난다. 다섯째, 복지정치의 차이이다. 대만은 한국에 비해서 정당중심의 복지정치를 이른 시간에 발전시켰다. 특히 1993년 야당이었던 민진당(民進黨)이 노령수당제도를 선거 공약으로 들고 나오면서 복지이슈는 이른 시기에 중요한 정치적 이슈로 자리잡았다(Ku and Chen, 2001). 노동단체 영향력의 상대적인 미비는 유사하나 한국에서 정당의 대리역할을 감당했던 시민단체의 독립적 활동은 한국에 비해서 약했다고 평가할 수 있다.

결과적으로 다양한 프로그램의 도입과 정비, 복지지출의 증가, 그리고 복지정치를 바탕으로 하여 대만은 1990년대에 탈생산주의 및 복지국가로의 이동을 이룩한 것으로 관찰 된다. 그러면 어떤 체제로 진입하였다고 평가할 수 있을까? 위에 언급된 다섯 가지 차이는 아직 복지국가 초기 단계에 있는 한국과 대만에게는 큰 차이라고 보기 힘들 수도 있으며 Esping-Andersen(1990)의 유형론을 빌린다면 여전히 자유주의 유형을 벗어나서 설명하기는 힘들 것이다. 하지만, 이 방향의 발전이 지속될 경우 한국이 미국과 같은 'Lite Bismarckian' 형태로 진행한다면, 대만은 영국이나 호주와 같은 'Lite Beveridgean' 형태로 진화할 가능성도 배제할 수 없다. 이럴 경우 두 체제의 중요한 차이는 Choi(2008)가 주장하듯 한국의 대기업위주 산업구조와 대만의 중소기업위주 산업구조, 그리고 이에 파생된 정치 및 세제구조가 큰 영향력을 가진 변수로 자리 잡을 수 있다. 하지만, Overbye(1994)가 서구 복지국가의 발달을 통해 주장한 바와 같이 두 형태가 각각의 기능적 필요에 따라서 수렴된 형태로 진행될 가능성도 배제할 수 없다.

2. 일본

일본은 발전주의의 원형적 형태를 가지고 있는 곳으로서 비록 다른 동아시아 국가와 달리 민주주의를 이른 시기에 정착시켰지만, 자민당-경제관료-기업의 소위 'golden triangle'을 중심으로 한 '국가 중심 권위주의 정치체제'와 국가중심 경제성장 전략을 채택하고 있다고 평가되어 왔다(Johnson, 1987; Takahashi, 1997). 이 체제는 경제적으로 상당한 성공을 거두었으며, 결과적으로 1980년대에 이르러 일본이 세계에서 가장 높은 경제성장을 달성한 국가에 이르게 된다. 이 체제 하에서 생산을 위한 복지의 최소화가 이루어졌으며, 연금기금을 포함한 다양한 공공기금이 생산주의 체제를 유지하는 데에 사용되었다(Park, 2004). 이러한 기조는 1960년대를 거쳐 '복지원년(First year of welfare)'을 선언한 1973년에 이르러 정치사회적 변화와 함께 퇴조 조짐이 보였지만, 오일 쇼크와 경제침체 등으로 오히려 생산주의 기조가 강화되었다. 일본형 복지사회(Japanese style of welfare society)는 복지국가가 아닌 사회가 복지를 담당하는 주체임을 강조하는 보수주의 정치인과 재계수장으로부터 시작된 생산주의적 발상이라고 해석될 수 있다.

이러한 기조를 다케가와(2006)는 재상품화의 과정으로 해석하며, 이와 함께 탈젠더화를 1990년대 이후 개혁의 화두로 제시하고 있다. 이러한 특징은 일본의 복지개혁에서 가장 눈에 띄는 연금개혁과정과 사회서비스 확장의 과정에서 뚜렷이 나타난다. 1985년 모든 가입자를 하나로 포괄하는 기초연금의 중요한 의도는 재정안정성에 있었으며, 이후 낮아지는 출산율과 예상되는 고령화로 인한 재정재계산 실시, 그리고 이를 바탕으로 1994년, 1999년, 그리고 2004년에 연속적인 연금축소 개혁을 단행하게 된다. 이러한 연금급여의 삭감은 재상품화와 직접적인 관련으로 해석이 된다면 기초연금 확대(1985)나 육아휴직 기간 중 보험료 면제 등은 탈젠더화[8]에 초점이 있다. 탈젠더화와 관련된 중요한 변화는 아동보육시설의 확충이나 1999년에 도입된 독일식 장기요양보험에 관련된 것이었다. 하지만, 흥미로운 사실은 연금급여가 급격히 삭감되었던 이 과정에서 2004년 개혁 전 고이즈미 총리를 비롯한 일부 정치인들이 공적연금에 기여를 하지 않았던 사실로 인해 산발적으로 제기되었던 사회적 이슈를 제외하면 거의 눈에 띄는 연금정치가 없었다는 것이다. 정당정치가보다 자민당 내의 계파정치에 중요했던 일본의 정치문화와 관료의 정책결정과정에 대한 지배적 영향력, 그리고 약한 노동운동과 1990년대 중반부터 급격히 영향력이 줄어든 사회당 등이 주원인으로 고려된다. 또한, 한국의 전경련과 같은 게이단렌(經團聯)의 역할이 가장 중요했음을 볼 수 있다(MacLellan, 2004; Takegawa, 2005). 오히려 민간에 의한 복지정치가 일부 보였던 곳은 돌봄관련 정책이었지만, 이 역시 그다지 조직적이고 위력적이었다고 평가하기 힘들다. Peng(2000)은 이러한 변화의 관찰을 통하여 복지공급과 전달에서 있어서 국가의 역할과 책임이 증대되었지만,

---

[8] 일본에서 맞벌이 가족이 1992년에 최초로 일인소득가구를 앞지르게 된다:
http://www.gender.go.jp/english_contents/index.html (2006년 4월 검색).

시민권의 확대라기보다는 경제성장을 촉진하기 위한 의도적 전략으로 해석할 필요가 있다고 주장하였다.

복지정치가 여전히 보수적인 정치인들과 행위자들에 의해서 지배가 된다는 점(Aspalter, 2006) 그리고 생산적 고려가 복지개혁의 핵심적인 동기로 작용했다는 점은 '생산주의' 복지체제가 여전히 유지되고 있다는 반증이기도 하다. 그러한 점에서 오히려 생산주의적 전통이 강하게 남아 있는 곳은 한국이나 대만보다 일본이라고 평가될 수 있다. 하지만, 일본은 복지제도의 구비라는 측면에서, 복지지출 그리고 빈곤에 대한 국가의 책임이라는 관점에서 복지국가의 기본적 요건을 갖추었다. 최근 일본에서는 복지국가의 진입이 언제였는지에 대해서 일본의 유력한 두 학자인 타다 교수와 다케가와 교수가 근대적 공공부조가 도입된 1940년대와 복지국가 제도 및 지출에 도약을 알린 1970년대를 놓고 논쟁을 벌인바가 있다. 그렇다면 일본은 Gough(2004b)가 묘사했던 '생산적 복지국가 체제'에 가장 가까운 형태를 보이고 있으며, 동시에 Kwon(2009)이 설명했던 포용적 발전주의 복지국가와도 유사한 형태라고 할 수 있다.

그렇다면, 이 체제가 왜 공고했으며, 얼마나 지속성을 유지할 수 있을까? 한국과 대만과 달리 일본은 1950년대부터 90년대 위기 전까지 매우 공고한 생산주의 복지체제를 유지해왔으며, 이 기간 동안 생산주의 복지체제가 매우 깊게 뿌리를 내리고 있었기 때문에 오히려 변화가 힘들었다. 기업을 위주로 한 안정적 노동시장이나 복지체제를 움직인 복지정치의 패턴은 쉽게 변화시킬 수 없었다. 하지만, Hanami(2004)가 지적하듯이 안정적 일본 복지체제를 지탱해 온 노동시장이 1990년대 이래로 꾸준히 해체되면서 새로운 욕구들이 나타나게 되고, 2007~8년도의 경제위기 이후 2009년도에 집권한 민주당은 소득제한 없는 보편적 아동수당의 도입, 생활보호 제도의 확대 및 수급조건 완화, 그리고 구직자지원제도도입 등의 변화를 이끌게 된다(김성원, 2011). 하지만, 아주 짧은 1993년의 기간을 제외하면 자민당의 일당통치가 지속적이었던 일본에서 자민당과 비슷한 성격인 민주당의 등장이 복지체제 변화에 중요한 추동력이 될 것인지 의문이 제기되고 있다 이와 함께 전통적 노동시장의 약화와 함께 일련의 경제침체 그리고 최근의 자연재해가 얼마나 향후 일본 복지체제에 결정적 순간(critical moment)으로 작용할지에 따라서 일본 복지체제가 어떻게 결정화될 것인지를 좌우하게 될 것으로 보인다.

3. 중국

중국은 사회주의 및 공산주의 정치경제체제를 바탕으로 하고 있다는 점에서 앞선 한국, 대만, 그리고 일본과는 근본적인 차이를 보인다. 또한 중국 내에 존재하는 지역 간의 다양성 그리고 도농 간의 차이 등을 감안할 때 하나의 비교 단위로 상정하기가 쉽지는 않다. 하지만, 1978년 이래로 보여준 중국의 변화와 발전은 흡사 동아시아 국가의 발전주의 시기와 상당히 유사한 모습을 가지고 있다. 정치적으로 권위주의 체제, 금융부분에 대한 국가의 강력한 통제와 이를 통한 계획경제, 그리고 시민사회 및 노동운동에 대한 억압 등은 생산주의 체제를 가능하게 했던 조건들이었다. 이러한 기반으로 1978년부터 1999년까지 중국은 매년 10%의 경제발전을 이룩하였으며, 최근 국제적 경제위기에도 불구하고 견고한 성장을 계속하고 있다. 이러한 성장기를 겪으면서 중국의 사회주의의 유산인 복지제도는 '철밥통(iron rice bowl)'이나 생산을 방해하는 요소로 지적되면서, 국영기업의 민영화를 필두로 하는 '작은 정부와 큰 사회' 기치아래 시장주의적 혹은 생산주의적 복지개혁에 착수하였다(Leung, 2005). 민영화와 공공영역의 재구조화는 전통적 고용안정을 해체시켰으며, 사회정책도 연금개혁(1997), 의료보험개혁(1998), 실업보험(1999) 그리고 산재보험(2004) 등의 개혁을 거치게 되었다(원석조, 2010). 협동조합의 집합주의 시대에 주인에서 피고용인으로 전락한 노동자들은 의료보험에서는 개인부담액의 증대, 각종 보험에서 기여금의 증가, 그리고 연금에서는 확정기여형 연금의 도입 등 1978년 이전의 '저임금 고복지'의 집합주의적 복지시스템에서 개인의 책임이 강조되는 국가를 단위로 한 복지체제로의 전환을 가져왔다. 하지만, 이러한 배타적 발전주의는 그다지 오래가지 못했다. 도시로 계속 밀려드는 노동자들과 '자조(self-help)'에 대한 강조로 해결할 수 없는 불안정해지는 노동시장, 도농 간의 격차와 불평등, 'one child policy'로 인해서 예상되는 노령화를 비롯한 인구학적 변화들, 마지막이자 중국 정부에게 심각하게 받아들여지는 사회적·정치적 불안(social and political unrest)은 중국의 정책기조를 보다 공평하고 조화로운 사회로 변화시켰다. 이 당시에 조류독감(SARS)과 같은 건강이슈 등도 영향을 미쳤으며, 결과적으로 의료관련제도들의 정비나 지역등록제인 후코(hukou)제도의 폐지, 공공부조의 정비와 같은 개혁을 가져왔다(De Hann, 2010). 공공부조의 경우 1999년 모든 도시에 실행되기 시작한 최저소득보장제도는 2001년에 단지 약 4백만 명만이 혜택을 누렸으나 2003년에 약 2천 2백만 명이 혜택을 볼 정도로 급속히 성장하였다(Leung, 2005). 이러한 정책은 1990년대의 선별적이고 자유주의적인 개혁에서 벗어나 보편주의적이고 형평성을 고려한 개혁으로 평가받는다.

하지만, 이러한 개혁들에도 불구하고 빠른 경제 성장이 적하(trickle-down)되어 서민들의 생활이 향상되지 않는다는 점, 오히려 빠르게 다양한 사회적 문제들이 나타나면서 중국정부는 더욱더 사회 및 복지영역에 관심을 가지게 된다. 비록 최근 2007년 이후의 경제위기가 중국에게 그다지 큰 위협이 되지는 못했지만, 다양한 경기부양책 및 복지정책을 발표하게 된다. 빈곤층을 위한 공공주택 건립, 농촌지역 길이나 전력시설 확충, 농촌지역 보건과 교육에 확장된 투자, 면세점을 올려 저소득층의 세금면제 방안 등이 추진되었다(Lee, 2010). 이러한 기조는 원자바오 총리가 발표한 성장보다 분배에 더욱 초점을 맞춘 12차 5개년 경제개발 계획에 잘 나타나 있다. 그는 사회보장제도의 확장과 교육제도의 공평성 그리고 의료보험의 개혁을 위해서 집중적인 투자를 할 것임을 밝히면서 2008년에 비해서 약 18%가 증가한 사회복지 예산을 발표하였다(China Daily, 2009/03/05).

이러한 변화는 분명 1980년대와 1990년대 보여주었던 경제성장이라는 목표에 복지정책이 철저히 종속되는 모습에서 탈피된 것은 분명하지만, 생산주의적인 속성이 근본적으로 변화되었는가에 대해서는 의문이 남는다. De Haan(2010: 768-769)은 경제위기의 일련의 변화들이 사회적 불만을 잠재우고 정치적 정당성을 확보하기 위한 과정이라고 주장하면서, 근본적인 중국 복지체제의 변화는 없음을 암시한다. 한국의 경제성장이 그러했던 것처럼 중국의 정치적 정당성은 지속적인 경제성장과 (적하현상이 없는 상황에서는) 국민들의 생활향상으로 확보되기 때문이다. 또한, 지속적인 고성장으로 인해서 과잉공급의 문제가 나타나면서 내부적인 소비역량을 갖추려는 경제적인 의도가 소득재분배 정책에 중요한 동기가 되고 있었다.[9] 이런 점에서 권위주의적 발전주의 국가를 바탕으로 한 생산주의 복지체제가 유지되고 있다고 평가되며, 상당한 노력에도 불구하고 광범위하게 존재하는 빈곤과 특히 도농 간의 격차 그리고 농촌의 복지상황을 고려할 때 복지국가로 이행되었다고 결론내리기는 힘들다. 한국의 권위주의적 발전주의 단계에 비해서 중국이 가지는 차이점은 '시간(time)'의 차이라는 변수로 설명이 가능하다. 한국은 그 당시 놀라운 경제성장 이면에 안정된 사회경제적 상황이 존재하였지만, 중국은 매우 불안정한 경제성장과 빠른 사회인구경제적 변화가 동시에 발생하고 있기 때문에 생산주의 체제를 유지하기 위한 복지정책의 활용이 필수적인 것이다.

4. 싱가포르

싱가포르는 수십 년간 일당체제를 유지해 온 국민행동당(PAP)을 중심으로 매우 안정된 정치적 기반을 형성해 온 국가이다. 국민행동당은 1950년대 중반부터 1990년대 초반까지 리콴유 총리를 중심

---

9) 『연합뉴스』 2011년 3월 5일.

으로 권위주의적 정치체제를 형성해 오면서 정치적 정당화를 위해 전략적인 경제성장을 추진해 왔다. 이는 국민행동당 출범 당시, 리콴유 총리가 '업적에 의한 정당성(performance legitimacy)'을 토대로 발전주의를 공표함으로써 경제성장을 위한 정치적 안정과 국민통합을 강조했다는 점에서도 드러난다(박은홍, 2002; Chua, 2003). 이에 따라 싱가포르는 외국 자본과의 긴밀한 연계를 형성하면서 국가 주도의 시장 지향적 경제 전략을 전개해 나갔다. 특히 싱가포르는 국제적 무역·금융·투자 등에 주력하였고 이러한 경제 전략은 외국 자본에 대한 의존도를 높였다. 이에 따라 외국 자본은 싱가포르의 기업 운영이 가능했고(Kwon, 2005), 국가는 관대한 면세 혜택과 노동통제, 임금 억제 등 외국 자본에 대한 투자 환경을 개선시켜 나감으로써 국가-자본의 관계는 긴밀하게 유지될 수 있었다(Chua, 2003). 이러한 측면은 국가가 수직적 통합을 이끌면서 국가경제를 형성한 한국과 대만의 전략과는 다른 싱가포르의 독특한 경제 전략이라 볼 수 있다. 결과적으로 싱가포르는 권위주의적 정치체제를 기반으로 하여 국가 주도의 경제 전략에 따라 급속한 경제성장을 이루어 나갔다.

싱가포르의 주요 사회보장제도인 중앙적립기금(Central Provident Fund)제도는 국가의 발전주의적 전략과 잘 부합되는 사회보장제도였다. 리콴유 정부는 경제 발전을 위해 장기간 대량의 자본이 필요하였고 국가는 중앙적립기금을 활용하여 이를 해결하고자 하였다(Kwon, 2005; Holliday, 2000; Chua, 2003; 박은홍, 2002). 그리하여 국가는 대규모의 공공주택 제도를 도입함으로써 국민들로 하여금 중앙적립기금제도를 활용하여 이를 값싸게 구입할 수 있도록 하였다. 중앙적립기금을 통한 공공주택제도는 국민들에게 영구적인 주거지를 제공하였고 위생과 보건 환경도 개선이 이루어지면서 국민들은 정부에 대한 높은 신뢰감이 형성되었다. 이에 따라 노동생산성이 증가하였고 결과적으로 국가의 경제발전에도 도움을 주었다. 이러한 조치는 리콴유 정부의 정치적 정당성을 확보해주었고 국민행동당이 수십 년간 싱가포르를 지배할 수 있었던 배경이기도 하다. 이처럼 싱가포르의 복지정책은 국가의 발전주의적 체제 하에서 경제성장을 위한 전략적 수단으로서의 역할이 컸다.

이러한 생산주의적(productivist) 복지전략은 중앙적립기금제도의 특성에서도 찾아 볼 수 있다. 우선, 중앙적립기금제도는 고용인과 고용주가 각각 일정한 비율로 기여하여 개인이 기여한 만큼 그대로 받아가는(pay-as-you-earn) 구조를 가지기 때문에 국가의 재정 부담은 없으며 또한 재분배적 기능 또한 가지고 있지 않다. 이것은 싱가포르에서 복지는 경제발전에 해가 되지 않아야 한다는 생산주의적 전략과 일맥상통한다. 또한 중앙적립기금제도는 철저히 개인의 임금과 기여가 연계되는 구조로 운영되고 고용인은 한 달 이상 동일한 사용주에게 고용되어 있는 경우에만 적용[10]된다는 점에서 국가는 노동시장으로의 편입을 강제하고 있다는 것을 알 수 있다. 또한, 박병현 외(2007)에 따르면 싱가포르의 실업보험이나 실업부조제도의 부재는 실업자의 현재와 노후생활의 보장을 어렵게 하며 시장소득에 기초한 가입자와 미가입자의 소득 차등의 결과는 사적

---

[10] 따라서 다른 제도를 통해 연금급여를 지급받을 수 있는 공무원과 군인, 그리고 경찰 공무원은 물론이고 자영업자, 외국인 근로자, 시간제·임시직 근로자들은 적용대상에서 제외되어 있다(Vasoo, S. and Lee, J., 2001, "Singapore: social development, housing and the Central Provident Fund", *International Journal of Social Welfare* Vol.10, pp.276-283).

보험체계에 의존할 수 있는 집단과 그렇지 못한 집단으로 더욱 공고화되면서 사회 계층화를 심화시키는 결과로 이어질 수 있다고 지적한다.

한편, 1990년대 후반, 경제위기는 싱가포르의 복지체제에 약간의 변화를 가져왔지만 발전 주의적 복지체제의 특성은 그대로 유지되어 보인다. 우선, 중앙적립기금제도의 기여율 변화이다. 중앙적립기금제도는 피고용인과 고용주의 부담에 의해 유지되어 오고 있었는데 최근 경제가 침체됨에 따라 기업은 중앙적립기금제도의 기여율에 대한 불만을 터뜨렸고 국가는 투자억제의 요소를 제거한다는 근거 하에 고용주의 기여율을 감소시켰다(박은홍, 2003; 2008).[11] 이러한 변화는 과거 1980년대에도 동일하게 나타난다. 예를 들어, 1980년에 25%의 기여율을 유지해 오다 1985년 경기침체에 직면하면서 10%로 감소시켰다(고세훈, 1998; 박병현 외, 2007). 최근 2003년 싱가포르 ERC(Economic Review Committee)의 '국가발전보고서'에 따르면 "국가는 중앙적립기금제도를 향후 2년간 36%로 동결하고 기업의 사업비용 부담을 줄이며 고용 의욕을 높이도록 한다"고 발표하였다(조병구·김우종, 2006: 90-92).

또한, 보건복지 부문에 있어서 국가는 복지체계의 효율화를 강조하였고 이는 의료서비스 영역에서 뚜렷하게 보인다. 싱가포르의 의료보장체계는 중앙적립기금제도 내에 의료보장계정(Medisave)과 보

---

[11] 중앙적립기금(CPF)의 기여율은 경기사정과 경기변동에 따라 조정되었다. 1998년 중앙적립기금의 총분담률은 40%로서 55세 이하의 모든 종업원들이 월급여액의 20%를, 나머지 20%를 사용자가 부담하였다. 1991년 1월부터 사용자의 분담률은 기존의 20%에서 10~20%로 낮아졌다(2008, 『동아시아의 전환: 발전국가를 넘어』, 서울: 아르케에서 재인용). 최근 경기침체 이후, 싱가포르의 중앙적립기금 사용자의 분담률은 2006년 20%에서 2007년 14.5%로, 고용인은 같은 해 기준, 13%에서 20%로 변동하였다(이윤정·신미정, 2007; 김미선, 2009).

험형태의 메디쉴드(Medishield), 그리고 한국의 의료보호제도와 유사한 메디펀드(Medifund)[12]로 3중 체계를 가지고 있다. 이러한 의료보장체계를 기반으로 한 싱가포르는 의료재정의 안정화를 위해 의료서비스 부문을 혁신시키고자 하였다. 이로써 민간과 공공부문의 이원적 공급체계를 구축하여 1차 의료는 민간에서 80%를, 중증치료가 필요한 2·3차 의료는 공공부문에서 80%를 맡도록 하였다(대구신문, 2008). 최근, 싱가포르는 의료서비스의 양·질을 제고하기 위해 공공부문의 의료개혁을 추진하면서 NHG(국립의대병원)와 SGH(싱가포르 종합병원)을 상호 경쟁시킴으로써 효율성을 제고시키도록 하였다(박춘식, 2004). 민간부문에 있어서는 주식회사형 병원을 허용해주고 의료광고, 주식상장 등 다각적으로 효율성을 극대화 하도록 하였고, 국가는 이를 발전시켜 싱가포르의 의료관광 시스템을 활성화시켰다. 하지만, 여전히 의료부문에 대한 국가의 강력한 통제와 성장을 위한 산업으로 이용하려는 시도는 생산주의적 속성을 잘 보여준다. 이처럼 싱가포르는 다양한 대외적 환경의 변화에도 불구하고, 최근 복지체제는 크게 변화하는 모습을 보이지는 않았다. 여전히 효율성과 경쟁이라는 전략 하에 국가주도의 시장중심적 체제가 유지되고 있다.

---

[12] 메디세이브(Medisave)제도가 국가에 의해 규정된 범위 내에서만 사용할 수 있어 가벼운 경증 질병에 한정되었던 반면 90년대 이후 도입된 메디쉴드(Mehishield)제도는 중증치료를 위한 것이었으며 한국의 의료보호제도와 같은 메디펀드(Medifund)제는 저소득층을 위한 것으로 싱가포르는 3중 의료보장체계를 가지고 있었다(박춘식, 2004, "싱가포르의 의료보장제도", 국민건강보험공단).

V. 연구의 함의 및 연구 과제

한국 및 동아시아 복지체제에 변화를 분석한 결과 대체로 최근에 중요한 변화들이 있었음이 밝혀졌으며, 또한 동아시아라는 단일한 복지체제가 아닌 다변화된 모습이 관찰되었다. 또한, 동아시의 특수성보다는 복지체제 변화라는 보편성 속에서 이해될 수 있는 가능성을 검토하였다. 나아가 변화를 통한 현재의 복지체제가 뿌리가 깊은 결정체이기보다는 또 다른 변화의 가능성이 열린 불안정한 전환기적 체제임을 본 논문에서는 주장하였다. 이를 입증하기 위해서 한국의 사례에 대한 심층 사례연구를 하였으며, 비교적 사례로 대만, 일본, 중국, 그리고 싱가포르의 최근 발전을 논의하였다. 한국의 경우 자유주의 형태의 복지속성은 생산주의 유산에서 물려받은 측면이 강하며, 실제로 자유주의가 김대중 및 노무현 정부의 의도된 결과라고 보기는 힘들다. 발전주의라는 주어진 유산과 정치적 지형 내에서 집중적인 사회경제적 그리고 인구학적 변화에 조속히 대응하기 위한 결과라고 해석될 수도 있다. 하지만, 서구 제도의 역사가 100년에 이르는 경우가 많은 데에 반해 한국의 정책적 유산은 매우 약하다. 물론 Takegawa(2009)가 주장하는 바와 같이 복지국가로 도약하는 시기에 어떠한 제도적 형태를 가지고 있었는지가 향후 발전이 심대한 영향을 미치는 것은 부정할 수 없는 사실이지만, 여전히 복지국가의 초입에서 도약하려는 한국은 복지정치의 향방에 따라서 변화의 가능성을 열어두고 있다.

대만은 한국과 같이 탈생산주의에 이어 복지국가 진입을 이룬

사례로서 분석되었다. 잔여적이고 자유주의적인 속성은 한국 복지체제와 공유를 하지만 정부의 역할이나 복지정치의 양상에서 중요한 차이를 보이고 있었다. 반면, 일본은 이 두 국가보다 이른 시기에 복지국가에 도달하였지만, 오랜 기간 동안 안정적인 정치경제체제와 노동시장을 바탕으로 복지정치의 강한 보수화와 생산주의적 복지개혁이 유지되고 있었다. 최근 2007~8년 이후의 변화들이 얼마나 기존의 방향을 거슬러 갈 수 있을지 주목된다. 이를 위한 복지정치가 갈림길에 중요한 방향타로 작용할 것이다. 중국의 경우 오히려 사회주의 정치경제에서 자본주의 개혁을 시작한 1978년 이후 생산주의 복지체제의 성격을 강하게 나타내기 시작했으며, 이는 국가 중심의 시장개혁, 자조에 대한 강조와 성장논리가 복지개혁을 이끄는 주요한 원칙으로 작용한 점에서 뚜렷이 관찰된다. 하지만, 2000년대 들어서 이러한 개혁의 부정적 효과가 나타나고 오히려 사회와 정치의 불안감 조성이나 경제적인 차원에서도 이롭지 않음이 나타나면서 친복지적 개혁이 계속 진행되고 있다. 하지만, 이것이 탈생산주의를 설명하는 것이라기보다는 권위주의적 생산주의 체제를 공고화하려는 의도가 명백하다고 평가되기 때문에 탈생산주의가 이루어지지는 않는다고 보인다. 싱가포르는 변화가 없는 생산주의 복지체제로 평가할 수 있지만, 여전히 경제위기나 인구구조의 변화 등 중요한 테스트를 거치지 않았다는 측면에서 볼 때 향후 어떠한 변화가 있게 될지 주목하게 된다.

　결론적으로 동아시아 복지체제는 생산주의의 경로의존과 경로탈피가 동시다발적으로 진행되고 있으며, 여전히 전환기에 놓여 있는 만큼 향후에 다양한 방향으로 더욱 분화할 가능성도 있다. 특히, 자유주의 복지체제로의 전환기적 이행은 향후 중요한 연구대상이 될 것으로 보인다. 본 연구에서는 한국의 사례를 통해서 그 가능성을 타진해 보았지만, 대만이나 싱가포르 혹은 홍콩과 같은 복지체제를 분석할 때도 학자들에 따라서 자유주의로의 전환을 주장할 수 있으며, 앞서 언급한 바와 같이 동아시아를 넘어 라틴 아메리카 국가들이나 동유럽 복지체제에 대한 분석에서도 자유주의 복지체제는 쉽게 등장할 수 있는 유형이다. 이러한 이유는 분석의 오류라기보다는 Esping-Andersen(1990)이 사용한 '자유주의 복지국가 체제'가 너무 포괄적으로 정의되어 있기 때문일 가능성이 높다. 서구 복지국가에서는 상대적으로 유사성을 가지고 있지만, 실제로 미국과 영국은 중요한 정책적 차이를 가지고 있으며, 이들 국가들은 또한 호주나 뉴질랜드와도 매우 다른 측면들이 많다. 향후 동아시아 복지체제의 분화 및 개발도상국의 복지체제 분화를 연구하기 위해서는 Esping-Andersen의 복지체제론을 넘어서는 세분화된 자유주의 형태 혹은 보수주의와 자유주의의 혼합형 또는 베버리지형과 비스마르크형의 초기 유형들에 대한 연구가 필요할 것으로 보인다.

본 연구를 통한 함의이자 향후 중요한 연구 과제는 복지정치이다. 동아시아 복지제도의 발전에 비해서 복지정치에 대한 비교연구는 상대적으로 간과되어져 왔다. 하지만, 어떠한 복지정치를 가지고 있는가는 복지제도가 얼마나 생산주의에서 자유로울 수 있는가를 평가하는 데 있어서 매우 중요한 변수임을 본 연구는 지적하고 있다. 복지정치는 동아시아 복지체제 내의 차이점을 설명하는데 유용할 뿐 아니라 다른 지역 복지체제와의 차이를 나타나는데 있어서도 중요한 단서를 마련하기 때문에 그 중요성이 강조된다. 특히,

이들 복지체제에서의 복지정치는 Heclo(1978: 94)가 지적한 'push and pull', 즉 점차 더 많은 행위자가 참여하는 민주적 정치가 진행되는 동시에 복지이슈가 점차 전문화되면서 일반인의 이해를 넘어서게 되는 현상이 누구에 의해서 어떻게 진행될 것인가가 매우 중요한 역할을 하게 될 것이다.

또 다른 연구주제는 '발전주의'이다. 생산주의와 발전주의는 상당히 유사한 점이 많지만, 생산주의에 비해서 발전주의는 보다 폭넓게 해석될 수 있다. 특히 발전주의가 내포하고 있는 '국가주도(state-led)' 전략과 사회정책과 경제정책의 수평적 통합의 가능성은 최근 동아시아 복지체제가 시장 중심적인 자유주의적 속성으로 전환되면서 파생되는 다양한 문제점들에 대해서 시사점을 줄 수 있는 가능성이 높다. Kwon(2009)과 같이 발전주의를 동아시아만의 속성으로 해석하지 않고, 국가중심 발전전략으로 해석한다면, 유럽의 사회민주주의는 가장 발전주의적인 속성과 맞닿아 있다고도 평가할 수 있다. 그러한 점에서 전환기적 자유주의나 생산주의 복지체제를 유지하고 있는 동아시아 복지체제가 지향해야 할 복지체제 유형에 대한 고민이 필요하다. 마지막으로 본 연구에서는 서구 복지체제를 탈생산주의로 가정하고 연구를 진행하였지만, 서구가 과연 생산주의를 벗어났는가라는 보다 근본적인 질문을 우회한 연구임을 밝히며(Goodwin, 2001; Fitzpatrick, 2004), 이에 관한 연구 역시 향후 연구로 남겨두도록 한다.

참고문헌

고세훈. 1998. "싱가포르 복지체계의 정치경제학."『아세아연구』통권 제90호, pp.115-145.

김성원. 2011. "일본의 정권교체와 복지개혁: 실업 빈곤대책을 중심으로."『아세아연구』통권 제143호, pp.22-49.

김미선. 2009. "싱가포르의 사회보장체계." 미래에셋퇴직연금연구소. 퇴직연금분야: 아시아편.

김연명. 2002.『한국복지국가 성격논쟁 I 』. 서울: 인간과 복지.

김원섭. 2011년. "이명박 정부 사회정책의 발전: 한국 복지국가 확대의 끝?"『아세아연구』통권 제143호, pp.119-152.

김원섭·이주하·양재진. 2011. "최근 금융위기에 대한 서구 복지국가들의 사회정책적 대응: 독일, 영국, 미국의 비교연구."『정부학연구』제16권 제3호, pp.57-89.

나병균. 2010. "서구적 동아시아 복지국가 담론의 한국에 대한 적용 가능성 연구."『한국 사회복지 연구』제41권 제3호, pp.5-28.

노대명 외. 2010. "한국복지모형에 대한 연구: 그 보편성과 특수성." 한국보건사회연구원 연구보고서.

노무현. 2009.『진보의 미래』. 서울: 동녘출판사.

『대구신문』. 2008년 03월 03일.

대통령 비서실·삶의질향상기획단. 1999.『새천년을 향한 생산적 복지의 길』. 서울: 퇴설당.

문성웅 외. 2008.『2008년도 외국의 보건의료체계와 의료보장』. 서울: 국민건강보험공단.

박병현 외. 2007.『동아시아 복지연구』. 서울: 공동체.

박은홍. 2002. "예외적 발전국가: 싱가포르 모델의 형성, 진화, 적응." 한국태국학회 학술대회 발표문.

______. 2008.『동아시아의 전환: 발전국가를 넘어』. 서울: 아르케.

박춘식. 2004. "싱가포르의 의료보장제도." 국민건강보험공단.

백승기. 2008. "한국과 대만의 의료보험 통합정책에 관한 비교 분석." 한국행정학회 2008년도 추계학술대회 발표논문집, pp.204-232.

보건복지부. 2005. 『지속 가능한 보건의료체계 구축-공공 보건의료 확충 종합대책』. 보건복지부.

삶의질향상기획단. 2002. 『생산적 복지-복지패러다임의 대전환』. 대통령 비서실: 삶의질향상기획단.

신영전. 2009년. "의료안전망의 재구성과 정책과제." 『보건복지포럼』 제155호, pp.17-28.

쇼고 다케가와. 2006. "연금사회학의 구상: 일본의 2004년 연금개혁." 이혜경·다케가와 쇼고(편). 『한국과 일본의 복지국가레짐 비교연구』. 서울: 연세대학교 출판부, pp.95-124.

안병영. 2000년. "국민기초생활보장법의 제정과정에 관한 연구." 『행정논총』 제38권 제1호, pp.1-50.

양재진. 2006a. "신자유주의 노동시장개혁과 한국 복지국가-트라일레마 관점에서 본 한국 복지국가 성격의 재조명." 이혜경·다케가와 쇼고(편). 『한국과 일본의 복지국가레짐 비교연구』. 서울: 연세대학교 출판부, pp.259-294.

______. 2006b. "박정희 시대 복지연금제도의 형성과 유보에 관한 연구." 한국거버넌스학회 하계공동학술대회 발표논문집, pp.303-316.

『연합뉴스』. 2011년 3월 5일.

이선우·여유진. 2001년. "생산적 복지의 배경과 목적." 『상황과 복지』 제8권 제1호, pp.13-45.

이윤정·신미정. 2007. "효율적인 연금모델 연구: 싱가포르의 중앙적립기금을 사례로." 자유기업원.

이창곤. 2010년. 『어떤 복지국가에서 살고 싶은가』. 서울: 밈.

이혜경. 2006. "한국 사회복지제도의 전개-경제성장, 민주화, 그리고 세계화를 배경으로." 이혜경·다케가와 쇼고(편). 『한국과 일본의 복지국가레짐 비교연구』. 서울: 연세대학교 출판부, pp.21-60.

원석조. 2010. "중국 복지체제의 성격." 『보건사회연구』 제30권 제1호, pp.409-445.

조병구·김우종. 2006. "싱가포르: 정치안정 속 정부의 강력한 주도 아래 비전 수립." 『나라경제』 12월호.

조영훈. 2002. "현정부 복지정책의 성격: 신자유주의를 넘었나?" 김연명(편).

『한국복지국가 성격논쟁 I 』. 서울: 인간과 복지.

정부민간합동사업단. 2006. 『비전 2030-함께 가는 희망한국』. 정부민간합동
　　사업단.

차흥봉. 1996. "의료보험의 정책결정과정: 제1차 의료보험 통합 논의과정을
　　중심으로." 『한국사회복지정책연구』 제3호, pp.179-189.

최성수. 2006. "민주화와 제도적 유산 그리고 복지정치: 의료보험 개혁운동,
　　1980-2003." 『사회연구』 통권 제22호, pp.39-76.

최영준. 2011. "한국 복지정책과 복지정치의 발전: 생산주의 복지체제의 진
　　화." 『아시아연구』 제54권 2호, pp.7-41.

통계청. 2011. e-나라지표: 성별, 연령별 인구구조.

『한겨레 신문』. 2004년 10월 12일.

Adema, Willem & Ladaique, Maxime. 2009. "How Expensive is the Welfare
　　State?: Gross and Net Indicators in the OECD Social Expenditure
　　Database (SOCX)." OECD Social Employment and Migration Working
　　Papers, No.92.

Aspalter, Christian. 2001. "Different Worlds of Welfare Capitalism: Australia,
　　the US, the UK, Sweden, Germany, Italy, Hong Kong and Singapore."
　　UNRISD: Discussion Paper No.80, July.

________________. 2006. "The East Asian Welfare Model." *International Journal
　　of Social Welfare* Vol.15, No.4, pp.290-301.

Barrientos, Armando. 2004. "Latin America: towards a liberal-informal welfare
　　regime." Gough Ian et al.(eds.) *Insecurity and welfare regimes in Asia,
　　Africa, and Latin America: Social policy in developmental contexts.*
　　Cambridge: Cambridge University Press, pp.121-68.

Briggs, Asa. 1961. "The welfare state in historical perspective." *European Journal
　　of Sociology* Vol.2, pp.221-258.

Castles, Francis Geoffrey & Mitchell, Deborah. 1993. "Worlds of welfare and
　　families of nations." Castles, Francis Geoffrey(ed.). *Families of nations:
　　patterns of public policy in Western democracies.* Dartmouth: Aldershot,
　　pp.93–128.

Chan, H-S., Lin H-F. 2003. "Taiwan: An emerging new welfare state
　　(1990-2002)." National Policy Foundation Research Report, 092-006.

Chan, Hou-sheng. 2008. "The Development of Social Welfare Policy in Taiwan:

Welfare Debates between the Left and the Right." Paper Delivered at Department of Sociology. Kyoto: Doshisha University, 25 January.

Chen, Fen-Ling. 2008. "Beyond Welfare Productivism: A Case Study of Social Protection for Population Ageing in Taiwan.." Paper presented at the International Conference of Asian Social Protection in Comparative Perspective, 7-9 January. Singapore: National University of Singapore.

China Daily. 2009. March 05.

Choi, Young-Jun. 2006a. "Transformations in economic security during old age in Korea: the implications for public pension reform." *Ageing and Society* Vol.26, No.4, pp.549-565.

______________. 2006b. "Pension policy and politics in East Asia: A comparative analysis." Ph.D. Thesis. University of Bath.

______________. 2007. "Coming to a Standstill: A New Theoretical Idea of East Asian Welfare Regimes." Barnett Papers in Social Research. Oxford: Department of Social Policy and Social Work, University of Oxford.

______________. 2008. "Pension policy and politics in East Asia." *Policy & Politics*. Vol.39, No.1, pp.127-144.

______________. 2012. "End of the era of productivist welfare capitalism?: Diverging welfare regimes in East Asia." *Asian Journal of Social Science* Vol.40, pp.275-294.

Deyo, Frederic. 1992. "The political economy of social policy formation: East Asia's newly industrialised countries." Richard P. Applebaum & Jeffrey Henderson(eds.). *States and Development in Asian Pacific Rim*. London: Sage, pp.289-306.

De Haan, Arjan. 2010. "A Defining Moment? China's Social Policy Response to the Financial Crisis." *Journal of International Development* Vol.22, No.6, pp.758-771.

Ellison, Nick. 1999. "Beyond Universalism and Particualrism: Rethinking Contemporary Welfare Theory." *Critical Social Policy* Vol.19, No.1, pp.57-85.

Esping-Andersen, Gøsta. 1990. *The three worlds of welfare capitalism*. Cambridge and Oxford: Polity Press.

______________. 1997. "Hybrid or unique? The Japanese welfare state between Europe and America." *Journal of European Social Policy* Vol.7, No.3, pp.179-190.

__________________. 1999. *Social foundations of postindustrial economies.* Oxford: Oxford University Press.

Fitzpatrick, Tony. 2004. "A Post-Productivist Future for Social Democracy?" *Social Policy & Society* Vol.3, No.3, pp.213-222.

Goodwin, Robert. 2001. "Work and Welfare: Towards a Post-Productivist Welfare Regime." *British Journal of Political Science* Vol.31, No.1, pp.13-39.

Gender Equality Bureau, Japan. http://www.gender.go.jp/english_contents /index.html (accessed in April 2006)

Gough, Ian. 2004a. "Welfare regimes in development contexts: a global and regional analysis." Gough Ian et al.(eds.) *Insecurity and welfare regimes in Asia, Africa, and Latin America: Social policy in developmental contexts.* Cambridge, UK: Cambridge University Press, pp.15-48.

__________. 2004b. "East Asia: the limits of productivist regimes." Gough Ian et al.(eds.) *Insecurity and welfare regimes in Asia, Africa, and Latin America: Social policy in developmental contexts.* Cambridge, UK: Cambridge University Press, pp.169-201.

Guardian. "Spending Review 2010." http://www.guardian. co.uk/politics/ spending-review(accessed at 06. May, 2011).

Hanami, Tadashi. 2004. "The changing labor market, industrial relations and labor policy." *Japan Labor Bulletin* Vol.1, No.1, pp.5-16.

Heclo, Hugh. 1978. "Issue networks and the executive establishment." Anthony. King(ed.). *The new American political system.* Washington, DC: American Enterprise Institute.

Holliday, Ian. 2000. "Productivist welfare capitalism: social policy in East Asia." *Political Studies* Vol.48, pp.706-723.

__________. 2005. "East Asian social policy in the wake of the financial crisis: farewell to productivism?" *Policy & Politics* Vol.33, No.1, pp.145-62.

Hwang, Gyu-Jin. 2005. "The rules of the game: The politics of national pensions in Korea." Paper presented at the East Asian Social Policy research network 2nd conference. University of Kent, UK. 30th

June~2nd July.

James, Lee. 2001. "Singapore: social development, housing and the Central Provident Fund." *International Journal of Social Welfare* Vol.10, pp.276-283.

Jang, Kyung-Sub. 2009. "From Developmental Liberalism to Neoliberalism: South Korea's Transition in Social Policy and Political Economy." Presented at the International Conference on 'Developmental Politics in the Neoliberal Era and Beyond'organized by the Center for Social Sciences. Seoul National University. 22-23 October.

Jayasuriya, Kanishka. 2005. "Beyond institutional fetishism: from the developmental to the regulatory state." *New Political Economy* Vol.10, No.3, pp.381-387.

Johnson, Chalmers. 1982. *MITI and the Japanese miracles: The growth of industrial policy 1925-75.* Stanford: Stanford University Press.

______________. 1987. "Political institutions and economic performance: The government-business relationship in Japan, South Korea and Taiwan." Frederic C. Deyo (ed.). *The political economy of the new Asian industrialism.* Cornell University, pp.136-164.

Jones, Catherine. 1993. "The pacific challenge: Confucian welfare states." Jones Catherine(ed.). *New Perspectives on the Welfare State in Europe.* London: Routledge, pp.198-217.

Kim, Myoung-Shik. 2009. "Divergence of Productivist Welfare States in Comparative Perspective: The Case of the Pension Scheme in South Korea and Singapore." Prepared for the International Conference on 'Asian Social Protection in Comparative Perspective' Association of Public Policy and Management. January 7-9.

Kim, Pil-Ho. 2010. "The East Asian welfare state debate and surrogate social policy: an exploratory study on Japan and South Korea." *Social-Economic Review* Vol.8, pp.411-435.

Kim Yeon-Myung. 2008. "Beyond East Asian Welfare Productivism in South Korea." *Policy and Politics* Vol.36, No.1, pp.109-126.

Kim Yeon-Myung & Kyo-seong Kim. 2005. "Pension reform in Korea: Conflict between social solidarity and long-term financial sustainability." Giuliano Bonoli and Toshimitsu Shinkawa(eds.). *Ageing and Pension*

Reform Around the World: Evidence from Eleven Countries. Edward Elgar, pp.208-229.

Kim, Shin-Young. 2006. "Toward a better understanding of welfare policy development in developing nations: a case study of Korea's pension system." *International Journal of Social Welfare* 15, pp.75-83.

Kim, Won-Sub & Choi, Young-Jun. 2010. "Role of the bureaucrats in Welfare Politics: Pension Reforms in South Korea." 7th East Asian Social Policy research network International Conference, Seoul, South Korea. 20th-21st August.

Ku, Yeun-Wen & Chen, Hsiu-Hui. 2001. "Is it safe enough? The planning of National Pension Insurance in Taiwan." Catherine Jones(ed.). *Comparing the Social Policy Experience of Britain and Taiwan*. Ashgate, pp.95-112.

Kuwayama, Patricia Hagan. 2000. "Postal Banking in the United State and Japan: A comparative analysis." *Monetary and Economic Studies* May 2000, pp.73-104.

Kwon, Huck-Ju. 1998a. "Democracy and the politics of social welfare: a comparative analysis of welfare systems in East Asia." Goodman, Roger and Gordon White and Huck-ju Kwon(eds.). 1998a. *The East Asian welfare model: Welfare Orientalism and the state*. Routledge.

______________. 1998b. "The South Korean National Pension Programme: fulfilling its promise?." Goodman, Roger and Gordon White and Huck-ju Kwon(eds.). *The East Asian Welfare Model: Welfare Orientalism and the State*. Routledge.

______________. 1999. The welfare state in Korea. St. Martin's Press.

______________. 2003. "Advocacy coalitions and the politics of welfare in Korea after the economic crisis." *Policy & Politics* Vol.31, No.1, pp.69-83.

______________. 2005. "Transforming the developmental welfare state in East Asia." *Development and Change* Vol.36, No.4, pp.477-497.

______________. 2009. "The reform of the developmental welfare state in East Asia." *International Journal of Social Welfare* Vol.18, No.1, pp.S12-S21.

Kwon, Soon-Man & Holliday, Ian. 2007. "The Korean Welfare State: A Paradox of Expansion in an Era of Globalisation and Economic Crisis."

International Journal of Social Welfare. Vol.16, pp.242-248.

Kvist, John. 2007. "Fuzzy Set Ideal Type Analysis." *Journal of Business Research* Vol.60. No.5, pp.474-481.

Lee, Chang-Hee. 2009. "National Policy Responses to the Financial and Economic Crisis: The Case of China." ILO Regional Office for Asia and the Pacific, Bangkok.

Lee Hye-Kyung. 1999. "Globalization and the emerging welfare state: the experience of South Korea." *International Journal of Social Welfare* Vol.8. pp.23-37.

______________. 2009. "Emergence of the Post-Developmental Welfare Regime: A Case of South Korea." Paper prepared for presentation at the Annual Meeting of RC19 Montreal. 20-22 August.

Lee, Jong-Chan. 1997. "The Political Economy of Unification and Decentralization in Korea's National Health Insurance." *Studies on Social Security* Vol.13, No.2, pp.61-81.

Leung, Joe. 2005. "Social welfare in China." Walker A. & Wong C-k(eds.). *East Asian Welfare Regimes in Transition: From Confucianism to Globalisation.* Bristol: The Polity Press, pp.49-72.

Lin Chen-Wei. 2005. "Pension reform in Taiwan: The old and the new politics of welfare." Bonoli Giuliano, Shinkawa Toshimitsu(eds.). *Ageing and Pension Reform Around the World: Evidence from Eleven Countries.* Cheltenham: Edward Elgar, pp.182-207.

Lee Yih-Jiunn. & Ku Yeun-Wen. 2007. "East Asian Welfare Regimes: Testing the Hypothesis of the Developmental Welfare State." *Social Policy & Administration*, Vol.41, No.2, pp.197–212.

Low, Linda. & Christian Aspalter. 2003. "The Welfare State in Singapore: Welfare Without Redistribution." Aspalter, Christian(ed.). *Welfare Capitalism Around the World.* Taiwan: Casa Verde Publishing, ch.16.

Lue, Jen-Der. 2008. "Welfare regime, social protection and poverty reduction in Taiwan." International Symposium on Globalization and the Future of the East Asian Welfare Capitalism.

McLellan, Sarah. 2004. "Corporate Pension Reform in Japan: Big Bang or Big Bust?" Pension Research Council Working Paper 2004-5.

Moon, Jin-Young. 2008. "A study of the enactment of National Basic Livelihood Security Act in Korea." 『보건사회연구』 제28권 1호, pp.87-103.

OECD. 2007. OECD Economic Surveys: Korea.

OECD. "OECD StatExtracts." http://stats.oecd.org/Index.aspx?dataset code= SOCX_AGG

(accessed at 06, May, 2011).

Overbye, Einar. 1994. "Convergence in Policy Outcomes: Social Security Systems in Perspective." *Journal of Public Policy* Vol.14, No.2, pp.147-174.

Park, Gene. 2004. "The political-economic dimension of pensions: the case of Japan." *Governance* Vol.17, No.4, pp.549-572.

Pempel, T. J. 1999. "The developmental regime in a changing world economy." Meredith Woo-Cumings(ed.). *The Developmental State*. Cornell University Press, pp.137-181.

Peng, Ito. 2000. "A fresh look at the Japanese welfare state." *Social Policy & Administration* Vol.34, No.1, pp.87-114.

________. 2008. "Institutions and Institutional Purpose: Continuity and Change in East Asian Social Policy." *Politics Society* Vol.36, No.1, pp.61-88.

Peng, Ito & Joshep, Wong. 2004. "The Adaptive Developmental State in East Asia." *Journal of East Asian Studies* Vol.4, No.3, pp.345-362.

Pierson, Christopher. 1998. *Beyond the welfare state: The New Political Economy of Welfare*. 2nd edition. Cambridge: Polity Press.

Pierson, Paul. 1994. *Dismantling the Welfare State? Reagan, Thatcher and the Politics of Retrenchment*. Cambridge: Cambridge University Press.

Richardson, Dominic. 2010. "Child and family policies in a time of economic crisis." *Children & Society* Vol.24, No.6, pp.495-508.

Rudra, Nita. 2007. "Welfare states in developing countries: Unique or Universal?" *Journal of Politics* Vol.69, No.2, pp.378-396.

Seeleib-Kaiser, M. & Fleckenstein, Timo. 2007. "Discourse, Learning and Welfare State Change: The Case of German Labour Market Reforms." *Social Policy & Administration* Vol.41, No.5, pp.427-448.

Shin, Dong-Myeon. 2003. *Social and economic policies in Korea: Ideas, networks and linkages*. London: Routledge Curzon.

Shinkawa, Toshimitsu. 2003. "The politics of pension retrenchment in Japan." *The Japanese Journal of Social Security Policy* Vol.2, No.2, pp.25-33.

Takahashi, Matsuko. 1997. *The Emergence of Welfare Society in Japan.* Ashgate.

Takegawa, Shogo. 2005a. "Three worlds of welfare capitalism: international situation as a factor of a welfare state building." Paper presented at the East Asian Social Policy research network 2nd conference. University of Kent, UK. 30th June~2nd July.

______________. 2005b. "Japan's Welfare-State Regime: Welfare Politics, Provider and Regulator." *Development and Society* Vol.34, No.2, pp.169-190.

______________. 2009. "International Circumstances as Factors in Building a Welfare State: Welfare Regimes in Europe, Japan and Korea." *International Journal of Japanese Sociology* Vol.18, No.1, pp.79-96.

Tang Kwong-Leung. 2000. *Social welfare development in East Asia.* New York: Palgrave.

Therborn, Göran. 1983. "When, How and Why Does A State Become A Welfare State?" Paper presented at the ECPR Joint Workshops in Freiburg March 20-25 Germany.

Thompson, Simon & Hogget, Paul. 1996. "Universalism, selectivism and particularism: Towards a postmodern social policy." *Critical Social Policy* Vol.16, No.46, pp.21-42.

World Bank. 1993. *The East Asian Miracle: Economic Growth and Public Policy.* New York: Oxford University Press.

World Bank. 2008. *World Development Indicators.* Washington: World Bank.

Walker, Alan & Wong, Chack-kie. 2005. "Conclusion: from Confucianism to globalisation." Walker, Alan & Wong, Chack-kie(eds.). *East Asian Welfare Regimes in Transition: From Confucianism to Globalisation.* Bristol: The Polity Press, pp.213-224.

Weaver, Kent. 2003. "The politics of public pension reform." Working Papers, Center for Retirement Research at Boston College from Centre for Retirement Research.

Wilding, Paul. 2004. "Is the East Asian welfare model still productive?" *Journal of Asian Public Politics* Vol.1, No.1, pp.18-31.

White, Gordon & Goodman, Roger. 1998. "Welfare Orientalism and the search for an East Asian welfare model." Goodman Roger, White Gordon & Kwon Huck-Ju(eds.). *The East Asian welfare model: Welfare Orientalism and the state*. New York: Routledge, pp.3-24.

Wilensky, Harold. 1975. *The Welfare State and Equality: Structural and Ideological Roots of Public Expenditures*. Berkeley: University of California Press.

Yang, Jae-jin. 2003. "Democratic governance and bureaucratic politics: a case of pension reform in Korea." *Policy & Politics* Vol.32, No.2, pp.193-206.

제10장 보편적 복지국가와 복지동맹

– 영국·스웨덴의 비교와 한국에의 함의

김영순[*]

* 서울과학기술대학교 기초교육학부(정치학) 교수

이 글은 "복지동맹 문제를 중심으로 본 보편적 복지국가의 발전조건: 영국·스웨덴의 비교와 한국에의 함의"라는 제목으로 『한국정치학회보』 제46집 제1호(2012년 봄)에 게재되었음.

제10장
보편적 복지국가와 복지동맹
- 영국·스웨덴의 비교와 한국에의 함의

Ⅰ. 서론

2010년 무상급식 의제의 쟁점화를 계기로 보편적 복지국가론이 복지국가 논쟁의 핵심적 쟁점으로 부상했다. 보편적 복지국가야말로 현재 한국이 당면한 사회적 위기를 해소할 유일한 길이라는 주장과, 보편적 복지국가는 한국에서 가능하지도, 바람직하지도 않다는 주장이 엇갈리는 가운데, 반값 등록금 논란, 서울시 무상급식 주민투표와 시장 보궐선거를 거치면서 논쟁은 점차 뜨거워졌다. 2012년의 양대 선거를 거치면서 열기는 점차 더 고조될 것으로 보인다.

시민운동의 강력한 추동력에 의해 보편적 복지국가란 의제가 마침내 비결정(non-decision)의 지각을 뚫고 제도정치의 장으로 떠올랐지만, 그 구체적 모습과 실현방법에 관한 논의는 잘 숙성된 상태라고 보기 어렵다. '왜 보편적 복지국가인가'부터, 그것의 실현을 위

한 경제모델과 노동시장체제, 재원조달 방법, 전달체계, 정책 우선
순위 그리고 동력이 될 주체와 연대세력의 문제에 이르기까지 핵
심적 쟁점들에 대한 구체적 논의는 이제 겨우 시작되었을 뿐이다.
지지세력과 반대세력 모두 급박한 정치일정을 의식하면서 보편적
복지국가에 대한 찬반주장을 전개하고 있지만, 사실 그 근거들은
그렇게 단단하지가 않은 것이다. 그러나 보편적 복지국가는 선진자
본주의국 중에서도 극히 일부에서 실현된, 어찌 보면 매우 예외적
모델이다. 찬성을 위해서든 반대를 위해서든 그 실현조건이 무엇인
지 장기적 안목에서 차분하고 면밀한 검토가 필요할 것이다.

이 글에서는 이런 심층연구가 필요한 여러 쟁점들 중 보편적 복
지국가를 만들어내는 복지동맹이 어떤 조건 하에서 형성되고 공고
화될 수 있는지를 영국과 스웨덴의 경험을 통해 살펴보고자 한다.
흔히 보편적 복지국가의 대표적 유형으로 북구 복지국가들을 꼽지
만, 사실상 보편주의 복지제도들은 북구국들과 더불어 영국, 뉴질
랜드 등에서도 19세기 말 20세기 초에 태동했었다. 다만 이후 북구
국들은 제도적·재분배적 복지국가로 발전해 나갔고, 영국을 비롯
한 나머지 나라들은 잔여적 복지국가로 귀착했다. 따라서 영국과
스웨덴 양국의 경험은 주체와 연대라는 관점에서 볼 때, 어떤 조건
에서 보편적 복지국가가 형성될 수 있는가, 나아가 그것이 유지·발
전될 수 있는가를 설명해 줄 수 있을 것이다.

그렇다면, 첫째, 정치적 세력관계라는 측면에서 볼 때 2차대전
종전 전후 양국에서 보편적 복지국가를 수립시킨 힘은 무엇인가?
둘째, 무엇이 이후 두 복지국가의 분기를 낳았는가? 즉 무엇이 보
편적 복지국가를 발전시킬 수 있는 복지동맹을 유지시키는가? 셋

째, 양국의 경험이 한국의 보편적 복지국가 논쟁에 주는 교훈은 무엇인가? 이상이 이 글에서 해명해 보고자하는 질문들이다. 연구의 초점은 물론 두 번째 질문에 있다.

Ⅱ. 이론적 논의: 보편적 복지국가와 복지동맹

보편주의(universalism)는 기본적으로는 복지 프로그램의 포괄범위(coverage), 혹은 접근의 자격조건(entitlement)을 가리키는 용어이다. 즉 보편주의란 모든 시민, 혹은 일정한 카테고리(예컨대 '65세 이상 인구') 안에 있는 모든 시민에게 급여와 서비스의 수급자격을 주는 복지공여의 방법론적 원칙을 의미한다. 반면 선별주의(selectivism)는 자산조사(means-test)에 의해 일정 소득 및 자산 기준의 이하의 빈자들에게 급여와 서비스를 제공하는 것이라 할 수 있다.[1]

이렇게 보편주의/선별주의가 복지국가의 자원배분의 '방법'과 관련된 원칙이라면, 제도주의/잔여주의(institutionalism/residualism)는 그 방법을 통해 실현될 '가치 및 목표'와 관련된 원칙이다.[2] 제도주의 복지국가는 사회적 위험들을 해결하는 것을 사회적 비용(social cost)으로 간주하며, 국가가 사회적 위험을 해결하는 데 중심적 역할을 하는 복지국가이다. 반면 잔여주의 복지국가는 시장이나 가족 등 다른 제도가 사회적 위험을 수습하는 1차적이고 중심적인 수단

---

[1] 선별주의란 용어는 자산과 소득에 의한 대상 선별의 경우에만 사용된다. 자산과 소득 외의 범주화(categorization: 아동, 노인, 실업자 등의 범주 확정)는 선별주의라고 지칭하지 않는다.

[2] 엘리엇은 더 간단하게 보편주의, 선별주의는 '방법', 제도주의, 잔여주의는 '원칙'이라고 정리하고 있다(Elliot, 2003: 1).

이며, 국가복지는 이런 다른 제도가 제대로 작동하지 않아 특별한 필요를 갖게 된 사람들(those who in need)에게만 사회적 안전망으로 기능하는 복지국가이다(Wilensky & Lebeaux, 1965; Titmuss, 1974).

이렇게 보편주의/선별주의를 방법, 제도주의/잔여주의를 가치 및 목표라고 본다면 널리 쓰이는 '보편주의적 복지국가'는 표현은 사실은 매우 어색한 것이 된다. 어떤 복지국가도 보편주의/선별주의라는 두 가지 '방법' 중 하나만을 배타적으로 채택하지는 않는다. 즉 모든 복지 프로그램에 걸쳐 보편주의라는 방법만을 채택하고 있는 복지국가는 존재하지 않는다. 또 보편주의 복지국가를 가치나 목표라는 차원에서 제도적 복지국가와 같은 의미로 쓰는 사람들이 흔히 생각하듯 보편주의가 그 자체로 제도적·재분배적 복지국가를 보장하는 것도 아니다.

그렇다면 보편주의와 제도적 복지국가는 논리적으로 완전히 무관한 것인가? 꼭 그렇지는 않다. 모든 복지 프로그램은 아니라 할지라도 핵심적인 복지 프로그램들이 보편주의에 입각해 제공될 뿐만 아니라, 그 프로그램들이 결과적으로 시민의 대부분을 포괄하고 있어 사회적 위험을 수습하는 가장 중요하고 일반적인 장치가 된다면, 이 복지국가는 보편주의를 가장 잘 구현한 복지국가이면서, 동시에 제도적 복지국가이다.[3] 반면 핵심 프로그램들이 보편주의에 입각해 제공된다 할지라도, 시민 대부분이 이런 복지프로그램에 의존하기 보다는 다양한 형태의 민간 프로그램에 의존하고 있어 결과적으로 국가복지의 단일한 틀에 포괄되지 않는다면 이 복지국

---

[3] 최근 한국에서 보편주의 복지국가는 바로 이런 보편주의적이면서, 제도주의적인 복지국가란 의미로 쓰이고 있다. 물론 이런 등치는 꼭 한국만의 현상은 아니다.

가는 보편주의적이긴 하나 제도주의적이지는 않은 것이다. 보편주의에 대한 혼란, 그리고 보편주의적 복지국가와 제도적 복지국가에 대한 혼동은 이렇게 복지프로그램에서의 접근의 자격조건과 국가복지 전체의 결과적인 포괄의 정도에 대한 혼란에 기인한다. 이런 혼란을 정리하기 위한 하나의 좋은 방법은 전자를 '정책수준의 보편주의'로 후자를 '체제수준의 보편주의'를 구분하는 것이다(미야모토 타로, 2003: 42-43). 미야모토는 양자가 항상 동일한 보조를 취하는 것은 아니며 개별 정책 수준에서는 보편주의를 추구한다 할지라도 해당 정책이 놓인 사회경제적 조건에 따라서는 체제수준에서는 선별적인 구조를 형성시키고 마는 경우가 있다고 지적한다.

어쨌든 북유럽 나라들의 보편주의적 복지국가를 대표하게 되면서 보편주의적 복지국가가 제도주의적 복지국가와 거의 동의어로 쓰이게 되었지만 여전히 보편주의라는 방법 자체가 제도적·재분배적 복지국가를 보장하는 것은 아니라는 것도 분명한 사실이다. 최소한 논리적으로라도 보편주의와 제도주의를 구분하고 어떤 조건에서 보편주의가 제도주의적 복지국가를 발전시킬 수 있는지 고민해볼 필요가 있는 것은 바로 이 때문이다. 그렇다면 보편적 복지국가가 제도적·재분배적 복지국가가 되기 위한 조건을 어떤 것들일까? 미야모토식으로 표현하면 정책수준의 보편주의가 체제수준의 보편주의로 나아가기 위해서는 어떤 조건이 필요한가?

이 글에서는 영국과 스웨덴 두 나라의 경험을 바탕으로 이 조건을 해명해보고자 한다. 영국과 스웨덴을 사례로 택한 것은 무엇보다도 두 나라가 서구 국가들 중 가장 먼저 현대적 의미의 보편적 복지국가를 형성시켰다가, 하나는 정책수준에 머무르고 다른 하나는 체제수준의 보편주의에 도달한 나라이기 때문이다. 이는 실험이 불가능한 사회과학의 세계에서 두 나라가 보편적 복지국가가 제도적 복지국가로 발전하는 데 필요한 조건이 무엇인지 살펴보는데 최적의 조건을 가지고 있음을 의미한다. 그리고 보편적 복지국가라는 용어가 두 수준에서 섞여 사용되면서 혼동과 불필요한 논쟁을 유발하고 있는 한국적 상황을 정리하는 데도 도움을 줄 수 있음을 의미한다. 두 나라는 또한 특정 복지국가를 만들어내는 세력관계라는 관점에서 볼 때, 밀(J. S. Mill)의 차이법(method of difference)에 기초한 최대유사체계(most similar system design, Przeworski and Teune, 1970: 32-36) 비교분석을 수행하기에 유리한 조건을 갖추고 있기도 하다. 헤클로(Heclo, 1975)가 일찍이 지적했듯, 두 나라는 공히 종교적·인종적·언어적 균열요인이 적어 선진복지국가들 중 비교적 순수한 계급정치가 관철되어 온 나라들이며, 복지가 계급정치의 중요한 대상이 되어 온 나라들이다.

이 글에서 특히 초점을 두고자 하는 것은 복지국가의 확대에 대한 사회다수의 지지라는 정치적 조건, 즉 복지동맹(welfare coalition, 김영순, 1996)이다. 복지국가는 정치적으로 결정되는 재분배체계로서 복지국가에 대한 사회 다수의 연대적 지지는 제도적 복지국가, 즉 '체제수준의 보편주의' 발전에 필수적이다. 그렇다면 복지국가에 대한 연대적 지지는 어떻게 구성되는가? 2차대전 후 유럽의 복지균열선은 기본적으로 노동과 자본의 대립을 축으로 하면서 복지수급자 내부의 노동자계급과 중간계급의 이해관계를 기본으로 그려졌다.[4] 그리고 이 균열을 기초로 이루어진 사회세력들 간의 갈등

---

[4] 생산체제(production regime)와 복지체제의 상호보완성에 주목하는 연구들은 자본이 일관되게, 그리고 일

과 제휴가 복지정치의 핵심을 이루었다. 논리적으로 볼 때 노동시장에서 유리한 지위를 가지며 국가복지에 덜 의존적인, 그리고 복지국가의 유지를 위해 상대적으로 많은 세금을 내야 하는 중간계급의 경우 재분배적 복지국가에 대한 지지가 조건적일 가능성이 크다. 즉 중간계급의 경우 조세(비용) 대 급여·서비스(편익)의 균형에 따라 복지국가를 지지할 수도 있고 그렇지 않을 수도 있는 것이다. 반면, 자산 없이 자신의 노동력을 팔아서 살아가야 하는 노동자계급은 더 국가복지에 의존적일 수밖에 없고 복지확대에 지지적일 수밖에 없다. 노동자계급은 사회적 위험에 처하게 될 때 소득을 보장해 줌으로써 노동력의 상품성을 완화시키며 노동시장에서 노동력 판매자들 간의 경쟁을 약화시켜 연대를 촉진하는 복지국가의 가장 강력한 지지자가 될 가능성이 크다(Kangas and Palme, 1992; 김영순, 1996). 결국 이해관계를 달리하는 두 계급이 어떻게 복지국가의 확대를 지지하는 동맹을 구성할 수 있는가, 그리고 이 복지동맹이 얼마나 견고한가가 제도적인 복지국가를 만들어내는가에 있어 결정적인 변수가 된다는 가설이 논리적으로 도출된다. 그렇다면 이런 복지동맹이 만들어지기 위해서는 어떤 조건들이 필요한가?

의외로 이 주제에 대한 기존연구들은 그렇게 많지 않다. 계급동맹이란 관점에서 복지국가를 다룬 대표적인 연구는 권력자원론(power resource theory)으로서 스칸디나비아 복지국가들이 보편적 복지국

률적으로 복지국가의 발전에 반대하는 입장을 취해 온 것은 아니며, 수출경쟁력을 위한 산업평화의 확보, 고숙련 노동력의 확보 등 자신의 이해관계에 맞는 복지국가를 만드는 데 일정한 역할을 했음을 보여주고 있다(Swenson, 2002; Estevez-Abe et al., 2001). 따라서 복지국가의 발전을 노자대립을 축으로 바라보는 것은 과도단순화의 위험을 내포하고 있다. 그러나 다른 한편 일반적으로 자본이 기본적으로는 임금과 더불어 복지를 부담으로 인식해왔고, 일단은 노동 측으로부터의 도전과 강한 요구가 있을 경우에만, 가능한 한 자신에게 유리한 형태로 복지확대를 수용했다는 것도 분명한 사실이다.

가를 건설, 발전시킬 수 있었던 이유를 강력한 권력자원을 갖는 노동자계급이 중간계급과 동맹을 형성했기 때문이라고 보았다(Esping-Andersen, 1985). 반면 사회사학자 볼드윈(Baldwin, 1990)은 두 계급의 동맹(cross-class alliance)이 보편적 복지국가의 수립의 기초가 되었다는 데에는 동의하면서도 이는 노동자계급의 권력자원이 강력해서라기보다는 취약해서였다고 파악한다.

어쨌든 이 두 입장은 견해는 다르지만 2차대전을 전후한 시기에 보편적 복지국가의 '형성'만을 설명하고 있다. 즉, 기존연구들은 이 글의 주제, 즉 형성된 보편주의적 복지국가들이 이후 왜 잔여주의와 제도주의란 두 개의 상이한 길로 분기했는가, 혹은 왜 어떤 복지국가는 정책수준의 보편주의에 머무르고, 체제수준의 보편주의로까지 나가지 못했는가에 대해서는 큰 관심을 기울이지 않고 있는 것이다. 영국은 다만 북구와 비슷하게 출발했으나 결국 잔여주의에 가까워진 예외적 사례로 간주되었다(Esping-Andersen, 1990). 그리고 처음에 영국이 보편주의적 복지국가를 만들어낼 만한 조건과 동력이 있었으나 왜 이런 동력이 상실되고 보편주의가 정책수준으로 형해화되고 말았는가에 대한 집중적 탐구는 드물었다.

이 글은 사례비교방법을 채택한다. 래긴이 사회과학에 적합한 비교방법으로 제시한 사례지향적 비교전략(case-oriented approach)은 일종의 거시인과분석(macro causal analysis, Skocpol and Somers 1980)의 형태를 띠게 된다. 거시인과분석은 사건의 자초지종을 처음부터 끝까지 추적하는 대신 인과가설의 논리에 따라 통제된 비교(controlled comparison)을 행한다. 이 논문의 가설은 보편주의적 복지국가의 발전을 위해서는 노동자계급과 중간계급의 복지동맹이 필요하며, 이런 복지동맹을 위해서는 다시 1) 노동자계급의 권력자원, 특히 사민주의 정당의 능력이 필요하고, 2) 복지 프로그램의 급여와 서비스가 중간계급이 만족할만한 수준으로 발전해야 한다는 것이다.

이 논문은 바로 이 두 가지 변수들에 초점을 두어 이루어질 것인데, 이런 가설의 논리적 근거는 다음과 같다. 첫째, 노동자계급의 권력자원, 특히 사민주의정당의 능력을 먼저 보자. 권력자원론자들(Korpi, 1978, 1983; Stephens, 1979)은 민주적 자본주의 사회에서 자산계급의 권력자원이 생산수단의 소유라면, 다수의 빈자들(have-nots)의 권력자원은 민주주의적 제도를 이용한 조직화라고 보았다. 그리고 노조와 사민주의정당은 노동시장과 정치의 두 영역에서 노동자들을 대표하는 두 조직으로 이 조직들이 강력할 때 복지국가 발전을 가능해진다고 주장했다. 그러나 노동자계급이 항상 '보편적 복지국가'를 지지하리라고 기대하기는 어렵다. 중간계급에게까지 혜택을 주는 보편적 복지국가는 자신에게로 재분배의 집중을 원하는 노동자계급의 이해관계에 반할 수 있기 때문이다.[5] 그러나 사민주의정당의 입장은 다를 수 있다. 사민주의정당은 대부분 노조와 특수관계를 맺고 있지만, 집권을 위해서는 가능한 많을 표를 얻어야 하기 때문에 노동자계급뿐만 아니라 중간층에게도 혜택을 줄 수 있는 보편적 복지국가에 훨씬 우호적 입장을 취할 가능성이 높다.

한편 중간계급의 보편적 복지국가에 대한 입장은 조건적일 가능성이 크다. 보편적 복지국가는 중간층을 배제하지 않고 혜택을 준

---

[5] 실제로 오스트레일리아와 뉴질랜드에는 강력한 노동운동이 존재했으니 하층에 재분배를 집중하는 선별주의에 집착한 결과, 잔여주의적 복지국가가 만들어지는 결과를 초래했다(Castles and Michell, 1992). '재분배의 역설'(the paradox of redistribution, Korpi and Palme, 1998)이 나타난 것이다. 또 프랑스나 독일에서는 노조가 초기 사회보험에서 노동자들에게 주었던 특권들을 고집함에 따라 보편주의적 사회보험이 만들어지지 않고 조합별 체제가 굳어지는 결과를 가져왔다(Baldwin, 1990: 29-30).

다는 점에서는 그들에게 매력적이나, 그 대가로 얼마나 많은 세금을 내야 하는지, 그리고 수급구조가 얼마나 재분배적인지에 따라 보편적 복지국가에 우호적일 수도 있고 그렇지 않을 수도 있을 것이다(Le Grand and Winter, 1987; Kangas and Palme, 1992). 결국 이런 노동자계급과 중간계급의 일정 부분 중복되고 일정 부분 상충하는 이해관계들을 얼마나 잘 조화시켜 복지국가에 대한 지지자로 만드는가에 따라 보편적 복지국가의 발전여부는 결정되게 될 것이다.

둘째, 일단 보편적 복지국가가 수립되고 난 뒤에는 이 복지국가가 제공하는 급여와 서비스가 중간계급이 만족할만한 수준이 되어야 보편적 복지국가의 유지, 발전이 가능할 것이다. 모든 시민에게 대부분의 복지 프로그램에 대한 접근을 허용하더라도 급여와 서비스의 수준이 낮다면 중간계급 이상의 사회계급들은 민간복지라는 대안을 통해 사회적 위험에 대비하려 할 것이다. 그리고 이럴 경우 이 복지국가는 형식적으로는 보편주의의 기준을 만족시키지만 내용적으로는 이중화된, 즉 노동자계급과 빈곤층은 국가복지에만 의존하고 중간계급 이상은 국가복지와 민간복지에 의존하는 분화된 복지국가의 모습을 띠게 될 것이다. 즉 정책수준의 보편주의가 체제수준의 보편주의로 연결되기 위해서는 중간계급이 복지국가에 의존하고 지지할 수 있게 할 정도의 복지 프로그램들이 필요한 것이다.

이 글이 다루는 시기는 대략 1945년부터 1970년대까지이다. 즉 2차대전 종전을 전후하여 서유럽에 현대적 복지국가가 만들어지던 시기에 영국과 스웨덴에서 어떻게 보편적 복지국가가 만들어지는가를 먼저 살펴본다. 이어 이 시기 만들어진 정책수준의 보편주의가 어떻게 스웨덴에서는 체제수준의 보편주의로 발전하고 영국에서는 그렇게 되지 못했는지를 살펴보기 위해 1980년대까지의 발전과정을 검토해본다. 체제 수준의 보편주의로의 발전여부에 따라 각각 제도주의와 잔여주의 복지국가로 되어가는 과정은 대체로 1960년대까지 그 윤곽이 나타나고 1970~80년대에 굳어지기 때문이다.

Ⅲ. 보편적 복지국가의 형성

유럽의 복지국가 발전에 있어 결정적인 계기는 2차대전이었다. 대공황에 이어진 전쟁의 경험은 케인즈주의적 국가개입이 시장의 무정부성을 완화하고 효율성을 제고할 수 있으며 위기관리에 효과적임을 보여주었다. 또한 2차대전의 총력전적 성격은 전력의 일부로서의 국민들의 건강과 복지에 대한 관심을 증대시켰고, 국민들 사이에 동원에 대한 반대급부로서의 복지에 대한 기대와 평등주의적 심리를 확산시켰다(Smith, 1986).

전쟁은 노동자계급의 지위와 태도도 변화시켰다. 노동운동 주류의 요구는 생산수단의 사회화에서 생산된 것의 분배라는 개량주의적, 타협적인 것으로 변모했다. 대공황과 전쟁 동안 엄청난 실업과 실질임금 하락을 경험했던 노조는 전시 동안 가능함이 입증된 것, 즉 완전고용과 복지만을 요구하게 되었다. 전시경험은 중간계급의 태도 역시 변모시켰다. 전통적으로 중간계급은 자신의 자구능력을 신뢰하고 사회보장에 대한 국가개입을 엄격히 제한할 것을 주장했다. 국가복지는 소수의 빈민들에게 치욕과 더불어 주어지는 시혜이며 자신의 세금으로 조달되기 때문에 가능한 한 최소화되어야 할 것, 혹은 노동자계급에 대한 통제의 수단으로서 주어지는 당근으로서 자신의 이익과 무관한 것이었다. 그러나 전쟁과 공황은 모든 사람에게 '위험의 불확실성'을 안겨주었고, 그 앞에서 중간계급은 집산주의적 복지국가의 위험분담(risk sharing) 논리에 공감하게 된다. 게다가 이들은 모든 자원과 물자가 국가의 계획 아래 통제되었던 전시동안 사적 소비와 사적 투자에 대한 국가의 제한, 그리고 무엇보다도 고율의 소득세에도 익숙해졌다.[6] 주변국에서 대두했던 사회주의혁명, 그리고 파시즘에 대한 공포 역시 이들로 하여금 케인즈주의적 국가개입이 자본주의와 양립할 수 있으며 바람직하기까지 하다는 것을 인식하게 만드는 데 일조했다(Goodin and Dryzeck, 1987: 48; Leys, 1989: 63).

이런 중간계급과 노동자계급의 보다 포괄적인 복지국가의 필요성에 대한 합의는 유럽 여러 나라에서 복지개혁을 추동한 힘이었다. 중간계급의 변화는 우파정당들도 복지확대에 반대하지 않게 했다. 또 사민주의정당들로 하여금 복지이슈를 지렛대를 중간계급을 견인하는 데 나서게 했다.

그러나 유럽에서 개혁의 방향은 크게 두개로 갈렸다. 우선 소득보장제도의 경우, 대륙유럽의 대부분의 나라에서는 주로 노동자들

---

[6] 영국의 경우 1935~1945년간 평균 소득세율은 50%에 달했는데 이는 이전의 자유방임주의국가에서는 상상할 수 없었던 것이었다(Dunleavy, 1989: 277).

에게 적용되던 사회보험을 확대하는 개혁이 이루어졌다. 이에 따라 공적 사회보험의 포괄범위는 점차 넓어졌으나 이는 계층화된 조합으로 나뉘어진 확대였다. 노동시장에서의 지위에 따라 여러 개의 조합이 결성되고 기여금 납부능력에 따라 가입자격이 부여되었으며 기여와 급여는 엄격히 연동되었다. 반면, 영국과 아일랜드, 뉴질랜드, 그리고 북구국가들에서의 소득보장제도 개혁은 자산조사에 입각한 빈민구제에서 벗어나 한꺼번에 전 국민을 단일한 사회보험의 틀로 포괄하는 형태를 띠었다. 이 경우는 사회적 시민권 개념에 입각해 가입자격이 보편적으로 부여되었고, 조세에 의해, 혹은 균등갹출에 의해 재원이 조달되고 균등급여의 원리가 적용되었다(림링거, 1991: 160-221).

이 두개의 소득보장 유형은 흔히 비스마르크형과 베버리지형으로 불린다. 비스마르크형이 점진적 확대방식을 밟는데 비해, 베버리지형은 모든 시민에게 보편적 수급권을 부여한다. 재원조달 방식에 있어서도 비스마르크형이 고용주와 피보험자의 기여금에 의존하는데 비해 베버리지형은 조세에 상당 정도 의존한다. 결과적으로 비스마르크형은 시장이 만들어내는 계층화를 보존하는 효과를 갖지만, 베버리지형은 평등화 효과를 발휘한다. 의료서비스 역시 비슷한 분화의 모습을 보였다. 대륙유럽국들의 경우 조합별 재원조달 체계를 갖는 사회건강보험(social health insurance)방식으로 발달한 반면, 영국과 북구에서는 조세를 재원으로 모든 국민들에게 무상에 가까운 의료가 제공되는 국민건강서비스(national health service) 방식이 도입되었다.

왜 이런 상이한 길이 나타났을까? 물론 전전(戰前)에 이루어진 사회정책의 발전, 즉 역사적 유산이 그 하나의 이유이다. 그러나 격변의 시기였던 당시에는 이런 제도의 경로제약성보다도 이 중요한 역사국면에서 만들어졌던 사회적 세력관계와 복지동맹의 성격이 보다 중요했다.

사회사학자 볼드윈은 영국과 북구에 사회 연대에 입각한 보편주의적 복지국가가 수립된 것은 노동자계급 혹은 좌파정당의 이해관계 못지않게 중간층과 상층의 이익을 옹호하는 우파정당의 이해관계가 관철되었기 때문이라고 지적한다. 영국이나 북구에서 보편주의는 구민법 하에서 빈자에게만 주던 급여를 국민보험이란 단일한 틀을 통해 중간계급을 포함한 전국민에게로 확대하는 것을 의미했고, 자산조사가 중간계급에 가하던 불이익을 제거하는 것을 의미했다. 당연히 노조는 이에 반대했다. 좌파정당의 이해는 엇갈렸다. 실제로 영국노동당은 전후개혁에서 자신의 전통적 재분배원칙에 어긋나는 보편주의의 채택여부를 두고 당내 논란을 거듭했다. 당내 좌파는 하층계급에 재분배를 집중해야 한다고 주장하며 이에 반대했다. 그러나 노동당은 결국 자유주의자 베버리지가 주장한 보편주의를 중간계급의 표를 얻기 위해 채택하게 된다(Baldwin, 1990: 124-134; 림링거, 1991: 172-178). 그리고 이는 전후 총선에서 노동당이 압도적 다수로 집권하는 데 기여했다. 복지를 매개로 노동자계급과 중간계급의 느슨한 동맹이 형성되고 이것이 영국 역사상 최초로 노동당의 집권을 가능하게 했던 것이다.

스웨덴의 경우 계급동맹에 기초한 보편적 복지국가의 초석은 영국보다 일찍 마련되었다. 스웨덴의 경우 보편주의적 복지입법은 강력한 노동운동이 등장하기 훨씬 이전 중간계급 정당이었던 농민당과 자유당이 도시 보수엘리트와의 협상을 통해 만들어낸 것이었다. 사민당은 1900년대에 들어와서야 중간계급 정당들과 동맹관계를 유지하기 위해 이를 수용했다. 그러나 노조는 여전히 선별주의를 선호했다. 보편주의는 전후 사회보험 개혁에서도 다시 논란에 휩싸였다. 결국 선거에서 중간계급의 견인을 고려한 스웨덴 사민당은 1946년 또 한 번 마지못해 이 원칙을 승인했다(Baldwin, 1990: 114). 그러나 이런 보편주의의 승인을 포함한 중간계급에의 양보는 사민당의 집권을 도와 결국 복지국가의 발전에 크게 기여한다. 스웨덴 사민당은 보통선거권이 도입된 1917년 이래 계속 1당의 지위에 있었지만 권력을 장악하지는 못했다. 19세기말 형성된 5당구조 속에서 우파정당들은 상호제휴를 통해 사민당의 권력접근을 봉쇄했다. 마침내 1932년 선거에서 사민당은 빅포르스(E. Wigforss)가 제안한 '케인즈 이전의 케인즈주의'를 당의 공식입장으로 채택하고, 보편주의적 복지원칙, 농업관세와 농업보조금의 지급이라는 농민당의 요구를 수용함으로써 농민당과의 연정을 통한 권력장악에 성공한다. 그리고 이런 적녹연합(Red-Green Alliance)을 통한 집권은 1960년대까지 유지된다(안재흥, 1996; 김영순, 1996: 98-99).

한편 대륙유럽에서 전후개혁에서 이런 연대주의적 이니셔티브가 성공하지 못한 것은 노조나 좌파정당이 약해서이기보다는 이를 원치 않아서였다. 전후 사회보험 정비과정에서 보편주의가 논란의 대상이 되었을 때, 프랑스와 독일의 노동자들은 전쟁 전에 만들어진 사회보험체제 하에서 누려왔던 특권을 포기하려 하지 않았다.[7] 이

---

[7] 예컨대 독일에서는 육체노동자들의 경우 연금이 적용되는 소득범위에 상한선이 없었지만 사무직 피용자들은 소득상한선이 존재했다. 또 노동자들을 위해서는 국가가 동액의 기여를 했으나 사무직의 경우는 그렇지 않았다. 전후의 재정상황에서 국고보조의 증대는 어려웠으므로 보편주의가 채택된다면 노동자들에

나라들의 경우 노조는 강경하게 자신에게 유리한 재분배적 요소를 고집했고 사회주의정당들은 이런 노조의 반대를 넘어설 수 없었던 것이다. 또 "독립적 계급"(중간계급)들 역시 이런 보험체계에서는 노동자가 가장 이익을 보는 본다고 믿고 기존의 사회보험 가입에 통합되길 거부했고, 결국 직종별 보험체계는 그대로 유지되었다. 결국 볼드윈은 대륙유럽에서의 보편주의적 복지국가의 실패가 노조와 사민주의 정당의 힘이 약했기 때문이라기보다는 중간계급을 배제하고 노동자계급과 빈곤층에 더 많은 것을 재분배하려는 노조, 혹은 사민주의정당의 급진주의적 분파들의 야망 때문이었다고 주장한다. 그러나 이는 결과적으로 계층화된 복지국가를 공고하게 하는 역할을 했다(Baldwin, 1990: 29-30).

이런 역설적 결과들은 보편주의는 권력자원론이 설명하는 것처럼 노동자계급이 강해서가 아니라 오히려 약해서 나타난 복지원칙이라는 주장이 설득력이 있는 것처럼 보인다. 그러나 중간계급에 대한 양보가 중간계급을 포섭하려는 사민주의정당에 의해 이루어졌다는 사실, 그리고 이런 중간계급의 포섭을 통한 사민주의정당의 집권이 장기적으로 볼 때는 노동자계급에게 훨씬 더 많은 이익을 안겨주었다는 사실에 주목할 필요가 있다. 실제로, 전후 개혁 이후 영국과 스웨덴이 너무나 다른 길을 걷게 되는 과정은 사정이 그렇게 간단하지 않음을 보여준다. 이제 왜 이런 분기가 나타났는가라는 질문에 답해보기로 하자.

대한 기존의 국고보조를 중간층과 나누든지, 아니면 중간층은 자신의 기여분을 증대시키든지 해야 했다. 노조는 보편주의 자체는 찬성했으나 재분배 조정이나 국고보조 삭감엔 반대했다(림링거, 1991: 154).

Ⅳ. 보편적 복지국가의 분기: 영국의 잔여주의와 스웨덴의 제도주의

　영국과 스웨덴의 분기를 설명하기 위해 이 글에서 비교의 초점으로 선택한 두 변수는 첫째, 노동자계급의 권력자원, 특히 사민주의정당의 능력, 둘째, 중간계급을 포섭할 수 있는 급여와 서비스 수준이었다. 우선 첫 번째 변수부터 살펴보자.

　권력자원론(power resource theory) 이론가들은 민주적 자본주의 사회에서 노조와 사민주의정당은 노동시장과 정치라는 두 영역에서의 노동자들을 대표하는 두 조직으로 이 조직들이 강력할 때 제도주의적 복지국가의 발전이 가능해진다고 주장했다. 즉 노조의 조직률과 권위의 집중성이 높을수록, 그리고 좌파정당의 집권기간이 길수록 복지국가의 발전이 용이하다고 주장했다.

　영국과 스웨덴 두 나라에서 이 이론은 비교적 잘 맞는 편이다. 산업혁명의 모국이었던 영국의 노조 조직률은 다른 유럽국에 비해 낮지 않았다. 또 1980년대 대처정부와의 전면전에서 패하기 전까지 작업장 수준에서의 노조의 힘은 결코 약하지도 않았다. 그러나 영국의 노조는 뿌리 깊은 임의주의(voluntarism)의 전통에 기반해 작업장 수준에서 자신의 단기적이고 직접적인 경제적 이익을 추구하는 조직이었다(Kilpatrick and Lawson, 1980; Hyman, 1985). 단체협상은 대체로 기업별로 이루어졌고 구속성이 없었으며, 산별이나 전국적 조직의 하부노조에 대한 통제력은 취약했다(<표 1> 참고). 이런 상태에서 노조는 일체의 정치적 활동이나 이념적 원칙을 조합원의 실용적 이해관계에 대한 하위개념으로 취급했고(고세훈, 1992: 160-161), 따라서 전국적 수준에서 정치적으로 결정되는 재분배의 한 수단인 복지문제에 대한 그들의 개입 역시 지극히 제한적이었다.

〈표 1〉 노동자계급 권력자원 지표들

연도	노조조직률a)			단체협상 수준a)[*]			좌파정당 집권기간b)	
	1950~73	1974~84	1985~92	1950~73	1974~84	1985~92	1945~1980	1981~1995
영국	45	51	41	1.7	2.1	1.0	17년	0년
스웨덴	71	86	95	3.7	3.7	2.9	32년	11년

[*] 단체협상수준 점수: 1=회사 수준, 2=산별수준, 3=제재 없는 전체 산업 수준, 4=제재 가해질 수 있는 전체 산업수준
출처: a) Hall and Soskice(2001: 59)
　　　 b) http://www.countryreports.org

노동당은 전통적으로 탈정치적인 이런 노조운동을 그대로 방치한 채 자신의 득표기반으로만 인식했다. 그리고 이들을 동원하여 전후 개혁의 진보성을 확대할 정책적 혁신을 이루지 못한 채 '케인즈+베버리지'라는 자유주의자들의 발명품에 안주했다. 노동당의 정치적 헤게모니도 안정적으로 뿌리 내리지 못했다. 1945년 노동자계급과 중간계급의 연대적 지지에 기반하여 50%에 가까운 득표율, 61%의 의석점유율을 기록했던 노동당은 이후 점차 쇠퇴하는 지지에 직면했다. 그리고 1945~51, 1964~70, 1974~1979년간 단속적으로 집권했다(<표 1>).

이런 노동의 취약한 권력자원으로 인해 결국 사회정책과 경제정책의 조화에 기반한 복지국가의 발전이란 영국에서는 난망한 것이 되었다. 영국은 조정되지 않은 단기주의적 금융 거버넌스, 조직화되지 않은 대량생산체제, 노사 자율주의와 분산화된 협상이라는 자

유주의적 시장경제(liberal market economies)의 일반적 특징들에 19세기 이래 영국 특유의 제국의 유산들이 겹쳐지면서 성장과 고용과 복지의 일국적 선순환 메커니즘이 매우 불완전한 형태로 발전되었다. 그러나 단속적으로 권력을 잡은 노동당은 케인즈주의를 국가개입 없이 시장을 방치할 경우 초래될 실업과 경기침체를 교정하기 위한 수요조절 수단 정도로 생각했을 뿐, 공급측면과 수요측면을 조화시킬 국민경제의 총체적 관리에는 시도하지 않았다. 게다가 집권당의 변화가 급격한 정책변화를 가능하게 하는 다수제모델 정치제도라는 정책환경을 가지고 있는 상태에서, 1950~70년대의 잦은 정권교체는 어떤 정책도 장기적으로 추진하기 어렵게 했다. 결국 70년대 들어 경기침체가 시작되자 영국의 실업률은 걷잡을 수 없이 증대되며, 실업자-취업노동자 간, 노동자계급과 중간계급 간의 복지국가에 대한 이해관계의 분열이 심화되게 된다(김영순, 1996).

베버리지 개혁 이후 영국의 복지정치에서 가장 중요한 쟁점이었던 연금개혁에 대한 노조와 노동당의 대응은 그들의 취약성을 여실히 드러낸다. 균등갹출·균등급여 원칙에 입각한 공적연금은 노후를 보장하는 데 충분하지 않았고, 이는 중간층 이상의 직업연금에 대한 의존도를 높여갔다. 1955년 티트머스(R. Titmuss)를 중심으로 하는 노동당 내 연금연구그룹은 계층화의 위험성을 경고하면서 소득비례 연금제도의 도입을 권고했다. 그러나 노동당 좌파는 평등주의적 관점에서 이에 반대했다. 또 노동조합회의(TUC)는 좋은 조건의 직역연금을 가진 노조의 상층임금소득자들과 그렇지 못한 하층임금소득자들의 대립 심화를 우려해 이에 미온적이었다. 결국 노동당과 TUC는 타협했으나, 그 타협안이란 소득비례연금을 도입하되 직역연금가입자의 적용면제(contract out)를 인정한다는, 연대주의와 복지동맹이란 관점에서 보면 전혀 방향성을 갖지 못한 것이었다. 그나마, 이후 노동당이 실각함에 따라 연금개혁은 보수당에 의해 추진되었고, 공적연금의 소득보장 기능은 연금개혁에도 불구하고 큰 진전이 없었다. 영국의 연금개혁은 하층의 소득보장에도, 노동자계급 간 연대나 노동자계급-중간계급 간 연대에도, 그리고 노동당의 선거기반 확대에도 전혀 도움이 되지 않았던 셈이다.

반면 스웨덴의 경우 노조는 높은 조직률과 함께 고도의 중앙집권성을 갖는 정치화된 조직이었다(<표 1>). 노조는 코포라티즘 기제 속에서 경제정책과 사회정책의 조정에 깊숙이 간여했다. 이런 노조의 위치는, 특히 사민당의 장기집권이란 우호적인 정치적 환경 하에서, 전체 노동자들의 연대에 기초한 장기적 이익을 추구할 있도록 해주었다. 노조는 스스로 성장과 분배를 조화시킬 렌모델(Rhen Model)을 제안했을 뿐만 아니라 연대임금정책을 통해 이 모델의 작동을 가능하게 했다. 그리고 보편적 복지국가는 대기업 중심의 수출주도 성장정책 하에서 렌모델의 제한적 재정정책-연대임금정책-적극적노동시장정책과 긴밀히 맞물린 성장과 복지의 호순환 기제의 핵심고리였다. 한편 사민당은 기본적으로는 노동계급의 정당이란 성격을 유지하면서도 이를 중간계급의 이익과 적절한 선에서 조화시킴으로써 권력을 유지했다. 30년대 이래의 농민당과의 연정, 그리고 60년대 이래의 화이트칼라의 견인이 이를 잘 보여준다. 사민당의 장기 집권은 일관된 경제정책과 지속적인 복지개혁을 가능하게 함으로써 결국 초기의 '얇은' 보편적 복지국가를 보장의 적절성을 갖춘 제도적·재분배적 복지국가로 끌어올렸다(Martin, 1984;

Esping-Andersen, 1985).

코르피는 노동자계급의 권력자원으로 두 조직을 모두 중시했으나 보편주의적 복지국가의 발전에서는 노조보다는 정치적 조직으로서 좌파정당의 능력이 더 중요했다고 할 수 있다. 노조는 일차적으로 노동자들의 이익집단으로서 조합원들의 이익이라는 단기적·물질적 이익을 앞세우기 쉽다. 특히 보편주의 복지원칙들은 장기적으로는 계급연대를 강화하고 제도적 복지국가를 발전시켜 노동자계급에 이익이 되지만, 단기적으로 볼 때는 부유한 계급에 이익을 주는 장치로 여겨진다. 좌파정당의 능력이 중요한 것은 연대주의적 관점에서 이런 노조의 요구를 중간계급의 요구와 조화시키는 정치를 수행하는 작업이 이들의 몫이기 때문이다.

스웨덴 보충연금개혁의 과정은 복지동맹의 유지에서 스웨덴사민당의 역할이 얼마나 중요했는지를 잘 보여준다. 1956년 스웨덴노동조합총연맹(LO)은 기존의 연금제도를 개혁할 것을 사민당에게 제안했다. 당시 블루칼라 노동자들은 1946년 국민연금법에 의해 균등율의 기본연금만을 지급받고 있었고 이는 노후를 꾸리기에 불충분했다. 반면 공공부문이나 민간부문 화이트칼라 노동자들은 고용주와의 계약에 의한 직업연금을 받고 있었다. LO의 대안은 의무적인 소득비례 보충연금 체계를 마련하는 것이었다. 보충연금개혁은 계급 간의 격렬한 논쟁을 야기하면서 스웨덴정치를 양극화시켰다. 높은 급여의 상당부분을 고용주기여분에 의존하는 연금개혁안은 농민들에게 불리한 것이었고 사민당은 오랜 연정 파트너이던 농민당과 결별을 감수해야 했다. 대신에 사민당은 화이트칼라에 유리한 조치들(연금성숙기까지의 연금관리방식, 각종 급여산정방식

등)을, 노조의 반대에도 불구하고, 상당 정도 받아들인다. 이는 법안 통과 직후 치러진 선거에서 화이트칼라의 과반수가 사민당을 지지하는 결과를 낳았다. 사민당은 이로써 수적으로 줄어가고 이해관계가 차이가 커져 가던 구중간계급과의 동맹을 파기하고 신중간계급과의 동맹을 구축했고 장기집권에 성공할 수 있었다(Esping-Andersen, 1985: 162-163). 그리고 이런 장기집권은 보편적 복지국가가 제도적 복지국가로 발전하는 데 결정적 역할을 했다.

둘째, 보편적 복지국가를 위한 복지동맹의 견고성에 영향을 미치는 또 하나의 변수인 복지국가가 제공한 급여와 서비스의 적절성을 검토해보자. 베버리지가 초석을 닦은 영국의 복지국가는, 국가복지는 모든 시민에게 최소한의 기본생활(national minimum)만을 보장하고 그 이상은 스스로 꾸려갈 자유와 책임을 부여한다는 자유주의적 원칙을 바탕에 깔고 있었다. 이에 따라 소득보장의 근간이 되는 사회보험들, 즉 국민보험들(national insurances)은 모든 국민을 포괄하기는 하였으나 소득대체율은 높지 않았다. 게다가 다른 나라들이 전후 황금기 동안 점차 소득대체율은 높인 데 비해 영국의 그것은 제자리걸음을 면치 못했고, 그 결과 전후 선도적 복지국가였던 영국은 1970년대 후반에 이르면 유럽국 중 하위의 자리로 내려앉고 만다(표 2, 표 3). 결국 영국의 복지국가는 보편성에서는 높은 성취도를 보였으나 보장의 적절성에 있어 매우 미미한 성과를 거둠으로써 잔여적 복지국가의 범주에 속하게 되었던 것이다.

이런 급여적절성 보장의 실패는 이후 영국 복지국가의 진로에 심대한 영향을 미치게 된다. 낮은 수준의 국가복지가 사회적 위험에 대한 충분한 대비책이 되지 못하자, 중간층은 고용주와의 협상을 통한 직업복지나 시장복지의 구매에 점점 더 의존하게 되었다.[8] 그러나 노동자들은 이런 대안을 확보하기 어려웠다. 이에 따라 노동자계급의 하층은 사회적 위험에 처할 시 적절한 급여를 제공하지 못하는 사회보험의 보완물로 자산조사를 동반하는 공공부조(national assistance)에 의존하게 되었다. 즉 소득보장제도의 근간인 사회보험이 제 기능을 하지 못함으로써 중간계급은 시장에, 노동자계급의 하층은 치욕이 따르는 국민부조에 의존하는 복지의 계급적 이중화가 발생했던 것이다. 이는 접근의 보편성에도 불구하고 급여의 적절성이 성취되지 않아 보편주의 원칙이 사실상 훼손되었음을 의미하는 것이었다. 이는 또한 전후 사회연대의 분위기 속에서 만들어진 영국의 복지동맹이 점차 이완되어갈 수밖에 없음을 의미하는 것이었다. 중간계급은 복지국가에 한 발만을 걸치게 되었던 것이다.

<표 2> 제조업부문 평균임금소득자의 공적연금 소득대체율

(퇴직 전년의 임금 대비 비율, %)

		1969	1975	1977	1978	1979	1980
영국	독신(single)	27	31	28	29	29	31
	부부(couple)	43	47	43	45	45	47
스웨덴	독신(single)	42	57	59	63	68	68
	부부(couple)	56	73	73	79	79	83

출처: Whiteford(1995), p.4.

---

[8] 직업복지의 고객들은 60년대 이후 점차 증가했다. 직업연금 가입자는 1951년 총노동력의 31%에서 1971년에는 62%로 늘어났다. 직업의료보험의 가입자 역시 1961년 57%에서 1971년에는 71%로 증대했다. 특히 중간층 이상의 가입률이 높았다. 직업연금의 경우 육체노동자는 남성의 46%, 여성의 18%만 가입한 데 비해, 비육체노동자는 각각 75%와 47%의 가입률을 보였다(Taylor-Gooby, 1985: 64; Papadakis and Taylor-Gooby, 1987: 124).

<표 3> 선진자본주의국들의 사회보장비 지출의 변화

	1930년대	1960년	1980년
교육			
영국	4.0	4.3	5.6
프랑스	1.3	2.4	5.0
독일	2.7	2.9	4.7
스웨덴	–	5.1	9.0
미국	–	4.0	–
의료			
영국	0.6	3.3	5.2
프랑스	0.3	2.5	6.1
독일	0.7	3.2	6.5
스웨덴	0.9	3.4	8.8
미국	0.3	1.3	4.1
연금	(1920년대)		
영국	2.2	4.0	5.9
프랑스	1.6	6.0	10.5
독일	2.1	9.7	12.8
스웨덴	0.5	4.4	9.9
미국	0.7	4.1	7.0

출처: Tanzi and Schuknecht(2000)

반면 스웨덴의 경우 국가복지의 소득대체율은 전후 장기 호황기 동안 점진적으로 상승했고 이는 복지동맹의 공고화에 기여했다. 전후 복지개혁을 통해 일거에 복지국가의 틀이 완성되고 큰 변화를 겪지 않았던 영국과 달리 스웨덴의 복지개혁은 1960년대로까지 연장되면서 기초적 개혁들을 보완했다. 에스핑-안델센과 코르피는 이를 2단계에 걸친 점진적 발전으로 설명한다. 전후부터 50년대까지 균등률 급여체계에 기초한 보편적 소득보장체계를 확립하는 데 주력했다면, 60년대 이후로는 소득대체가 가능할 정도의 충분한 급여가 강조되었다는 것이다(Esping-Andersen and Korpi, 1987: 47-49). 영국이 소득보장체계를 얇고, 넓게 설계하고 거기에 그친 데 비해, 스웨덴은 얇고, 넓게 시작해 점차 그 두께를 키워갔던 셈이다. 이는 모든 계층을 하나의 틀로 포섭하되, 소득비례 급여를 결합함으로써 중간층도 만족할 만한 급여체계를 구축함으로써 가능해졌다(<표 2, 표 3>).[9] 어쨌든 이렇게 성취된 국가복지의 보장의 적절성은 중간계급으로 하여금 민간복지라는 보완물을 찾아야 할 필요성을 감소시켰고 이들을 노동자계급과 더불어 국가복지의 든든한 고객으로 만들었다.

현금급여뿐만 아니라 사회서비스 프로그램에서도 양국은 큰 차이를 보였다. 보육·양로·간병 등의 사회서비스는 중간층의 욕구가 큰 영역이다. 중간계급 입장에서 볼 때 소득보장은 여러 가지 방법으로 스스로 해결하기가 훨씬 쉽고, 재분배성 등을 고려하면 민간보험이나 저축이 나은 경우도 많지만, 사회서비스는 품질·신뢰도·안전성 등을 고려할 때 공공부문이나 비영리부문에 대한 선호도가 높아지기 때문이다. 에스핑-안델센이 사회서비스야말로 보편적 복지국가의 이상에 가장 가까이 다가간 사회정책 영역이라고(Esping-Andersen, 1996: 10-11)한 것도 바로 이런 이유에서였다. 결국 사회서비스 프로그램의 수준은 중간계급의 복지국가에 대한 충성도에 큰 영향을 미칠 가능성이 높은데, 실제로 영국과 스웨덴 양국은 사회서비스 프로그램에서도 큰 차이를 보였다.[10]

---

[9] 코르피와 팔메는 이렇게 모두에게 보편적 접근을 허용하되, 소득비례를 결합해 참여자들이 수급자의 과거 소득수준이 복지급여에서도 유지되도록 하는 시스템을 '포괄적 체계(encompassing system, Korpi and Palme, 1998: 669)'로 명명하여 영국식 및 대륙유럽식 사회보험과 구분하고 있다.

[10] 국민의료서비스(national health service) 방식을 취하고 있는 의료서비스는 양국에서 질적으로 큰 차이

<표 4>는 이를 잘 보여준다. 1960~70년대의 발전의 결과를 집약한 1980년 지표를 기준으로 볼 때, 스웨덴은 총 공공사회지출의 49.03%를 현금급여에 쓰고, 46.78%를 서비스에 썼으며, 그 중 노인, 장애인, 아동 등 대인사회서비스에는 약 17.65%를 썼다. 반면 영국은 현금 급여 63.3%, 서비스에 33.35%, 대인사회서비스에는 5.89%를 썼다. 중간층의 관심이 큰 사회서비스에 영국은 훨씬 적은 지출을 하고 있으며, 서비스 중에서 의료서비스를 제외한 나머지 대인사회서비스에는 더더욱 적은 지출만을 했던 것이다.

사회서비스 프로그램들, 특히 대인 사회서비스 프로그램들은 그 자체로 복지국가에 대한 중간계급의 지지를 높임으로써 보편적 복지국가의 발전을 촉진하는 역할을 하지만, 이 프로그램들이 여성친화적 속성을 가지고 있다는 점은 계급을 가로질러 여성전반으로부터의 지지를 확보할 가능성을 높인다는 점에서 보편적 복지국가의 지지기반을 더욱 확대, 공고화하는 기능을 한다. 실제로 복지문제와 관련된 여론조사들은 모든 소득계층에서 여성이 남성보다 복지국가에 더 지지적임을 확인해준다(Svallfors, 1999). 스웨덴에서는 여성들이 전통적으로 무급가사노동의 형태로 수행하던 돌봄노동을 사회화함으로써 남성부양자모델을 약화시키고 이인소득자모델(dual breadwinner model)에 가장 가까운 젠더모델을 만들어냈다. 이는 성평등이란 관점에서도 바람직했지만, 여성을 이중적 의미에서 복지동맹의 든든한 지지축으로 만들었다. 여성들은 이런 사회서비스들의 수혜자로서, 또한 공공부문에 취업해 사회서비스를 유급노동으로 수행하는 자로서 복지국가에 강한 이해관계를 갖게 되었던 것이다.

____

가 없었다(Esping-Andersen, 1996; Blau, 2006).

〈표 4〉 공공사회지출의 구성

		영국			스웨덴		
연도		1980	1990	2000	1980	1990	2000
GDP 대비 총 공공사회지출(%)		17.93	19.55	21.69	28.83	30.78	29.48
공공 사회 지출 대비 비율 (%)	전체	100.00	100.00	100.00	100.00	100.00	100.00
	현금급여(Cash)	63.55	65.91	66.06	49.03	53.22	50.69
	소득지원(노인층)	38.48	38.50	38.92	25.05	25.46	26.08
	소득지원(근로연령층)	25.08	27.41	27.14	23.98	27.76	24.62
	서비스(In-kind)	33.35	31.08	32.28	46.78	41.34	44.71
	보건서비스	27.45	25.41	26.81	29.13	24.50	24.97
	사회서비스	5.89	5.67	5.47	17.65	16.85	19.74
	적극적노동시장정책	3.10	3.01	1.66	4.19	5.44	4.59

출처: OECD, Social Expenditure Database(SOCX)(2001)

〈표 5〉 가족친화적 사회정책과 여성고용률

	0~3세 공공보육 보장 비율 (%)	유급 육아휴가기간 (주)	고용/경제활동 인구비율(%)*			
			모든 가구		6세 이하 아동부양가구	
			남	여	남	여
프랑스	22	36	83	60	94	55
독일	3	36	88	61	96	38
스페인	3	16	79	31	90	26
스웨덴	29	36	87	85	92	86
영국	2	7	82	68	87	53

* 프랑스, 독일은 1989년, 스페인은 1990년, 영국은 1991년, 스웨덴은 1992년 지표임
출처: Esping-Andersen(2002: 74); Gornick(1999: 217).

반면 전후 영국 복지국가는 여성친화성과는 거리가 멀었다. 보육서비스는 블레어정부의 등장까지 거의 가족과 시장에 맡겨져 있었다. 공공보육시설을 이용하는 5세 이하 아동의 비율은 80년대 후반까지도 전체 아동의 2%도 되지 않았다. 유급 출산휴가(paid maternity leave)

는 1975년에야 도입되었으나 정률급여로서 소득대체율은 매우 낮았다. 게다가 출산휴가는 아버지에게는 적용되지 않았다. 육아휴가는 1999년까지 남녀 모두에게 도입조차 되지 않았다(김영순, 2006). 이는 결국 영국에서는 여성이 하나의 집단으로서 복지동맹에 통합되기 어려웠음을 의미하는 것이다. 여성친화적 프로그램들이 여성 전체, 특히 중간층 여성을 복지동맹으로 끌어들일 수 있는 중요한 수단이었음에도 불구하고 영국은 그렇지 못했던 것이다.

이상에서 전후 영국과 스웨덴에서 형성된 보편적 복지국가를 떠받쳤던 복지동맹이 어떻게 서로 달랐으며 무엇 때문에 달라졌는지 살펴보았다. 영국의 경우 급여와 서비스의 낮은 수준이 중간계급을 복지국가의 지지자로 포섭하지 못하게 했고, 이것이 다시 급여와 서비스의 수준을 높이기 위한 증세를 어렵게 하는 악순환의 회로가 정착했다고 할 수 있다. 노조와 사민당의 취약한 정치적 능력은 이런 상황을 돌파할 혁신과 연대를 만들어내기에 역부족이었다. 이와 같은 상이한 복지동맹은 1970년대 이후 복지국가의 위기가 닥치자 두 복지국가를 상이한 재편의 길로 접어들게 만든다. 영국의 복지동맹은 서서히 느슨해지다가 1970~80년대를 경과하면서 와해되었고 영국은 반복지정당의 집권과 더불어 복지국가의 신자유주의적 재편을 경험했다. 반면 스웨덴의 복지동맹은 균열이 나타나긴 했으나 그럭저럭 유지되었고 복지국가는 방어되었다(김영순, 1996). 1990년대 후반 이후 스웨덴의 복지동맹 역시 보다 더 느슨해지는 경향을 보이고 있으나 아직도 와해를 얘기할 수준은 아니다.

Ⅴ. 결론: 한국에 주는 시사점

이 글에서는 영국과 스웨덴의 사례비교를 통해 정책수준의 보편주의가 체제수준의 보편주의로 발전하기 위한 조건, 혹은 보편적 복지국가가 제도적·재분배적 복지국가가 되기 위한 조건은 어떤 것인지를 살펴보았다. 양국의 경험은 보편주의적 복지국가의 발전을 위해서는 노동자계급과 중간계급의 복지동맹이 필요하며, 이런 복지동맹을 위해서는 다시 1) 노동자계급의 권력자원, 특히 사민주의정당의 능력이 필요하고 2) 복지 급여와 서비스가 중간계급이 만족할만한 수준으로 발전해야 한다는 것을 확인해 준다. 나아가 두 나라의 경험은 돌봄을 사회화하는 사회서비스가 중간층의 지지를 확대할 뿐만 아니라 여성 일반을 복지동맹의 한 축으로 끌어들임으로써 보편적 복지국가의 지지기반을 더욱 확대할 수 있음을 보여준다. 스웨덴은 이런 조건을 갖추었기에 전후 정비된 보편적 복지국가를 제도적 복지국가로 발전시킬 수 있었고, 영국은 그렇지 못했기에 분화된 잔여주의적 복지국가로 남게 되었다.

이론적으로 볼 때 이런 두 나라의 경험은 복지국가의 발전을 설명하는 두 개의 경쟁적 이론, 즉 권력자원론과 신제도주의론이 맞닿을 수 있는 가능성을 시사한다. 권력자원론에서는 노동자계급의 권력자원(Korpi, 1983), 혹은 이들과 중간계급과의 정치적 동맹(Esping-Andersen, 1985) 여부가 복지국가의 성격과 유형을 결정하는 핵심적 변수라고 보았다. 반면 신제도주의론은 복지국가 형성의 정치와 재편의 정치는 다르며, 재편의 정치를 좌우하는 것은 계급

간의 힘 관계라기보다는 이미 만들어진 복지제도의 정책 피드백 (policy feedback) 효과라고 주장한다. 즉 만들어진 정책이 그 제도적 구조에 의해 이익집단들을 만들어내고 이 이익집단들은 다시 그 제도의 운명에 영향을 미치기 때문에 일단 복지국가가 확대되고 나면 제도 자체가 중요해진다는 것이다(Pierson, 1996). 높은 급여를 제공하는 연금이나 질 높은 사회서비스가 중간층을 만족시키고 결국 이것이 제도적 복지국가의 완성을 유도한 스웨덴의 경험은, 처음엔 힘의 관계가 제도를 만들지만 나중엔 제도가 정치의 양상과 세력관계를 주형한다(Pierson, 1993)는 신제도주의의 주장을 확인시켜주는 듯하다. 그러나 사실상 제도가 정치를 틀지우며 그것이 한 사회세력의 장기적 프로젝트에 영향을 준다는 주장은 묵시적이지만 권력자원론의 초기이론에 이미 내장되어 있던 것이었다. 코르피의 주장(Korpi, 1985)은 이미 노동운동이 직접적인 노사쟁의를 통해서가 아니라 집권이란 국가제도의 접수를 통해 자신의 목표를 이루려할 때 훨씬 목표달성이 용이할 수 있으며, 그렇기 때문에 이를 위해 단기적인 경제적 이익을 희생할 수 있다는 관점을 깔고 있었기 때문이다. 결국 영국과 스웨덴의 경험은 특정 시기의 세력관계의 응결물이 제도가 되며 이것이 다시 세력관계에 영향을 미치게 된다는, 권력자원론과 신제도주의론의 융합한 명제로 귀결된다고 할 수 있겠다.

그렇다면 이런 양국의 경험이 현재 한국의 보편적 복지국가 논의에 주는 보다 현실적인 교훈은 무엇인가?[11] 첫째, 노동자계급의

---

[11] 한국에서의 주체와 연대라는 측면에서 보편적 복지국가 건설의 조건에 관한 보다 자세한 논의는 김영순(2011)을 참고하라.

권력자원이라는 요소부터 살펴보자. 여러 면에서 한국
의 힘은 취약하기만 하다. 가장 국가복지를 필요로 하는 비정규직
이나 영세중소기업 취약노동자들은 조직화되어 있지 못하고, 조직
화된 노동은 기업별 노조체제 하에서 해당 사업장에서의 협애한
이익만을 추구하면서 연대주의적 복지국가의 건설에 나서지 않고
있다(양재진, 2009). 진보정당 역시 매우 취약하며 가까운 시일 내
에 급속한 외연 확장도 어려워 보인다.

이런 한국의 상황은 보편적 복지국가로의 진입을 위해 서구와는
다른 주체와 연대의 전략을 모색하게 만들고 있다. 우선 서구 복지
국가 발전과정에서 노조가 수행한 역할을 다른 사회운동조직으로
부터 찾으려는 움직임이 존재한다. 한국의 시민운동은 그동안 국가
복지의 확대과정에 공익적 관점에서 개입해 온 긴 역사를 가지고
있다. 과연 이런 이익보다 가치에 기초한 사회운동세력이 보편적
복지국가 건설에서 서구의 노동운동이 했던 역할을 할 수 있을 것
인가. 1990년대 이후 성과들은 이들 운동단체들이 여러 약점에도
불구하고 그럴 수 있는 상당한 잠재력이 있음을 보여준다. 특히 노
동운동이 이 역할을 자임하고 적극적으로 개입에 나서지 않는다면,
향후 한동안 이 역할은 결국 시민운동단체들에 맡겨질 것이다.

또한 정책네트워크 이론들(Peterson, 2003)은 특정 정책의 변화를
가져오는 광범위한 제휴와 동맹으로부터 나오는 힘의 균형을 강조
하는데, 이 역시 우리에게 시사하는 바가 적지 않다. 복지국가 형성
기에는 복지문제를 둘러싼 계급동맹이 이익집단과 정당을 매개로
이루어졌다. 그러나 서구에서도 노동의 유연화와 정당 탈배열화의
시대로 들어오면서부터는 이익집단과 정당 외의 사회적 행위자가

훨씬 다양해지고 이들의 역할이 중요해지는 추세이다. 즉 복지동맹과 반복지동맹, 현상유지동맹(stakeholder coalition)과 현상타파동맹(stake-challenger coalition)의 내부구성은 이전보다 훨씬 복잡하고 유동적인 것이 되었으며, 이에 따라 중요한 정책변화의 결정적 국면에서 다양하고 이질적인 세력들을 얼마나 잘 연결하여 광범위한 동맹을 구성할 수 있느냐가 중요해진 것이다. 이는 우리의 경우 과거 보다 훨씬 다양하고 복잡한 세력들의 연대를 통해서도 보편적 복지국가의 이룩 프로젝트가 가능할 수 있음을 시사한다.

다음으로 중간계급의 이해관계 문제를 살펴보자. 이미 형성된 우리의 복지제도의 특성들은 두 가지 의미에서 복지동맹의 구축에 장애로 작용할 것으로 보인다. 첫째, 이미 한국에선 민간 생명보험과 민간의료보험이 상당히 발전하여 대부분의 사람들이 이에 가입해 있다는 것이다(조영훈, 2004; 남찬섭, 2009; 오건호, 2010). 이는 한국에서 보편적, 제도적 복지국가를 만들기 위해서는 이들이 민간보험들에서 빠져나와, 혹은 이런 민간보험의 보험료를 계속 지불하면서, 국가복지 쪽으로 더 많은 기여를 해야 한다는 것을 의미한다. 둘째, 보육, 양로, 간병 등 사회서비스가 중간층이 국가복지의 효과를 체감하기에 너무 미흡하며 향후로도 개선되기 어려운 구조를 가지고 있다는 점이다. 우리의 경우 사회서비스는 노무현 정부 시기에 단기간에 급속한 확대를 도모하면서, 재정은 정부가, 공급이 민간이 맡는 분업구조가 형성되었다. 이 과정에서 나타난 서비스의 낮은 질과 일부 민간공급자들이 보여준 영리지향적 행태는 이런 서비스들에 대한 이용자들의 만족도를 떨어뜨렸다. 이미 이루어진 이런 정책선택의 경로설정 효과는 중간층을 복지동맹의 한 축으로 편입시키는 데 부정적 역할을 할 것으로 전망된다. 이런 사회서비스들이 대부분 여성친화적인 정책들이라는 점에서 이는 복지동맹에 여성을 끌어들이는 데에도 불리한 여건을 조성할 가능성이 크다.

그러나 복지동맹의 한 축으로서의 중간층을 고려할 때 반드시 이런 부정적 전망만 있는 것은 아니다. 지금까지 많은 복지태도 조사들은 우리 사회의 중간층이 저소득층보다 복지국가 확대와 그를 위한 증세를 더 지지함을 보여주었다(김상균·정원오, 1995; 김영순·여유진, 2011). 교육 받은 중산층에서 나타나는 계몽된 이타주의는 우리나라만의 현상은 아니나(Derks, 2004), 우리의 경우 민주화세대 효과 때문에 당분간은 이런 경향이 더 강하게 나타날 수도 있을 것이다. 결국 중간계급의 태도는 복지 프로그램들의 면모와 이에 대한 자신의 손익균형이 좀 더 분명해진 뒤 좀 더 뚜렷이 윤곽이 드러나게 될 것으로 보인다.

마지막으로 스웨덴이 얇고 넓은 보편주의로 시작해 오랜 세월 동안 점진적으로 급여적정성을 달성했다고 하는 사실은 '얇더라도 넓게'인가, '좁더라도 적절하게'인가라는 우리의 논쟁에도 중요한 시사를 준다. 재정으로 인한 제약이 불가피하다면, 제도의 경로의존성과 연루되는 인구의 지지를 고려하여 '얇더라도 넓게' 시작하는 것이 답이 되는 셈이다.

참고문헌

고세훈. 1992. "영국 노동당의 선거전략과 국유화." 『경제와 사회』 제13호.

김상균·정원오. 1995. "90년대 한국인의 복지의식에 관한 연구." 『한국사회복지학』 제25호.

김영순. 1996. 『복지국가의 위기와 재편: 영국과 스웨덴의 경험』. 서울대학교 출판부.

김영순. 2006. "블레어정부 이후 영국 여성 사회권의 권리자격 변화: 보육지원제도를 통해 본 노동자로서의 사회권을 중심으로." 『한국정치학회보』 제40집 2호.

김영순·여유진. 2011. "한국인의 복지태도: 비계급성과 비일관성 문제를 중심으로." 『경제와사회』 제91호.

김영순. 2011. "보편적 복지국가를 위한 복지동맹." 『시민과세계』 제19호.

남찬섭. 2009. "한국 복지개혁 성격에 관한 신자유주의 관철론 비판." 정무권 편. 『한국 복지국가 성격논쟁 II』. 서울: 인간과 복지.

안재흥. 1996. "스웨덴모델의 형성과 노동의 정치경제." 『한국정치학회보』 제29집 3호.

양재진. 2009. "왜 한국의 대기업 노동은 복지국가 건설에 나서지 않는가?" 정무권 편. 『한국 복지국가 성격논쟁 II』. 서울: 인간과 복지

오건호. 2010. 『대한민국 금고를 열다』. 레디앙.

조영훈. 2004. "자유주의 유형으로서의 한국 복지국가: 민영보험의 상대적 발달을 중심으로." 『상황과 복지』 제19호.

Baldwin, Peter. 1990. *Politics of Solidarity*. Cambridge: Cambridge University Press.

Burau, V. and R. Blank. 2006. "Comparing Health Policy: an Assessment of Typologies of Health Systems." *Journal of Comparative Policy Analysis* 8(1).

Castles, F. 1985. *The Working Class and Welfare: Reflections on the Political*

Development of the Welfare State in Australia and New Zealand 1890-1980. Sydney: Allen and Unwin.

Derks, A. 2004. "Are the Underprivileged Really that Economically 'Leftist'? Attitudes towards Economic Redistribution and the Welfare State in Flanders." *European Journal of Political Research* 43, pp.509-521.

Dunleavy, P. 1989. "The United Kingdom: Paradoxes of Ungrounded Statism." F. Castles(ed.). *The Comparative History of Public Policy.* Oxford: OUP.

Elliot, A. 2003. "Is Medicare Universal?." Research note No. 37, 2002–03, Parliamentary Library(Australia).

Esping-Andersen, G. 1985. *Politics against Market.* Princeton, N.J.: Princeton University Press.

__________________. 1990. *Three Worlds of Welfare Capitalism.* Cambridge: Polity Press.

__________________. 1996. *Welfare States in Transition: National Adaptations in Global Economies.* London: Sage.

Esping-Andersen. G., Duncan Gallie, Anton Hemerijck and John Myles(eds.). 2002. *Why We Need a New Welfare State.* Oxford: OUP.

Esteves-Abe Margarita, Torben Iversen and David Soskice. 2001. "Social Protection and the Formation of Skills." Peter Hall and David Soskice(eds.). *Varieties of Capitalism: The Institutional Foundations of Comparative Advantage.* Oxford: Oxford Univ. Press.

Goodin R. and Julian Le Grand. 1987. "Introduction." Goodin R. and Julian Le Grand (eds.). *Not Only the Poor-The Middle Class and the Welfare State.* London: Allen and Unwin.

Goodin, R. E. and Dryzeck, J. S. 1987. "Risk Sharing and Social Justice: The Motivational Foundation of the Post-war Welfare State." Goodin R. and Julian Le Grand(eds.). *Not Only the Poor.* London: Allen and Unwin.

Gornick, J. 1999. "Gender Equality in the Labor Market." D. Sainsbury(ed.). *Gender and Welfare State Regime.* Oxford: OUP.

Hyman, R. 1985. "Class Struggle and the Trade Union Movement." D. Coates, G. Johnson and R. Bush(eds.). *The Social Anatomy of Britain.* Oxford: Polity Press.

Kangas Olli and Joakim Palme. 1992. "Class-Politics and Institutional

Feedbacks: Development of Occupational Pensions in Finland and Sweden." Swedish Institute for Social Research. Stockholm University.

Kilpatrick, A. and T. Lawson. 1980. "On the Nature of Industrial Decline in the U.K." *Comparative Journal of Economics* 4.

Korpi, Walter. 1978. *The Working Class in Welfare Capitalism*. London and Boston: Routledge & Kegan Paul.

Korpi, Walter. 1983. *The Democratic Class Struggle*. London: Routledge.

Korpi Walter and Joakim Palme. 1998. "The Paradox of Redistribution and Strategies of Equality." *American Sociological Review* 63(5).

Leys, Colin. 1989. *Politics in Britain*. London: Verso.

Martin, Andrew. 1984. "Trade Union in Sweden: Strategic Responses to Change and Crisis." Peter Gourevitch et al.(eds.) *Unions and Economic Crisis*. London: George Allen and Unwin.

OECD. 2001. Social Expenditure Database(SOCX).

Papadakis E. and P. Taylor-Gooby. 1987. *The Private Provision of Welfare: State, Market, and Economy*. Sussex, UK: Wheatsheaf Books.

Peterson. M. 1993. "Political Influence in the 1990s: From Iron Triangles to Policy Networks." *Journal of Health Politics, Policy and Law* 18(2).

Pierson, P. 1993. "When Effect Becomes Cause: Policy Feedback and Political Change." *World Politics* 45(4).

_________. 1996. *Dismantling the Welfare State? Reagan, Thatcher, and the Politics of Retrenchment*. Cambridge: Cambridge Univ. Press.

Przeworski, A. and Henry Teune. 1970. *The Logic of Comparative Social Inquiry*. New York: Wiley and Sons.

Rimlinger, G. 1991. 한국사회복지연구회 역. 『사회복지의 사상과 역사』. 한울아카데미.

Skocpol, Theda and Margaret Somers. 1980. "Historical Method in Macrosocial Inquiry." *Comparative Studies in Society and History* 22.

Smith, Harold(ed.). 1996. *War and Social Change: British Society in the Second World War*. Manchester: Manchester University Press.

Stephens, John. 1979. *The Transition from Capitalism to Socialism*. Chicago: University of Illinois Press.

Swenson, Peter. 2002. *Capitalists against Markets: The Making of Labor Market and Welfare States in the United States and Sweden*. Oxford: Oxford Univ. Press.

Tanzi Vito and Ludger Schuknecht. 2000. *Public Spending in the 20th Century*. Cambridge: Cambridge Univ. Press.

Taylor-Gooby, P. 1985. *Public Opinion, Ideology and State Welfare*. London: Routledge & Kegan Paul.

Titmuss, R. 1974. *Social Policy: An Introduction*. London: George Allen & Unwin.

Whiteford, Peter. 1995. "The Use of Replacement Rates in International Comparisons of Benefit Systems." SPRC Discussion Paper No. 54. Social Policy Research Center. University of York, UK.

Wilensky, H. & C. Lebeaux. 1965. *Industrial Society and Social Welfare*. New York: Free Press-Macmillan.

복지국가시대를 위한

유럽 복지정책의 변화와 아시아의 경험

초판인쇄 | 2012년 12월 31일
초판발행 | 2012년 12월 31일

엮 은 이 | 한국유럽학회
펴 낸 이 | 채종준
펴 낸 곳 | 한국학술정보㈜
주　　소 | 경기도 파주시 문발동 파주출판문화정보산업단지 513-5
전　　화 | 031) 908-3181(대표)
팩　　스 | 031) 908-3189
홈페이지 | http://ebook.kstudy.com
E-mail | 출판사업부　publish@kstudy.com
등　　록 | 제일산-115호(2000. 6. 19)

ISBN　978-89-268-4173-0 94330 (Paper Book)
　　　　978-89-268-4174-7 95330 (e-Book)